『新しき土』の真実

――戦前日本の映画輸出と狂乱の時代

Yūji Segawa
瀬川裕司

平凡社

『新しき土』の真実❖目次

序章　世界への夢

一九三六年から翌年にかけて製作された日独共同映画『新しき土』は、熱心な映画ファンならタイトルぐらいは聞いたことがあると思われる作品だ。映画史関連の書籍ではかなりの字数で言及がなされ、映画とは直接関係のない論文や記事等においても、〈満洲国〉〈プロパガンダ〉等の文脈で作品名を目にすることが少なくない。現在のわが国では『原節子十六歳』という不思議なタイトルでＤＶＤが販売され、大手のレンタルＤＶＤショップでも扱われている。じっさいに観ている人はそれほど多くないかもしれないが、その気になれば視聴しやすく、関連情報も見つけやすそうな、その時代の作品としてはかなり身近な一本である。

二〇一二年、『新しき土』は新しい字幕をつけられて東京都写真美術館でリヴァイヴァル上映された。筆者はその際にパンフレットへの原稿執筆の依頼を受けたのだが、製作から七五年も経過した作品の再上映が企画されたのは、何よりも原節子という伝説的女優の初期の本格的主演作であり、確実に彼女のファンが足を運ぶと予想できたからだろう。だが関係者は、同作の観客動員力は、原が主演したという事実以外にもあると考えていたはずだ。今日では――封切当時は日本の観客を熱狂させたことが知られているが――同作を芸術的な観点から賞賛したり、映画史上の傑作と評したりするような声は聞かれない。それなのに、原節子の崇拝者以外にも関心を抱く人々がいるのは、製作の背景にあった状況、そこに漂うある種のいかがわしさが面白いからだろう。

よく知られているように『新しき土』は、当時の国際社会において孤立しており、第二次世界大戦で敗戦国となる二国が協力し、当時の映画先進国であったドイツから監督やスタッフが日本にやって来て生み出した例外的な作品である。そもそも、製作に関係した人々の顔ぶれが豪華だ。翻訳小説などによくある〈主要登場人物〉ふうに紹介してみよう。

川喜多長政・かしこ夫妻　戦前から戦後への長い時期にわたり、映画を通じての国際文化交流に尽力した功労者。『新しき土』では企画・製作・配給を担当し、諸外国への売り込みの努力をした。

アーノルト・ファンク博士　〈山岳映画〉というジャンルの創始者であり、代表者。日本に約一年間滞在し、『新しき土』の脚本執筆、ドイツ語版の監督および編集をおこなう。

伊丹万作　〈日本のルネ・クレール〉と呼ばれ、才能を高く評価されていた監督・脚本家。『新しき土』の〈共同監督〉となり、英語版＝国際版の演出・編集に当たる。

リヒャルト・アングスト　ファンクの指導を受けたカメラマン。『新しき土』の撮影を担当したあと、ふたたび来日して『国民の誓』などを撮る。

原節子　昭和の日本映画を代表する大女優。ファンクに抜擢されてヒロインの光子を演じ、ドイツ封切時には渡独した。

早川雪洲　〈最初の日本人国際映画スター〉として有名。ヒロインの父、巌を演じた。

小杉勇　骨太な演技で知られた実力俳優で、のちに監督としても活動する。主人公の輝雄を演じた。

ルート・エーヴェラー　ドイツ人女優。輝雄と同じ船で来日するジャーナリスト、ゲルダを演じた。『新しき土』が最初の主演級の出演作だった。

市川春代　子役時代から活躍したスター女優。輝雄の実の妹、日出子役で出演。

山田耕筰　日本音楽界の頂点に君臨した作曲家。『新しき土』ではファンク版の音楽を担当し、公開後はファンクの次の〈共同映画〉の音楽をつけるという名目で渡欧する。

円谷英二（英一）　〈特撮映画の父〉としてあまりにも有名。『新しき土』ではスクリーン・プロセスの映像を担当した。本名は「英一」、当時の報道では「英二」と「英一」の両方が見られるが、本書では「英二」で統一する。

熊谷久虎　原節子の義兄であり、映画監督・脚本家。ドイツで〈独日共同映画〉を監督するというふれこみで原と渡独した。極右団体〈スメラ学塾〉のメンバーとしても知られる。

浅野孟府　前衛芸術家。『新しき土』では家屋、火山等のミニチュア製作を担当した。

フリードリヒ・ハック博士　ベルリン在住の武器商人。『新しき土』の企画実現に関与し、ファンクらと来日し、日独防共協定の根回しをしたといわれる。

マックス・ヒンダー　スイス人の建築家。一九二四年に来日し、上智大学校舎や多くの教会等を設計した。『新しき土』では撮影中の通訳をつとめ、語学教師役で出演した。

筆者は以前、レーニ・リーフェンシュタールについて研究したことがあり、その際にファンクについても可能なかぎりの資料を集めて研究調査をおこなったが、ファンク映画で独占的に主役をつとめたリーフェンシュタールが監督として独立したあとの作品である『新しき土』については、何となく守備範囲外であるように感じていた。しかし、すでに述べたように原稿執筆の依頼を受けたのをきっかけに、まず手元の日本語の関連書籍等に目を通してみたところ、どの記述もひどく似通っていることが気になった。一般的に、そのように類型化された文章が重ねられている場合、古い情報が検証なしに反復されている可能性が高いのである。

ためしにひとつ、典型的記述を忠実に引用してみよう。西村雄一郎「ピストルと原節子」（『原節子のすべて』

二〇一二年）には、「日本は三六年一一月二五日、伯林で『日独防共協定』を締結した。当時、日本は積極的にドイツに接近していた。その協定に合わせるかのように、日独合作映画が企画され、ドイツ熱を一気に煽ろうという政策が進行していたのである。ドイツは山岳映画の第一人者といわれるアーノルド・ファンク博士を監督として送り込んできた。彼は、ナチスのプロパガンダ映画といわれた『民族の祭典』（三八年）を総監督したレニ・リーフェンシュタールを、『聖山』（二六年）で女優としてデビューさせた人物である」と書かれている。

ここでも踏襲されているのは、〈日本が積極的にドイツと協定を結ぼうとしていた〉状況が先にあり、〈前景気を煽るために『新しき土』が撮られた〉という説だ。そして西村が、この企画と無関係なリーフェンシュタールが「ナチスのプロパガンダ映画」を撮ったとわざわざ書き、彼女を映画デビューさせたのがファンクだとするのは、〈ファンクがナチ精神の権化であるからこの企画をまかされた〉と主張したいからにほかなるまい。

だがファンクは、ナチ政権樹立直後に入党を拒んだ人物として有名だ。ドイツのマスコミが彼を〈ナチの御用監督〉と糾弾することはない。ファンクはナチ時代後半には仕事を干され、やむをえず四〇年には入党し、リーフェンシュタールの会社に身を寄せて仕事をもらうようになる。だが、完全にナチの支配下に置かれた映画界で、入党した者は数多かったことに留意しなければならない。そして彼らの大半は戦後も第一線での作業を続け、ファンクも党員であったことを責められたり追及されたりしてはいない。

ジークフリート・クラカウアーが『From Caligari to Hitler』（一九四七年）において、ファンクの〈山岳映画〉が〈ナチの美学〉を予言したと強調したことをご存じの方もおられるだろうが、同書の論は、ナチ政権奪取以前のすべてのドイツ映画に〈ナチ的要素〉があったとする強引なものであり、今日では同書を一〇〇パーセント肯定的に読む研究者はいない。そもそもユダヤ人が中核に位置していたドイツ映画が当初より〈ナチの美学〉を体現していたとするなら、〈ナチの美学＝ユダヤ人の美学〉ということになってしまうのだ。

また、のちに詳述するように、『新しき土』の企画が立てられた一九三四年の日本では、ドイツと同盟関係を結ぶことは考えられない状態だった。マスコミもヒトラーおよびナチに対する警戒心を明らかにし、その脅威に警鐘を鳴らす報道が大勢を占めていた。中国に巨額の投資をしていたドイツでも、日本よりも中国と組むべきだという声が強かった。のちに『新しき土』には日独政府が多額の資金を投入するので、作品のあちこちに露骨な政治的メッセージを見てとれることは確かだ。だが、三四年の時点で日独接近が「積極的に」進められ、その結果として『新しき土』が企画製作されたという〈定説〉は史実に反する。

同作をめぐる言説への疑念をさらに深めたのは、ドイツで初上映された当日にゲッベルスから〈映画最高賞〉もしくは〈フィルム最高賞〉を贈られたとする記事が多いことだった。筆者はナチ時代の映画界についてそれなりの知識を有する者だが、そんな賞は知らないし、初上映直後に重要な賞が贈呈されたという話も聞いたことがない。

『新しき土』が『サムライの娘』としてベルリンで披露上映されたのは三七年三月二三日だ。二五日『朝日新聞』（本書では『東京朝日新聞』は『朝日新聞』、『大阪朝日新聞』は『大阪朝日新聞』と記す）には「試写を見たゲッベルス宣伝相は感激してフィルム最高賞を授与した」と書かれている。二六日『大阪毎日新聞』も、「ゲッベルス宣伝相は二三日ベルリンのカピトール劇場におけるファンク映画『新しき土』改題『サムライの娘』試写会に出席鑑賞したが、すっかり感激し二四日『サムライの娘』は政治的、芸術的に優秀であるとしてこれにフィルム最高賞を授与した」とする。

記事以外でも、四月一八日『朝日新聞』の「レートクレーム」広告では、「ベルリンの原節子さんから嬉しいお便り」として、「ドイツ政府から映画最高名誉賞を授けられましたのでトテモ嬉しいです！」と書かれている。『新しき土』が〈映画最高賞〉もしくは〈最高名誉賞〉といったもの、とにかく映画に関する最高の賞を受けたという情報は、当時の日本で広範囲に飛び交ったのである。

ナチ時代の最高の映画賞は〈国民映画賞 Nationaler Filmpreis〉だ。三九年まで毎年五月に〈国民書籍賞〉とともに発表され、Deutscher Nationalpreis für Film とも呼ばれる。『新しき土』公開年の受賞作はファイト・ハーランの『支配者』、ほかの年ではグスタフ・ウチツキーの『あかつき』(三三/三四年受賞)、リーフェンシュタールの『意志の勝利』(三四/三五年受賞)、『オリンピア』(三七/三八年受賞)などが受けており、政府がもっとも推奨した作品に贈られたことがわかる。そして『新しき土』は、同賞を受けていない。

『新しき土』は〈映画最高賞〉を受けたのか? こんな疑問は、ドイツの新聞雑誌を見れば容易に解消できるだろう。そう考えた筆者は、ベルリンでマイクロフィルム・リーダーの前に陣取り、思いがけず長い時間を過ごすことになった。

映画新聞・雑誌六種類、主要紙約二〇紙を調べたが、『サムライの娘』に賞が贈られたという記事は見つからない。筆者がもはや調査をする必要はないと考えたのは、ブンデスアルヒーフでファンクが宣伝省に提出した経歴書を見たときのことだ。ファンク自身、あるいは彼のスタッフによる、どのファンク作品がどれほどの興行成績をあげ、どんな評価を受けたかを誇らしげに報告する書類だが、そこに『新しき土』が賞を受けたという記載はなかった。書類の性格上、ゲッベルスからの受賞を隠すはずがない。この時点で〈最高賞〉についての調査はやめることにした。

誤報が生じた理由に関しては、そこまでの調査で、多くの新聞雑誌で同作品が「staatspolitisch und künstlerisch wertvoll(国家政治的および芸術的に価値あり)」という Prädikat を受けたと報じられているのを確認したので、推測がついていた。日本の新聞雑誌は、この Prädikat を〈映画最高賞〉と報道したのだ。

だが Prädikat とは、〈格付け〉もしくは〈評定〉のことだ。二〇年時代から今日まで続くもので、審議機関が各作品の視聴可能年齢を定めたり、優遇措置を与えたりする基準が Prädikat なのだ。ナチ時代に特徴的なのは〈staatspolitisch(国家政治的)〉という視点で、これが Prädikat に含まれるとプロパガンダ色が強いことを示す。ほかの評価基準としては、〈kulturell(文化的)〉や〈volksbildend(国民教育的)〉などがある。

じっさいに『サムライの娘』は、税金を免除されて公開された。ゲッベルスの支配下にある審議機関が肯定的な評価を与え、優遇措置を打ち出して多くの人々に見せようとしたのは事実なのだ。しかしPrädikatは、公的なお墨つきではあっても〈賞（Preis）〉とは別のものだ。

以上のような意味で、〈最高賞〉をめぐるわが国での洪水のような報道は、誰かが同作品のPrädikatを〈最高賞〉と訳し、拡散されたものと確定できる。ところが、そこにはもう一段階の嘘があった。ナチ時代の〈最高のPrädikat〉は、〈staatspolitisch und künstlerisch besonders wertvoll（国家政治的および芸術的に特に価値あり）〉だからだ。『新しき土』の評価と異なるのは「besonders（特に）」という一語が加わっている点で、ナチ時代に二三本もの作品に与えられたこの〈最高の格付け〉を、『サムライの娘』は得られなかった。けっきょく日本のマスコミは、〈賞〉でも〈最高〉でもない評価を〈最高賞〉だと大騒ぎしたのだ。

このように、〈最高賞〉というひとつの虚報を調べることに長時間の調査を要したのは、我ながら思いがけないことだった。しかしこの調子なら、精密な調査をおこなえば、わが国で申し送りされてきた〈常識〉とは異なる多くの真実が浮かび上がるのではないか。筆者は、自分なりの視点から『新しき土』について考えてみたいと思うようになった。

たしかに特殊な作品ではある。史上空前の資金が注ぎこまれ、日独両政府も多額の費用を負担した。一〇人近い外国人が約一年も日本に滞在し、VIP待遇を受けて仕事をした。通訳は少なく、共同作業は困難をきわめた。マスコミはファンクらの来日前から完成後まで、一年半にもわたってヒステリックな報道を続けた。原節子は封切の前から〈世界の恋人〉と呼ばれ、ドイツに発つ際には駅や港にファンが押しかけて大パニックとなった。伊丹版公開時には、新聞雑誌では酷評の嵐が吹き荒れたが、一般観客は長い行列をつくり、熱狂的に同作を迎えた。しかも、映画輸出の口火を切ることが期待されていた『新しき土』が完成した数ヶ月後には、もはや日本映画を平和的に外国に送れる状況ではなくなり、同作は戦前における〈最初で最後の本格的輸出映画〉となった……。

その後もわが国では、『新しき土』のカメラマンをつとめたアングストが日本に呼び戻され、ファンク映画の常連俳優ゼップ・リストを主演に据えて『国民の誓』(一九三八年、野村浩将監督、アングスト撮影)が撮られたほか、戦後もたとえば『東京暗黒街・竹の家』(一九五五年、サミュエル・フラー監督)、『黒船』(一九五八年、ジョン・ヒューストン監督)、『007は二度死ぬ』(一九六六年、ルイス・ギルバート監督)等に代表されるような、〈外国人が来日して日本人と映画を撮る〉企画が何度も実現されてきた。しかし、それらの作品群では、撮影時に連日大きな報道がされることはなかったし、完成した作品が後世の歴史学者や社会学者から論じられることもめったにない。

『新しき土』は、〈最初の国際映画〉として大々的に報道されたからこそ――『武士道』という先行例については後述する――注目を集め、大フィーバーを巻き起こしたのだろうか? アメリカによる占領以後は、国内に外国人がいる状態に日本人が慣れてしまい、外国人が何らかの活動をしていても心を動かされなくなったのだろうか? そういった面も多少はあるだろうが、やはり『新しき土』をめぐっては、長年にわたって日本人が蓄積していた巨大なエネルギー、欲望や妄想が一本の映画をめぐって解き放たれたという印象が強い。では、そもそも『新しき土』に関わるさまざまな現象はなぜ起こったのか。

筆者は『新しき土』を生み出した力学、その背景を、特にドイツ側の視点からも含めて調べてみたいと思うようになった。従来のわが国での『新しき土』へのアプローチには、〈ドイツでどのように見られていたか〉という調査や考察が不十分であったという面が否定しがたい。もちろん作品そのものの検討も必要だが、当時のドイツおよび日本の報道や資料、関連文献を調査し、さらに日本人が活発に映画を撮りはじめたころからの社会の様子、人々の意識、すなわち時代の空気の変遷を探らなければ、『新しき土』を生み出したものは明らかにできないだろう。

日本で『新しき土』について書かれた文章には、完成・封切が一九三七年であったことから、同年の日独関係のみに目をやって論じようとするものがよく見られる。だが、すでに紹介したように企画が立てられたのはそれより三年前のことであり、さらにそれ以前の状況から検討しなければ意味はあるまい。しかし、〈『新しき土』の背景〉を探求するには、どこまで時代をさかのぼればいいのか。それは調査を進めてみなければわからない。

最初に、ファンクが日本で映画を撮ることがわが国ではじめて報じられた一九三五年一月あたりの『キネマ旬報』の頁をめくってみた。すぐに判明したのは、現在では想像できないほど〈日本映画輸出〉が頻繁に話題にされていたことだ。日本人は、国産映画が外国で高い評価を受けることをたしかに熱望していた。『新しき土』の撮影時期の号を読んでも、はじめて海外で広く上映される作品として大きな期待を集めていたことがよくわかる。たびたび〈輸出〉に挑戦しながら成果をあげられなかった映画界は、ファンクという〈巨匠〉を監督に据えればうまくいくと期待していたのだった。

だとすれば、日本人の〈映画輸出〉願望がどのように展開されたかを調べなければ、『新しき土』を生んだ背景に近づくことはできまい。そもそもどんな作品が海外進出を果たしていたのか。この話題でよく引用されるのは、『キネマ旬報』三八年六月一日号の映画輸出をめぐる記事だ。そこでは「大正三年はじめて海外に邦画が出てから今日まで約二〇年間にわずかに一三本しか輸出されていない。しかもなかには彼の地で不上映のものもある有様であった」とした上で、タイトルや製作年、監督名などが並べられている。

その一三本とは（年度ごとに挙げられており、以下カッコ内には同記事内の情報を示す）、一九一四年：『仮名手本忠臣蔵』（森要監督、不上映）、一九二四年：『露の命』（田中欽之監督、不上映）、一九二五年：『萩寺心中』（野村芳亭監督、パリで上映）、『街の手品師』（村田實監督、パリで上映）、『椿咲く国』（吉野二郎監督、不上映）、一九二六年：『乃木将軍』（牛原虚彦監督、米国邦人植民地上映）、『象牙の塔』（牛原監督、米国邦人植民地上映）、一九二九年：『十字路』（衣笠貞之助監督、パリで上映）、一九三五年：『妻よ薔薇のやうに』（成瀬巳喜男監督、ニューヨークで上映）、一九三六年：『大阪夏の陣』（衣笠貞之助監督、欧州で上映）、一九三七年：『荒城の月』（佐々木啓祐監督、パリで上映)、『情熱の詩人啄木』(熊谷久虎監督、フランスで上映)、『新しき土』(ファンク監督、欧米で上映)である。三本は「不上映」、二本は「邦人植民地上映」なので、外国で外国人相手に上映されたのは八本だ。

しかし筆者は、ドイツの一般劇場で『永遠の心』(一九二八年、佐々木恒次郎監督)が『Yakichi, der Holzfäller』(わが国では『木こり弥吉』『木こりヤキチ』『樵夫弥吉』等と表記される)のタイトルで上映されたこと、『篝火』(一九二八年、星哲六監督)、『怪盗沙弥麿』(一九二八年、小石栄一監督)、『大都会 労働篇』(二九年、牛原虚彦監督)の三本が『Nippon』という一本にまとめられて三二年に上映されたことを知っている。だが、それらについての情報はなく、それだけでもこの記事は完璧な情報を提供しているとはいえない。

同時期の他誌としては、『日本映画』三八年六号がやはり輸出映画についての特集号となっている。その問題が関心を集めていたことは事実なのだ。同誌には、谷川徹三「日本映画の国際性」、板垣応穂「輸出映画の現状と今後」といった長文原稿や識者アンケート等のほかに「輸出劇映画目録」なる頁もある。そこに挙げられた作品は一三本、右の『キネマ旬報』のリストと異なるのは、『大阪夏の陣』の代わりに『吉田御殿』(一九二八年、大藤信郎監督、パリで『十字路』と併映)が挙げられていることだけだ。むしろ同記事で注目したいのは、文末の『文化映画』で輸出されたものは『竹』『陶器の話』『日本の瞥見』をはじめかなりおびただしい数にのぼっている」という一文だ。筆者の感覚では、記録映画であれ文化映画であれ〈映画の海外進出〉に変わりはないような気がするが、両誌は劇映画のみを対象としているわけである。文化映画や観光映画などの輸出状況については、あとで紹介したい。

また同誌三六年五号には「輸出映画検閲フィルム(一月〜三月)日本物(千米以上)」というリストがあり、「認可年月日・題名・巻数・製作者・申請者・仕向地」が書かれている。映画輸出には内務省による検閲・認可が必要だった。あとで説明するが、日本政府は国内で撮られた作品が無制限に海外に出ると誤解を招くとして検閲を課していた。日本の会社による作品だけではなく、外国の映画社が撮ったニュース映画もその対象だった。

右に紹介した〈輸出映画リスト〉から類推すれば、三六年のはじめから三月七日までに輸出認可を受けた映画はせいぜい一本か二本程度ではないかと思われるだろう。しかし記載された邦画の長編劇映画は、『純情一座』『忠臣蔵　前篇・後篇』など一八本（『忠臣蔵』は『前篇』『後篇』で二本と数えた）にも及び、すべて先の〈輸出映画リスト〉にはなかった作品だ。輸出先は「ハワイホノルル市」「ハワイ」が一〇本、「ペルー領オリオ港」が三本、「カリオ港」が三本、「上海」が一本、「天津」が一本となっている。

つまり一八本は、中国、ハワイとペルー領という日本人が居住する地域へ送られる作品だった。先の『キネマ旬報』の輸出リストで『乃木将軍』と『象牙の塔』が「米国邦人植民地上映」として挙げられていたことを考えると、これらの映画も〈外国での邦人居住地上映〉として輸出映画に入れてよいような気もする。

念のために書いておくと、同誌の次の号にも三月九日から四月一日までに認可を受けた作品のリストがあり、三週間ほどのあいだに一三本もの劇映画が認可を受けている。送付先は一〇本が「ホノルル」、残りが「バンコク」「サンパウロ」「ペルーカリオ」だ。やはり〈輸出映画リスト〉に挙げられた作品はなく、いずれも邦人向けの輸出と見られる。

こういった状況を関係者がどのように考えていたかについては、ほぼ同時期に発行された『キネマ旬報』三六年五月一日号の「掛け声だけの海外進出」という記事が参考になる。そこでは、「内務省では輸出映画統制の目的から昨年一一月一日より輸出映画検閲制度を実施している」が、「同制度の本年三月までの成績を見ると日本映画界にとっての緊急事といわれている海外進出も掛け声ばかりで悲観的状態である」とされている。

同記事は、「輸出映画検閲申請数は当初、内務省が予想していた年三〇〇本程度より断然多く、月約一〇〇本〔文化映画、ニュース映画などを含めた数字〕にのぼっているが、これら検閲映画の輸出先を見るとハワイ、アメリカ加州方面が約八割、南米方面が約一割五分、あとの五分は満洲方面で、このいずれもまったくそれぞれ各地の在留邦人のみを目標にしているものであり、したがって結局真の輸出映画というべき外国人相手の映画はわずかに月一、二本の実写物のほか皆無の状態である」という解説のあと、田島検閲官による「外人目的の輸出がほとんどないのは結局日本映画がまだ外国映画のレベルまで達していない証拠で、はなはだ残念でたまりません」というコメントで締めくくられている。

このように、『新しき土』撮影時の日本で映画作品の輸出がうまくいっていないことがしきりに嘆かれていたことが確認できるわけだが、映画輸出という欲望の全体を明らかにしようとするなら、それが最初に話題にされた時期にまでさかのぼらなければなるまい。そこで筆者は、一九一〇年代の発行分から『キネマ旬報』および『朝日新聞』『読売新聞』をひたすらチェックするという効率の悪い調査を開始した。もちろん過去のわが国で〈映画輸出〉をテーマとして書かれた論文等にも目を通したのだが、いずれもかなり狭い範囲を対象としているため、あまり参考にはならなかった。長期にわたる大きな流れを把握するには、自分で網羅的な調査をおこなうしかない。かくして、常識を備えた研究者ならしないような、長い時間を要する作業がはじまったのだった。

早い段階でわかったのは、一九二四／二五年、二九年、三六年あたりの三度、つまり約五年ごとに日本映画の輸出をめぐって気運が高まる時期があったことだ。たとえば『映画往来』二九年一〇号でも「日本映画の海外進出」という特集が組まれ、如月敏による「日本映画の海外進出に就いて」という原稿では、衣笠の『十字路』がパリ、ベルリンで封切られたこと、モスクワ、レニングラードで「日本映画展覧会」が開催されたことが紹介されたあと、「具体的な例として輸出されたる映画を以下に挙列すれば、古くは日活の『街の手品師』、松竹の『椿咲く国』、『乃木将軍』、近くは日活の忠次三部作の内『信州血笑篇』、松竹の『からくり娘』、『十字路』、『京洛秘帖』等」があると書かれている。

このうち『信州血笑篇』（一九二七年、伊藤大輔監督）、『からくり娘』（一九二七年、五所平之助監督）、『京洛秘帖』（一九二八年、衣笠貞之助監督）は、三八年の『キネマ旬報』および『日本映画』の〈輸出映画〉リストにない作品だ。さらに同号の岩崎純孝「日本映画の価値」という原稿には、「イタリアでは最近日本映画『白虎隊』

が公開映写されたようである」という記述も見られる。『白虎隊』という題名の作品は複数存在するが、時期的に考えると二七年製作、野村芳亭監督によるものだろう。「公開試写」だったせいか、このタイトルも三八年のリストにはない。調べていけば、ほかにも〈輸出映画〉がいろいろ出てくるにちがいない。

ちなみに映画輸出についての報道には、以下のようなヴァリエーションがある。

(1) 観光局、国際文化振興会、国際映画協会といった公的組織のバックアップによって日本紹介の映画が撮られ、海外に送られる。輸出としてもっとも多く報道されるのはこのパターンだ。

(2) 監督や関係者が直接作品を外国へ持っていく。特殊な上映が実現することが多いが、商業公開に至ることはめったにない。

(3) 来日した映画界の有名人（外国在住の日本人の場合もある）が、〈日本映画を持ち帰って外国で上映する〉と報じられる。

(4) 外国の映画人・映画社が、日本で撮影して外国で上映するという前提で映画の企画を立てたと報道される。

(5) 阪東妻三郎、早川雪洲といったビッグネームがアメリカの映画会社と組んで日本で〈輸出映画〉を撮るという報道がなされる。

(6) 外国の博覧会などに作品が送られる。たとえばモスクワでの〈日本映画芸術展〉、パリ、シカゴ、ニューヨークの博覧会、ヴェネツィアでの映画コンクールなど。

(7) 日独伊が同盟を結んだあと、〈交換映画〉として邦画が送られる。純粋な〈輸出映画〉ではないが、確実に上映はされる。

(8) 日本が他国の、支配下に置いた地域へ邦画を送る。

(9) 『新しき土』のパターン。すなわち日本人・日本の映画会社と外国人・外国の映画会社や資本の共同作業による作品が海外で上映される。

従来の研究では、(1)、(6)、(9)に言及されることが多かったようだが、本書では映画輸出への国民的願望を総合的に研究したいので、実現しなかった例、失敗例も含めて右のすべてを紹介し、考察することにしたい。

調査を進めるうちに、筆者はこういった〈日本映画輸出〉の試みが長年にわたって続けられた流れのなかで、日本が本格的な戦争に突入する直前にさまざまな偶然が重なった結果として誕生し、しかも事実上、〈映画輸出〉の企画に終止符を打つことになったのが『新しき土』であるという感触を抱くようになった。

古い新聞や雑誌を時代順に目を通す作業をおこなってみて痛感したのは、申すまでもなく、わが国にとって本書で主として視野に入れる一九一〇年代後半からの約二〇年間が、大陸に〈進出〉して数多くの武力衝突や血なまぐさい事件を起こし、諸外国から非難を浴びながらも強引に国力増大をめざした激動の時代であったことだ。日本はアジアの盟主を自称し、真の意味での列強の仲間入りを望んだが、欧米の大国からそれを認められることはめったになかった。今回の調査の結果、わが国で映画輸出の意欲が著しく高まる時期は、国民全体の精神的なテンションが上がり、国際的な承認欲求が強まる出来事と重なっている場合が多いこともわかった。以下ではそういった日本人の、一等国として認められたい、世界に〈日本の真の姿〉を知らせたい——外国から批判を受けるのは〈誤解〉のせいだという言説が広く信じられていた——という願望そのものが『新しき土』というモンスター的な作品を生み出したという仮説のもとに、政治的・社会的視点からのアプローチをからめて記述を進めたい。

本書の構成としては、第一章で『新しき土』以前の日本における映画輸出の流れを確認し、第二章で『新しき土』が企画されてから完成後の海外プロモーション活動までの経過、第三章で『新しき土』における伊丹版とファンク版の相違点、第四章で『新しき土』が受けた批評の諸相、第五章で『新しき土』製作時期以後の日本映画輸出の試み、第六章で『新しき土』に関わった主要人物のその後の運命を扱い、最終章で何が同作を生み出したかについて総括をおこなう。

以下では半世紀以上前の新聞雑誌から多数の引用をおこなう。その際に日本語資料の旧仮名遣い、旧漢字は原則として映画題名を含めて現代風に改めるが、文章表現や語句は――今日の人々には多少わかりにくい箇所もあるだろうが――忠実に引用し、映画タイトルは二重カギカッコ(『 』)で提示する。日本人の氏名は慣用的表記を尊重する。本書の主役のひとり Arnold Fanck は、従来「アーノルド・ファンク」と表記されることが多かったが、ドイツ語での Arnold の発音は「アーノルト」なので、これ以後は引用文中においても「アーノルト・ファンク」で統一する。

ちなみに『新しき土』撮影当時の Arnold Fanck のわが国での表記は「アーノルド・フアンク」、カメラマンの Richard Angst は「リヒアルト・アングスト」だった。Arnold が「アーノルド」なら Richard は「リヒアルド」になりそうなものだが、そうならなかったのが面白い。Richard Angst は、以下では「リヒャルト・アングスト」と表記し、また来日するドイツの記者 Betz は「ベッツ」とする。なお「JO/J・O/J・O・」「PCL/P・C・L」は当時からさまざまな表記が同一頁内ですら混在しているが、本書では「J・O」「P・C・L」で統一し、イタリアの都市 Venezia は「ヴェネツィア」と表記させていただくのでご容赦願いたい。

第一章　日本映画の海外進出

1　舞踊映画の輸出――一九一八年まで

一九〇四／五年の日露戦争で勝利した日本は、南樺太を領土とし、関東州の租借権を得る。一四年に世界大戦がはじまるとドイツに宣戦布告し、〈青島の戦い〉で勝利すると、翌年には中国に〈二一カ条の要求〉を突きつけて中国でのドイツの利権を受け継ぐ。中国では抗日運動が激化するが、日本は大陸への進出政策を強引に推し進めていく。一八年にはロシア革命に乗じ、権限獲得をめざしてシベリア出兵を実行するが、多くの戦死者を出し、諸外国からの批判を浴びただけに終わる。このころ外国で活躍した日本人としては、一〇年代のなかばから欧米の舞台で『蝶々夫人』等の主役をつとめたオペラ歌手、三浦環が挙げられる。

ここから映画についての記述をはじめるが、すでに書いたように筆者は『キネマ旬報』『朝日新聞』『読売新聞』を中心に調査し、映画輸出に関係のある記事や広告をひたすら拾い出した。そこで得られた情報を中心に記述を進めるが、断っておきたいのは、疑わしい記述がきわめて多いことだ。

一般的にノンフィクションの記述では、〈事実〉と考えられる出来事の描写を軸に、資料にない部分は想像力で補い、すべての場に居合わせたかのように書く――人物たちの会話まで再現して――ことが認められているようなので、本書もそのような形式で執筆しようかとも考えた。だが筆者は、虚偽の情報も含めて〈じっさいにどんな報道がなされたか〉を重視することが『新しき土』を生んだ時代の空気を理解するために有益だと考えたので、以下では報道そのものを検証の対象とし、多くの虚報も紹介する。

まず新聞雑誌では発見できなかった早い時期の輸出をめぐる情報を紹介しよう。市川彩『アジア映画の創造及建設』(一九四一年、以下、『アジア映画』)によると、一九一〇年に日本最古の映画会社のひとつ、福宝堂の鈴木陽がロンドンに出張した際に現地の業者から日本映画の注文を受け、日本から『元禄花見踊』『藤娘』等の舞踊映画五本ほどが送られ、「ロンドン・ピカデリーの一流館に上映された」という。市川は、この輸出が実現したのは「日露戦役における日本の勝利の結果であろう」と書いている。

また同書で市川は、一八年に輸出映画を専門とする「東洋フィルム・コムパニー」が設立され、第一回作品としてアメリカ帰りの栗原喜三郎が監督・主演した『成金』を翌年完成させ、また続いて帰山教正の『深山の少女』をイタリアに送ったとする。同書は、『成金』がアメリカに輸出された最初の劇映画だとするが、同時代およびのちの報道において、『成金』『深山の少女』が外国で一般公開されたという証拠は見つからない。栗原の『成金』はデータベースによれば二一年九月二日に封切られ、帰山の(『深山の少女』ではなく)『深山の乙女』は『読売新聞』の広告によれば一九年三月一三日に封切られている(同日『読売新聞』豊玉館広告)。

2 〈注文による輸出〉の登場――一九一九―二三年

一九一九年には朝鮮で「三・一運動」、中国で「五・四運動」という抗日運動が起きるが、日本国内ではそれらは単なる〈暴動〉と報じられた。いっぽう同年のパリ講和会議では日本は英、仏、伊、米とともに〈五大国〉に名を連ね、ついに〈世界の列強〉の仲間入りを果たしたという意識が強まる。

二〇年には、パリ在住の画家、藤田嗣治が同地の美術展に《裸婦》を出品して絶賛され、一流画家と目されるようになり、またアントワープ五輪ではテニスの熊谷一弥が単複で（ダブルスパートナーは柏尾誠一郎）銀メダルを獲得する。日本人初のメダルであった。熊谷は二一年には清水善造とともにデビスカップの決勝まで進む。野球では毎年のようにアメリカからプロやアマのチームが来日し、日本のスポーツ界は〈世界〉を視野にとらえるようになっていた。二二年にも、たとえばヴァイオリンのエフレム・ジンバリストやバレエのアンナ・パヴロワといった大物が来日公演をしており、芸術文化の面でも国際交流が急速に進んだ。二一年に英国でデビューして世界的な名声を得た藤原義江は二三年に日本でリサイタルをおこない、〈われらのテナー〉と呼ばれて歓迎される。

「仏国よりの注文」での製作と書かれた『水戸黄門記』の広告（1919年3月1日『読売新聞』）

映画輸出に関連がある新聞雑誌でのもっとも古い情報は、一九一九年三月一日『読売新聞』の、浅草富士館『水戸黄門記』の広告に見出せる。そこには「今回仏国よりの注文に接して特作せられたる連続大写真」「松之助劇の真価は世界的に認められたり」というテクストが躍り、「輸出に先んじ三月一日より特に公開す」と明記されている。同作については、『活動画報』一九年五号の批評文中（批評でのタイトルは『水戸黄門』だが、同号別頁では『水戸黄門記』となっており、明らかに同じ作品だ）にも、「仏国の注文で撮影したのを、特に輸出に先んじて公開したのであるというが、わが国の昔を紹介するには適切なものであろう〔……〕現在日本の製作能力としてはまず上々といわねばならない」と書かれている。「松之助」とは、いうまでもなく〈目玉の松ちゃん〉として愛された〈日本初の映画スター〉、尾

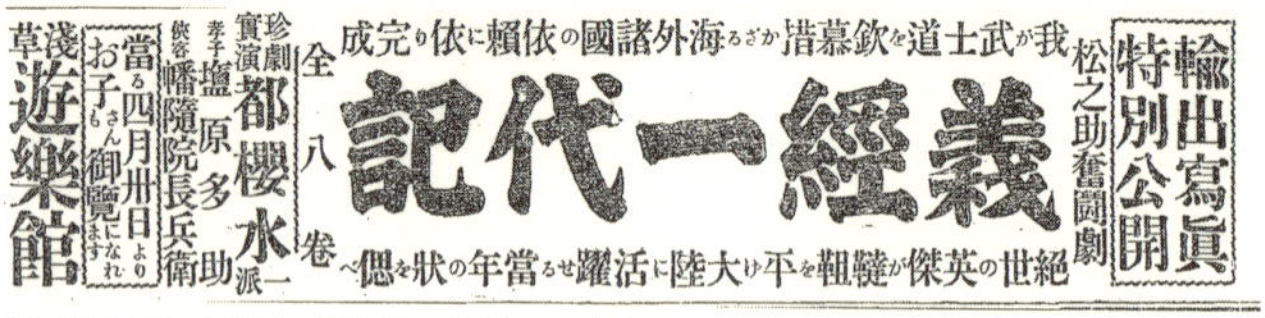

「輸出写真」を謳う『義経一代記』の広告（1919年4月30日『読売新聞』）

上松之助のことだ。

また『活動画報』一九年六号の松之助主演の日活作品『里見八犬伝』への批評には、「近く仏国よりとして『水戸黄門記』あり、今また『八犬伝』が米国移民会長からの委託によって、特に日活が撮影したという」という一文があるが、データベースによれば『里見八犬伝』が封切られたのは同年三月三一日だ。ということは、この三月には、フランスとアメリカからの注文を受け、〈日本映画界初のスター〉こと松之助の主演作が二本、〈輸出〉されると信じられていたことになる。ただし、『里見八犬伝』は「移民会長からの委託」と説明されているので、在米邦人向けの〈輸出〉だったと思われる。

さらに同年四月三〇日『読売新聞』の、浅草遊楽館における『義経一代記』の広告には「輸出写真　特別公開」と大書され、「松之助奮闘劇　我が武士道を欽慕措かざる海外諸国の依頼により完成」と宣伝されている。五月四日『読売新聞』にも同館・同作の広告があり、「今回本館は平素の御贔屓御芳情に報いんため『輸出』に先んじ特に全部を公開す」と書かれている。二日後、五月六日『読売新聞』にも「三〇日より日活会社が今回輸出フィルムとして特に代表的に撮影せる『実録義経一代記』全八巻を上映し居れるが、戦国時代の気分がよく現れてなかなかの好評なり」とあり、輸出映画として『(実録) 義経一代記』という映画が撮られ、国内で上映されたことは事実のようだが、このタイトルはデータベースになく、『キネマ旬報』も創刊前で、監督が誰かを含めて詳細は不明だ。とまれ、当時の広告や報道を信じるなら、一九年三月から五月までのあいだに集中的に三つの〈松之助映画輸出〉が企画されたことになる。

そして同年秋、もう一本の〈外国から依頼された輸出映画〉が登場する。一〇月一五日『読売新聞』には、浅草大勝館の「米国大会社の特別注文　天活会社空前の大努力　一休和尚と野晒伍助」という広告がある。『一休和尚と野晒伍助』という映画がアメリカの大会社の注文を受けて製作され、まず日本で封切られるというのだ。一〇月一七日同紙には、「米国某大会社の特別注文により天活会社が最善の努力をもって新作した旧劇『一休和尚』と『野晒伍助』全十巻は全然旧芸を脱した斬新な大写真で一五日から『大探偵百万弗の秘密』全六巻とともに浅草大勝館で一般の観覧に供する」と書かれている。

『一休和尚』と『野晒伍助』という二本があったかのようだが、データベースにあるのは吉野二郎監督、沢村四郎五郎主演『一休と野晒』で、一九年一〇月一五日浅草大勝館封切、天活作品という部分も符合する。新聞広告では、『一休和尚と野晒伍助』として浅草大勝館で封切られたとされているが、『一休と野晒』というタイトルでも紹介されている。「米国某大会社」がどの社なのか、本当に輸出されたかどうかについては確認ができない。

さらに一〇月三一日『読売新聞』には「輸出に先だち特別大公開　四郎五郎莚十郎劇　忠勇義烈天地震動海陸空中怪奇大戦劇　『忍術尼子十勇士』」という浅草大勝館の広告が掲載され、翌日同紙にも「天活会社が輸出映画の一として専属沢村四郎五郎市川莚十郎一派をもって撮影した『尼子十勇士』は忍術を仕組んだ一万呎の大映画で、三一日から浅草大勝館において特に公開している」と書かれている。データベースによると『尼子十勇士』は吉野二郎監督作、一〇月三一日に大勝館で封切られた。吉野二郎にとっては『一休和尚と野晒伍助』の次作に当たり、天活は沢村四郎五郎と吉野のコンビで二本の〈輸出映画〉を製作したことになる。だが、やはり〈輸出依頼〉の実態はわからない。

なお同じころ、天活が『お雪さん』というアメリカ映画を配給したという報道もある。「米国パテー支社が近来の大傑作と称する日本ムスメの情話『お雪さん』原名『日本の鶯』は、芝山内、亀戸天神、華族の庭園等全部日本的な舞台面を特別に製作して、そこにお雪さんに扮するファンテ・ワルド嬢、その情人ピグロウに扮するウィリアム・ローレンス氏および日米男女俳優多数が登場して、純日本的の芝居を映した物」（一〇月一七日『読売新聞』）とのことで、米国の観客も日本にある程度の興味を抱いていたことは事実のように思われる。

時間的には戻るが、『キネマ旬報』一九一九年八月二一日号には「輸出教育映画完成」という見出しの記事があり、「米国高等経済協会と交換する目的をもって帝国教育会が主となって製作に従事しつつあった本邦の風俗、習慣、産業等を示すべき映画は『東京見物』『学校生活』『製茶、養蚕、製紙工業』と名付けて全七巻を完成」し、さらに「日光の風景を撮影し、これを加えて交換する」と書かれている。公的機関による〈日本紹介〉の記録映画に関する、早い時期における情報だ。

一九二〇年には、〈イタリアに輸出する目的で撮られた〉と書かれることの多い『白菊物語』が誕生する。『キネマ旬報』一九年一二月一日号は「イタリアへ輸出する目的で天活帰山氏映画の第三回目が一一月下旬から撮影を開始された。題名は『白菊物語』」とし、『活動倶楽部』二〇年一月号では、「日本映画の対外輸出ということは、かなり久しい以前から唱えられつつありながら、未だ事実上対外品を目的として撮影されたことなく、また事実上輸出を完全にせられたことがなかった。これはわが活動界にとって恥辱とするべきことであった。しかるに今回天活会社は率先して外国輸出の計画を立てて、ここに第一回作品『白菊物語』の製作に着手することになったのである。完成映画はイタリア某大会社の委嘱として本邦滞在中のジョヴァンニ・ロンチ氏により、イタリアに向かって輸出するものである」と書かれている。

さらに同記事によれば、「足利室町時代の京を背景とした恋愛悲劇」である『白菊物語』は、「完成のあかつきはわが国においても公開せらるるもので、イタリア輸出品としては染調色その他すべてをイタリア式として完成するが、わが国において公開の分は、なるべく映画劇としての価値を尊び、イタリア式の不必要な染調色等は省くつもりである」という。『キネマ旬報』二〇年二月一一日号には「撮影はいよいよ一月三〇日で完成した。近く公開される予定である」とあり、六月一一日号には、帰山の次の監督作『幻影の女』を紹介する記事に、「『白菊物語』は関西においてすでに封切られる」という一文が見られる。データベースでは同作品は七月三日に神田館で封切られたとされているが、イタリアで上映されたという情報は出てこない。

この事情を説明してくれるのは、二八年一月から『読売新聞』に一〇七回も連載された「活動写真　今昔譚」だ。『白菊物語』は、「一言で評するならば一種のコスチュームプレイで製作側の踏路社の連中の旧劇に対するデモンストレーションだったのだ。そんなわけで相当に騒がれた。もちろん金を出した国活の仲間内評判はよくはなかった」。そして「封切不可能とまで話がもつれ」、豊玉館で試写会だけはやることができたが、「とうとう東京では封切が出来ないで、大森のある小屋で映したところたいへんな評判で連日大入り満員」（三月一三日同紙）となったという。

〈イタリア輸出〉については、ロンチ商会が『白菊物語』をイタリアのアンブロージオ社へ売る世話をしようともちかけ、撮影中だったスタッフは大喜びし、「日本にもこれだけの映画芸術があるということを証拠立て、日伊ともどもに映画のため共同努力する機縁をつくる」という話になった（三月一四日同紙）。ロンチに勧められ、主演の近藤伊与吉もイタリアへ渡って俳優として活動する気になり、渡航準備をした。しかし、ロンチ商会は『白菊物語』をアンブロージオ社へ送り出したものの「商品見本で送ったため、中途で紛失してしまった」（三月一八日同紙）。

まとめると、日伊の映画界に顔が利くロンチが『白菊物語』をイタリアで上映すると発表し、プリントを発送したが、アンブロージオ社には届かなかったのである。同じ記事には『白菊物語』が大森での上映後、「地方で稼いで回って相当の成績をあげた」と書かれており、同作はそれなりに魅力的なフィルムだったようだ。

その後しばらく、映画輸出に関する情報は途切れる。『キネマ旬報』二一年八月二一日号の東洋フィルム協会作品『真夏の夜の夢』の広告では、「輸出向け映画製作専門!!」「鈴木俊夫監督　第一回作品　海渡喜劇」、「鎌倉大磯、横浜等を背景とした純粋の喜活劇で、米国へ輸出する運びとなりました。第二回作品『太古へ帰れ』は近く撮影を開始します。そのほか本邦の明媚なる山水を純美術的に撮影し、日本を世界に紹介することになりました」と書かれている。東洋フィルム協会は輸出専門の社であり、『真夏の夜の夢』だけでなく二本目、三本目の輸出映画の準備を進めているというのだ。同誌一〇月一一日号には、『真夏の夜の夢』が完成したと書かれているが、そのあと同作についての報道は消え、アメリカで上映されたという情報も見られない。

二一年九月九日『朝日新聞』では、栗原喜三郎が「過去一年のあいだに我が国の映画界は長足の進歩を示した〔……〕各社競うていわゆる(自称?)輸出映画の製作に汲々としている有様、まことに慶賀に堪えない」としつつ、「わが国においては、世界の市場に出して恥ずかしからぬ映画の製作は不可能であるか、というと私は否!と答えよう」という見解を示している。日本映画を外国映画と比較し、どうすれば外国で上映できるかという議論は一般化していたようだ。

〈輸出〉ではないが、『キネマ旬報』二二年四月二一日号は、米国パラマウント社で旅行映画を製作しているバートン・ホームズが来日し、「最近の日本を普く紹介する」と報じる。ホームズが旅行映画で日本の風景や風俗を諸外国に提示してくれることを喜ぶ記事だ。

同誌二二年九月一日号では「昨年実写『日本アルプス』を発表して好評を博した松竹キネマが本年さらに昨年以上の成績をおさむるべく田頭技師を再び派遣して撮影せる決死的実写『雪の日本アルプス』」が浅草公園帝国館で上映されたと報告されている。また一二月一日号は、「昨年および本年危険なる日本アルプス踏破撮影を遂行し、実写映画界に新機軸を出し」た田頭凱夫が「技術研究のため渡欧」したと伝える。ファンクの初期監督作『スキーの驚異』(一九一九/二〇年)などからそれほど遅れることなく、日本で山岳を対象とする記録映画が一般公開され、技術向上のためにカメラマンがヨーロッパに派遣されていたわけである。

なお『アジア映画』には、二二年には田口櫻村が松竹の製作した「『着物と娘』という純外国人向映画を輸出し、米国キノグラムで短編として発表された」ほか、岡本米蔵が「能舞台映画を撮影してアメリカに輸出した」と書かれている。

二三年一月一三日『読売新聞』は、「外務省あたりでは近来フィルムを利用して日本の良風美景を撮影して米国に送り、米国からもまたそうしたものを送ってもらって大いに親米親日を鼓吹している」とする。詳細は不明だが、外務省の〈日本紹介映画を米国へ送って対日感情を改善する〉という計画がすでに実行されていたことになる。

また『キネマ旬報』二三年五月二一日号では、甫従悟が「日本映画の輸出ということが、何らかの形式でもうそろそろ始まってもよさそうなものである〔……〕松竹では純日本物専門興行の都合上実写の製作も組織的にやりだしたし、定期時事映画（ニュース）の計画もあるそうだ。まず一二巻物の実写の輸出から着手することがもっとも利口な方法である」と書いている。やはりこのころ、〈映画輸出〉の気運が高まっていたのだ。八月一日号は、井上正夫の渡欧に際しての送別会が開かれると報じており、スターの洋行も珍しくなくなっていた。

しかし九月一日、関東地方を大地震が襲う。東京および周辺地域は壊滅的な被害を蒙り、映画を観ることも撮ることもできなくなった。『キネマ旬報』も二三年八月二一日号で休刊し、「震災後復活記念号」を謳う一一月二一日号まで空白期間となる。同号の「時報」には、各映画会社が多くの上映館とフィルムを失い、ようやく一〇月に入ってから興行を開始したことが記されている。関東の映画人の多くは、京都に移って映画を撮ろうとした。記録に残るかたちでの〈日本映画の海外進出〉が活発に動きはじめるのは翌年のことだ。なお、震災後の惨状は多くのカメラマンによって撮影され、それらの映像はアメリカをはじめとする諸外国に送られ、ニュース映画として多くの人々の目にふれる。

震災後のわが国では、「この際だから」という言葉が流行した。大惨事に直面して茫然としていた人々は、やがて我に返り、これを機にそれまでの生活スタイルをリセットし、髪型や服装も含めて洋風で合理的なものに変えようとしたのである。サラリーマンの大半が着物ではなくスーツで出勤するようになったのはこの時期のことだ。

3　商業的輸出の模索と停滞——一九二四—二八年

初の日独共同映画『武士道』

(1)『武士道』とその周辺

首都圏の復興が緩慢に進められた一九二四年、アメリカでは七月一日に日本人の移民を禁止する新移民法が施行されるのを控えた六月、日本人移民の男性たちと見合い結婚した日本女性数百名がシアトルに到着し、現地での排日の気運をさらに高める。国内の人々は同法を理不尽な迫害ととらえ、各地で抗議集会を開いた。五月四日から開催されたパリ五輪では三段跳びの織田などに期待が寄せられたが、日本人のメダリストはレスリングの内藤克俊（銅メダル）ひとりにとどまった。他方ではこの年、甲子園球場や明治神宮外苑競技場が完成し、大衆のスポーツ人気の高まりを支えることになる。

『キネマ旬報』二四年一月一日号の「主要映画批評」には、のちに三八年六月一日号で〈パリで上映された〉と書かれる『萩寺心中』が取り上げられている。二月一〇日『朝日新聞』夕刊も、「松竹の時代劇では『萩寺心中』が一番すぐれている」と評する。

脱線してしまうが、八月一九日『朝日新聞』夕刊は、神奈川の活動写真館の弁士数名が家出女性をモデルとする猥褻なフィルムを密造し、大々的に海外輸出を企てていたと報じる。すでにこの時期に、素人モデルを使った外国向けポルノフィルムが製作されていたわけである。記録に残らないまま、輸出された日本産ポルノ映画も多かったことだろう。

一〇月五日『朝日新聞』には、早い時期での〈外国の博覧会への出品〉例が見られる。「錫杖や人形をローマ

の博覧会へ　日本から出す数百点　わが社からも震災映画を」という見出しの記事で、一二月二五日から「ヴァチカンの布教博覧会」に日本が出品する数百点のなかに「東宮同妃両殿下伊勢神宮御拝のフィルム一巻、日本の産業風俗を撮ったフィルム七巻」が含まれているという。朝日新聞社の記録映画だが、公的要請に応えて海外に送られ、上映されたと推定される映画として記憶にとどめておきたい。

『キネマ旬報』一〇月一一日号では、『映画往来』二九年一〇号で〈フランスに送られた〉と書かれる『嘆きの孔雀』が取り上げられる。一一月二一日『朝日新聞』夕刊には、同日に『嘆きの孔雀』が封切られることを告げる浅草電気館の広告がある。

そして『キネマ旬報』一〇月二一日号は、「松竹加茂（京都）に在りし賀古残夢氏は今回東亜等持院撮影所に入所し、第一回作品としてドイツ人ハイラント氏と共同監督をなして日独合同劇を完成することになった」と報じる。長野健太の『種ヶ島』を長野自身が脚色し、「俳優は等持院俳優とドイツ俳優の合同出演」、「完成の暁はドイツに輸出する」予定で「特に数場面外国向けに撮影するはず」、「題名も輸出の分は『武士道』と改題する」という。『新しき土』よりも一〇年早く企画・製作され、じっさいに日独で一般上映された〈日独合同映画〉、『武士道』に関する報告である。

(2)『武士道』という映画

『武士道』は、『新しき土』の製作時期にはほぼ言及されることがなく、その後も長く〈忘れられた作品〉だった。だが二〇〇四年にロシアのゴスフィルモフォンドでプリントが〈発見〉され、翌年にはわが国で上映された。同作が多くの意味で『新しき土』に先行する作品であることは疑いがないので、少し詳しく紹介したい。

まずハインツ・カール・ハイラント（Heinz Karl Heiland）がなかなかユニークな人物だ。一八七六年にデュッセルドルフで生まれた彼は、「カール・ハイラント」「ハインツ＝カール・ハイラント」として活動した。『武士道』に関しては「カール」を「Carl」と表記する文献も多い。わが国では「ハイランド」と書かれることも多いが、本書では正しい発音である「ハイラント」に表記を統一する。

ハイラントはそもそも探検家で、アジア、メキシコ、アラスカなどを回って写真入りの旅行記を発表していた。やがて映画を撮りはじめ、処女作『コーカサスの襲撃』（一九一二年）はジョージアのトビリシで撮った。映画製作においてはプロデューサー、監督、脚本家、カメラマン、俳優を兼ねることが多かった。ドイツで発行されていた映画新聞各紙では、たとえば二二年一月二四日『フィルム＝クリーア』に、『武士道』でも主演するロー・ホルの主演作『ハプラ、死の街』の紹介記事があるように、彼の活動は頻繁に報道されている。

四月四日同紙では、新作『日本の仮面』の撮影で、高さ三五メートルの灯台のてっぺんからヴァルトハイムという男性が四回転しながら海に飛び込んだとされている。ハイラントは高度なアクションを好んだのである。五月三日同紙の『ハプラ、死の街』への批評は、映像は素晴らしいが設定や脚本に問題があるとする。要するにハイラントは素人だった。

二四年二月二二日『フィルム＝クリーア』は、ハイラントの「映画探検」出発を祝う会が開かれたと報じる。行く先は「南インドとスマトラ」、劇映画と文化映画を何本か撮る予定で、脚本執筆はリヒャルト・フッターとルート・ゲッツ、俳優としては「ホル嬢」「テッティング氏」と「ハーゼルバハ氏」が同行するという。日本訪問には触れられていないが、時期的に考えて、またホルとテッティングの名前があることから、この「探検」の過程で彼らが日本に立ち寄ったことは確実だ。

『キネマ旬報』に『武士道』についての言及が見られるのは、すでに書いたように二四年一〇月二一日号からで、〈賀古とハイラントの共同監督〉〈長野による脚本〉〈日独俳優共演〉〈輸出品は別につくり、そのための部分を撮影する〉といった情報が確定的に示される。

一一月一日号には、「賀古残夢氏とドイツの監督ハイラント氏の共同監督になる『武士道』はなお監督中なるが、等持院側の出演俳優は明石潮氏河合みどり嬢月形龍之助氏」と書かれているが、一一月一一日号は「賀古残夢氏はなお日独合同映画『武士道』を監督中なるがセットそのほかの都合にて中途にて暫時中止して、氏自身原作脚本になる『剣を翳して』に着手してただちに完成した」とする。賀古は短期間で別の映画を撮り終えたのである。一一月二一日号は、賀古が「再びハイラント氏とともに『武士道』の監督に着手、俳優は多少変更され、新加入の岡島つや子嬢および衣笠英子嬢等が重要な役をつとめる」と伝える。

一二月一日号では、「賀古残夢氏とハイラント氏が共同監督中の『武士道』および沼田紅緑氏の監督中なる『戦国時代』は、彦根城において大規模の合同のロケーション撮影をなすため、一一月下旬等持院撮影所全員すべて彦根に出張し、大々的冒険撮影を断行しいよいよ二篇とも完成が近づいた由」と報じられる。『武士道』には驚くほど大規模な合戦場面があるが、それは『戦国時代』との「合同ロケーション」によって実現したことがわかる。ところが一二月一一日号には、「賀古残夢氏とハイラント氏との共同監督になる『武士道』は一時中止となった。未完成のまま全然中止とするか、撮影を続けるか目下未定」と書かれている。『武士道』は中断の危機にさらされていた。

なお二四年一二月一七日『フィルム＝クリーア』は、「フリードリヒ通り七六番地の高名なインド・アフリカ研究者ハインツ・カール・ハイラントの個人博物館で、二夜にわたり窃盗事件があった」と報じる。仏教寺院から入手した象牙の人形、宝石をちりばめた武器、高価な絨毯などが盗まれた様子だが、ハイラント本人が旅行中なので正確な被害は不明だとも書かれている。自身の博物館から貴重な収集品が盗み出されていたとき、ハイラントは日本にいて、『武士道』の撮影がどうなるか見通せない状態に置かれていたのだ。

『キネマ旬報』二五年一月一日号は、「一時中止された『武士道』はふたたびハイラント氏および賀古残夢氏の共同監督にて撮影開始され、いよいよ近日完成の運びとなった」と伝える。しかし一月一一日号には「賀古残夢氏は、昨冬以来引き続き監督中であった日独商会との共同作品『武士道』をハイラント氏とともになお監督を続

『武士道』の製作を報じる記事（1925年１月21日『読売新聞』）

けるはず。吉原のセットは素晴らしきものにて出来上がり次第ただちに着手する予定である」とあり、作業は再開されていなかったことがうかがえる。

一月二一日号では、「近作映画紹介」欄に『街の手品師』と『武士道』が並ぶ。『武士道』は「ドイツの監督ハイラント氏と東亜とが共同で製作した日独合同劇で、輸出向きにつくられた映画である」と説明され、主人公は「ある海岸へ漂着したポルトガルの探険船に乗り込んでいたマルコ・バルボア」、ヒロインは「ルイザ」とされている。

一月二一日『読売新聞』には、「富士の裾野を背景に　ドイツ人と共演で作った東亜の『武士道』　海外発展の第一歩として」という長文記事があり、ストーリー紹介とともに「この映画は東亜が今後追々外国にまで発展するその第一歩としての試み」で、「東亜では今後もこうした外国人との合同映画をつくって海外に出したいといっている」と書かれている。一月三一日同紙には『武士道』十巻、富士、鎌倉、奈良、保津川、淡路、彦根、明石等の名勝を背景とし、撮影終了」とあり、作業が終了したことは確かだ。

ところが、このあと『武士道』に関する記述は消え、同作が表舞台に復帰するのはなんと一年後、二六年五月だ。空白期間が生じた理由について情報を与えてくれるのは、玉木潤一郎『日本映画盛衰記』（一九三八年）である。『新しき士』の完成翌年に発行された同書において、玉木は『武士道』を写真キャプションでは「わが国最初の日独提携映画」、本文中では「本邦最初の国際輸出映画」と紹介する。同書によれば原作者は今東光、佐藤紅緑が脚本を書いたが、ハイラントは「ドイツの女性が日本の男に恋することが不自然」と主張し、そのほかにも「随所にハイラントとして、頷けない箇所があるのでこんなシナリオでは撮れぬと言い張った」。そこで紅緑は三日間で脚本を書き直し、ドイツ語訳をハイラントに見せて納得させ、撮影が開始されたという。

玉木は「『武士道』は日独両者が五万円ずつ投資した十万円の映画であるから、当時としては実にたいした製作費」で、「彦根城内にセットを組んでそこに二〇日間閉じこもって撮影した」と書き、ハイラントが彦根城内の一本の電柱をどうしても引き抜きたいと主張したので、東京のドイツ大使館に訴えて外務省に手を回し、抜く許可を得たという逸話も紹介する。撮影が禁止されている京都の清水寺では、実は「日本語は相当達者なのだった」ハイラントが言葉がわからないふりをして時間をかせぎ、そのあいだに賀古が撮影をすませたという。

そして『武士道』の撮影は終了するが、「ハイラントが一本のポジを携えてドイツへ帰国し、それを整理したポジが内地に帰ってくるまで約七ヶ月の長いあいだ、東亜の倉庫に入っているネガに一指も触れず待たねばならぬ契約条項」があったため、日本側スタッフは「馬鹿正直に長い期間待機」した。同作は、契約に定められた空白期間があったというのだ。

二六年五月二日『読売新聞』は、「日独俳優の合同出演した超特作品『武士道』全一二巻は、日本における封切に先立ちドイツ、ベルリンをはじめミュンヘンその他の大都市で公開し非常な好評を博したが、最近わが映画界は日本物の黄金時代となったため、この大作を公開するにもっともよき時節到来というので、いよいよ最近封切することになった」と報じる。『武士道』がドイツ各地で成功し、〈凱旋帰国〉を果たすかのようだが、ドイツ公開は一九二七年なので、これは虚偽の情報だ。

とまれ、日本での公開は実現する。五月二四日『読売新聞』夕刊は「映画物語」として「東亜キネマ特作品　武士道（全八巻《ママ》）」を取り上げる。同紙での表記に忠実に引用すると、配役は「東堂信行：御国晴峯、水月禮之助：明石潮、静香：岡島艶子、速見勝明：本間直司、マヌエル・フロンテナア：カアル・テチン、エヴァ・アロンブ：ルー・ホール嬢」（続く本文中ではエヴァの姓は「アロンゾ」）、時代は「天文十何年かの春」だという。

続いて紹介される物語は、一年前に告知されたものに近い。異なるのは、南蛮船が「漂着」したのではなく水を求めて来たこと、浜に流れ着いた女性が「マヌエルの愛人だった」という部分だ。二五年一月には、ポルトガル人「マルコ」が上陸し、続いて漂着した「ルイザ」と恋仲になり、最後に結婚すると報じられたが、ここでは「マヌエル」が漂着してきた恋人「エヴァ」と浜辺で再会し、一時は離れ離れとなるが最後に結ばれるとされている。ロシアで発見されたドイツ版はさらに内容が異なるが、その点は後述する。

同紙「映画界」欄には「等持院オールスターキャストの『武士道』は二八日から関東は浅草キネマ倶楽部、神田、東洋キネマに封切される予定だったが都合により来月三日に公開を延期した」とあるが、同日『朝日新聞』には「ドイツの監督ハイラントと賀古残夢との合同作品、東亜の『武士道』（日独俳優出演）、おくらかと思ったら、来月一日鳴り物入りで封切されるという。面白そうな映画なり。（なおこれはノルディッシュ・フィルム・ユニオンの手で欧州に配給されつつあるそうな）」と書かれている。

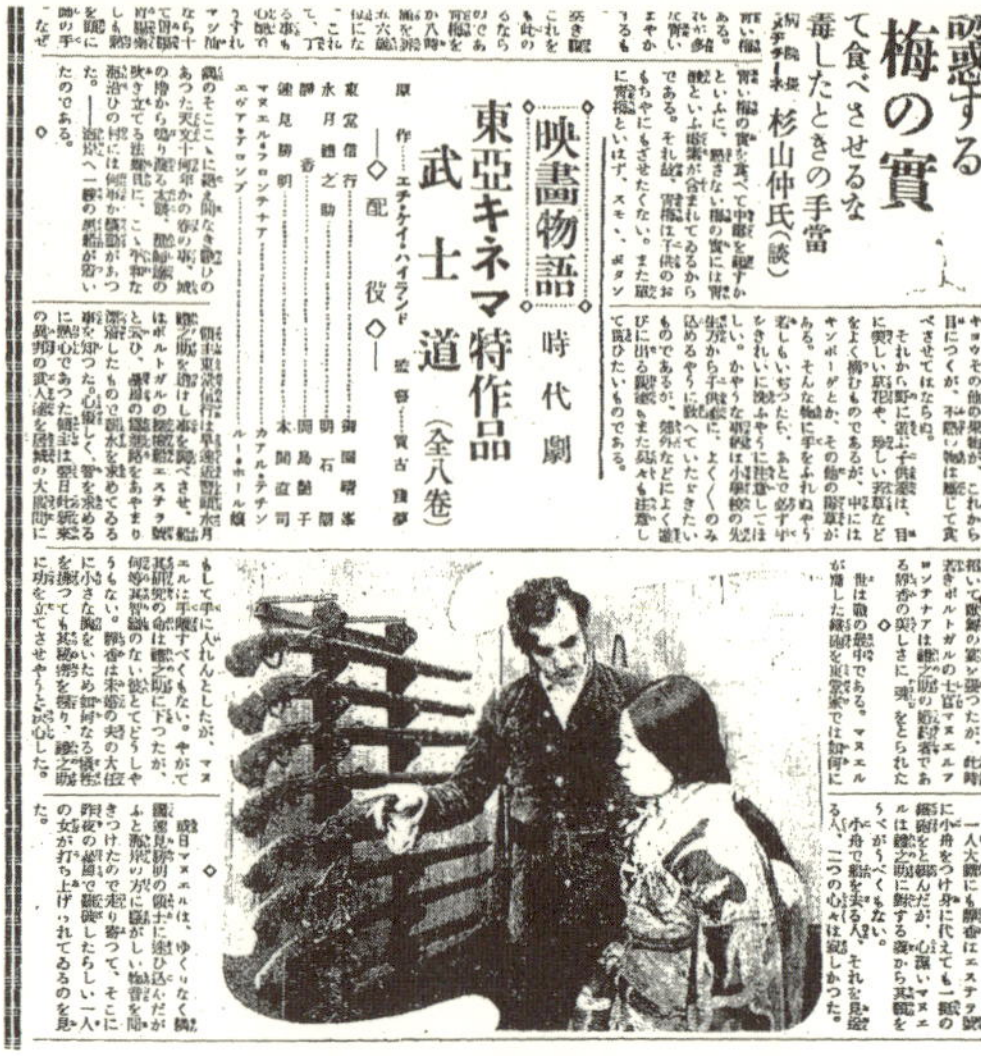

『武士道』の内容を紹介する「映画物語」（1926年５月24日『読売新聞』夕刊）

そして『武士道』は、ついに二六年六月四日（一日でも三日でもなく）に封切られる。当日の各紙には「六月四日封切」と記された広告があり、封切館は神田東洋キネマをはじめ七館、「日独合同劇」「賜山階宮殿下台覧栄」「本邦映画界空前の大映画・撮影費二〇万円・出場人員五千人」という宣伝文句が勇ましい。「賜山階宮殿下台覧栄」という語句は、六月五日『朝日新聞』夕刊で「五日午後六時半山階宮邸では、藤麿王萩麿王をはじめ皆様お揃いで東亜キネマの『武士道』を台覧される」と報じられた事実による。東亜キネマは皇族の邸宅で試写を実施し、宣伝に使ったのだ。

ドイツ上映はどうなったか。ハイラントに関わりのある記事を探していくと、二六年一〇月一日『フィルム＝クリーア』が、監督作『白いゲイシャ』について報じている。そこには「東アジアで撮影されたハイラント映画、ロー・ホルとカール・W・テッティング主演の『白いゲイシャ』のために、ベルリンで人気を博していたハラー＝レヴューのダンサー、ラ・ヤーナが起用された。室内場面はヨーファのスタジオで撮られた」と書かれている。『白いゲイシャ』は、ハイラントの〈東アジア探検旅行〉で成立した作品のひとつで、『武士道』と同じ男女優が主演しているが、別の映画だ。ハイラントは、アジアで撮ったフィルムに著名なダンサー＝女優、ラ・ヤーナを起用してベルリンで撮ったフィルムを足し、完成したのである。

そして二六年一〇月一二日『フィルム＝クリーア』には、「ハラキリ」という見出しの記事が掲載される。乃木将軍が天皇の死に際して割腹自殺をとげたことを紹介し、独日の俳優が出演してハイラント総指揮のもとに撮られた独日映画『武士道――鉄の掟』には、多くの興味深い場面とともに「この独特の儀式」が見られると告げるものだ。ハイラントは、ヨーロッパでも知られていた〈ハラキリ〉を売り物にしようとしていた。二六年六月に日本で封切られた『武士道』は、ようやく約四ケ月後にドイツのマスコミに取り上げられた。だが、同作品についての報道はいったん消えてしまう。

翌年の五月七日『フィルム＝クリーア』には、ドイチュ＝ノルディッシェ・フィルム＝ウニオーンの封切作品の広告に『武士道』が示され、「最初のオリジナル日本劇」と書かれている。五月一〇日同紙には、抽象的でか

Bushido

DAS ERSTE ORIGINAL JAPANISCHE SPIELDRAMA

Pressestimmen zur Uraufführung im Beba-Palast-Berlin

Neue Berliner 12 Uhr:
Es sind ganz starke erschütternde Momente in diesem Werk . . . Zwei Bilder dieses Films — eine Harakiri-Szene und der Todeskampf eines Daymios — sind von unauslöschlicher Eindrucksstärke und bezwingender als die Darstellungskunst der größten Weltmimen.

Lichtbildbühne:
. . . Diese Daymios und ihre Vasallen, diese japanischen Gärten und Teehäuser sind eben echt. Und so wie hier im Film sah Japan wirklich aus. . . . Er ist kein Film von jenen, deren 13 auf ein Dutzend gehen. Und darum eine wertvolle und erwünschte Bereicherung des Programms.

Berliner Lokal-Anzeiger:
. . . Die Harakiri-Szenen, die unerhörten Tanzbilder, die Kämpfe — prachtvoll!

B. Z. am Mittag:
. . . Den Fuji-Berg . . . hat man noch nie so schön gesehen, und verschiedene feierliche Tänze und Umzüge, die Kämpfe und Staatsaktionen sind nicht nur von größtem völkerkundlichen Interesse, sondern auch von stärkstem bildlichen Reiz.

Film-Kurier:
Die Männer sind prachtvoll in ihrer Mischung von Fremdheit und Bekanntheit. Sie spielen Aristokraten und sehen aus wie Aristokraten. . . . Das Publikum . . . wird hier mit Genuß zulernen: vor allem fremde Gefühle und fremde Gesten, was das wichtigste ist.

Berliner Morgenzeitung:
Eine fast unwirkliche Märchenwelt tut sich vor uns auf; wir sehen den heiligen Berg Fujijama, den Riesenbuddha, Kämpfe, Staatsaktionen, Harakiri, alles von starkem, bildhaftem Reiz. Es wäre zu wünschen, daß dieser erste japanische Film bald Nachfolger findet . . .

Berliner Morgenpost:
Am schönsten ist die herbe Poesie der Landschaft, die kahlen Felsen am Meer mit den paar einsamen Bäumchen, die stillen, großen Parks, die drohenden Ritterburgen. Dazwischen diese Menschen, die mit ihrer Umgebung verwachsen scheinen; die stattlichen Männer mit der angeborenen Noblesse in jeder zurückhaltenden Bewegung, und die grazilen Frauen mit ihrer hingebungsvollen Demut.

ドイツの映画新聞での『武士道』の広告（1927年6月1日『デア・フィルム』）

なり厳しい批評が掲載されている。「上映前の講演で、ハイラントが日本最高の俳優だと述べた」日本人俳優による日本劇であるが、演技が硬直的で、「私たちが〈愛〉もしくは〈憎しみ〉、〈嫉妬〉と呼ぶものを彼らが演じられないことは確か」で、ふたりのヨーロッパ人俳優も「完全に恥さらしだ」と手厳しい。日本人がもっとも驚異的なのは〈ハラキリ〉の場面だとも書かれている。

さらに六月一日『デア・フィルム』にはドイチュ＝ノルディッシェ・フィルム＝ウニオーンの一頁広告が掲載され、『武士道』と『失われた幸福』へのマスコミの批評の抜粋が並べられている。当然ながら都合のよい文章や語句だけが選ばれており、たとえば『ベルリーナー・ロカール＝アンツァイガー』からは「ハラキリ場面、はじめて触れる舞踊の映像、戦い――みごとだ！」、『ベルリーナー・モルゲンポスト』からは「もっとも美しいのは、風景の過酷な詩情である。わずかな本数の木々が見える海辺のむきだしの岩、静かな大きな庭園、威嚇的な騎士の要塞」といった部分が引用されている。

(3)ドイツ版『武士道』

日本版とドイツ版が別のものであることはすでに述べたが、前者を調査することはできないので、後者を簡単に紹介しておこう。

白い紙に、剣道の小手の防具をつけた手が、筆で「武士道」と書きつける。突き出された刀を自らの刀で防ぐ武士のイラストの右側に『Bushido – das eiserne Gesetz』というタイトルが提示される。中国風の模様の上に「日出る国からの映画」という語句が示される。

中国風の模様をバックに「Oberleitung（総指揮／総監督）：Heinz Carl Heiland」「Regie（監督）：Zanmu Kako」という文字列が目にされる。この情報からは、各場面を演出したのは賀古残夢で、ハイラントは全体を統括する立場にあったように見える。脚本執筆者については情報がない。

主要キャスティングは、「スペインの士官」の「Manuel Frontera」はCarl W. Tetting、「Eva」がLo Hall（のちの字幕ではLoo Holl）、「Samurai (Lehnsmann) des Daymio, eines japanischen Fürsten（日本の領主「大名」に仕えるサムライ）」の「Renosuke《ママ》」はW. Akashi《ママ》、「Geisha」はTsuyako Okajimaと紹介される。岡島は「腰元」を演じたはずだが、ドイツ版では「ゲイシャ」だ。

「日本の海辺、岩だらけの山の上に大名ヨリトモの城があった」という字幕が出る（ドイツ版字幕には漢字表記がなく、日本版と同じ人名には日本版での表記を使用する）。男たちが太鼓を叩いたり鐘をついたりし、浜辺に人々が集まって「異国船だ！」と叫ぶ。沖の帆船には白人男性数人と中国人通訳が乗っていた。「頼朝の武器係」である禮之助と家老らが小舟で帆船に向かう。白人たちは水を補給させてほしいと訴え、禮之助は了承する。

頼朝は士官のマヌエルを城に招く。頼朝は禮之助に、枝にとまった小鳥を射落とせと命じるが、矢ははずれる。「武士は弓を射損じたなら、ただちに切腹しなければならぬ。それが名誉を重んじる武士道の掟だ」という字幕ののち、マヌエルが頼朝をなだめ、小銃で小鳥を撃ち落とす。頼朝は禮之助に、あの異国の武器をつくれば許すと告げる。

禮之助の許嫁、静香が鹿に餌をやっていると、泥酔したふたりの侍にからまれる。マヌエルが静香を救おうとするが、侍たちは切りかかってくる。現れた家老が侍たちをいさめる。ふたりは切腹を申し渡され、マヌエルも見守るなか、ひとりが腹を切る。もうひとりも準備に入るが、マヌエルがやめてほしいと訴え、切腹は中止される。

静香は南蛮船のマヌエルのところへ行き、私の身を差し上げるので禮之助様に武器の秘密を教えてあげてほしいと懇願するが、マヌエルは静香を帰らせる。

翌朝、マヌエルはタコ釣りに熱中していて、隣の地域を治める大名、西田の領地に入りこむ。マヌエルは浜辺で、船が難破して流れ着いた白人女性エヴァを見つけて介抱する。西田の手下がマヌエルとエヴァを発見し、城に連行する。西田に銃の秘密を教えろと命じられたマヌエルが拒むと、牢に入れられる。禮之助はマヌエルの救出を誓う。

西田はエヴァに着物を着せ、能楽を見せる。西田が泥酔した隙を見てエヴァは逃げ出し、天守閣の外に出て石垣を這って門の外へ飛び降りる。エヴァは吉原に迷い込み、暖簾のかかった家屋へ飛び込む。それは「日本の娼婦、花魁（字幕では「Oira」）」の屋敷だった。エヴァは花魁の着物のなかに隠れるが西田の手下に発見され、とらえられる。

西田はエヴァを暴力的に支配しようとする。禮之助はマヌエル（彼が牢を出る過程は欠落している）らと城に近づく。激しい戦闘がはじまり、エヴァは窓から天守閣の外に出る。屋根の上に出た西田にマヌエルの弾が当たる。西田は現れたマヌエルに、エヴァが〈吉原にいた堕落した女〉だと告げる。マヌエルはショックを受けながらも西田を射殺する。大規模な合戦ののち、頼朝軍が勝利する。

城に戻ったあと、マヌエルは禮之助に銃や火薬の作り方を教える。エヴァはマヌエルに嫌われたと嘆いていた。禮之助とマヌエルは、エヴァが逃げ込んだ吉原の屋敷を訪れ、花魁から説明を受ける。エヴァが娼婦として働いていたという疑いは晴れる。

エヴァとマヌエル、静香と禮之助の合同結婚式がおこなわれる。マヌエルと禮之助は固い握手を交わす。マヌエルを乗せたかごが西田の城の近くにさしかかると、マヌエルはエヴァに「見てごらん、あの城で僕たちは幸福を見つけたんだ」と語る。天守閣のロングショットで映画は終了する。

以上を、一九二六年五月二四日『読売新聞』夕刊に掲載された日本版の物語と比較してみよう。日本版では「天文十何年間かの春」だが、ドイツ版には時代の説明はない。天文とは一五三二—五五年で、一五四三年にはポルトガル船が種子島に漂着して〈鉄砲伝来〉がなされているという意味で、ストーリーに合致している。源頼朝が征夷大将軍だったのは〈鉄砲伝来〉よりも三〇〇年以上早く、ドイツ版でのヨリトモは源頼朝とは別人ということになる。日本版では禮之助の上司である領主は「東堂信行」、隣国の領主は「速見勝明」だ。マヌエルは日本版ではポルトガル人、ドイツ版ではスペイン人だ。

物語でもっとも大きく異なるのは、侍が切腹をする場面、エヴァや禮之助、マヌエルが吉原に行って花魁と会うという展開がドイツ版だけにあることだ。明らかにハイラントは、ドイツの観客に見せるにあたって日本的要素として有名な〈ハラキリ〉〈ヨシワラ〉を入れたのだ。静香が〈ゲイシャ〉とされるのも、やはり日本的ワードと考えられたからにちがいない。未知の異国を舞台とする映画を構成しようとする場合、ステレオタイプのイメージに依存しようとする傾向が強いのだ。

人間関係という点では、ドイツ版ではマヌエルはエヴァと浜辺ではじめて会ったという設定だが、日本版では「彼女はマヌエルの愛人だったのである」とされる。日本版のストーリーにはマヌエルは「静香の美しさに魂をとられた」とあるが、ドイツ版ではそんな様子はない。さらに日本版では、禮之助が僧侶に変装して城内に忍び込み、マヌエルだけを救出するがエヴァは助け出せず、後日マヌエルと禮之助率いる決死隊が城に侵入すると書かれているが、ドイツ版にはマヌエルが牢から脱出するくだりがない。

作品の帰属先も異なる。日本版は「東亜キネマ株式会社」作品とされ、ドイツ版は「ドイチュ゠ノルディッシェ・フィルム゠ウニオーン有限会社」のマークが出るのみで、広告でも「東亜キネマ」という語句はない。日本版公開時の広告にもドイツの会社名はない。要するに、日本版は〈日本映画〉として公開され、ドイツ版は〈ドイツ映画〉として公開されたのだ。ドイツ版がソ連で〈ドイツ映画〉と分類されていたのも当然だったといえる。

(4)『武士道』の内容等について

ドイツ版『武士道』を観て感じることをまとめてみよう。まず時代考証に問題がある。城の内部や生活スタイルは江戸後期としか思えず、鉄砲伝来の時期にも源頼朝の時代にも見えない。当時の時代劇撮影では、そこまで注意が払われなかったのだろう。静香ら「腰元」たちは、着物の首元、頭部のうしろに不思議な大きな白い羽根をつけ、顔を舞妓のように真っ白に塗っている。領地争いをしている頼朝と西田の城が近すぎるのもおかしいし、禮之助が城の庭園で静香としばしばふたりきりになるのも異様だ。禮之助は、頼朝の命令を実行できなかったために切腹を命じられるのだが、いくらなんでも庭の小鳥を弓で射ろという命令は無茶というものだろう。

マヌエルが乗ってきた南蛮船には、白人数人と中国人通訳ひとりが乗っている。航海の目的は説明されず、ほかにどんな乗組員がいるのか、なぜ通訳がいるかもわからない。エヴァがどんな船で来たのか、船は難破したのかといった情報もない。面白いのは、マヌエルが西田の領内に入り込む理由が〈タコ釣りに熱中していた〉という設定だ。タコが選ばれたのは、ドイツ人がほとんど食べないタコを好む日本の食習慣を揶揄するものだったのだろうか。

「ヨシワラ」の描き方も、日本人には耐えがたいものがある。「娼婦」と紹介される花魁は巨大な着物に身を包み、長いかんざしを多数、頭髪に挿している。後日、マヌエルと禮之助が訪ねたときには幼児ふたりが花魁の両脇に寄り添い、エヴァに関する疑いが晴れたあとは、運ばれて来た饅頭を幼児たちが食べる。撮影現場には多くの日本人がいたはずだが、「ヨシワラ」の部分はドイツ向けに撮られたので、おかしいという声が出ることもなかったのだろうか。

他方では、大人数によって展開される戦闘場面のダイナミックさはドイツ人にもアピールしたのではないか。『武士道』はそもそも日本とドイツからの高額な予算が投入され、『戦国時代』との合同ロケによって実現した。合戦場面には数百人ものエキストラが投入されているように見えるし、チャンバラは城の内部、天守閣周辺、草原などさまざまな場所で展開され、変化に富んでいる。それ以外のアクション場面も豊富で、とりわけエヴァ役のロー・ホルの身体能力には驚かされる。ホルは道具を使わずに石垣の壁面を移動し、ヨシワラでは二階から飛び降り、天守閣では屋根の上を走る。スタントを使っている様子はなく、その部分だけでも冒険映画として十分に楽しめる。

(5)『新しき土』との共通点

『新しき土』が撮られるのは一〇年後だが、ここで両者の共通点をまとめておくことは、ヨーロッパ向けの〈輸出映画〉の大きな傾向を探るという点で有意義だと思われるので、列挙するかたちで簡単に指摘しておこう。

・観光名所が頻繁に登場する。『武士道』では彦根城や姫路城などが登場し、鎌倉の大仏はどちらの映画にも登場する。その結果、地理的な整合性は無視される。またどちらにも、鐘をつく場面がある。
・放し飼いの鹿にエサをやる場面がある。ドイツにない風景なので面白かったのだろう。
・伝統文化や芸能が紹介される。『武士道』では、静香や烏帽子をかぶった女性らが舞い、西田の城では能が披露される。『新しき土』にも光子が茶道や生け花を習う場面があるほか、相撲や都踊り、狂言の記録映像が入れられている。
・武道が紹介される。『武士道』では、剣術、弓術、刀での戦いに長い時間がさかれ、しばしば背景に鎧兜が見える。『新しき土』でも家に鎧兜や刀が飾られ、ヒロインが弓道やなぎなたの訓練を受ける場面もある。

・日本風飲食の描写に長い時間が費やされる。『武士道』では、マヌエルの接待場面にはじまり、畳に座って飲み食いをする映像が多い。『新しき土』でも、輝雄と日出子が不思議な料理屋で日本酒を飲むほか、大和家に招かれたゲルダは畳に座って箸の使い方を習いつつ食事をとる。
・日本人女性の〈犠牲〉の表現がある。『武士道』では、静香は禮之助を救うために、マヌエルに自分の身体を捧げると申し出る。『新しき土』でも、火口に身を投げようとする光子の行為は日独のマスコミで〈犠牲的行為〉と評される。
・海辺で岩に波が打ち寄せる映像が多い。日本が周囲を海に囲まれた国であるというイメージが強調されたと考えられる。

このように、『武士道』では『新しき土』と同じく、ヨーロッパ人が奇妙に思う日本の風習や文化を紹介することに力点が置かれ、日本人なら不快感を抱くような細部の誇張がおこなわれている。

男女関係でいえば、『新しき土』では最後に結ばれるのは日本人男女だ。『武士道』では日本人同士、外国人同士の二組の恋愛が成就するが、途中で大名の西田がエヴァに対する欲望をむき出しにし、わがものにしようとする部分が重要だ。欧米では白人女性が異国人の男性の脅威にさらされる物語が多く存在し、映画でもその種の題材が好まれた。ドイツ版『武士道』も、白人女性が醜い日本男性の欲望の対象となる部分を核とする映画だ。

また『新しき土』では、輝雄が西洋と日本の比較検討をおこない、日本にも西洋に劣らぬ部分があるという結論に到達する展開が軸となっているが、『武士道』では日本の文明は西洋とは比較にならない原始的なものとして描かれている。そこには、日本と西洋を比較しようとする視点が存在しない。

現在のドイツ映画史研究においては、『新しき土』に『武士道』という先例が存在したという事実はほとんど視野に入れられていない。しかし『武士道』はまぎれもない〈日独合同映画〉であり、きちんと両国で商業公開されたので、この事実は深く受け止めておきたい。

早川雪洲の帰国と国際共同映画『ラ・バタイユ』――一九二四年

このころ大きな動きを見せるのが、『新しき土』で主人公の養父を演じる〈日本初のハリウッド・スター〉、雪洲だ。どんな報道がなされたかを見てみよう。

簡単に紹介しておくと、雪洲は一八八六年（一八八九年と誤記されることも多い）、現在の千葉県南房総市に生まれた。本名は金太郎、海城中学校卒業後、海軍兵学校の受験に二度失敗し、一九〇七年に渡米した。翌年、シカゴ大学に受講届を出したことは確認されているが、正式な学籍を取得した形跡はない。だが本人は、その後〈シカゴ大学卒業〉という学歴を主張する。日本人劇団の俳優として活動するうちに脇役で映画出演するようになり、やがて排日映画『タイフーン』（一九一四年、レジナルド・バーカー監督）の主演で注目を浴びる。共演した青木鶴子（「つる子」とも表記される）と結婚したのは、その撮影中のことだ。

そして一五年、セシル・B・デミル監督作『チート』での美術商「トリ」の演技が雪洲の知名度を世界的なものにする。白人女性に情欲をむき出しにし、肩に焼きごてを押しつけるというショッキングなキャラクターは排日運動を激化させ、憤慨した在米邦人は「雪洲撲殺団」を結成した。しかし雪洲は、セクシーな外国人スターとしての地位を確立する。雪洲の人気が高まると日本人社会の雰囲気も変わり、彼を誇りとするようになる。

一六年から二三年までは、年に四―九本のペースで映画出演する。一九年四月八日『朝日新聞』では、雪洲が一週間に二〇〇〇ドルを稼ぐ、チャプリンやロスコー・アーバックルに劣らぬスターであり、日本庭園つきの豪邸や別荘を持っていると紹介されている。「日比谷中学卒」「海軍兵学校合格」など虚偽の情報も見られるが、全面的に雪洲を賞賛する記事だ。二一年三月二〇日『読売新聞』には、夫の浮気を苦にした鶴子が服毒自殺をはかったという記事が見られる。これは虚報だが、その後も雪洲の女性スキャンダルは続く。

同年六月七日『朝日新聞』夕刊は「一時大分誤解された」雪洲が「日本物の大映画を作製するんだと大いに力んでいる」と報じ、それは蒙古襲来の企画だとする。二二年一月一〇日『読売新聞』は、雪洲が日本ものの映画を撮ることを希望し、「立派な脚本が得られ米国で撮影して上演するようなものであれば三万ドルの賞金を差し上げたい」と外務省に伝えてきたとする。四月一一日『読売新聞』は、「賞金二万円で最初の雪洲映画脚本筋書を募集し、これを日本で撮影して米国へ送り〔……〕活映界に雪洲賞を設けること等」が立案されたとする。雪洲は帰国して〈輸出映画〉を撮ると考えられていたのだ。

雪洲は六月一二日にサンフランシスコを発つ。東京では六月一〇日に「帰朝歓迎会」の創立披露会が開催され、続いて「雪洲不歓迎会」「雪洲抹殺団」も結成される。「不歓迎会」は「雪洲が排日新聞の宣伝に利用され、日本人としてあるまじき映画を製作したのはけしからん」（六月一三日『読売新聞』）と主張し、「歓迎会」は、雪洲が排日映画に出演したという誤解を解くために『早川雪洲が世界的名優となるまで』という小冊子を発行すると発表する（六月一六日『読売新聞』）。

六月三〇日朝、雪洲夫妻は横浜に到着する。遠い親戚と称する者や「『国賊かどうか会見の上確かめなければ承知できない。なにしろ子分の奴らが沸いていて何とか雪洲から直接弁明を聞かなければ何をするかわからない』とすごい文句を並べて腕まくりの連中」（七月三日『読売新聞』）が押しかけ、歓迎会でも乱闘騒ぎが起こった。その後も夫妻は、弟子入り志願者や乱暴者たちに悩まされ、ほとんど何の活動もしないまま八月二八日に日本を離れる。〈蒙古襲来の映画〉企画については、八月二一日『朝日新聞』夕刊に「早川雪洲氏がウンと金をかけて『元寇』を製作の計画を立てていることはよほど以前からのことだが、いよいよこれが真面目になってきたらしい」と書かれているが、実現はしない。

ニューヨークの舞台に立っていた雪洲に転機をもたらしたのはフランスからのオファーだ。二三年七月、雪洲と鶴子はクロード・ファレル原作の映画化『ラ・バタイユ』で海軍士官ヨリサカとその妻を演じるためにパリに招かれる。

『キネマ旬報』二三年八月一日号では飯島正が、フィルム・ダール撮影所に長崎のセットが組まれ、海戦場面にはフランス地中海艦隊が協力することなどを紹介する。飯島が引用した『ラ・シネマトグラフィ・フランセーズ』の記事には「セッシュウ・ハヤカワはうってつけの役をするのである。彼は一度は日本海軍の光輝ある一員ではなかったか」と書かれている。雪洲は〈日本海軍の元軍人〉と周囲に信じこませていたのだ。

雪洲は撮影中も〈海軍の専門家〉として演出にも口を出した。『ラ・バタイユ』は、映画事典等では〈ヴィオレと雪洲の共同監督作品〉とされる場合が多く、その意味では〈監督・主演として日本人の関与したフランス映画〉として重要な意味を持つ。雪洲は自伝において、小規模な映画になりそうで不満に思っていたところ、彼のファンだというフランス人少女と知り合い、その父である大臣の手配によってフランス海軍が全面的に協力してくれたと主張している。『ラ・バタイユ』はフランス国外でも成功し、大いに外貨を稼いだ。八月の各紙は、雪洲と鶴子がフランス政府から重要な賞を贈られたとさかんに報じる。

時間的には少し戻るが、雪洲は二三年一一月にイギリスに渡って舞台に立つ。八月五日『東京日日新聞』では小田末造が、リバプールでの雪洲は「楽屋入りなど知事や市長の案内でするほどの大人気でその行き帰りの街路は群衆で身動きができないくらいでした」と書く。二四年には雪洲はフランスで二本、イギリスで二本、ドイツで一本の映画に出演する。

日本では、上山草人がダグラス・フェアバンクス主演作『バグダッドの盗賊』(一九二四年、ラオール・ウォルシュ監督)に出演したことが話題となる。日本で舞台俳優として実績を残し、一九年に妻の山川浦路と渡米した草人は、魁偉な風貌を生かしてようやく映画での大きな役をつかんだのだった。たとえば二四年三月六日『朝日新聞』は、「外人側の評によると、草人は東洋人タイプの俳優としては雪洲以上の特徴をもち、性格俳優として

『ラ・バタイユ』

すばらしい技能をもって」おり、「今日日本人俳優で同地〔ハリウッド〕で気を吐いているのは草人夫妻だけだ」とする。草人は、のちに『新しき土』とは別の〈日独共同映画〉に出演することになる。

いっぽう雪洲の『ラ・バタイユ』については、「当時の司令長官だった東郷元帥とその家庭の人々を招き〔九月〕三〇日夕刻から小笠原長生子爵邸で試映をおこなった」際に、映画で描かれた現場を指揮した東郷が感激し、部下が死亡する場面で涙を流したと報じられる（一〇月一日『朝日新聞』）。興味深いのは、東郷が「一海軍大尉が負傷して同乗の外国艦船武官に指揮を譲るところはどうも面白くない〔……〕たとえ映画にしても誤解されてはいけない」と述べ、「映画の持ち主側でも、快く元帥の意見を容れて切り取ることにした」という部分だ。

一〇月三日『朝日新聞』には、帝国ホテルでの『ラ・バタイユ』の「特別公開」の広告が掲載され、「早川雪洲氏夫妻はこの映画がフランス国民教化に偉大の功績ありしものとの理由によりフランス政府より叙勲の光栄に浴した」等のテクストが見られる。一〇月末には赤坂溜池葵館等での上映がはじまり、三一日『読売新聞』には「超国際的大映画　見落とすなかれ！　早川雪洲主演　賜台覧」という広告がある。帝国ホテルでの「特別公開」のあとに空白期間があったのは、「持ち主側」が「切り取り」を実施したからだ。二五年一月四日『朝日新聞』は、三日夜に佐世保鎮守府長官邸で伏見長官宮が『ラ・バタイユ』を鑑賞したと報じる。同作は対馬湾を舞台とする物語なので、佐世保で特別上映がおこなわれたのである。

なお『アジア映画』には、二四年五月に、松竹を退職して「田中輸出映画製作所」を設立した田中欽之が台湾でロケをおこなって輸出向け映画『仏陀の眸』を製作したと書かれているが、輸出が実現したという情報は見出せない。

『街の手品師』から『乃木大将伝』まで――一九二四年末―二五年

一九二四年一二月二三日『朝日新聞』には、「今度出来たフタキ映画社の『愛は総てを恵む』の試写を観る」という記事がある。同作は二五年八月三日『読売新聞』で「輸出された」と報じられる（データベースでは国内での封切は二五年二月一日）。

そして、〈輸出映画〉をめぐって大きな進展が見られる一九二五年が訪れる。この年はラジオ放送が開始されてたいへんな人気を博し、〈雑誌界の王者〉こと『キング』が創刊され、東京六大学野球のリーグ戦が開始されて多くの観客を集めるなど娯楽が多様化したいっぽう、悪名高い治安維持法が制定された年でもある。

『キネマ旬報』一月二一日号では、のちに海外に送られる『街の手品師』（村田實監督）が紹介されている。同作は二月一四日『読売新聞』に「光線の美しさはイタリア映画を見るようだ」、「近来日本映画中見ごたえのしたもの」と評され、『キネマ旬報』二月二一日号にも「日本映画においてこんなにまで近代人の心に食い入ってくるものを見たことがない」と書かれるなど、ほぼ絶賛を浴びる。

二五年二月一二日『朝日新聞』には、「欧米諸国から漫遊観光客をわが国へ誘う目的で各地の風光を活動フィルムに収め各国主要鉄道、汽船会社等へ送付宣伝する計画」を立てていた鉄道省が一三日から『冬の日本』という映画の撮影に着手すると書かれている。諸外国から観光客を誘致するために、公的機関が大規模な観光映画を撮りはじめたのだ。中心的な売り物として、雪山およびスキー、そして富士山が考えられていたことが興味深い。

『キネマ旬報』四月一日号には、のちに〈輸出された作品（ただし不上映）〉と書かれる『椿咲く国』（吉野二郎監督）の広告があり、「諸口一《ママ》九氏渡米を記念し、松竹キネマ輸出映画として製作されたもの」と書かれている。諸口のアメリカ行きに際して、〈輸出向け〉の主演作が撮られたというのだ。五月一日『朝日新聞』夕刊の広告には「日本映画界の誇り　諸口十九渡米記念特別映画」と書かれており、『椿咲く国』の米国での公開は決定していたかのような雰囲気だ。

五月二〇日『朝日新聞』には、「諸口が洋行した。今度は藤波無鳴が行くといい、松井翠声が出かけるというー〔……〕『何のために』洋行するのかよーく考えてくれよ」「『椿咲く国』アメリカに行く無謀さと大胆さにたまげる」と書かれている。『キネマ旬報』六月一日号の批評でも、「この映画は諸口氏が渡米土産に持って行ったとの話、まずいい恥さらしであろう」等と手厳しい。

七月一八日『読売新聞』には、諸口がアメリカでダグラス・フェアバンクスと親交を結び、「松竹キネマで特作した井上正夫主演の支那劇『祖国』を見せたところ、フェアバンクスはその出来栄えを賞賛し〔……〕自ら同映画を推薦することを約し」、「松竹キネマではにわかに同映画数十本を作製して輸出した」と書かれている。もちろん『祖国』は『椿咲く国』とは別の映画で、国内ですでに封切られていた作品である。だが、『祖国』もアメリカで公開されたことを示す情報は見当たらない。

同じ時期、『街の手品師』がヨーロッパで上映されると報じられる。四月八日『朝日新聞』は「日活の『街の手品師』いよいよ輸出さるる由。近頃になき喜ばしき知らせならずや」とし、翌日同紙も「欧州に出た『街の手品師』の好評ならんことを切に望みたい」とする。

『キネマ旬報』六月一日号は、「村田實氏は今回ヴェスティ会社に依りて『街の手品師』がドイツへ輸出されるにつき、製作者たる氏は同映画を携えて欧州映画界視察を兼ねて近くドイツへ出発することに決した」と報じる。

同作はドイツの会社と契約をすませてヨーロッパへ送られ、村田と原作者森岩雄も現地入りするというのだ。同号では近藤伊与吉が、過去に外国へ輸出された日本映画は多数あったが、それらは日本人移民に見せるためのもので、外国人観客を対象に輸出されるのは『街の手品師』が最初であろうと書く。

だが、『街の手品師』が欧州で一般上映されたという報道は現れない。ようやく出会えるのは『キネマ旬報』二六年八月一日号の、柳澤保篤による「ロンドンに来た『街の手品師』」という原稿だ。そこには、同作がベルリンの日本人倶楽部で上映されたが映写状況も悪く、ひどい不評に終わったこと、ロンドンでは「フィルム協会」の例会で上映され、新聞に批評も掲載されたが、やはり高い評価は受けられなかったと書かれている。『街の手品師』はドイツとイギリスで特殊なかたちで上映はされたが、商業公開には至らなかったのだ。筆者もドイツの映画新聞を調べたが、上映されたという情報は発見できなかった。

『街の手品師』の広告（『キネマ旬報』1925年1月21日号）

フランスでの上映に関しては、『映画往来』二七年一月号が、パリの「ヴィユー・コロンビエ座」の二六年から二七年にかけての上映予定作品を列挙した一枚の紙に『街の手品師』が記されていることを根拠に、パリの一般映画館で上映されたと主張する。しかし『キネマ旬報』二九年三月一日号では、パリ在住の松尾邦之助が、同作は「ヴィユー・コロンビエ座において上映される予定で、すでにレペルトワールのなかに組み込まれながら、事実は二、三の理由からその運びに至らなかった」と証言しており、上映は実現しなかったようだ。

他方では松尾は同稿で、『街の手品師』とは異なって『萩寺心中』は「じっさいに同座〔ヴィユー・コロンビエ〕のスクリーンに映し出され、三週間の興行期間を通じて満員の人気を博した〔……〕これが、日本の映画というものを一般のフランス人に見知らせた」記念すべき作品だと書く。同時期の日本の新聞雑誌では『萩寺心中』のパリ公開を報じる記事は見られないが、同作が三八年の『キネマ旬報』で〈パリで上映〉とされたことには根拠があったわけである。

先の柳澤の原稿で興味深いのは、ベルリン在留の日本人が母国で絶賛された『街の手品師』を酷評したこと、そしてロンドンの批評家が同作が自分たちの抱く日本のイメージと異なるというので失望を表明したという部分である。このあとも繰り返される現象だが、外国に暮らす邦人は送られてきた日本映画に拒絶反応を起こすことが多い。また、浮世絵の世界が日本だと思っているヨーロッパの観客が現代劇を見ると、違和感を抱くのである。

二五年春の日本に話を戻す。四月一二日『朝日新聞』は、「米国の映画界で監督として有名な『ジャック・阿部』が帰国し、監督として日活に入ると伝える。ジャック・阿部こと阿部豊は、三四歳にして日本に活動の場を移したのだった。阿部はこのあと多くの作品を監督し、なかでも『燃ゆる大空』はドイツでも公開されることになる。

五月二二日『朝日新聞』夕刊には、「ユ社が米国にて発表する傑作日本映画！　愛は総てを恵む　全部英文タイトル付き」という広告が見られる。前年一二月二三日の『朝日新聞』で「ちょいちょい外画臭い所はある」と評された『愛は総てを恵む』は、いよいよ輸出が本決まりになった感じだ。「ユ社」とはユニヴァーサル社で、この広告は『愛は総てを恵む』の米国上映用に英語字幕を入れた版が輸出前に浅草で上映されることを告げるものだ。

この映画に関連しては八月三日『読売新聞』が、「ユニヴァーサル社では先にフタキ映画の『愛は総てを恵む』

を米国に輸出したが、将来日本にスタジオを建設し、日本俳優によって撮影される輸出映画の製作をなす計画あり着々として進行しつつある〔……〕日本の作品で優秀なものはこれを買い取りて米国に送る方針」で、「第二回輸出映画は連合映画芸術家協会の五九郎漫画喜劇『ノンキ《マ》ナ、トウ《マ》サン　花見の巻、活動の巻』の二篇と決定し、第三回には、同協会関西作品の市川猿之助主演の古典劇『日輪』を輸出するはず」と報じる。ユ社が日本で映画を製作する計画については後述するとして、『ノンキナ、トウサン』については、『愛は総てを恵む』『日輪』と同様、米国で上映されたことを示す情報には出会えない。

二五年六月二七日『朝日新聞』は、鉄道省が北アルプス一帯を海外に紹介・宣伝し、欧米のアルピニストを誘致するため、七月五日から一ヶ月余り撮影作業をすると報じる。二月に『雪の日本』を撮った鉄道省は、夏山の風景をフィルムに収めようとしていたのだ。

七月から話題になるのは、三八年の『キネマ旬報』（六月一日号）で「米国邦人植民地上映」と書かれる『象牙の塔』だ。七月三日『朝日新聞』夕刊では「『象牙の塔』に伝明と共演して盆興行に見参する英百合子の評判は近頃とてもよろしい」と評され、『キネマ旬報』一〇月一日号の批評も「幻想劇であるから一般向けというわけにはいかない」としながらも芸術的な意欲作として意義を認めている。英百合子は乳母役で『新しき土』に出演することになる。

また二五年夏には、雪洲がフランスで出演した『犠牲』についての報道が現れる。『キネマ旬報』七月二一日号は、「雪洲氏は自ら〔ロジェール・〕リオン氏と共同監督の任に当たった」とし、八月二一日号の広告でも「早川雪洲氏監督主演」と明記され、配給は「早川雪洲プロダクション創立事務所　早川雪洲映画社」となっている。一一月一日号では、田中三郎が「日本人に好意を持っている外国ではこの映画の筋は相当の感激を以て迎えられるだろう」としつつ、「立派な勲章をフランスでもらったという雪洲の映画として甚だ不満だった」と書いており、国際的スター雪洲への期待と失望が見てとれる。

雪洲は一〇月四日『読売新聞』では、近く日本に帰ると報じられる。すでに日本にプロダクションができ、日本橋に事務所もあり、「多年の希望である日本歴史を題材にした大規模な映画の製作にかかることになっている」とのことだが、雪洲の帰国はずっと先のことだ。

一二月一二日『朝日新聞』夕刊には、『幻の帆船』という「支那劇」の広告がある。アメリカで主に中国人役で映画出演していた山本冬郷が監督・出演した作品で、三ケ月にわたって杭州、上海、西湖などで撮影を実施したという。外国人は関わっていないので〈国際的合作〉ではないが、早い時期における〈海外で撮られた日本映画〉だといえる。

一二月一五日『読売新聞』は、松竹が歌舞伎座で成功を収めた『乃木将軍』を牛原虚彦監督で映画化すると報じる。三八年六月の〈輸出映画リスト〉で、牛原の『乃木将軍』は「米国邦人植民地上映」された作品として言及されるが、牛原監督・岩田祐吉主演『乃木大将伝』(タイトルは異なるが同じ作品だろう)は、二五年一二月三一日に電気館ほかで封切られる。

牛原は一二月二八日『朝日新聞』では、アメリカに約半年滞在すると報じられる。牛原はじっさいに渡米し、翌年三月二七日および七月二四日の『朝日新聞』に寄せたエッセイで、草人の世話になって撮影所を見学したことやチャプリンに弟子入りして勉強をしたことなどを報告しているように、ハリウッドの撮影術に触れてくることになる。

阪妻とユニヴァーサルの提携――一九二六年

大震災後に内外から寄せられた義援金を基金として、各地に西洋風の集合住宅、同潤会アパートが建てられるなど、東京が近代的都市として新たな相貌を見せるようになっていた二六年、スポーツでは水泳の高石勝男や陸上の人見絹枝が世界新記録を出し、人々は日本のスポーツ界がトップレベルにあると感じるようになっていた。

この年、輸出映画として最初に脚光を浴びるのは『大楠公』（野村芳亭監督）だ。一月三一日『読売新聞』は『大楠公』が巨額の費用で製作されると報じ、封切当日の四月一一日『読売新聞』の広告では「その費用実に映画界最大記録！」「世界的名匠野村芳亭特別大作品」といった宣伝文句が躍る。

『キネマ旬報』六月一日号は、同作が親日家のイギリス人である「アルフレッド・ステッド大佐の手によって欧州各国に輸出される運びとなり、大佐は五月下旬神戸出帆〔……〕松竹は『大楠公』が好評を博したならば続々と輸出の実現に努めることになった」とする。六月四日『読売新聞』も、大佐が『大楠公』の試写を見て日本の国民精神を世界に紹介するもっとも適当な映画なりとし輸出の契約をなし」、ロンドンのパレス・シアターで試写をおこなったあと欧米各地で公開すると報じる。だがその後、二九年の『映画往来』を除いて『大楠公』が外国で上映されたという情報には出会えない。

二六年三月二一日『読売新聞』には「日活が率先し　輸出映画を　第一回作品は『籠の鶯』」という記事がある。「日活村田監督の『街の手品師』がドイツへ輸出され、また松竹の諸口が『椿さ《マ》く《マ》国』を米国に提供し、帝キネも百々の輔の『弁天小僧』を海外に出すなど、各社ともに海外に日本映画の勢力発展を企図している」状況にあって、「日活では他社に率先し理想的の輸出映画を製作することとなり、監督は米国の事情に通じたフランク徳永氏がこの任に当たり、高木永二、砂田駒子を主演者として『籠の鶯』（ナイチンゲール）の製作に着手した」というのだが、データベースによると『籠中の鶯』という作品が二六年六月一一日に公開されているものの、輸出されたという情報は見当たらない。

三月二六日『朝日新聞』夕刊は、鉄道省が「日本アルプス富士山等の名勝地を撮影し五〇巻物のフィルムとして海外に輸出、宣伝していたが、イギリス、コロネス、ファーストフィルム会社から日本風景芝居踊りその他の日本趣味豊かなものの撮影方を依頼して来た」ので、喜んで引き受けたと報じる。同記事には、同省が六月二日にフィラデルフィアで開かれる万国博覧会にも日本の風物を収めた映画を出品するとも書かれている。

当時のわが国のマスコミでは情報を発見できないが、中山信子「フランスで初めて公開された日本映画」（『日本映画の海外進出』二〇一五年）によれば、この年の三月三〇日から四月二九日までパリのステュディオ・デ・ジュズリーヌで徳永文六監督作『愛の秘密』（一九二四年）が『ムスメ』というタイトルで上映された。中山はこの経緯を、村田實が渡欧した際に『街の手品師』の助監督だった徳永の『愛の秘密』を持って行き、ハラキリ場面があることでフランス人の興味を惹き、上映に至ったと説明している。

『キネマ旬報』六月一一日号は、日活が上海の新人片影公司と提携することになり、七月にはフランク徳永が日活の俳優を連れて上海でロケをおこなって「第一回日支合同作品」を撮るとし、次の合同劇はジャック阿部が監督するとも報じている。日本と中国のスタッフ・俳優が〈国際合同映画〉を撮るという企画であり、徳永と阿部という米国からの帰国組に担当させるという発想は理解しやすい。

なお同号は溝口健二監督『狂恋の女師匠』を紹介し、広告も掲載している。〈ヨーロッパに運ばれた〉と書かれることの多い同作だが、ここでは輸出への言及はない。九月一日号の批評は、「興味もあり、作品としての出来もよし、観衆を引っ張っていく映画である。特作品のレッテルに恥じざるよいものである」といったように絶賛に近い。

『キネマ旬報』六月二一日号は、ユニヴァーサル社が日本に撮影所を建設し、「毎週日本もの二本、本社作品一本を提供」すると報じる。同社の計画は、別なかたちで秋に動きはじめる。『キネマ旬報』九月一一日号は、阪妻プロの立花がユニヴァーサルと契約し、「太秦撮影所で出来上がった映画はユニヴァーサル社の世界中にある支社の手を通じて配給され、世界の市場へ日本映画の販路を開く」と書く。阪妻プロは翌年末まで松竹で毎月一本を配給する契約があるため、来年一年間は松竹とユ社の両方に作品を提供するという。

九月二五日『朝日新聞』では、益田甫が「いずれ阪妻映画なるものが、海を渡って外国へいくことだろう」としつつ、欧米人は日本といえば富士山、マダム・サダヤッコ、ゲイシャ・ガール、武士道、ハラキリ程度の知識しかなく、「真のモダンの日本を海外に知らせるものは映画をおいてほかにはない」と主張する。益田は阪妻に、チャンバラの時代劇ではなく、世界に誇れる「真の日本の姿を彼らに見せてやることをつとめてほしい」と要望する。

一〇月四日、アメリカ人技術部員四名が本場の機器とともに来日する（『キネマ旬報』一〇月一一日号）。「大日本ユ社」は毎月七本を製作し、年に一〇本程度を欧米各地のユ社の機関を経て配給するという計画だった（一一日『読売新聞』夕刊）。同社の動きについてはまた二七年のところで紹介したい。阪妻に関しては、翌年に〈ヨーロッパに輸出される〉と報道される主演作『狂へる人形師』（安田憲邦監督）が、『キネマ旬報』二六年八月二一日号で紹介されている。

『キネマ旬報』一二月一日号には、「中央映画社がドイツと提携して日独合同映画製作を企てている」という記事がある。森岩雄の渡独時に元ヴェスティ社のウラジミル・ヴェンゲロフ氏と協議し、同氏との「合同撮影」が具体化したという内容だ。欧州と日本の男女優が往来し合い、ベルリンのヴェンゲロフ・スタジオを使用する予定であり、来春に岩堂全智が交渉のため渡独するので、映画にする物語を募集すると書かれている。この企画も実現しないが、映画界における世界進出熱が着実に高まっていることは感じとれる。

阪妻映画の〈欧州輸出〉――一九二七年

岡本綺堂の『修禅寺物語』（この報道においてほとんどの場合『修善寺物語』と表記されている）がパリのシャンゼリゼ座およびオデオン座で、フランス人俳優によってフランス語で上演されるなど、一九二七年は舞台芸術を海外に紹介することに関して新しい展開が見られた。モガやモボが銀座を闊歩して注目を集めたいっぽう、猟奇的小説のブームが起こるなどアングラ文化が開花し、エロ・グロ・ナンセンスの風潮が顕在化したのもこの時期だ。

この年のはじめは、世界映画界と日本との関わりに関しては米国での草人の活躍をめぐる報道しか見られない。三月からは「阪妻、立花、ユ社連合映画」が『キネマ旬報』の毎号で二本から四本の新作を宣伝するが、輸出という言葉は見られない。六月一日には、アメリカ人技師がトラック一五台に人夫六〇余名を乗せて撮影所に押しかけ、機器を持ち出そうとするという事件が起こる（六月二日『朝日新聞』）。『キネマ旬報』六月一一日号の解説によれば、ユ社は営業成績が上がらず、立花も資金調達に苦しんで契約続行が不可能となり、撮影所の休日をねらってユ社側がカメラ等を引き上げようとしたという。

『キネマ旬報』八月一日号には、ユニヴァーサルと絶縁した阪妻と松竹キネマとの提携が成立し、松竹は蒲田撮影所での時代劇製作をやめ、時代劇映画は阪妻プロの製作に係る作品のみを配給すると書かれている。阪妻プロも現代劇部を解散し、松竹蒲田は現代劇、阪妻プロは時代劇に専念するという分担が決まったということで、〈阪妻映画の世界進出〉は幻に終わったように見える。

しかし『キネマ旬報』一〇月一日号は、阪妻プロは阪妻主演の時代劇『狂へる人形師』と『血染の十字架』を、神戸在住のメクレンブルグ・ヒンリヒセン夫人の紹介でドイツ、フランス、スイス、ベルギーに輸出して激賞を博し、次に『砂絵呪縛』を輸出すべく目下同夫人の手でタイトル翻訳中だと報じる。「近く『妻三郎十種』なる映画を製作して欧州へ輸出する予定」で、「日本史上の偉人傑士のなかからわが国民精神に則り忠孝仁義礼智信勇侠烈の十種に該当する人物を選び、妻三郎氏主演のもとに映画化する」とも書かれているが、『狂へる人形師』と『血染の十字架』がヨーロッパに輸出されて激賞されたという情報は確認できない。

三月一八日『読売新聞』は、松竹蒲田で大久保忠素監督が着手した『吹雪の後』が、「同社が某外国会社からの依頼に応じ、輸出用本邦映画として製作するもの」だと報じる。この『吹雪の後』に関しても、じっさいに輸出されたという情報は見つからない。

また『映画往来』二九年八月号では岡田眞吉が、二七年三月中旬から『萩寺心中』がパリで上映されたと書く。この情報は二七年の新聞雑誌では確認できないが、すでに紹介した松尾邦之助の報告（『キネマ旬報』二九年三月一日号）にあった〈『萩寺心中』のパリ上映〉はこの時期に実現したものと思われる。

五月二七日『読売新聞』は、過去に米国で邦人向けに上映された日本映画の多くは「正当な権利によらない不正映画もしくは無名粗雑な作品」だったので、内外映画社という会社を設立し、松竹、日活、マキノ、東亜、帝キネ、阪妻の作品中優秀なものを輸出すると報じる。ところが九月一〇日『読売新聞』は、内外映画社が、共同創立者の北澤氏が急死したために解散されると伝える。このあと、同社が映画を輸出したという報には出会えない。

六月なかばには、翌年以降に海外で上映される『からくり娘』（五所平之助監督）の紹介記事が出る。「全体にもう少し涙をふくめたらもっとよくなったろう」（一三日『読売新聞』夕刊）、「五所平之助のこのテーマに必ずしも最大級の賛辞を送るものではない」（二七日『朝日新聞』）といったように、全面的な賞賛ではない。

鉄道省については、九月二一日『朝日新聞』が、欧米各国や海外航路を有する汽船会社から作品譲渡の申し込みを受けても内規のためにすべて断っていた同省が、過去に日本の映画会社が海外へ出した内地紹介のフィルムが在外日本人に不評であったこともあり、一一月から内外人を問わずフィルムを実費で分かつことにしたと報じる。同省はそれまで無償で作品を提供してきたのだが、今後は実費だけは受けとるということだ。

一九二七―二九年の雪洲と草人

二〇年代終盤の雪洲および草人の動向をまとめて紹介しておこう。二七年一月二七日『朝日新聞』は、雪洲のプロダクションを日本に創立し、日本、支那、満洲を舞台とする映画を製作して世界に出す計画が立てられ、囲碁の本因坊秀哉を中心とする創立委員会が結成されたと報じる。だが本因坊は、それを公式に否定する（二月二二日同紙）。

二八年一二月一〇日『朝日新聞』も、高巣欣也が発起人となって翌年三月の雪洲帰朝時にプロダクションを設立すると伝える。高巣は「小田原かその周辺に大プロダクションを建て、外国輸出専門の日本映画の製作に専念」し、女優やカメラマン、監督などもアメリカから一五、六人を招き、松竹、日活等の女優も引き抜いて「日本で最初の発声フィルムを撮る」と発表する（二九年一月二〇日同紙）。五月一一日『読売新聞』は雪洲が六月七日に帰国し、「プロダクション設立運動が着々と進行し」、「遅くとも来春頃にはわが国において製作される雪洲の映画が発表される」と報じるが、雪洲は帰ってこない。一月に愛人ルース・ノーブルが雪夫（アレクサンダー）を出産し、帰国どころではなかったのだ。

一〇月八日『朝日新聞』夕刊は、宝塚に「早川雪洲国際映画株式会社」が設立され、「我国の人情風俗をフィルムによってどしどし世界に紹介する」と報じる。雪洲はアメリカの一流男女優、技師、脚本家を伴って帰朝し、文部省、外務省からも多大の援助を受けるという。一一月一二日同紙夕刊は、高巣と宝塚少女劇場および国民座が合意に達し、宝塚にプロダクションが設立されると伝える。「京都、奈良等景色の秀でた場所をバックに古代日本を題材とするストーリーを劇化したものを製作し、作品は欧米に輸出する計画」だということだ。

草人は、ハリウッドでの活躍を頻繁に報じられる。出演作『支那の鸚鵡』『ハレムの貴婦人』『海の野獣』は各紙で好意的に紹介される。二八年一月一四日に東京で「上山草人の夕」が開催されると、草人はハリウッド劇場の出演料を「恩師坪内博士の演芸博物館の建設基金に寄付」（二八年二月一二日『読売新聞』）し、さらに日本映画界のために一〇〇〇ドルもの大金を送ってよこす（三月一一日『朝日新聞』）。インテリの支援者が多い草人には、この時期は美談が目につく。

しかし二九年にトーキーの時代となると、英語が苦手な草人は壁にぶつかり、人気も下降気味だと報じられる(四月七日『朝日新聞』)。一二月二〇日に帰国した草人は二二日から二六日まで『朝日新聞』にエッセイを寄せ、「トーキーにおいても美しき声のみを要求しなくなった」ので、「私のごとき東洋人のブロークンも劇的効果を生むようになって、ソージンは復活した」と書き、自分の将来が明るいと主張する。

『十字路』から『人の世の姿』まで——一九二八年

この年、市川左團次はモスクワおよびレニングラードに招かれて『忠臣蔵』ほかを日本語で上演し、賞賛される。またオリンピック初参加から一六年、日本はアムステルダム五輪においてはじめて金メダルを獲得(織田幹雄、鶴田義行)し、ほかにもふたつの銀メダルとひとつの銅メダルを得る。メダル数が国力を反映しているという思考は当時からあり、国民は強国の仲間入りをしたという夢に酔った。ちなみに二月のサン・モリッツ冬季五輪にも、日本は六人のスキーヤーを初参加させていた。他方では関東軍が張作霖爆殺事件(満洲某重大事件)を起こし、国民には実態を知らせぬまま、満洲で不穏な動きを進行させていた。

二八年には、のちに〈外国で上映〉とされる作品が国内で多く公開される。『キネマ旬報』一月一日号には、牛原虚彦の現代劇『近代武者修行』についての長文記事がある。林長二郎主演時代劇『京洛秘帖』(衣笠貞之助監督)とともにのちに〈ソ連で紹介された〉と報じられる一本だ。

同誌一月二一日号には、『忠次旅日記　御用篇』(伊藤大輔監督)への批評(「伊藤、大河内による『忠次旅日記』の素晴らしさはすでに定評あるものである」「必ずや大々的な成功を収めるにちがいない」)が見られる。同作は、翌年に〈パリに送られた〉とされる。

三月一六日には、三二年に『Nippon』の一部としてドイツで商業公開される『篝火』(星哲六監督)が封切られる。「林長二郎が恋人に裏切られその父に騙されて殺人鬼となる」(一七日『読売新聞』)という時代劇で、「恋あり恩愛の別離あり復讐あり、いろいろと長二郎を見せられるのでお客は大喜びそして長二郎もよく働いている」(一八日同紙)等、評価は高い。

四月には、のちにパリとベルリンで上映される『十字路』(衣笠貞之助監督)、パリで紹介される〈千代紙細工映画〉の『珍説吉田御殿』(大藤信郎監督)、『木こり弥吉』としてドイツで公開される現代劇『永遠の心』(佐々木恒次郎監督)が封切られる。『十字路』は、今日では独仏の映画館で公開された作品として名高いが、当時の批評の大半は、芸術性を認めながらも欠点を列挙するといった調子だ。『珍説吉田御殿』と『永遠の心』も、批評では、まずまずの興行価値のある作品といった程度の評価にとどまっている。

五月一四日『読売新聞』のラジオ欄には、本来は洋画しか紹介しない主義の徳川夢声が、例外的に『十字路』について放送をおこなうと書かれている。「『十字路』という写真がいかによい写真であるか」を人々に知らせるための放送で、「衣笠君はこの写真をつくったのが動機となり、松竹とのあいだに何か話が起きてこの写真を土産に持って洋行する」という。

五月からは、『Nippon』の一部としてドイツで上映される『怪盗沙弥磨』(小石栄一監督)とソ連に送られる『富岡先生』(野村芳亭監督)についての報道や広告が現れる。『キネマ旬報』五月一日号の広告では、『怪盗沙弥磨』には「血沸き肉踊る、剣俠恋愛秘史!」、『富岡先生』には「昭和三年度映画界の最大収穫たるを誇るも断じて過言にあらず!」といった宣伝文句が見られる。『怪盗沙弥磨』は天平時代、『富岡先生』は明治時代を舞台とする作品だ。

六月末には、翌年にヨーロッパでの上映を報じられる『人の世の姿』(五所平之助監督)の紹介がはじまる。批評では「美しい水郷のロケーション、和やかな穏やかなそして十分細密なタッチ、良き俳優たちの操縦〔……〕この五所氏はほめられていい」(二八日『朝日新聞』)といったように、特に欠点のない佳作という評価だ。

『珍説吉田御殿』

『十字路』

『怪盗沙弥麿』の広告(『キネマ旬報』1928年5月1日号)

『永遠の心』

八月四日にはモスクワの「第二芸術座」で、すでに書いたように左團次一座が歌舞伎や狂言を上演する（九月八日『朝日新聞』）。七日には同地で「日本映画の夕」が開催され、「松竹キネマの城戸氏は日本キネマ界の現状につき報告し、次いで衣笠貞之助氏から日本の映画界に」ついて講演があり、「最後に日本フィルム『からくり娘』を映写し人気を博した」（八月九日『朝日新聞』夕刊）。城戸と衣笠は、『十字路』ほかを携えてヨーロッパへ向かう途中、モスクワで同イヴェントに参加し、少なくとも『からくり娘』を上映したのである。

4　マイナーな〈映画輸出〉の実現——一九二九—三二年

『十字路』から『灰燼』まで——一九二九年

震災から立ち直った東京では、モガ・モボのブームがピークに達し、中山晋平作曲『東京行進曲』が二五万枚という大ヒットを記録した。共産党を弾圧する四・一六事件も起こったが、知識人や大学生にはマルキシズムに共鳴する者も多かった。夏に「朝鮮疑獄」「売勲事件」などの汚職事件が連続して起こったことは不況に苦しむ庶民を憤らせ、テロリズムを肯定するような風潮も生まれる。他方では、浅草ではエノケンのカジノ・フォーリーが開場し、ドタバタ喜劇と女性たちによる露出度の高いラインダンスが人気を集めた。また東京や大阪にはエロサービスを売り物とするカフェが数千軒を超えるほども存在していたが、さすがに社会問題化し、当局もこの年の九月に深夜営業や学生の出入りを禁止するなど、監視および取り締まりを開始した。タブーに挑戦して利那的な享楽を得ようという気分が充満した、混沌とした時代となったのだ。

『キネマ旬報』一月一日号には溝口健二が原稿を寄せ、「この夏、実に思いがけないことであるが、私の『狂恋の女師匠』のプリントをフランスから買いに来た人があった」とし、「村田君が持って行った『街の手品師』や松竹の『萩寺心中』がパリで上映され、あるいは、岡本綺堂氏の『修善寺《ママ》物語』がそのままに日本劇として向こうの劇場に上演された」が、それらは異国趣味を満足させるものにすぎず、「日本の心」を伝える必要があると訴える。溝口は、自分の『日本橋』なら外国人にも「日本の美しい心」をわかってもらえるのでぜひ海外に送ってほしいとも述べる。

二月六日『朝日新聞』は、鉄道省が『桜さく日本』という映画を撮って米英独仏の領事館に寄贈するほか、日本の美しい四季を紹介する『花の四季』を撮ると報じる。六月一六日同紙は『桜さく日本』が完成し、次に時事映画『東京』が製作されるとする。一一月一〇日同紙には、「鉄道省の海外宣伝映画『四季の日本』は着々撮影進行中」で、翌年正月に門松、追羽根等の風俗を記録して撮影が終わるという記事がある。

そして二月六日、パリで『十字路』が披露される。この様子を詳細に伝えるのは『キネマ旬報』三月二一日号の槌谷茂一郎による報告だ。六日午後にプレス試写、夜に各界名士を招待しての『十字路』と『吉田御殿』の特別上映がおこなわれ、衣笠貞之助、城戸四郎、鈴木重吉が出席した。同夜、前衛映画館「映画自由論壇」では「東洋映画の夕」というイヴェントが催され、やはり『吉田御殿』が上映された。槌谷は、衣笠が近くベルリンに移って『十字路』を公開し、そのあとパリに戻るとも書いている。

現地での反応を伝えるのは、アレクサンドル・アルヌールが『レ・ヌーヴェル・リテレール』二月二三日号に寄せた批評文（『キネマ旬報』四月二一日号、矢野目源一「衣笠貞之助氏の『十字路』がフランス映画界に与えたる印象……」に引用されている）だ。「私は日本映画の素晴らしい活躍を先週までは全然知らなかった」とはじまるこの批評は、「その独創性、その完全さ、その深刻さにおいて日本映画は正しく、現在混沌たる状態にあるヨーロッパ映画のすべてのものの上に君臨するであろう」といったように芸術性を評価しつつ、「『十字路』は普通の営利的立場からは受け入れられるものではない」と結論づける。とまれ、『十字路』はパリで立派に上映され、知識層からある程度の評価を受けたのだ。

日本映画界は、このころ急にフランスとの絆を強めるように見える。二月八日『朝日新聞』は、「アベル・ガンスの助手」だという槌谷茂一郎の仲介で日仏合同映画製作が計画され、フランス側の希望では、総指揮マルセル・レルビエ、監督はジャック・カトランと村田實、主演はカトランと日活の男女優数名がつとめ、「パリ役者と日本モガとの恋を中心に、日本の歌舞伎等を取り入れて恐ろしく賑やかなものにする」と伝える。二月一二日『読売新聞』では森岩雄が、映画輸出には「日独、日仏、日英等の合同企画に基づく製作」が考えられるとし、「アンドレ・デュポンも日本を主題とする映画を製作すべく、計画に参与する日本会社を求めている」と書く。これらを信じるなら、ふたつの〈日仏合作〉の企画が進行していたことになる。

二月二八日『報知新聞』は「ベルリンにある衣笠貞之助監督が松竹下加茂で製作した新感覚派映画『十字路』は、目下パリの劇場スツウディ・ディアマンド〔ステュディオ・ディアマン〕で上映され、すばらしいセンセーションを起こしているという電報が大阪松竹に入ったが、三月初旬にはベルリンのタウエンツィーン・パラストで上映されるはずである。なお先頃日活溝口監督酒井米子主演『狂恋の女師匠』はベルリンに本社のある東和商事会社の手でベルリンで上映される」と報じ、『十字路』だけでなく『狂恋の女師匠』もドイツで上映されそうな雰囲気だ。

注目したいのは、東和商事が映画輸出の表舞台に躍り出たことだ。北京大学に学び、ドイツで遊んだ川喜多長政は二八年一〇月に東和商事合資会社を創立した。ヨーロッパの秀作を輸入紹介することを業務とし、最初に封切ったのは、ファンクが監督したサン・モリッツ冬季五輪記録映画『銀界征服』(一九二八年)だった。日本映画の海外進出も目標として掲げ、この時期は特に松竹と組んで日本の秀作をドイツで上映しようとつとめた。同社の活動についても随時紹介する。

『キネマ旬報』三月一日号には、パリから帰国中だった松尾邦之助が日仏文化連絡協会の活動を報告するエッセイを寄せ、日活の『狂恋の女師匠』と『忠次郎《マ》、旅日《マ》記』を日活から買い取ってフランスへ輸出するため、発送の手続き中だとする。溝口が「『狂恋の女師匠』のプリントをフランスから買いに来た人がいた」と書いたのは松尾のことだったのだ。

松尾は、過去に『象牙の塔』『乃木大将と熊さん』（『乃木大将と熊さん』は溝口健二監督作、輸出されたとされるのは牛原虚彦の『乃木将軍』なので、記憶ちがいだろう）『椿咲く国』『からくり娘』『十字路』が海を越えたが、いずれも営利的上映はされておらず、「試写用の商品見本に過ぎなかった」とし、『萩寺心中』がパリの「ヴィユー・コロンビエ座」で上映されたのが画期的な例であるとする。しかし松尾は、『萩寺心中』は日本の大使館が無料で提供したものに過ぎず、今回の『狂恋の女師匠』『忠次郎《マ》、旅日《マ》記』は商業的公開なので、はるかに大きな意義があると力説する。

三月二五日『朝日新聞』は、『人の世の姿』が『二人の父の娘』と改題されてニューヨークの小映画館「第五街劇場」で二週間にわたって上映されたと報じる。日本映画が同地の常設館ではじめて公開されたというのだが、約半分をカットされ、越後獅子、蝶々夫人などの抜粋曲を入れた「半トーキー映画」として上映されたため、「アメリカ人観衆にはまだ少し大まかで一向ピンと来ないらしく客足は面白くなかった」という。

ヨーロッパからハリウッドを回った城戸四郎の談話（四月二日『朝日新聞』）によると、城戸らはドイツで『人の世の姿』や『新選《ママ》組』、『十字路』などを上映して賞賛され、四月三日からベルリンで『十字路』『からくり娘』『鬼薊』等が公開されることになり、またパリでも『十字路』が上映されて好評なので、ベルリンに支社を置く準備を終えたという。同日『読売新聞』は、城戸が三月一三日にアメリカに渡り、パラマウント社長の合意をとりつけて、ニューヨークの「ブレ《マ》ノ劇《マ》場」で四月九日から『人の世の姿』と『新選組《ママ》』が上映されるとする。

数日後にはソ連での状況が報道され、四月七日『朝日新聞』には、前年に左團次らが持って行った『からくり娘』と『富岡先生』が大好評なので、日本側では松竹映画二本と日本映画関係資料約一五〇〇点をモスクワに送り、四月一五日から最初の日本映画芸術展覧会を開くと書かれている。松竹側からの、今回は『京洛秘帖』と『近代武者修行』を送り、近々ドイツにも支店を出すのでソ連にも宣伝したいというコメントも掲載されている。

『キネマ旬報』五月一一日号は、山本冬郷が、輸出映画として「霊峰富士を背景とし古代の甲冑太刀を本位」とする「戦国時代のローマンス」を撮り、昭和キネマの皆川芳造がニューヨークの映画関係者に見せたが、日本製カメラの性能が悪いせいで上映を断られたとする。これは失敗例だが、当時さまざまな規模での輸出の試みがおこなわれていたのは確かなのである。

そして五月一六日、ベルリンで『十字路』が公開される。一五日『フィルム＝クリーア』には封切を伝える大きな広告がある。封切題名は『ヨシワラの影のなかで』、「最初のオリジナルの日本映画大作」「極東からの刺激的劇映画」という宣伝文句が見える。「ヨシワラ」は、日本に関してドイツ人が真っ先に想起するワードとして用いられたのだろう。日本では〈江戸のとある裏町〉での物語とされたが、ドイツの報道では一貫して〈ヨシワラ〉だ。一六日『フィルム＝クリーア』は、「日本映画に対するヨーロッパ人からの最初の批評を受けるだけでなく、日本映画の世界に向けての第一歩を踏み出したい」という衣笠の談話を紹介する。

五月一七日の映画新聞『リヒト＝ビルト＝ビューネ』には、「日本のカメラは完全に解き放たれている。撮影技術はロシアを想起させる。歓楽街ヨシワラの諸映像には、目が回るようなテンポと最高度に高められた印象がある」といった評価のあと、「あらゆる映画監督やプロデューサーは、この日本映画を観るべきだ。広い層の映画観客に受け入れられるかどうかは別の問題だが」と書かれている。一八日『デア・フィルム』の批評は、物語の展開や撮影がアメリカ的だとし、劇場での伴奏音楽への違和感を表明した上で、「どれほど興味深く、どれほどよい作品／悪い作品であったとしても、ドイツにおける商業的な見通しを予言することは不可能だ」とする。このように『十字路』はベルリンの一流劇場で封切られ、ある程度の芸術性は認められたが、大きな商業的成功は見込めないという判断が下された。

五月一九日『朝日新聞』は、『大都会　労働篇』（牛原虚彦監督）を紹介する。三一年に『怪盗沙弥麿』『篝火』とともに『Nippon』としてベルリンで上映される作品だ。

六月二二日『朝日新聞』は、「映画『十字路』を携えて渡欧せる衣笠貞之助氏は目下ロシアに滞在中」で、ソ連映画のポスター、映画雑誌など多数を朝日新聞社に送ってきたので、ほかの欧州諸国の映画資料も加えて「欧州映画展覧会」を開いて展示すると告知する。城戸と渡欧した衣笠はこの時期、モスクワに滞在していたのである。

二六日『読売新聞』は「松竹蒲田で計画中の国際映画輸出計画は具体的に話が進み、今度ベルリンに新たに配給社が創立せらるることになった。配給範囲は欧州一七ケ国〔……〕ドイツ側の代表者はフォーブス映画社の重役、同国財界の巨人スティテンクロン男爵で、同氏の代表者と城戸四郎氏は二三日、松竹本社で新設会社に関する仮調印を終えた〔……〕本邦映画の海外進出も具体的実現される」とする。なお〈ドイツ財界の巨人〉だという男爵の人名表記は、ほとんど毎回異なっているのが面白いので、以下ではそれぞれの記事での表記を示してみたい。東和商事の資料は信頼できそうに思われるが、『東和商事合資会社社

Wochenausgabe: Kritiken der Woche　18. Mai 1929

Capitol:

…ba

nächster Nähe und kurbelten, die Gewehre schußbereit neben sich.

Was soll man mehr bewundern, mehr loben? Diese glänzende Photographie, diese feine Regie der beiden Johnsons, oder den mitreißenden Fluß der Handlung, die soviel des Schönen und Packenden enthielt?

Die beiden Regisseure waren gleichzeitig Autoren, Expeditionsleiter und Kameraleute. Sie haben einen Film geschaffen, der neben imponierender Schönheit dramatisch, spannend und hinreißend ist. Der Premierenbeifall war stark.

—et—

*

„Simba" wird Rekordeinnahmen erreichen, wie die größten Erfolgsfilme seiner Art vor ihm.

Hersteller: Martin und Osa Johnson, unter dem Protektorat des amerikanischen Museums für Naturkunde,
Verleih: Transocean Film Co. G.m.b.H.,
Vertrieb für Zentral- und Osteuropa: Transocean Film Co. G.m.b.H.,
Länge: 6 Akte, 2200 Meter. Jugendfrei! Künstlerisch wertvoll, volksbildend, daher voll steuerermäßigt!

Der erste original-japanische Film im Ufa-Pavillon:

Im Schatten des Yoshiwara

Ein historischer japanischer Film, geschrieben, inszeniert, gespielt und hergestellt von Japanern. Ein Werk des fernsten Ostens, das in Anlage und dramaturgischer Durchführung starken westlichen Einfluß aufzeigt. Diese stoffliche Verwandtschaft weist auf Amerika hin. Es ist die Tragödie der reinen Leidenschaft, die dramatisch immer dankbare Verknüpfung einer unseligen Liebe mit dem Opfermut schwesterlicher Zuneigung.

Rikiya liebt O-Ume, die schönste Frau von Yoshiwara, sein Nebenbuhler will ihn beseitigen, verwundet ihn und stellt ihm nach. Rikiya läuft Gefahr, sein Augenlicht zu verlieren, und seine Schwester O-Kiku ist bereit, die Ehre hinzugeben, um das zur Heilung notwendige Geld herbeizuschaffen. Doch kurz vor der Entscheidung vermag sie das Vorhaben nicht mehr auszuführen, sie sticht den sie bedrängenden Freier nieder. Rikiya, der wieder sehen kann, kommt dazu, beide fliehen. Noch einmal kehrt Rikiya um, er kann von O-Ume nicht lassen, wieder trifft er den Nebenbuhler. Diesmal trifft die Asche seine Augen heftiger. Er ist blind.

Wo bleibt die erschütternde Dramatik der alten japanischen Spiele, deren berühmteste Darsteller Toyokuni in prächtigen Aquarellen festhielt? Hier ist Amerika zu spüren. Die Tragik verwirrter Gefühle wird in Sensationen äußerer Begebnisse verwässert, die Sprache der Leidenschaft klingt hohl und pathetisch, weil Spannungen oberflächlichster Art ihr Wucht und Wirkung geben sollen. Das ist nicht Japan, das ist östliche Schablone transozeanischer Durchschnittsarbeit.

Bei der Regie wie beim Drehbuch (Teinosuke Kinugasa) diese westliche Orientierung. Wie Kinugasa die Komparserie spielen läßt, wie er den Kameramann dirigiert, Einstellungen wählt, die Schauspieler führt, den Stoff zum Ende hin in Andeutungen sich entgleiten läßt: das ist amerikanisch. In einem freilich hat sich Japan behauptet; der Ausklang ist in mystische Rätsel gehüllt, die Glaubhaftigkeit des aufgezeigten Schicksals ist durch die Charaktere der Hauptfiguren gegeben.

Im Ganzen mußte dieser Film uns fremd bleiben. Er sprach nicht zu uns. Wir haben ihn angesehen wie ein Museumsstück oder eine fremdländische Kostbarkeit, deren Fehler und Schönheiten wir zwar erkennen, deren tiefster Sinn uns aber verborgen bleibt, weil wir nicht mit der Seele und der Auffassung des Oestlichen an sie herantreten. Hier, in diesem besonderen Falle, blieben wir um so verwirrter, als dieses japanische Werk verfälscht war und über rein äußere Eindrücke hinaus nichts Eigenes gab.

Interessant das Yoshiwara des neunzehnten Jahrhunderts, fesselnd Milieu und Kostüme. Interessant auch die Darstellung. Die Tschihaya als Schwester und Sohma als Mann mit dem Polizeiknüppel ausgezeichnet und schauspielerisch einzigartig. Bandoh als Bruder Rikiya eindrucksstark, doch unfrei, die Ogawa als O-Ume zu posiert und zu starr.

Hervorragend die Photographie, der besten amerikanischen Kamerakunst ebenbürtig und durchaus ihren Gesetzen und Eigenheiten folgend. Für den Betrachter war der Film um so anstrengender, als die dunklen Bilder (die Handlung spielt ausschließlich in den Abend- und Nachtstunden) kaum von leuchtenden und klareren Szenen unterbrochen wurden. Das Wesentliche: Milieu und Hintergrund waren schattenhaft angedeutet, verschwommen gezeigt, in bleibendes Grau gehüllt. Man sollte nur die Schauspieler sehen. — Die deutsche Bearbeitung besorgte W. A. Nohara.

Ein Wort über die Musik: Da Japan gezeigt wurde, mußte auch Japan zu hören sein. Die Eintönigkeit mußte einschläfern oder nervös machen. Es spricht für das „Stilgefühl" des Kapellmeisters Wenneis, wenn er inmitten dieser japanischen (oder japanisierten) Musik urplötzlich bieder und gewissenhaft westlich-konsequent zu „illustrieren" beginnt. Szene: ein Mann, von oben photographiert, steigt eine Treppe hinauf. Musik: Paukenschläge, dumpfe Bässe. (In jeder „besseren Illustration" zu haben.)

Das Publikum klatschte leisen Beifall. Es befand sich in einer peinlichen Verlegenheit; denn das ist gewiß ein guter Film gewesen. Nur hat er uns alle nicht erfüllen oder gar ergreifen können. Es war recht interessant; nicht mehr und nicht weniger.

Betz.

*

So interessant, so gut und so schlecht dieser Film war, wir vermögen über seine geschäftlichen Aussichten in Deutschland nichts vorauszusagen.

Hersteller und Weltvertrieb: Kinugasa-Produktion der Shochiku-Film A.-G.
Verleih: Universum-Film A.-G.
Länge: 6 Akte, 1819 Meter.

Ein norwegischer Film im Mozartsaal:

Schneeschuhbanditen

Dem Manuskriptverfasser Jonathan Jew sei Dank gesagt, weil er uns ein graziöses Filmwerk, das zwischen Lustspiel und Schauspiel die mittlere Linie hält, geschenkt hat. Das Textbuch ist unterhaltend, spannend und originell. Sein größter Vorzug jedoch beruht darin, daß das, was in deutschen Filmen dieser Art so oft vergebens versucht worden ist, hier gelang, den wundervollen szenischen Hintergrund der norwegischen Winterlandschaft mit einer Spielhandlung geschickt zu einem Ganzen zu verbinden.

Der Film „Schneeschuhbanditen" ist eigentlich zu schade, am Ende der Saison herausgebracht zu werden. Es ist eine der besten und gelungensten Arbeiten des ganzen Jahres. Eine Freude, mit welcher Liebe und Sorgfalt Uwo Jens Krafft Regie führte; wie natürlich und unbefangen die Darsteller — von ihnen seien vor allem Paul Richter, Aud Egede Nissen und das Quintett Fredrik Schumann, Lauritz Johnsen, John Johnsen, Olaf Engebretsen und Gustav Fersburg genannt — spielen.

Die herrliche Photographie der Drei, Günther Krampf, Paul Berge und John Bentzen, wird der

ドイツの映画新聞での『十字路』評（1929年５月18日『デア・フィルム』）

史』（一九四二年、以下『社史』）には「ステインクローン男爵」と書かれている。

『キネマ旬報』八月一一日号は、松竹キネマのベルリン支社設立のために「ステインクロン男爵」が近く来日するので、その前に第一回提供作品として「鈴木伝明、龍田静枝主演『海の勇者』、清水監督、渡辺篤劇映画『陽気な唄』、時代劇勝見庸太郎主演の『坂崎出羽守』」が送られ、「ベルリンで適当な外語字幕が挿入され普通の欧州映画と同様に公開される」と報じる。第二回発送作品も近く決定されるとされ、松竹映画の海外進出は確定したような感じだ。しかし、これら三本が彼の地で上映されたという話は確認できない。

とはいえ、男爵は来日する。八月二八日『読売新聞』は「ドイツ財界の雄、ステーテン・クローン男爵と松竹キネマ社長大谷竹次郎ならびに城戸四郎氏と会見の結果、同社ベルリン支社により欧州および米国に松竹映画と組織的配給をおこなうこととなった」と伝える。男爵は松竹の優秀作品を視聴し、十数本をベルリン支局に送り、帰国後に「ベルリン支社ニューヨーク配給所を新設し、日本映画の真価を徹底せしむる」という。ベルリン経由で松竹映画をアメリカで配給するという回りくどい計画だ。

九月三日『読売新聞』は、日活の大久保謙治が松竹よりも先にベルリンで男爵と日活作品の欧米配給の相談をおこなっており、二七年一一月に男爵が来朝した際にも数日にわたる試写を実施し、『狂恋の女師匠』を最初の試みとしてベルリンに輸出したと報じる。「ス男爵の来朝によって日活、松竹と男爵のシンジケートが設立され」、日活も「『結婚悲劇』ほか数本を輸出した」とのことで、このルートを通じて日活と松竹だけでなく広く日本映画の海外進出が実現するという。

すでに確認したように、『狂恋の女師匠』は松尾がパリへ持って行ったほか、東和商事がベルリンで公開すると報じられていた。右の記事は、後者の計画が前年の日活と男爵との協議によるものだと説明し、八月二八日に報じられた〈ベルリン支社経由の欧米配給〉計画が、日本のあらゆる映画会社の作品を対象とするものだとしているわけである。

同時期、「日本映画の海外進出に就いて」という特集の組まれた『映画往来』二九年一〇月号が発行される。輸出映画としては、すでに紹介したもの以外では、武田晃が『正義の勇者』（一九二七年、田坂具隆監督）がデンマークもしくはノルウェーへ渡ったらしいと書いている。

一一月一〇日『萬朝報』夕刊は、「ドイツのス男爵」の来日時に日活の欧州輸出の話がまとまって『狂恋の女師匠』と並んで『結婚悲劇』（東坊城恭長監督）等の輸出を見たとし、日活は「今後『摩天楼』（村田實監督）その他の優秀映画を引き続いて輸出する」と報じており、やはりこのころ輸出熱が高まっていることがわかる。

一一月一七日『読売新聞』は、日本映画は欧州での商業的公開を実現したがアメリカでは日活の『水戸黄門』『維新の京洛』ほか数本が在米邦人を対象として上映されたに過ぎず、日活が「村田實監督、小杉勇、中野英治、夏川静江主演の『灰燼』を外人向けに編集整理してアメリカ人を目標とした興行用として年末に輸送することになった」と報じる。先の〈ベルリン経由での米国進出〉とは異なり、直接アメリカへ作品を輸出するという計画だ。

『灰燼』

また一二月二七日『朝日新聞』は、フォックス社が日本に製作会社を創設すると報じる。「最近アメリカで大流行の東洋趣味を多く取り入れた天然色立体映画を製作し、トーキーと並立して」世界に送り出す方針で、神奈川県足柄下郡酒匂川周辺に敷地を取得、一月上旬に工事にかかる予定で、「実現の暁は夢の国のごとき湘南一帯の絶景はジャパン・ホリウッ《ママ》ドとして全世界に紹介されるだろう」ということだが、この計画も実現しない。

前年一〇月に発生した世界大恐慌は、もちろん日本にも波及した。都市部では多くの人々が解雇されたり減給されたりし、大卒者であっても多くが定職につけないという事態になり、農村では少女の身売りが横行した。浜口雄幸首相は〈金解禁〉が失策とされ、ロンドン海軍軍縮条約に調印したことも〈天皇統帥権干犯〉であると糾弾されて、一一月に東京駅頭で狙撃されて重傷を負い、翌年八月に死亡する。軍部は暴走を続け、日本は中国との本格的な戦争状態へ突入していく。他方では、金をもらって暗闇で男性にキスを許すという〈キッスガール〉が多数出没するなど、風紀の乱れは続いていた。海外への文化紹介としては、四月にローマで日本美術展が開催されたことが目を惹く。

『キネマ旬報』三〇年一月一日号は、伊丹万作が「長らく病気のため休養していたが、このほどまったく回復し」、片岡千恵蔵の『春風の彼方へ』を撮ると伝える。同号には伊丹が原稿を寄せ、「人生の旅に疲れた人、人生の闘いに傷ついた人、人生の迷路に行き暮れた人、私はそういう人々に深い同情を捧げる。私も昨日はそういう人であったし、また明日はそういう人であるかもしれない」「私のつくりたいのは『人間を慰める映画』」だと書いている。伊丹の繊細さが表れた美しい文章だ。

三〇年一月一一日『読売新聞』では、日活が「池田富保監督オールスターキャストの『修羅城』を米国に向け輸出することとなった」と報じられるが、これは在米邦人を対象とする上映だ。「大石郁氏執筆の日本最初の漫画トーキー『おらが春』も近く米国に向け輸出されることとなった」とも書かれているが、同作が一般上映されたという情報も確認できない。

一月二六日同紙は、『人の世の姿』が「アメリカに輸出され、外人相手に公開されたが、案外好成績だった」ので、松竹が在米邦人の内山にカリフォルニア、アイダホ、ワシントン、オレゴン、カナダ各州の配給権を渡したと書く。松竹作品が「二月から定期的に米国に輸出される」ということだが、やはり〈邦人相手の輸出〉である可能性が高い。

『キネマ旬報』二月一一日号は、『何が彼女をそうさせたか』が「ロシアに輸出されることになった」と伝える。一六日『朝日新聞』は、ハリウッドから帰国したジョージ桑が再渡米に際して「日活映画『灰燼』とマキノの自演映画『愛する者の道』(二川文太郎監督)を同社の好意により持参して英字タイトルを挿入、ダグ夫妻をはじめハリウッド人士に下見させる」とする。「ダグ」とはダグラス・フェアバンクスのことだ。『灰燼』は二九年一一月に〈米国輸出用映画〉と紹介されていたが、まだ輸出は実現していなかった。

『何が彼女をそうさせたか』

三月二日『読売新聞』は、『永遠の心』がベルリン、クアフュアステンダムのウーファ・パヴィリオンで上映されると簡潔に伝える。『永遠の心』は、三八年六月の『キネマ旬報』では〈輸出映画〉に数えられていないが、『木こり弥吉(Yakichi, der Holzfäller)』として立派にベルリンで上映された。三月三日『フィルム=クリーア』には「最初の日本の現代劇映画　東アジアでもっとも有名な俳優たちが出演!」という宣伝文句の大きな広告が掲載され、封切は四日と記されている。

三月五日『リヒト=ビルト=ビューネ』では、評者は「技術面においてだけでなく、ストーリー構成および被写体の選択において欧米映画からの強い影響が認められる」としたあと、岩田祐吉と田中絹代の演技を賞賛し、「プレミアの観客は力強く拍手喝采を送った。この映画はいたるところで関心を喚起するだろうと認識される」とする。三月八日『デア・フィルム』も、ストーリーは単純すぎるが自然の風景が美しくとらえられていると評し、「オリジナルの日本映画として大いに関心を呼ぶかもしれない」と好意的な結論に達する。

『十字路』のような実験的な作品ではない『永遠の心』は、大衆にも受け入れられやすいと考えられた。『フィルム＝クリーア』は、注目作品には写真を多用した八頁ほどの『イルストリアテ・フィルム＝クリーア』を発行する。『木こり弥吉』にはこの冊子がつくられており、重要視されていたことがわかる。

この上映は日本映画界にとって快挙のはずだが、わが国ではわずかな報道しかなされない。『キネマ旬報』四月二一日号には「岩田祐吉主演の『永遠の心』」が『木樵ヤキチ』として三月中旬に封切られたと書かれ、五月八日『読売新聞』には「『永遠の心』が『樵夫弥吉』と改題、ベルリンで好評を受けたのが縁で」蒲田で佐々木の監督により製作中の『父』が、「完成次第ドイツへ輸出映画として送られることとなった」という記述がある――『父』が〈輸出〉されたという事実はない――が、不思議なことに、日本の現代劇映画がヨーロッパで正式に公開されたことへの熱狂は見られないのだ。

とはいえ、『永遠の心』は少し遅れて帰国を果たす。『キネマ旬報』七月一日号には「松竹座輸入部提供」作品として『樵夫弥吉』の広告が見られる。「先に欧州へ送られ、各大都市に上映、代表的日本映画として大センセーションを捲起したる名篇」とされ、ドイツ語字幕のままでの上映ということで「逆輸入」という言葉も用いられている。

日本での状況に話を戻そう。三月一九日『朝日新聞』は、川喜多長政が松竹とウーファおよびソフキノとの共同製作企画をまとめたと報じる。ウーファとは「一本のシナリオをドイツと日本で半分ずつ製作」し、俳優と監督撮影技師も交換をおこない、ソ連のソフキノとは純芸術映画の製作のみにおいて提携するという。同記事は、「ようやく我国映画界も国際的になってきたわけである」と結ばれている。

この〈共同事業〉も実現しないが、ここで重要に思われるのは、早くもこの時点で長政がシナリオ、俳優、監督などを両国が出し合う〈日独提携映画〉を模索していたことだ。『新しき土』の約五年も前から、長政は〈共同事業〉に取り組んでいたのである。

三月になると、早川雪洲の帰国をめぐる報道がさかんになる。雪洲と草人の動きをまとめておこう。三月一三日『朝日新聞』は雪洲が二九日にサンフランシスコを発つと報じ、四月五日同紙では、雪洲は日本で雪洲プロの資本金五〇〇万円の増資に奔走し、「増資の上は、ハリウッドと日本に撮影場を設け、切支丹宗門戦を背景とする『天草四郎』のごとき映画の製作に当たる。すでに七ヶ国と上映契約を了している」とされる。四月一二日同紙も、雪洲は「腰をすえて大々的に輸出映画を撮影する」と報じる。

帰国した雪洲は、アメリカでも日本の国民性と文化に興味を抱く人は多いのに「日本を紹介する映画がほとんど輸出されていないので」早川プロを設立して輸出映画をつくりたい、「仏教哲学に基礎を置くもっとも神秘的心境」である「無我精進の境地」を紹介する作品、「天草四郎のような国際的に理解される宗教もの」などがよいと語る（四月一三日『朝日新聞』）。

しかし『キネマ旬報』五月二一日号は、雪洲が一三〇〇円の借金のせいで旅行用具一切を差し押さえられると報じる。五月二四日『読売新聞』には「早川雪洲が京都市街双ケ丘に新設された国際トーキー・プロで輸出映画をつくるという説があり、それをまた雪洲側では極力否認している」と書かれ、暗雲が立ち込めた感じになる。しかし六月八日『朝日新聞』は、「国際トーキー早川雪洲プロはその撮影所敷地たるべき京都双ヶ丘日本キネマを二四日正式買収し、ただちに改築にとりかかった」とする。

六月には草人の名が浮上する。『キネマ旬報』六月一一日号には、草人がレヴュー映画『ハッピイ・デイズ』の「司会者役」に起用され、日本で撮影がおこなわれるという記事が現れる。草人は大森のトーキー撮影所で作業を終え、フィルムはアメリカで現像され、作品は秋に公開されるとされる（同誌七月一一日号）。

七月三日『朝日新聞』夕刊は、「帰朝以来鳴かず飛ばず」であった草人を中心に「蒲田の全俳優がひとり残らず助演する」『愛よ人類と共にあれ』の脚本が決定したと伝える。ところがすぐに、雪洲と草人がアメリカに戻るという報道がはじまる。雪洲は「プロダクション設立、輸出映画製作」の目処が立たず、米国で準備を整えて再度帰国すると書かれ（一二日『読売新聞』）、草人はユニヴァーサルからの出演依頼を受けて米国へ戻るとされる（一五日『朝日新聞』）。草人は一七日に横浜を発つが、雪洲はアメリカに戻ることなく歌舞伎座の舞台に立った。いずれにせよ、雪洲も草人も映画輸出に関わることはない。

『キネマ旬報』三〇年四月一日号は、松竹キネマがニュース映画の組織的な製作に乗り出し、「作品は、全国各館一斉に上映するほか、イタリアのルーツェ会社ならびにベルリン世界映画配給社に急送し、欧州全土に公開する」と報じる。従来は日本を題材とするニュース映画は外国の社によって世界に配信されていたが、松竹がニュース映画の輸出に着手するというのだ。四月二一日号も、同社が「マガジン式ノヴェルティの製作に着手し毎週一篇以上を公開」し、「これもドイツ、フランスの提携会社へ輸出される」とする。

四月五日『読売新聞』には、「日独合資の下に　声画会社創立か　東和商事川喜多氏の活躍」という記事が現れる。例の多様な表記がなされる「スティーン・クロン男爵」の仲介で、日本でトーキー映画をトービス社と共同製作し、日欧で公開するというのだ。「川喜多氏はこの計画を日活系と結びつけんとしつつある」ので渡欧するともあり、三月一九日の報道で〈ウーファと松竹を提携させた〉とされた川喜多は、トービスとの連携も模索していたことになる。

四月一一日『読売新聞』は、牛原の『大都会』のトーキー化が決定して大森のイーストフォン・トーキー製作所で作業がはじまり、「完成の暁はまず大阪松竹座で封切った上、ドイツへ輸出する」と報じる。すでに紹介したように『大都会』は、三二年に『Nippon』の一部としてドイツで上映される作品だ。

二四日同紙には、二一日におこなわれた島原の花魁道中のイヴェントに日活が技師を派遣し、練り歩く太夫の三つ脚下駄の音等をサウンドとして撮影したという記事がある。近く一般公開される予定で「輸出映画としても興味をもって迎えられるであろう」とあり、ニュース映画として海外に送られた可能性はある。

二七日『読売新聞』は、二九年秋に米国へ輸出されると報じられた『灰燼』が、「今夏ドイツへ向け輸出され、彼の地で再編集の上、レコード式サウンドとなってドイツ各都市に上映される」と報じ、「今後日活の輸出物はすべてドイツでサウンドがつけられる」「蒲田の新サウンド版『大都会』も五月一日浅草、新宿両松竹座その他で上映後ドイツに行くし、邦画トーキー版の輸出はようやく盛んになろうとしている」と書く。

『大都会　労働篇』

五月になると鉄道省の映画製作活動が報じられる。一一日『読売新聞』は、日活、松竹など各社がニュース映画に力を入れているという記事のなかで「鉄道省でも国際観光局を設けて実写、ニュース等で外客招致に努むるように」なったとする。四月一八日に外客誘致を目的として国際観光局が設立されたことにより、鉄道省の観光映画も対外宣伝に力を入れるようになったのである。

一五日『朝日新聞』は、「今月末からニューヨーク、シカゴ、ボストン、ワシントン等全米の各主要都市で日本名勝のトーキーがいっせいに上映される〔……〕鉄道省映画宣伝部撮影の『富士五湖』『花さく日本』『天龍川』『日本アルプス白馬岳』の四巻をはじめ、東京丸の内、宮城付近、神宮外苑、日光、鎌倉、京都、奈良、宮島等わが国各地の名勝古跡の鮮麗な映画で、これが上映の報が伝わるや目下空前の東洋熱が風靡している米国映画界にセンセーションを起こしている」とする。

同記事には続いて、「フィッツ・パトリック映画会社」の社長が来日し、わが国の名勝をトーキーで撮影し、ニューヨークの五六ケ所の常設館で上映すると書かれている。「フィッツ・パトリック」とは旅行映画製作者

James A. FitzPatrick のことだ（「Fitz」と「Patrick」はひとつながりの姓なので以下では「フィッツパトリック」と表記する）。同社長は鉄道省の映画も米国で上映する意向で、記事の筆者は「こんなに大規模に日本の風景が紹介されるのは空前のこと」と喜んでいる。九月二三日『読売新聞』は、フィッツパトリックが鉄道省の風光フィルム八種を複写、編集して『アイランド・エンパイヤ』『ジャパン・イン・チェリーブロッサムタイム』という二作品とし、自身の旅行談を加えて全米三〇〇〇の映画館で上映して好評を博していると報じる。フィッツパトリックは、さらに明春には男女の名優をそろえて来朝し、日本の風景を背景とした日本劇を製作する意向だという。

一一月四日同紙は、鉄道省国際観光局が「米国フォックス映画会社をして日本各地の名勝地をトーキーにおさめ、米本国各州でこれを上映、米人を極力招致せん計画」が進行中だとし、旅客機にトーキー撮影機を据えつけて富士五湖を撮影したと伝える。一二月二一日『朝日新聞』も、「鉄道省旅客課では正月早々諏訪湖を背景として軽快なるスケート映画を製作」し、「完成の上は広く海外に輸出してウィンター日本の宣伝につとめる」と報じる。

鉄道省以外の動きに話を戻そう。『キネマ旬報』六月二一日号では槌谷茂一郎が、『忠次《マ》御用篇《マ》』と『狂恋の女師匠』をパリへ持参して試写したものの評判が悪く、一般上映に至らなかったこと、『萩寺心中』は古臭い映画だが好評であったこと、『樵夫弥吉』が「ベルリンで立派な興行成績をあげた」ことなどを書いているが、特に目新しい情報はない。

七月一三日『朝日新聞』には、「松竹では先に国際連盟の注文により日光および鹿島、神田明神、浅草の三社祭、祇園祭、天満祭等日本のお祭りを映画化していたが、同映画は来る一五日、横浜からベルギーに送られ、同地で一般に公開される」とある。ベルギーでの国際的行事で上映する日本紹介の映画を求められ、松竹が製作したということのようだ。

『キネマ旬報』一〇月一一日号は、「内務省では、過般日本の社会設備の模様を六巻近くの映画に撮影して、地方団体および遠く国際労働会議まで送って」おり、東京市の社会局も市の社会設備を撮影すると伝える。鉄道省だけでなく、さまざまな公的機関が映画による記録と国際的宣伝を企てていたことを示す記事である。

『ふるさと』から『雨過天晴』まで――一九三二年

国民の多くは大恐慌の余波に苦しんでいたが、浅草では依然としてカジノ・フォーリーがエロ・グロ・ナンセンスの盛り込まれたパフォーマンスで知識人から一般大衆までをも熱狂させ、子供たちは漫画『のらくろ』や紙芝居『黄金バット』に夢中になっていた。一月の衆院本会議で松岡洋右が幣原喜重郎の外交政策を英米追随の〈弱腰外交〉と批判し、〈満蒙は帝国の生命線である〉と述べたのをきっかけに、〈生命線〉という言葉が流行語となり、満洲政策とは関係のないところで使用された。

一月一四日『読売新聞』は、「全世界の風光を撮り、英仏伊露西の五ヶ国語でトーキーで説明しようという」『トム・テリス放浪記』というシリーズ映画に「桜の国日本の三一年姿」を加えたいという依頼がロサンゼルスの領事に寄せられたので、国際観光局や文部省などの主導で「代表的な〈桜咲く日本〉の風光人情を映画化する」ことになり、全国の代表的風景が撮影されると報じる。日本の美が世界に知られると素朴に喜ぶ人々の心情がうかがわれる記事だ。

一月なかばからは、ヴィクター・フレミングとダグラス・フェアバンクスの来日に伴って雪洲の動向をめぐる記事が増える。三一年における雪洲と草人の動きを見ておこう。

一月二一日にフェアバンクスが横浜に着くと、雪洲、草人、伝明らがかけつけて歓待する。二三日『読売新聞』は、フェアバンクスが帝劇で雪洲の芝居『第七天国』を見物し、雪洲が二月に新歌舞伎座で演じる『鉄仮面』のためにフェアバンクスが剣術を指導する予定だと報じる。

二月には、松竹の大谷の後援で蒲田に資本金五〇万円の雪洲プロが設立されると報道される。「蒲田撮影所を利用して雪洲映画の海外輸出を試みよう」(『キネマ旬報』二月一日号)という計画で、六月にスタジオ設立に着手するという。五日『朝日新聞』には、二、三〇名の女優を採用して五月に「松竹、早川国際プロダクション」が設立されることになり、四月末には鶴子がアメリカに戻り、一流監督や女優を連れて来るという記事が掲載される。

四月一七日『朝日新聞』には、例の草人主演作『愛よ人類と共にあれ』への批評のなかで、同作は「出場人員八万人」の「絶対的に興行価値満点の大映画」だとされている。『キネマ旬報』五月一日号は、草人は九月に帰米し、『愛よ人類と共にあれ』を携えて欧州市場の開拓に努めると報じる。アメリカの業界に顔がきくと思われていた草人の主演作に、〈輸出映画〉としての期待がかけられていたわけである。

この時期、雪洲にも帰米の噂が出る。五月一二日『朝日新聞』は、パラマウントからトーキー映画出演のオファーを受けた雪洲がアメリカへ戻ると伝える。雪洲はじっさいに二一日に横浜を発つ(二二日『朝日新聞』)。松竹とプロダクションをつくり、〈輸出映画〉を製作するはずだった雪洲は、ひさびさのアメリカ映画出演の機会を得て日本を去ったのだ。

『キネマ旬報』七月一日号は、四年前に欧州へ渡って活動していたアナ・メイ・ウォンが米国へ戻り、早川雪洲と『龍の娘』に主演すると伝える。ウォンは、『マダム・バタフライ』を下敷きとするアメリカ映画『The Toll of the Sea』(一九二二年)に主演したこともある中国系女優だ。ちなみに九月一九日『読売新聞』には、『龍の娘』に出演している早川雪洲と支那娘アナ・メイ・ウォンはともに芸に英語が伴わないとの話だ。あれだけ長く米国にいて英語がだめなら日本のスター連もアメリカ・トーキー進出なんて野心を起こさないほうがよさそうだ」と書かれている。

一〇月一日『読売新聞』は、「ハリウッドに赴き『龍の娘』を製作した雪洲はプリントの出来を待ち、十月下旬再び帰朝」する予定で、「蒲田で大掛かりの本格トーキーを撮影する」と報じる。じっさいには一二月二四日に雪洲は、横浜に到着する（二五日『朝日新聞』）。

草人は、帝国劇場の七月公演に水谷八重子らと参加し（六月二七日『朝日新聞』）、秋には衣笠貞之助の『唐人お吉』でハリスを演じると報じられる（『キネマ旬報』一〇月二一日号）。なおほかの〈米国からの帰朝組〉としては、『バグダッドの盗賊』などにも出演した南部邦彦が一〇年ぶりに帰国し、日本の舞台での活動を希望しているという報道が見られる（同誌六月一一日号）。

さて、三一年に〈プロダクション設立〉および〈輸出映画〉について多くの報道がなされるのは阪東妻三郎だ。阪妻が、二六年にユニヴァーサルと提携して〈輸出映画〉を製作すると報じられながら実現しなかったことは紹介した通りだ。今回はどうなったか。

前年一〇月に松竹を脱退した阪妻は、谷津沿岸にスタジオを建設中で、野村芳亭を監督に招き、林長二郎なども加わって三月末に第一回作品を撮るとされる（二月五日『朝日新聞』）。『キネマ旬報』五月一日号は、阪妻プロが第一回作品『洛陽餓ゆ』の製作を近く開始し、パラマウント社極東代表コクレンが阪妻映画を配給すると報じる。「第一回作品の出来がよければ、パラマウントの商標のもとに全世界に紹介する」とのことで、阪妻は年に八本の時代劇をパ社に提供するという。谷津の阪妻撮影所は完成し、『洛陽餓ゆ』のセットも完成する（六月四日『朝日新聞』）。小島浩の「阪妻パ社提携とその日本映画界への影響」という原稿（六月一〇日『読売新聞』）では、コクレンが「私は妻三郎氏と握手して日本映画の本格的な海外輸出をもくろむ」と述べ、阪妻は「自己の作品が全世界に完全なる配給網を有する大パラマウントの手によって海外に送り出されるならば誠に本望の至りである」と述べたとされる。

だが阪妻プロは、二万円の不払いのせいで撮影機材を差し押さえられる（六月二九日『朝日新聞』）。ユニヴァーサルとの提携の際にも機材を引き揚げられた阪妻は、今度は裁判所の差し押さえをくらったのだ（ただし『キネマ旬報』七月一一日号の解説によると、機材の所有者は京成電鉄であったため、七月二日に差し押さえは解除されたという）。七月六日『読売新聞』には、『洛陽餓ゆ』は発声版製作を依頼していたR・C・Aとの提携が破れたせいで一五日の封切までに発声版を完成できなくなり、無声版として発表すると書かれている。とはいえ、『洛陽餓ゆ』は英語字幕をつけて外国版を製作するとされ、〈輸出〉の希望はまだ消えていない。

しかし『キネマ旬報』八月一日号は、阪妻側は『洛陽餓ゆ』を完成してパラマウントに引き渡したものの、仲介者の立花良介が多額の要求をしたためにパラマウントが感情を害し、第二回の配給を拒絶したと伝える。結局『洛陽餓ゆ』が輸出されることはない。

同誌八月一一日号は、阪妻が立花の後援を得て帝キネと提携し、次作は『風雲長門城』に決定したと伝える。さらに一〇月には、松竹を脱退して新しい会社の設立を画策していた鈴木伝明、高田稔らが阪妻との提携を決める（一〇月五日『朝日新聞』）。以上が、この年における阪妻の動向だ。やはり〈輸出映画〉の製作は、つねに声高に宣言されるものの、ほとんど実現しないのである。

それ以外の日本の状況を見ていこう。三月二五日には、「支那映画会社上海大中国のスター林如心、陳秋風その他男女優七名」が、監督夏赤鳳とともに「日本発声映画会社の招聘に応じて大森で日華親善劇『雨過天晴』を撮影する」ために長崎に到着する（三月二六日『朝日新聞』）。二八日同紙夕刊も、「上海の映画会社『大中国影片公司』の一行九名」が入京し、「一行は一週間滞在して日本発声映画社で支那劇トーキー『雨過天晴』を撮る」と報じる。中国人の俳優と日本人スタッフが協力して〈国際共同映画〉が実現しそうな雰囲気だ。

そして『キネマ旬報』六月一日号は、「日本発声映画、上海影片公司共同製作『雨過天晴』が小谷ヘ《マ》ンリ《マ》ー撮影、成生利男音響指揮のもとに製作中であったがこのほど完成」し、五月二二日に帝国ホテルで盛大な試写会が開かれたと伝える。「六月に上海で中華民国最初のフィルム式トーキーとして封切上映される」とのことで、中国の最初期のトーキー映画のひとつが日本でつくられたわけである。監督は夏赤鳳、原作は謝世煌、俳優は全員中国人だが、撮影、セット、音響等はすべて日本人が担当した。ただし、このあと『雨過天晴』が日本で一般公開された様子はなく、〈国際共同映画〉として評価されることもない。

『キネマ旬報』四月一日号には、鉄道省がエキストラを使って「外国へ贈るお花見映画」を撮るという記事がある。「旅客に対するサービスと旅客の心得を中心にナンセンス劇新婚双曲線（三巻三千尺）を撮影する」とのことで、要するに喜劇映画を撮ろうというのだ。鉄道省は「冒険的な乗鞍岳スキー登山の映画をつくる」ほか、奥野公園、熊ケ《ママ》谷堤、江戸川などでロケし、「お花見気分を一千尺のフィルムに収めて外国へ贈る」とも書かれている。

三一年における国際観光局もしくは鉄道省の活動をまとめておこう。四月一四日『朝日新聞』は、国際観光局が映画『東京』を撮影して外国へ輸出すると伝える。それまで東京についての情報発信を怠っていたという反省のもとに、東京の「近代的な半面に日本固有の風俗や情調が漂うている両面を映画化する」ことになり、「撮影は松竹か日活に委し、約三ヶ月を費やして完全なものをつくり各国へ輸出する」予定で、京都、大阪についても同様な作品をつくるという。

『キネマ旬報』九月一一日号は、観光局が『四季の日本』を夏の場面から撮り、明春に完成すると伝える。『四季の日本』が撮られているという報道は二九年秋にもあり、二年後にようやく完成が近づいてきたような感じだ。鉄道省には『瀬戸内海』『北陸めぐり』『佐渡島』など多くの企画があり、各温泉場の小唄を入れたトーキーの温泉映画が撮られるとも報じられる（同誌一〇月一日号）が、この年、鉄道省関連の映画で〈輸出目的〉とされたのは『東京』と〈登山スキー映画〉のみだ。

『キネマ旬報』四月一一日号は、「切支丹殉教悲史」の映画だという『日本廿六聖人』（池田富保監督）について報じている。〈輸出〉という言葉はないが、各地のカトリック信者がエキストラとして出演を希望し、「事情が許せばイタリアへロケーションを試みるとさえ噂されたほどの大計画」とされ、外国での撮影が視野に入れられていたことがわかる。

約五ヶ月後、九月二一日号には同作の広告が登場する。「ローマ市ロケーション」とあるので、現地での撮影が実現したことがわかる。「ムッソリーニ閣下の感泣せる日本大殉教秘録！」「撮影日数・半ヶ年　出場人員・一万五千人」「世界の魂に訴える　日活提供国際豪華版」等の勢いのよい宣伝文句が目を惹く。ローマ教皇一一世、犬養毅も観たとされ、〈国際的映画〉の雰囲気は十分だ。一〇月一日『読売新聞』にも「日活ではこれを巨大国際豪華版と称している。なるほどこれまでできた日本映画のなかで、これほど国際的交渉を持つものはあるまい」と書かれているが、同作品が外国で商業的に公開されることはなかったようだ。

五月一〇日『朝日新聞』は、アメリカの有名な監督・プロデューサー、ハワード・ヒューズが「はじめてハリウッドで日本の色彩映画一二本を製作する」と発表したと報じる。「いまハリウッドにいる日本娘」である豊島真琴の主演作を米国で撮り、残る一一本を日本で製作するとのことで、大阪に色彩映画製作所をつくり、技師を派遣して「いままでにない素晴らしい日本映画をつくってアメリカ人を驚かす」というのだが、いかにも実現可能性の低そうな情報だ。

『キネマ旬報』五月一一日号には、東和商事に関するニュースがふたつある。ひとつは松竹輸入部の洋画配給業務を東和商事が引き継ぐという情報で、もうひとつは、ウーファ東洋代表をつとめる川喜多が五月一五日の渡独に際し、「満鉄会社が製作した蒙古の実写映画『カンジウル』と北極大豆の出荷状態を撮影した『穀倉』の二本を携行し、これらをウーファ社にてサウンドに録音のトーキーフィルムとして欧州一円にこれを配給する」というものだ。五月二一日号には、松竹映画をドイツでトーキー化して広く欧州で公開することになり、川喜多が作品を選定しているとも書かれている。川喜多は洋画輸入と欧州への映画輸出で存在感を増していた。同号では小杉勇の主演作『海のない港』（村田實監督）も取り上げられ、『新しき土』に関わるメンバーが第一線に浮上してきた観がある。円谷が撮影を担当した時代劇も、ほぼ毎号で紹介されている。

　同誌七月二一日号は、ソ連映画の配給を手がけるヤマニ洋行の片山三四造が「ロシア向けのイデオロギー映画」として『傘張剣法』（辻吉朗監督）と『汗』（内田吐夢監督）をモスクワに持って行き、「同地映画人のため盛大な試写会を開会する」と報じる。また八月一日号には、皆川芳造が藤原義江主演のトーキー映画『ふるさと』を持って渡米し、アメリカで音響などを再録編集した上で、各地で上映すると書かれている。日本語のトーキー映画をアメリカで英語版に変更し、全米公開するという計画だ。このころは、関係者が外国へ日本映画を直接持ち込むという企画が多く立てられていることがわかる。

　『キネマ旬報』八月二一日号は、村田實はアメリカへ、溝口健二はヨーロッパへ行くはずだったが、ともに延期されたとする。村田は『灰燼』をアメリカ向けに改訂、英文タイトルを入れてすでに送っており、反響を見て一〇月に渡米する予定で、「アメリカで一、二本の映画製作をやるかもしれぬ」という実現しそうにないことも書かれている。

　すでに紹介したように、『灰燼』は二九年一一月には「外人向けに編集整理してアメリカ人を目標とした興行用として年末に輸送する」と書かれ、三〇年四月には「レコード式サウンド映画」としてドイツ全土で公開されると報じられていた。『キネマ旬報』八月一一日号では、森岩雄が「村田實論」において、「佳作『灰燼』を彼の友人である伊藤道郎がアメリカへ持って帰り、広く専門家に見せ、次第に

『ふるさと』

よっては音をつけて公開しようと企てているのを機会に、彼はアメリカ行きを計画しているという」と書く。『灰燼』は〈送られた〉のではなく、伊藤がアメリカに持ち帰ったというのだ。

『灰燼』のその後を紹介しておこう。『キネマ旬報』三二年一月一日号には、伊藤道郎が『灰燼』を米国で専門家に見せたところ激賞され、「日活よりネガを取り寄せサウンド版として広く発表することになった」と書かれている。さらに伊藤は、自らの舞踏団員を使ってプロローグを新しくトーキーで撮影する予定で、その部分に出演するために夏川静江が渡米、完成のあかつきには「ミチオ・プロダクション第一回発表としてニューヨーク、ロサンゼルス、シカゴの三大都市で華々しく世界的公開をする」という。伊藤道郎は会社を設立し、『灰燼』を使って世界に羽ばたこうとしていたのだ。『灰燼』の米国進出は確定したかのようだが、その後、同作品が諸外国で公開されたというニュースには出会えない。

なお『キネマ旬報』八月一一日号では、和田山滋が「一九三一年八月一日——日本映画の歴史を編む者は、さらにこの日を記録しなくてはならない」「何人もぜひ一度このトーキーに接すべし」として、『マダムと女房』を熱狂的に歓迎している。欧米諸国からかなり遅れて、日本でもようやく本格的なトーキー映画が始動しようとしていた。日本映画の輸出に関しても、〈トーキーか無声か〉という議論がついて回ることになる。

そして九月一八日、満洲事変が勃発する。関東軍は柳条湖付近の満鉄線路を爆破してそれが中国軍による破壊行為だと主張し、電撃的に中国東北軍の北大営と奉天城を攻撃して占領し、以後満洲占領計画を進めていく。不況に苦しんでいた国内の人々は、これを関東軍による英雄的行為ととらえて熱狂的に支持した。〈中国軍の卑怯な行為に対して、皇軍が正当な自衛活動をおこなったに過ぎない〉という嘘が広く信じられた。日本は世界を敵に回し、決定的な敗北に向かってひた走るという方向から逃れることができなくなったのである。

もちろん映画界も大きな影響を受けた。『キネマ旬報』一〇月一日号は各社が「満洲事変映画」を計画していることを伝える。「満洲事変が案外拡大されて〔……〕映画劇的事件も多い」ため、各社がニュース映画を撮り、一斉に「軍事映画製作」に着手したというのだ。興味深いのは、日活では熊谷久虎監督の下に『動員令』を完成したと書かれていることだ。のちに極右団体〈スメラ学塾〉の活動にはげむ熊谷は、すでにこの時期に軍事映画を手がけているわけである。熊谷はこのあとも、吉村廉との共同監督で『起死回生　北満の偵察』という「時事映画」を撮る（『キネマ旬報』三二年一月一日号）。

『ニッポン』のドイツ上映――一九三二年

一月には上海の共同租界で日中の軍事衝突（第一次上海事変）が起こり、三月には関東軍が〈最後の皇帝〉こと溥儀を擁立して満洲国を建国する。右の戦闘は、満洲国の樹立から国際社会の注意をそらすことを目的とする作戦であった。満洲国建国は、政治や経済に停滞感を覚えていた国内の人々に大きな希望をもたらし、〈王道楽土〉のスローガンのもと、各地の貧しい農民たちが大陸に渡ることになる。首都として決定された長春は新京と改称され、九月には日満議定書が調印されて日本は正式に満洲国を承認する。国際連盟は、満洲事変について調べるためにリットン調査団を送りこむ。一〇月二日、リットンは慎重な調査の結果、満洲事変を日本の侵略行為と認定し、中国の主権下での満洲国の自治を認め、満洲での日本の既得権も認める代わりに日本の軍隊は中国から撤退すべきだという結論を公表する。なお上海事変での〈爆弾三勇士〉のエピソードは新聞雑誌で熱狂的な調子で報じられ、映画や芝居、歌などが競うようにつくられてヒットした。

国内では二月と三月に血盟団による連続要人暗殺事件が起こり、海軍将校らが犬養首相を殺害する五・一五事件がそれに続く。犬養の死によって日本の政党内閣は終焉し、翌年に出される判決が予想外に軽かったことは、決起しても大罪とはならないという了解を生む。八月のロサンゼルス五輪では、日本は金メダル七つ、銀メダル七つ、銅メダル四つを獲得して国別の金メダル数では第四位となり、この事実は人々に、日本がスポーツ強国となったという意識をもたらした。六月に原智恵子がパリ音楽院コンクールで優勝したことも、日本が芸術的にも一流になりつつあることの証拠として報道される。

一月一七日『読売新聞』は、前年末に帰国した雪洲が明治座の舞台に立ち、翻案もの『裸一貫』を演じると報じる。この時期の雪洲と草人の動向をまとめておこう。

二月六日『読売新聞』夕刊は、二八年に高巣が〈早川プロ設立〉を口実に借りた六二〇〇円を返さなかった件で雪洲が訴訟を起こされたと報じる。雪洲は、実現しなかった企画が招いたトラブルにいまだに悩まされているのである。

五月一二日『朝日新聞』夕刊は、松竹蒲田が池田忠雄原作『太陽は東から』の映画化に取り組むことになり、雪洲が監督・主演、田中絹代が相手役で「雪洲の帰朝第一回作品として大掛かりに撮影に着手する」と報じる。五月二〇日『読売新聞』は、この企画がトーキーではなくサウンド版となることに雪洲が不満を抱いているとする。

右の作品については、六月一九日『読売新聞』夕刊に、「雪洲の初邦画　あちらで好評　蒲田でプリント百本を用意」という記事が現れる（タイトルは『太陽は東より』とされる）。「セッシュウが日本でサウンド映画をつくっているというニュースは、海外の映画市場にも大きな反響を呼び起こし」、「ベルリン世界映画配給社がまず『太陽は東より』のプリント十数本の輸送方を打電して来た」ほか、イギリス、フランス、アメリカ、近東諸国からも申し込みが殺到しているというのだ。だがその後、同作が輸出されたという情報はなく、『キネマ旬報』七月二一日号の批評も「この映画の出来はたいへんよろしくない」「雪洲には、この後は、自ら監督などしないことをすすめる」等、厳しい調子だ。

五月一四日には喜劇王チャプリンが来日する。チャプリンは事前に歓迎式典等を望まないという声明を出していたが、雪洲と草人には声がかけられる。五月一三日『朝日新聞』は、チャプリン上陸のラジオ中継で草人がアナウンサー役をつとめると報じ、雪洲は「真の日本の姿を見せる意味で武士道とか能とか茶とかで静かに迎えたい」と語る（一五日同紙夕刊）。

チャプリン来日の翌日、五・一五事件が起こる。夜に首相官邸で歓迎会が開催される予定で、青年将校らはそのタイミングをねらったとされる。だが、チャプリンが相撲を見たいといって歓迎会をキャンセルしたことから、彼の身に危険が及ぶことはなかった。三六年に訪日するファンクらも、到着の約二週間後に二・二六事件を経験することになり、その直後にチャプリンも東京の地を踏む。

雪洲に関しては私生活面での報道が目立つ。雪洲夫妻は、雪洲の愛人ルース・ノーブル（この時期はルース・ダービー）が生んだ雪夫を引き取っていた。六月一二日、鶴子が雪夫を連れて来日すると、七月四日にはルースが雪夫に会うためにやって来る。雪洲は雪夫との面会を許さず、連日の『読売新聞』の報道によれば（たとえば七月一四日）、ルースはホテルで涙にくれた。ルースは一六日、息子との短時間の面会を果たして米国へ戻る（一七日『読売新聞』）。この年、草人は四本の日本映画に出演するが、報道は少ない。一〇月五日『朝日新聞』は、彼が前日にアメリカから「ヒゲを落として帰って来た」と伝えるが、渡米した理由は書かれていない。

そのほかの国内の状況を見てみよう。『キネマ旬報』一月二一日号は、「築地小劇場において舞台装置および演出方面でその手腕を揮っていた新興美術界の権威」である吉田謙吉が不二映画の美術部長に就任すると報じる。『新しき土』で美術を担当する吉田は、このころ舞台から映画界に活動の場を移したのである。

右の記事の下には、「ドイツで好評の日活学術映画」という見出しがある。「京大医科鳥潟隆三博士の癌の研究に関するものを鳥潟博士自身指導大澤博士執刀のもとに技師碧川道夫の撮影で約十巻の映画となし」、京大の横川博士がドイツで上映したところウーファが推薦映画に決め、撮影方法を日活に問い合わせてきたというのだ。ウーファがそのフィルムを配給したという事実は確認できないが、日本独自の学術映画が外国で認められたと喜ぶ記事である。

同誌二月一日号は、鉄道省旅客課の無声宣伝映画がトーキー全盛の外国で上映されなくなったので、米国のワーナー本社でアフター・レコーディングしたあと、ワーナー系チェーン館等で上映されると報じる。「欧州に紹介する映画そのほか日本向けのものは砧村の写真化学工業研究所と提携してサウンド化する」が、今後はトーキーでの製作を原則とし、第一回作品は「音楽映画」の『大阪』だという。

この年も同省の奮闘は目立つ。三月一二日『読売新聞』は、「山岳を主題にした優秀な外国映画に刺激された」鉄道省が「ドラマチックな山岳スキー映画を作製し、外国に輸出する」と報じる。舞台は北アルプス立山、剣岳、オリンピックに出場したスキー選手と女流スキーヤー数名が出演するという。四月八日『朝日新聞』も右の企画を報じ、タイトルは『雪峰の歓喜』、「山小屋にこもって顕微鏡を相手に雪の結晶を研究している学者」にスキー選手や妹連中などがからむ物語だとする。「シュナイダーの映画はだしという素晴らしいものをつくる」という表現からは、ファンクの山岳映画を目標としていたことがわかる（シュナイダーとは、初期ファンク映画に多く主演した〈近代スキーの父〉、ハンネス・シュナイダーだ）。七月三日同紙には、鉄道省映画を観る「実写映画の夕べ」の告知があり、上映作品として『雪峰の歓喜』が挙げられていることから、無事に完成したことがわかる。

『キネマ旬報』八月一日号は、「鉄道省の観光局ではかねて『日本の四季』の製作に着手し、『冬の日本』『春の日本』はすでに完成して海外に輸出され」ており、これから『夏の日本』を撮って「日本在住の某外国人に依頼してアナウンスも録音」し、八月中に完成させると報じる。日本の四季をテーマに海外向け映画を撮るという企画は二九年から報じられてきた。〈冬〉篇と〈春〉篇は輸出ずみで、いよいよ〈夏〉篇にとりかかるというのだ。なお〈日本の四季の映画〉は、当初は『四季の日本』とされていたが、このころから『日本の四季』という表記が主流となる。以後も両方のタイトルが見られるが、明らかに同じ映画であり、以下ではそれぞれの記事に書かれたタイトルを記す。

〈秋〉篇については、九月一四日『朝日新聞』に、「鉄道省国際観光局は海外宣伝映画『秋の日本』の撮影にあたりその大部分をスポーツに提供、九月から十月にかけて相次いでおこなわれる各種スポーツの全部をフィルムに収め、欧米諸国に送り出すことになった」という記事が見える。その後観光局は、同作品に出演する「女学校卒業以上の教養があって同時に容姿端麗気品ある婦人を募集」し（一一月一四日『読売新聞』夕刊）、一〇〇名以上の応募があったが、佐原局長の反対で「麗人募集」は中止され、『秋の日本』のモデルは老女優林千歳に変更することとなった」（一一月一九日同紙）。

鉄道省以外の状況に戻ろう。『キネマ旬報』三月二一日号は、澤田義雄プロダクションが「今回滞米中のコネクションにより、北米、ハワイ、ロサンゼルスの三箇所に母国映画配給を一手に引き受け、同プロ製作の映画を先に北米各地に紹介した」が、「今回マキノ、東活、新興キネマ各社の作品をどしどし配給することとなった」と報じる。最初の配給は「マキノ特作映画『西南戦争』、マキノ正博主演『潮やけ小やけ』、千恵蔵映画『仇討鎗諸共』『ゴロン棒時代』、報知新聞連載小説金子洋文原作『ノンキナトウサン《ママ》』、曽我廼家五九郎主演映画、阪妻ユニヴァーサル映画数本」、現在澤田プロで撮影中の『源氏太郎』も配給されると書かれているが、これらのうち確実に〈輸出された〉と考えられるものはない。

同号には、パリ滞在中の牛原虚彦が現地の俳優やスタッフを起用して映画を撮ることになり、松竹のカメラマン、水谷文二郎の派遣を要請したが城戸に拒絶されたという記事もある。牛原は「フランス・オッソースタジオで撮影に着手する」とされているが、どこから資金が出るのかも不明で、実現可能性が低そうな情報だ。

四月二四日『読売新聞』夕刊には、渡辺新太郎監督の新興キネマ作品『月魄』について、陽明門、中禅寺湖、華厳の滝等の名所を「豪華な天然色映画として撮影し、美しい風景をスクリーンに再現して劇とともに海外に輸出する予定」だと報じる記事がある。〈天然色〉が売り物であるわけだが、データベースでは『月魄』は三二年五月二五日に「白黒・無声」作品として封切られたとされている。『キネマ旬報』五月一日号は、尾上菊太郎プロがフランスのデヴリ社と契約を成立させ、自社作品を海外輸出すると報じる。三本をデヴリ社側でサウンド版に編集してフランスに配給する予定で、第一回作品は冬島泰三監督が撮影中の『旗本次男坊』だという。次々と日本映画の海外進出が達成されているような感じだが、『月魄』も『旗本次男坊』も外国で上映されたという情報は発見できない。

そして四月三〇日、ついにベルリンで『ニッポン(Nippon)』が封切られる。これまで紹介してきたように、異なった時代を背景とする『怪盗沙弥麿』『篝火』『大都会　労働篇』という松竹の三作品をまとめ、音声を入れて一本のトーキー映画としたものだ。

もちろんドイツの映画新聞各紙もこの上映を報道している。五月二日『フィルム＝クリーア』での批評では、製作は東和商事(松竹への言及はない)、配給はベルリンの文化研究所、編集はカール・コッホとされている。同批評では、一〇〇〇年前、七〇〇年前の日本を表現した部分ではすべてがセット撮影されているのが露骨過ぎ、雰囲気が病的だといった印象が書かれているいっぽう、「人々は年に三本か四本の面白い日本映画を観たがっているだろう」という見解も示されている。同日『リヒト＝ビルト＝ビューネ』にも長文の報告文があり、物語等は「素朴」であると評しつつも「観客は拍手喝采を送った」としている。

また五月一三日『フィルム＝クリーア』第一面には、『ニッポン』に「教育的映画」もしくは「大衆啓蒙的」という格付けが与えられなかったのは不当だと主張する記事が掲載され、東和商事が多くのドイツ映画を日本に送っているのに、こんなことでは映画経済における独日関係が悪化してしまうとも書かれている。川喜多夫妻はこの年は五月二九日に横浜を発ってヨーロッパに向かうので、『ニッポン』の封切には立ち会っていなかった。

五月七日『デア・フィルム』にも、のちにファンクらと来日するベッツによる紹介文がある。「日本が最初のトーキー映画をヨーロッパに送ってきた。もっとも偉大な俳優たちが出演している」という文章ではじまるこの記事で、ベッツはストーリーを紹介し、〈一〇〇〇年前の日本〉〈七〇〇年前の日本〉はアメリカ映画の影響を受けているが、〈現代の日本〉はロシア映画的だと指摘したあと、「観客はこの映画に拍手喝采を送った」と締めくくり、満足できる興行成績をあげられるだろうという見通しを示している。

『ニッポン』のドイツ上映はわが国で熱狂的に報じられただろうか？『キネマ旬報』六月一日号は「ベルリン松竹映画海外配給会社で編集録音中だった『ニッポン』がウーファ劇場で封切られ、「珍しい映画として人気を呼んだ」とし、編集者はカール・コッホ、ラギー・ゾルフ、林文三郎ほか、音響としては湯浅初子（「初枝」の誤りだろう）の独唱が使用され、「日本に逆輸入されることと想像される」とも書かれている。別頁でも同作のドイツ封切が紹介され、「日本製オリジナル・トーキーと銘打って封切られた」が、「松竹映画のネガを東和商事で編集して一本の日本風俗映画に仕上げたもの」であり、『千年前の日本』『武家時代の日本』『今日の日本』の三

Filmbesprechung

Nippon, Menschenschicksale in Japan

Towa Shoji-Produktion im Verleih des Instituts für Kulturforschung / U.T Kurfürstendamm

Ein höchst interessanter Abend, der noch lange im Gedächtnis haften wird. Eingeleitet wurde 'er durch einen geradezu meisterhaften Scherenschnitt-Film Lotte Reinigers. Dieser „Harlekin" ist eines der herrlichsten Arbeiten auf diesem Gebiete. Phantastisch-graziöse Kunst ohnegleichen. Substrat reifsten technischen und künstlerischen Könnertums. Wundervoll beseelt durch die musikalische Komponente, von Hans Bullérian aus Motiven des 18. Jahrhunderts sinnvoll zusammengestellt. Der impulsiv starke Beifall zum Schluß zeugte von tiefem Eindruck.

Und dann neben einer hervorragenden Ufa-Tonwoche der Hauptfilm des Abends: „Nippon — Menschenschicksale in Japan". Oder richtiger die Hauptfilme des Abends. Denn es handelt sich hierbei um drei im wesentlichen voneinander unabhängige Spielfilme. Nur dem Sujet nach eine Art „Zeit - Trilogie": Charakteristische Erzählungen aus drei Epochen nämlich: aus dem Japan der Priesterherrschaft (vor etwa 1000 Jahren), dem der „Ritterzeit" (vor etwa 300 Jahren) und schließlich ein Spielfilm mit dem „modernen" Nippon im Hintergrund.

Drei Erzählungen von entwaffnender Primitivität des äußeren Geschehens, der inneren Konzeption. Und doch: sieht man von dem dritten Film ab, vom Darsteller her gesehen, die gegebenen Fundamente einer eigenartigen Gestaltung, einer künstlerischen Formgebung besonderen Charakters. Japanisches Theater, uns Berlinern durch Gastspiele wohl vertraut. Aber hier filmisch gesehen. Kämpfe, Liebesszenen — von fernöstlich fremdem Reiz — durch immer neue Einstellungen gedeutet, nuanciert. Durch Überblendungen, geschickten Wechsel von Total- und Großaufnahme belebt, aktiviert. Konzentrierter im zweiten, schleppender im ersten Film, in Linie und Gesamtaufbau.

Anders dagegen die dritte Arbeit. Hier paart sich Primitivität der „Handlung" mit „modernem Spiel". Als Resultat: ein unoriginelles Mixtum. Hollywood und Rußland als Vorbilder. Japan, Brennpunkt der Weltpolitik, als anpassungsfähigstes Land der Welt . . .

Auch darstellerisch fesseln die beiden ersten Filme ungleich stärker. Ausdrucksgesammelt, konzentriert in Mimik und Geste, voll innerer Leidenschaft und zeitweise explosiver Spielfreudigkeit präsentieren sich hier die japanischen Künstler der Shoshiku Film Prod. Sachwalter eines eigenen Kunststils.

Der ursprünglich stumme „Film" wurde in Deutschland in japanischer Sprache

Steuererleichterung

Aber zuerst gerech

Der neue Berliner Etat ist immer noch nicht weiter in Fluß gekommen. Er ruht beim Magistrat noch solange, bis ein Ergebnis der zwischen der Stadt Berlin einerseits und Reich und Preußen andererseits wegen der Finanzhilfe geführten Verhandlungen vorliegt. Oberbürgermeister Dr. Sahm hat in dieser Angelegenheit mit dem Reichskanzler Dr. Brüning, ehe dieser nach Genf fuhr, persönlich gesprochen. Weitere Beratungen fanden bereits mit Reichsfinanzminister Dr. Dietrich und mit dem Preußischen Finanzminister Klepper statt. Sobald diese Verhandlungen abgeschlossen sind, wird der neue Etat der Berliner Stadtverordnetenversammlung vorgelegt werden.

Inzwischen gewinnt innerhalb des Magistrats, wie wir von unterrichteter Seite zuverlässig erfahren, die Stimmung für irgendwelche Steuererleichterungen

『ニッポン』について報じるドイツの映画新聞の記事（1932年5月2日『リヒト＝ビルト＝ビューネ』）

部から成ると説明されている。

しかし『ニッポン』が、『木こり弥吉』のように〈逆輸入〉されることはなかった。同作品のヨーロッパ公開についてのエッセイが『朝日新聞』に掲載されるのは三三年三月八日(本間不二夫「国辱的映画を観る」)、九日および一〇日(牛原虚彦「愚見一束」)のことだ。

在外研究中の京都帝大助教授、本間はウィーンで観たと書いており、同作がウィーンでも上映されたことがわかる。「実に侮国的のものであって〔……〕いかんとも許しがたいので、あえてここで訴える」とのことで、〈一〇〇〇年前〉も〈七〇〇年前〉篇も、物語に義人も善人も登場せず、悪人たちが殺し合うだけのひどい物語であり、〈現代〉篇も「他愛のない三文映画」だと切り捨てられている。「国民の監視により、かくのごとき国交に害ある映画の進出を止め」ねばならぬ、というのが結論だ。

自作『大都会　労働篇』が『ニッポン』に使われた牛原のトーンは異なる。牛原は『ニッポン』封切時にベルリンにいたが視聴したのは七月で、コッホとも討議を重ね、ドイツ人関係者は「みんな大変に日本に好意を持っている人たち」であり、『大都会』の中心をなす親子の愛情、恋愛劇といった部分がカットされたのも「風俗、慣習、伝統などを全然異にする欧州の人々に、この作品を見せるという、かなり難しい問題にぶつかったコッホ氏の立場としてはやむをえなかった」と書いている。

また牛原は、『ニッポン』は、台詞はすべてベルリン在住の日本人が日本語で吹き込み、ドイツ語の字幕がつけられたという事実も披露する。ドイツ語の音声を入れるほうが簡単だったはずだが、あえて素人たちが日本語で録音をしたのだ。コッホとは親友だという牛原は、「日本および日本人、日本人精神を正確に描写した記録シリーズ、その製作の現在ほど必要な時期はなく、その海外進出のいまほど必要な時期はない」と主張する。満洲事変後、日本は国際的な批判を浴びる機会が増えていた。『アジア映画』は『ニッポン』の上映について、「時恰も日支紛争の最中であり、映画の内容が血生臭く、日本人を好戦国民と誤解される惧れがあるので」日本大使館が注意をおこない、封切を遅らせたと説明している。

三二年初夏の日本に話を戻そう。『キネマ旬報』七月二一日号は、日活が「満洲国映画配給公司東京事務所」を新設し、同事務所を通じて全満洲に日活映画を配給すると報じる。日本は満洲が外国だと主張していたので、そこに映画を送れば輸出となる。これを輸出と称するなら、格段にハードルが下がったことになる。

八月一日号は、勝見庸太郎がハリウッドの「プリンスパル」社と交渉し、邦画配給の契約に至ったと報じる。一年に五本か六本、「日本人の人情風俗」を描くトーキー映画をアメリカで公開するという契約で、「第一回の作品は外国人のもっともあこがれている芸者風俗を見せてほしいとの注文から」青山雪雄原作『ライフ・オブ・ゲイシャ』に決まり、「世界に恥ずかしくないミス日本を厳選し」、撮影は新興キネマがおこなうという。同号には、牛原が独英仏の映画界視察を終えて九月二〇日ごろ帰国するという記事もある。三月に伝えられていた〈牛原がパリで一本撮る〉という話は、やはり実現しなかった。

一〇月二一日号は、松竹蒲田の山内光がウラジオ《ママ》、モスクワ、ベルリン、パリ、ロンドンと回って各国の映画を視察すると報じる。興味深いのは、山内が「蒲田の第一回トーキー作品『マダムと女房』を携帯して右各地で広く紹介する」と書かれていることだ。同作をよく知る私たちには、少し意外にも思える計画だ。

一一月一三日『朝日新聞』は、「記録映画として世界的名声を博した『パミール高原』をつくった世界的な映画監督」シュネイドロフ率いるソ連の「北氷洋探検隊」が来日し、朝日新聞社の協力で東京と横浜の映画を撮ると報じる。二五日同紙は、一行の「我々は東京に関する芸術的映画をつくろうと思う」という談話を紹介し、彼らが入念に東京を調査していることを伝える。一二月一五日同紙には、約二〇日間の撮影が終了し、山田耕筰による音楽などを入れた上で、翌年三月頃には日本へ送られると書かれている。

一〇月一一日『フィルム＝クリーア』は、『武士道』を監督したハイラントが自殺したことを伝える。ハイラントの肩書は「研究旅行者」、映画では「脚本において劇映画と文化映画の融合を追求した」と紹介されているが、挙げられたタイトルのなかに『武士道』はない。この件については『キネマ旬報』一一月二一日号にも「ドイツ映画界の古老であり、日本にも来朝して監督をしたことのあるカール・ハインツ・ハイラント氏は一〇月一〇日に自殺をとげた」と書かれている。三〇年代以降の日本のマスコミでは『武士道』に言及されることはめったにないが、〈日本で監督をした〉事実がきちんと書かれている。

5　外務省主導による映画国策の時代――一九三三―三五年

〈非常時〉への突入――一九三三年

新聞雑誌を時代順に読んでいくと、特にこのころ激しく空気が変わったことが感じとれる。満洲事変後の日本は〈非常時〉に突入し、日本の文化や産業が世界的に見ても一流のものであるという言説がより強く発信されるようになるのだ。これには、前年にリットン調査団の報告書が公表され、日本が満洲でおこなっていることが世界に知れ渡ったことが大きい。二月二四日、国際連盟では〈満洲国否認〉を含む対日勧告案が四二対一で採択され、松岡代表は同案の受諾を拒否し、議場から去る。日本は国際連盟結成以来の〈常任理事国五ヶ国のひとつ〉という貴重なポジションを捨て、世界から孤立することを選んだのだった。このことは人々の愛国心を大いに刺激し、四月に帰国した松岡は熱狂的に迎えられる。

〈満蒙が生命線〉である日本は、どんな批判を浴びようが満洲から撤退できない。現在の感覚では、こんな状態に陥った国家は殻を閉ざし、もっぱら国内に向けて都合のよい情報を発信することに熱意を傾けそうに思われるかもしれない。だが日本は、むしろそれまでよりも積極的に、国際社会に日本という国の実情を知ってもらおうとし、満洲政策の正当性を訴えようとした。それには、とりわけ映画による情報発信が効果的だと考えられた。『キネマ旬報』六月二一日号では、三一年には二本しかなかった日本映画の「戦争劇が、時局の影響を受けて二一本に増加した」と報じられるが、映画輸出に対する意欲も著しく高まっていくのである。日本人は、国際社会から浴びせられる非難は日本に対する理解不足、もしくは中国の発信する虚偽の情報によるものと見なし、日本の真の姿さえ知らせればすべての〈誤解〉は解けるというフィクションにすがった。この延長上にあるのが『新しき土』であることはいうまでもない。

同誌一月一日号には、浅草金龍館での鈴木伝明の「実演第一回の旗上げ興行」に雪洲も加わり、『天晴れウォング』を上演するという記事がある。この年、雪洲と草人に関する報道は激減する。『キネマ旬報』二月一日号は、伝明と雪洲の舞台が人気を呼んでおり、今後雪洲は草人らと『ジキル博士とハイド』『唐人お吉』を演じるとする。四月二日『読売新聞』夕刊には、太秦発声の『大楠公』に関して、雪洲が「日本人雪洲の名をなすべく無報酬で正成を買って出た」と書かれている。二三日同紙夕刊は、雪洲主演のトーキー『楠正成』が近く完成する予定で、続く主演作は『荒木又右衛門』だと報じる。同夕刊には、雪洲が太秦発声、J・Oトーキーと提携して「早川雪洲プロダクションを起こすこととなった」とも書かれているが、この話も実現しない。

なお、雪洲の『楠正成』は『楠公父子』として公開され、五月二六日同紙夕刊の「ファッショ映画」が台頭しているという記事で、具体例として挙げられている。六月一日『読売新聞』夕刊広告には『偉大なる忠誠』の跡を非常時国民に捧ぐ」と書かれており、やはり「非常時」に対応した企画であったことがわかる。

五月三〇日同紙は「雪洲は映画報国を志し、畢生の事業として元寇の役に取材した映画をつくろうとしている」とする。〈元寇〉は二二年以来、雪洲が映画化を希望していると報じられてきた企画だ。ところが翌日同紙夕刊には、雪洲が「『天晴れウォング』を満洲を舞台に映画化することになり」、さらに第二回作品は『ジンギスカン一代記』と内定し、どちらも「満洲国援助で内外蒙古にロケをおこなう」と書かれている。〈元寇映画〉と

〈ジンギスカン映画〉では視点が逆の企画だ。同じ媒体で異なった情報が流されているわけだが、雪洲に関してはこのような現象に頻繁に出会う。

映画輸出の報道に戻る。一月六日『朝日新聞』は、松竹が「主題を汎アジア主義にとり、我が映画界でははじめての海外ロケーションが企てられ」、「インドのカルカッタ、ボンベイおよびシャム、上海等各地」でトーキー作品を撮ると書く。同記事のすぐ左には、松竹が「北満に活躍する皇軍慰問のため」、満洲各地で『乃木将軍』を巡映すること、「将来発展する満洲国に対し、日本映画の絶えざる配給を計画」していること、松竹ニュース支部が新京に常置されることを報じる記事もある。満洲への映画進出政策は着々と進んでいた。

一月一二日『朝日新聞』には、「三三年先はまず銀幕外交　映画会社と提携　わが国情を紹介　外務省愈々乗り出す」という見出しの長文記事がある。従来は、日本への外客誘致は国際観光局が担当し、外務省は援助するのみであったが、「真の日本精神の宣揚という観点から〔……〕国家的使命を持つ映画の製作配給にとりかかることになった」。外国の大衆に見せることを重視し、「名勝地ばかりでなく真の日本の近代生活を撮って製作編集せしめ、民間会社から外国映画会社へ配給する」計画だとされ、日本が文明国家であるというアピールを重視している点が従来の観光局映画とは異なる。

三三年における公的機関の活動をまとめておこう。国際観光局は従来の活動を続ける。『キネマ旬報』四月一一日号は、『日本の四季』がついに完成し、同局は英語字幕および英語アナウンスをつけて四月末にシカゴの「進歩一世紀世界博覧会」に出品上映し、ニューヨーク、ロサンゼルス、ベルリン、ロンドン等の鉄道省出張所で配給すると報じる。『日本の四季』のなかで外国人に理解しにくい茶摘み、田植え、節句、稲刈り、武術、茶の湯、菊人形等には英語の解説がつけられた（四月一一日『朝日新聞』）。

『キネマ旬報』五月一一日号には『日本の四季』製作に関わった村尾薫がエッセイを寄せ、「映画国策の諸問題のなかでもっとも重大なるもののひとつは日本映画の海外輸出である」が、過去に輸出された日本映画の多くは

「在外邦人の間で見せるための輸出で本格的輸出はわずかでしかなかった」とし、「海外輸出映画は、劇よりもまず実写からということを考えている」「国際連盟の諸国における日本に対する偏見が、まったく日本への認識不足に基づくものであるのに鑑みて、日本の現状を世界に知らしめるという大きい目的をも意識しつつつくった」「外国人の考えだけで編集させると、ドイツで松竹映画からつくった『ニッポン』のように国辱映画だというようなことも起きる」といった見解を披露する。

同誌六月一日号は、ワーナーが『日本の四季』を全米に配給し、ヨーロッパには三映社、南米には大阪商船、オーストラリアには日本郵船が配給すると決定したと報じる（ただし七月一日号は、世界配給は三映社に一任されたとする）。六月一日号には、観光局の海外輸出用トーキー『奈良と京都』も撮影が完了したという記述もある。六月二一日号は、「インドのボンベイ映画シンジケート」が松竹に注文をよこしたので、『日本の四季』と『奈良と京都』を輸出したと報じる。

なお同号には、外務省情報部が「真の近代日本の姿をありのままに描いた映画製作のプランを立て、すでにＰ・Ｃ・Ｌによってまず銀座から撮影を開始」し、「近代日本の紹介映画」とするとも書かれている。この数ヶ月後、外務省は外国映画社による日本報道を問題視し、映画ニュースの指導・統制機関を新設して「今後は当局が十分な援助のもとに真実の日本の動向を紹介するに足りる題材と便宜を与え」ると発表する（『キネマ旬報』一一月一一日号）。外務省は、欧米映画社の製作したニュースのほうが自分たちの情報発信よりも影響力を持っていることに気づき、それらをコントロールしようと考えたのだ。

三三年は、〈非常時日本〉における映画国策をめぐって活発な論議がはじまった年でもある。二月二四日には「映画国策樹立促進同盟」の第一回準備委員会が開かれ、提唱者の岩瀬亮は、映画国策樹立に向けての請願書を三月一七日に衆議院に提出する（同誌三月二一日号）。五月一七日『朝日新聞』は、右の建議案が貴・衆両院で可決され、内務省警保局が中心となって文部省、陸海軍、鉄道省と連携しつつ内閣直属の一局を新設することになったとし、「検閲制度も改正し、国辱的映画の海外輸出を厳禁する意向である」とも書く。『キネマ旬報』一〇月一一日号は、「映画統制の中心機関たる映画統制委員会の組織」と「財団法人日本映画協会」の結成目的やメンバー構成等を紹介し、一一月一日号は「映画統制委員会」が「映画国策委員会」に改称され、「大日本映画協会」設立に関して基金の募集が急がれていると伝える。

一月の日本での状況に戻る。二〇日『朝日新聞』の、片岡千恵蔵が日活へ絶縁状を送ったという記事で興味深いのは、独立声明文を出したメンバーに伊丹の名があることだ。伊丹はもっぱら千恵蔵主演の時代劇を手掛けていた。『キネマ旬報』一月二一日号に掲載された伊丹脚色・監督作『刺青奇偶』への批評では、「伊丹万作は、心理描写を小道具などの扱いによって遂行していく」「第三者の言葉などを借りて、人物の感情なり、境遇なりを表現している」等と特に巧みな間接的描写に焦点を当てて高い評価がなされている。ただし、この〈独立騒動〉は、千恵蔵プロと日活が合意に達し、立ち消えとなる（同誌二月一一日号）。

伊丹については、『キネマ旬報』七月一一日号が、千恵蔵が病気で映画に出られなくなり、伊丹が日活スターを借りて「千恵プロ作品」を撮るとする。九月一日号では、北川冬彦が伊丹について「いつもその力をうしろに余裕を持たせて仕事をしている人」「伊丹万作には何でもやればやれるのだ」「「日本の監督のなかで」ただ一人といっていいほど文学的教養を示している」等と評している。伊丹は知的な映画作家として広く認知されていたのである。

民間の社も〈映画報国〉に向けて動く。『キネマ旬報』三月一日号は、松竹キネマが軍部と提携して満洲入りしたことを伝え、「従来外国人のカメラを通じ海外にゆがめられて紹介されていた満蒙認識」を是正することが期待されており、松竹は満洲で撮影したニュースを日本で上映するだけでなく、「将来は欧米にも進出」させると書く。五月一日号では、松竹蒲田ニュース部が撮影したフィルムに「陸軍省の記録映画、日露戦争当時の映画」を挿入して大作『全満洲』を近く完成し、「各大臣招待の鑑賞会を催したのち、世界各国へ輸出上映する」

とされ、一一月二一日号には、松竹キネマが関東軍に委嘱されて製作する「満洲建国後より今日に至るまでの経済産業を描く『経済に甦る新興満洲』」の撮影が終了し、新京を描く『輝く大新京』(上山草人出演)も撮影されたと書かれている。

〈満洲の映画〉についての報道としては、『キネマ旬報』八月一一日号に、満鉄映画部が撮影した「貴重なる満洲史」、『新興満洲国の全貌』が完成し、日本版、満洲版のほか、英語、フランス語、ドイツ語、スペイン語、イタリア語の五ヶ国語発声版として外国へ配布すると書かれているほか、シカゴの博覧会から映画の出品を求められたので「満洲国でもっとも有名な祭典」である〈娘々祭〉をトーキー化して共に輸出するという記述がある。このあと満洲では九月三〇日に「満洲国映画国策研究会」が設立される。満映の設立はまだ先のことだ。

『キネマ旬報』一一月一日号には、満洲国民生部警務司の吉崎民之輔が「満洲国へ優秀なる日本映画を紹介輸出すべくその選択の要務を帯びて帰朝し」、J・Oトーキーが製作発表した『京訛だらりの帯』を、日本風俗人情を紹介するのに適当な映画として五本のプリントを注文したという記事がある。このように満洲に、映画を送ることは〈輸出〉と呼ばれていた。

七月の東京に目を戻すと、六日『朝日新聞』に「ソヴィエト映画『大東京』来る」という記事がある。前年一一月に来日した「ソヴィエト探検隊」が編集を終え、山田耕筰が音楽を入れて完成し、モスクワで「封切と同時に非常な好評を」博し、プリントが東京にも届いて朝日新聞社が試写会を開催するというのだ。外国人が日本で映画を撮るという報道は数多いが、完成作品として日本で披露される例は珍しい。

七月三〇日『読売新聞』は、読売新聞社が募集した新流行小唄『東京祭』が日活でトーキー化されており、完成次第ハワイ、南米へ輸出されると伝える。送り先から考えて、現地在住の邦人向けの輸出のようだ。同記事には「静江、春代の『炬火』を輸出されるが、日活はこれらを機として海外向き映画の製作に努力する」とも書かれている。『東京祭』は牛原虚彦、『炬火』は熊谷久虎の監督作だ。しかし、両作品が外国で一般上映されたという情報は見つからない。

少し脱線してしまうが、一〇月三日『朝日新聞』には「世界的になる天才少女　根自子さんトーキーに」という興味深い記事がある。フォックスが、諏訪根自子の演奏を『一三歳の天才少女がヴァイオリンで全日本をうっとりさせた』というタイトルのトーキーニュースに収録したという内容で、「これで根自子さんの天才も、日本的から世界的に紹介されるわけである」と締めくくられている。

この時代を代表する天才ヴァイオリニスト、諏訪根自子が原節子および李香蘭＝山口淑子と同じ一九二〇年生まれであることは、偶然を超えた事実のようにも感じられる。諏訪は幼少時から小野アンナおよびアレクサンダー・モギレフスキーの指導を受け、一〇歳のときに巨匠エフレム・ジンバリストに演奏を賞賛されて天才美少女ヴァイオリニストとして注目を浴び、三二年にコンサート・デビューした。ファンクらが来日する直前の三六年一月にはベルギーに留学し、やがてパリに移ってベルリンでも演奏活動をおこなう。四三年に、ゲッベルスからストラディヴァリウスを贈られたことはあまりにも有名だ。諏訪は、原節子が『新しき土』の主演俳優として渡独する前にヨーロッパに渡り、原と同じようにゲッベルスと直接会って賞賛の言葉を受けているのだ。

当時、西洋芸術・芸能の分野で国際的水準に達し、世界から賞賛されていると思われていた日本人の代表は、雪洲、藤原義江、山田耕筰、藤田嗣治といった顔ぶれだった。諏訪も、西洋音楽の世界に華やかに登場したスターだった。諏訪の前にも、すでに紹介した原智恵子や、三〇年にウィーンに渡った五歳上の井上園子という天才ピアニストが存在するが、話題性という点では、西洋人のような美貌の諏訪が上回っていた。とりあえずここでは、諏訪という存在が日本人の夢と希望の象徴のひとつであったことを確認しておきたい。

一〇月一〇日『フィルム＝クリーア』には、驚くような記事が見られる。そこでは『Kagami』という日本映画が、ベルリンの一流劇場ウーファ・パラスト・アム・ツォーでドイツ映画『ワルツ合戦』との併映で公開されたと報じられ、内容が紹介されている。『Kagami』は、貴志康一が製作・監督・作曲したフィルムをウーファが買い取り、ヴィルヘルム・プラーガーが再編集して——ウーファが加えた部分にはソプラノ歌手の湯浅初枝が出演した——ドイツ語のナレーションを入れた短編だ。つまりウーファ作品として公開されたので、日本では輸出映画に数えられることがなかったと考えられる。

一九三七年に二八歳の若さで死去する貴志康一は、ヴァイオリニストとしてキャリアを築き、作曲家・指揮者としても活動した人物だ。ヨーロッパに三度留学し（三三年一〇月もベルリンで学んでいた）、二九年にはストラディヴァリウスを購入しているというのだから、実家がきわめて裕福であったことはまちがいない。自身の作品をベルリン・フィルの演奏、自身の指揮で録音したという実績もあり、それなりの実力もあったのだろう。

『フィルム＝クリーア』の記事には、長さ四五四メートルの短編とは思えぬ詳細な内容が記されている。これは前衛的かつ芸術的な作品であった（『リヒト＝ビルト＝ビューネ』は『Kagami』を「文化映画＝ドキュメント」と呼んでいる）。要約すると、こんな感じだ。日本の高貴な家系に生まれた男性が、ヨーロッパ留学から帰国する。古い伝統に縛られた生活に戻るのは困難なことだった。もっとも聖なる儀式である茶の湯も、男に違和感をもたらす。死者が出た家では、長年にわたって故人が命日に家に戻ってくるので、家には僧侶が訪れ、魂を鎮めるために経を唱える。木のサンダルが、古き日本の何千年も経た石の上でたてる音は、かすかにしか聞こえない……。

記事は『Kagami』を「極東の神秘的な魔術についての美しい映画」と評しているが、私たちにとって興味深いのは、〈高貴な家の男性が留学から帰国して違和感を抱く〉という展開が、のちに『新しき土』でも反復されることだ。

映画とは関係ないが、一一月一四日『朝日新聞』夕刊は、トップ記事でドイツの総選挙の最新情報を伝える。結果は、ナチ党所属の立候補者六六〇余名全員が当選し、全議席を独占したという信じがたいもので、ナチに反対する言論活動をおこなった「名士刈り」がはじまったことも伝えられている。ナチは三月二三日に実質的な独裁体制を成立させ、議会に野党議員が誰もいない状態をつくり、何でも思い通りにできる状況を確保したのだ。

また、一一月一六日『朝日新聞』は、「世界的に名を成した藤田嗣治画伯」が「美しい新夫人同伴で」帰国したことを伝える。パリで一流画家として認知されていた藤田は、南北アメリカを回ったあと、このとき二度目の帰朝を果たした。藤田は戦争が終わるまで日本に居住することになる。〈戦争画家〉としての活動は広く知られているだろうが、その前に彼は『現代日本』という国際映画の監督をつとめる。その経過については後述する。

公的機関の動向——一九三四年

一九三四年は、〈非常時〉突入の緊張感のうちに多彩な動きのあった前年に比べると状況が落ち着く。三月には溥儀が満洲国皇帝に即位し、一一月には大連・新京間で斬新なデザインの「特急あじあ」が疾走をはじめた。新京には近代的なビルが次々と建てられ、満洲がおしゃれな地域であるというイメージが広まっていく。二月には〈肉弾三勇士〉の像、四月には忠犬ハチ公の像が建てられ、一二月には初のプロ野球チームが結成されるといったようなニュースは見られるが、テロのような血なまぐさい事件はあまり起こっていない。ただし東北地方は冷害のために飢饉が発生し、自殺、娘の身売りなどが頻発して悲惨な状況となった。

一月五日『朝日新聞』は、「銀幕の日満親善　喜んで出演する満洲国の名花　二三歳の美しい校長さん」という見出しで、満洲で女子中学の校長をつとめる毛荷根という女性が松竹の「日満親善トーキー」に出演すると伝える。松竹の城戸による「時代は当然映画での親善握手というところに来ているので、国際的にも効果のあるものをつくりたい」「将来は満洲美人から専属スターを養成したい」という談話も掲載され、この時期ならではの報道だ。

二月三日『朝日新聞』は、藤田嗣治が山田耕筰、外務省の柳澤健、P・C・Lの大橋らと映画による『生きた日本』を海外に送ろう」という計画を協議したと報じる。藤田は「原作監督を一切やる」ことに決まり、「さっそく製作にとりかかることになった」という。世界的に有名な芸術家、藤田の才能に大きな期待がかけられたという現象はよくわかる。

右の企画については柳澤健が二月一四、一六、一七日『読売新聞』に「藤田画伯と映画」という原稿を寄せる。柳澤は正月にパリの藤田宅を訪ねた際に、藤田がメキシコで撮った一六ミリ映画を観せてもらい、その芸術性の高さに感動し、ただちに日本の映画を撮ってほしいと依頼した。柳澤は、旧友である山田耕筰と藤田を組ませ、P・C・Lの大橋にその企画を引き受けてもらおうと考え、右で報じられた会議を実現した。一七日同紙によれば柳澤は元来、「日本人の頭と手とのみで日本を外国人にわからせようというのは容易でない。それかといって外国人に頼んで日本を紹介してもらうということも――一国の恥辱だなんぞという問題は別として――やはり困る」という信念を抱いており、二〇年以上も西洋で暮らした藤田なら「日本人にも喜ばれ、外国人にも受ける映画がつくれそう」だと考えたという。つまり柳澤は、外国と日本の文化風土をよく知り、芸術家として世界的評価を誇る藤田なら、立派な輸出映画を撮れると考えたのだ。

『キネマ旬報』一月一一日号は、九月にヴェネツィアで開催される「第二回映画美術展覧会」への出品について外務省情報部と大日本活動写真協会幹部が協議し、「〝日本人の家庭〟を主題とした美しい日本の国民性、文化の日本、山紫水明の日本を一貫したストーリーに収める」ことに決定したと報じる。「映画美術展覧会」は、のちにヴェネツィア国際映画祭となるイヴェントだ。

右の企画については同誌四月一一日号が、外務省木村映画係主任等と日活、松竹、新興幹部が協議して「三社共同で純国産日本版オール・トーキーを製作し、六月ごろまでに完成、イタリアへ向け出品する」と報じ、七月二一日号は「映画美術展」に出す『ニッポン』が完成したので外務省で試写をおこない、発送したとする。「風光日本、生活日本、教育日本、文化日本、スポーツ日本等数種に分かち、日本の国体と国民性を明透させたもの」で、製作は蒲田ニュース部の小田浜太郎、青木勇爾が担当し、栗島すみ子、田中絹代、川崎弘子らが出演したという。『ニッポン』は女優を出演させた記録映画＝宣伝映画であったようだ。

同年に公的機関が関わった〈映画輸出〉に関する動きをまとめて見てみよう。注目されるのは、四月一八日に「日本文化の海外顕揚という大旗を掲げて」外務省の外郭団体、国際文化振興会が設立されたことだ（二〇日『読売新聞』）。同会は三浦環主演の『マダム・バタフライ』を「日本精神にふれた新しい角度から映画化する」と発表し、監督は藤田嗣治、ピンカートン役には「ハリウッドの一流どころ」を起用、製作はP・C・Lに内定したという。計画者は外務省文化事業部と鉄道観光局の幹部で、「これがうまくいけば今後どしどしこの種のものをつくって世界にデビュー」させるという勇ましい話だ。

四月三〇日同紙は、国際観光局による外国向けの映画製作を報じる。過去の宣伝映画は「題材が古く、日本の四季とか、各地の風俗習慣などいわば古い時代の日本の姿に取材した映画ばかりだったのでとかく野蛮国視されていた」ので、「これでは文明日本の名折れになる」という発想のもとに「すべて現代の〝文明日本〟に取材する」映画を五、六〇本も撮り、「ニューヨーク、ロサンゼルス、ロンドン、ベルリン等にある観光局の出張所や外務省の手を通じて支那、インド、アフリカ、南洋から南米にまで手をのばし大々的宣伝をやる」という計画だ。為替の安さと「連盟脱退以来日本の所在が欧米人にあまねく知られた」おかげで日本を訪れる外国人観光客が大幅に増えており、国際連盟脱退が外客誘致にプラスに働いているという分析も示されている。

『キネマ旬報』一〇月二一日号は、近年増加している外人観光客は「従来のような単なる美の国日本の観光でなく東洋の盟主日本を研究する意味と目的を持っている」ので、鉄道省が「モダン日本の全貌を紹介するため『東京』と題して文化日本をシンボライズする映画を来年一月から一年計画で撮影」すると伝える。春に予告された映画はまだ撮影されておらず、三五年に撮りはじめることになったようだ。

『キネマ旬報』五月二一日号は、「外務省の肝いり」で「日本ニュース実写映画連盟」という団体が結成されたと伝える。「内外映画会社が色々なニュース映画をつくってはさかんに輸出していたが、輸出映画には検閲がおこなわれない欠点につけ入ってわが国情にはまるで反対なインチキ風景がさかんに紹介され、往々国辱問題を起」こしてきたので、新団体によって映画統制をおこなうというのだ。六月一一日号には、ジャパン・ツーリスト・ビューローが外国人観光客誘致のために日本アルプスの映画を撮ることになり、米国フォックス社が航空機にカメラを乗せて槍ヶ岳、穂高、富士山などの山岳美を撮影すると書かれている。

六月には、国際文化振興会が伝統芸能のトーキー映画化にとりくむ。二〇日『読売新聞』夕刊によれば、同会は「日本芸術の海外紹介によって大いにわが文化の精彩ある一面を全世界に知らしむる」ため、尾上菊五郎に協力を依頼した。菊五郎は無償での出演を快諾し、得意とする『鏡獅子』の映画化が決まった。同会は、さらに文楽の人形芝居、歌舞伎劇、能狂言などもトーキー映画化して海外に宣伝するという。この『鏡獅子』が完成するのは三六年のことである。九月一三日『朝日新聞』夕刊では、山内光が「舞台に見られるあの麗しい色調の失せた黒と白のトーキー鏡獅子が、はたしてどこまで欧米人大衆の胸を打ち、日本の国宝的芸術として伝達され、この映画化の使命を十分に達せられるだろうか」と同企画に疑問を投げかける。

七月一三日『朝日新聞』は、国際文化振興会が国際観光局、文部省関係者と会談し、「日本文化紹介の海外輸出映画の統制などに今後は仕事の重複を避け能率をあげようということに意見一致」したとする。国際文化振興会と国際観光局等は業務に重複する部分があるため、たがいの作業の分担について話し合ったという記事だ。

右の記事の後半では、「帝国ホテルに滞在中のドイツの世界探検家ベースラー博士が自分の監督のもとで、一、日本人の一生、一、旧時代から新時代への日本の二巻の映画を日本で製作、ヨーロッパ各地を映画で講演したいとの希望をいれ、これを援助すること等を申し合わせた」と書かれている。この件については『キネマ旬報』九月一日号も、来朝中の「法学博士アド・ベスラ氏」が日本の姿をトーキーに収めてヒトラーらに示すことになり、国際文化振興会が日本発声映画社に依頼して農村の実況、農家の生活状態、各種庭園、名所、銭湯、歌舞伎、芸者学校などを撮影、博士がこれを編集して完成したと報じる。「この種の文化映画が国際文化振興会の手を経て海外に輸出されるのは今回が初めてである」とされ、同作は国際文化振興会による〈輸出映画〉の成功例だと書かれている。

外務省そのものが映画による宣伝をおこなったと伝えるのは八月七日『朝日新聞』だ。「欧米各国が日本商品の進出で大恐慌を来した結果、日本商品の製造工場は設備不完全な上に安い賃金で男女工を奴隷のように酷使していると盛んにデマを飛ばしている」ので「工業日本の真相をトーキーで宣伝することになり」、外務省情報部が全国の代表的工場を撮影し、八月一六日頃には完成させて九月早々輸出、一〇月末には欧米各国で一斉に封切するという。〈欧米各国での一斉封切〉が実現するとは思えないが、「英独仏西葡五ヶ国語の説明つき」とされ、外務省が対外宣伝に力を入れていたことはうかがえる。

『キネマ旬報』九月二一日号は、国際文化振興会の後援を受けて輸出映画を企画中だった京都J・Oスタジオが「外国市場を目標とする映画」のシナリオを懸賞募集すると書く。「日本文化、日本精神に取材し、外国に理解され得るもの、時代は明治維新以後」という条件で、外国で撮影をおこなってもよく、外国人俳優を出演させてもよいとされ、本当にそんな資金が出せるのかと疑いたくなる記事だ。

官庁による映画国策・統制についてもまとめておこう。三月一三日の閣議では「映画統制委員会」が設置され、「教化映画」を各映画館で一本以上強制上映させることが決定される（一四日『朝日新聞』）。四月七日には「第一回統制委員会」が開かれ、山本内相が同会の目的を「映画の弊害を除去するとともに一面わが国特有の日本精神の鼓吹徹底、国民の知識的教養、情操的教養をはかる」ことだと説明する（『キネマ旬報』四月二一日号）。同会の第一回幹事会では、輸出映画の検閲を統制する法規を早急に成立させる方針が定められる（同誌五月一一日号）。ところが議論は膠着状態に陥り、「当局の望むがごとき映画統制を期せんとすれば結局映画国営まで行かねば駄目である」という意見が多かったとされ（同誌六月二一日号）、映画統制についての記事はしばらく消える。

『キネマ旬報』三月一日号で目を惹くのは、早川雪洲の主演作『爆撃飛行隊』の見開き広告だ。「祖国日本のために世界航空戦最初ともいうべき華々しき戦死を遂げた田村中尉の躍如たる勇姿！」というテクストは、それが時局に乗ろうとした戦争映画であることを示している。雪洲をめぐっては、六月二一日号には『滝口入道』に主演すると書かれ、八月一一日号では主演作『天下の伊賀越』（勝見庸太郎監督）が取り上げられている。また八月一六日『読売新聞』夕刊は、雪洲の元愛人が雪夫に会うために二年ぶりに来日し、面会を求めたが雪洲に拒絶されたと報じる。雪洲による輸出映画は実現しそうな気配すらない。

一般の映画会社においても、三四年は輸出に関する動きは乏しい。『キネマ旬報』三月一一日号は、三映社がベルリンのビサ映画会社と提携し、ドイツ映画の輸入と日本映画のドイツ配給をおこなうと報じる。これはまったくの虚報ではない。一〇月二四日『フィルム＝クリーア』には、日本の最初の文化映画がベルリンで「特別上映」されたという記事がある。タイトルを直訳すると『今日の日本』、製作は東京の「San-Ei-Sha」、日本の四季をテーマとし、茶道や柔術、古い祭礼、近代的都市における着物姿の女性、富士山などを観ることができたが音楽がアメリカ風なのが残念だと書かれている。三映社の手配により、国際観光局の『日本の四季』が、ベルリンで専門家を対象に試写されたものと思われる。

四月七日『朝日新聞』は、鈴木伝明が秋に渡米してワーナー・ブラザースで主演映画を撮ると伝える。マーヴィン・ルロイ監督が来日し、鈴木重吉に「東洋映画の主演者」の推薦を依頼し、伝明が選ばれたという内容で、重吉も一緒に渡米するという。しかし『キネマ旬報』五月二一日号では、重吉と伝明は給与や待遇などが不明なため、二五日に来日するワーナーの俳優ジョー・ブラウンから条件を聞くと書かれており、雲行きがあやしい感じになっている。

『キネマ旬報』五月一一日号は、テラ社が三四―三五年度に製作を予定する二〇本を紹介する。このあたりからアーノルト・ファンクの動きについても紹介したいが、同記事の筆頭にはファンクが「原作脚色監督」をつとめ、のちに来日するゼップ・リストが主演する『雪崩』という企画が置かれている。撮影は『新しき土』を担当するリヒャルト・アングストとされているが、この企画は実現しない。

『キネマ旬報』一二月一一日号の東宝東和の広告では「山岳映画の記録を破る『モンブランの王者』完成」と書かれている。ファンクの監督作としては、その次が『新しき土』となる。アングストについては、七月一日号に探検映画『ヒマラヤの悪魔』を製作すべく出発したという記事がある。アングストは〈日本探検〉の前年に〈ヒマラヤ探検〉に出かけていたわけである。

『キネマ旬報』六月一日号には、新興キネマが「画期的プランとして国家的意義を持つ『産業日本』という大規模な新作品を製作」し、海外に輸出するという記事がある。「日本生産工業の活発な実情をつぶさに伝えるとともにこれを背景とする大メロドラマ」になるとされ、劇映画として撮られる予定だったようだ。

同じ頁には、伊丹万作がその新興キネマに入社したという記事もある。千恵蔵の了解を得て、伊丹は新興でトーキー映画を撮ることになったのだ。同誌九月一日号には伊丹が七人の評論家と語り合う座談会がある。「才人」という呼称が定着していた伊丹は「僕は才人といわれるのが一番腹が立ちます」と述べ、クレールとルービチを評価していること、画家やおでん屋で食えなかったので伊藤大輔の紹介で監督になったこと、いかなるサイレントよりもトーキーのほうが上だと思っていることなどを明かす。

川喜多夫妻は、約二ケ月の予定で、主に独仏の作品を厳選するために渡欧する（同誌六月二一日号）。夫妻はドイツ、オーストリア、フランス、イギリスの有力社と独占契約を結び、三四年には三〇本、翌年には四〇本の映画を輸入紹介する（同誌九月一一日号）。『新しき土』に関わる人々の情報としては、七月二一日号が熊谷久虎の『三家庭』について「日活現代劇として、また日本映画として、最近の秀作である」という評価を示し、九月一一日『朝日新聞』は「日活の幹部俳優」市川春代が辞表を提出したと報じ、『キネマ旬報』一一月一日号は、円谷英二が撮影を担当した『百万人の合唱』（富岡敦雄監督）を、「ビクター専属歌手が多数出演している」トーキーとして紹介する。この時期、円谷が現代劇を担当するのは珍しい。

『キネマ旬報』一一月一一日号は、「輸出映画連合委員会の協議会　四社間に成立す」という見出しで、「邦画の海外進出については各社ともそれぞれ研究を続けているが、従来の在留邦人目当ての輸出ではいつまでたっても進出の途が開かないので」活動写真協会内に「輸出連合委員会」が設置されたとも報じる。照会を受けた各国にパンフレットを発送したということで、民間映画会社も協力し合って〈輸出〉を模索する動きがあったことがわかる。

ウーファが日本製の学術映画『バンサ』を世界に配給すると報じるのは、一二月二五日『朝日新聞』だ。小倉清太郎博士が「矢毒の研究と女性ホルモン研究」のためにボルネオの奥地で二ヶ月生活した際の記録映像を鈴木重吉が編集し、川喜多長政が八月にドイツへ持っていったところ、ウーファが世界配給を希望し、後援の朝日新聞社にネガの送付を依頼してきたという。ウーファではニコラス・カウフマンが再編集して全世界に配給し、三月には日本にも逆輸入されるとされ、「日本人の撮影したもので全世界にゆきわたるのはこれがはじめてである」という一文で結ばれている。

地道な宣伝活動——一九三五年

この年、中国では抗日気運がさらに高まり、八月には中国共産党が全国民に向けて、主義の相違を超えて抗日救国の戦いに専念しようと呼びかける（八・一宣言）。国内では、三月に共産党の袴田里見が特高に逮捕されて同党中央部は壊滅状態に追い込まれ、四月には美濃部達吉が天皇機関説を唱えたことにより不敬罪で告発されて著書が発禁処分を受ける。一二月には治安維持法違反により、政府批判をおこなっていた出口王仁三郎はじめ大本教関係者三〇〇〇名が検挙される（第二次大本教事件）など、政権および軍部に異を唱える者にいっそう露骨な弾圧や攻撃が加えられるようになった。他方では、映画における国際化の試みはさらに盛んになっていく。なお、前年に銅像の除幕式がおこなわれた忠犬ハチ公はこの年の三月に亡くなり、渋谷駅前での告別式には数千人が集まった。

三五年には『新しき土』製作に向けての動きが具体化する。関連する最初の報道がなされるのは一月二二日だが、同作についての情報はまとめて紹介したいので、ここではそれ以外の流れを見ておきたい。

公的機関による活動で目につくのは、三月一五日にソ連で開催される「映画記念祭」に国際文化振興会が「文化使節」として草人を派遣するという報道だ（二月九日『読売新聞』）。二月一六日『朝日新聞』は、「映画記念祭にはドイツを除く世界各国の一流映画人が出席するもので、わが国にも数名の人を招いてきたが、いろいろの都合で結局上山氏ひとりが出席することになった」とする。興味深いのは、草人が「こちらからは日本紹介のものを二、三本持っていくことになっています」と語っている部分だ。そして草人は「松竹蒲田トーキーおよび松竹スクリーン・グラフ『ニッポン』を携帯して東京駅発、シベリア経由でソヴィエトに向け旅立った」（『キネマ旬報』三月一日号）。

草人はモスクワで活躍したのか。三月四日『朝日新聞』は、「第一回ソヴィエト・キノ・フェスティヴァル」の審査結果が発表されたと報じるいっぽう、「上山草人は二八日来着せるもフェスティヴァルに間に合わず、文化協会主催で日本映画の夕を特に催すことになった」とする。つまり草人は、映画祭で日本映画を披露できず、代わりに特別な上映会を開催してもらったのだ。しかし四月一六日同紙夕刊は、「上山草人氏はソヴィエト映画一五周年記念祭に日本代表としての使命を果たし、一四日午後五時四五分ソヴィエト映画人多数の盛大な見送り裡にモスクワ出発満洲国経由で帰国の途についた」と報じる。

二三日夜にハルビンに到着した草人は、「映画祭の結果は何の遠慮もなくお手盛りでまったく不愉快でした。映画の研究所も見たがハリウッドを見た眼には別に驚きもしない。シベリア線では右を見ても左を見ても軍人ばかり［……］気味の悪い旅でした」と語る（四月二五日同紙夕刊）。草人は不愉快さを述べるばかりで、審査の対象とされなかった事情の説明はしていない。

面白いのはこのあとだ。五月二〇日『読売新聞』は、草人が国際観光局の『日本の四季』をソ連各地で数回公開上映したところ好評を博したが、「米田の耕作実況映写」になると観客が一斉に笑い出したので、観光局はこの部分をカットし、あらためてソ連機関に寄贈することになったと伝える。「大農主義機械化耕作の眼に慣れているソ連大衆にとって菅笠、手甲姿で、すねまで水田に没し耕作している原始的な光景がおかしかったのだろう」という草人の分析も紹介されており、草人が、日本の遅れた農法は外国で提示すべきではないと観光局に伝えたことがわかる。

ところが五月二三日『朝日新聞』では、戸井畔が「たとえ水田のなかをぶかぶか這い回っていようとも、それが外国人には見せられない国辱光景だと断ずるのは、どういう理屈であるか〔……〕観光局は何がゆえにソ連の大衆に追随して、軽々に左顧右視するのであろうか。これでは国辱を是認したかたちになる。確固たる宣伝映画製作の根本方策さえたっていれば、そんな不見識を暴露せずにすむのではないか」と反論する。田植えの風景は真実であり、それをカットするほうがよほど屈辱的だというのだ。

さらに五月二六日『朝日新聞』には、保坂帰一が日本の農業の「生産上に近代科学の応用がほとんどおこなわれていないこと」が真の問題だとし、映画の国辱よりも農業の近代産業化を進めるべきだと主張する。映画が国辱的かどうかを論じるよりも農業の状況を改善せよという主張で、筋は通っている。

すでに紹介したように、『日本の四季』は三三年にシカゴの博覧会に出品され、〈ワーナーが全米に配給〉〈欧州には三映社、南米には大阪商船、豪州には日本郵船が配給〉と誇らしげに報じられた作品だ。その時点では〈外国で笑われる〉という報道はなかった。だがこの場合は、草人が上映会場に居合わせ、観客の反応を報告したことから問題が起こった。ここでも確認できるのは――『新しき土』でもそうなるように――〈日本の実情〉を映画等で紹介する場合、ほぼ例外なく、国辱的だという批判が出てくるということだ。

公的機関が関わったそのほかの〈映画輸出〉に関連する動きをまとめておこう。三月一〇日『朝日新聞』夕刊は、国際観光局が「アメリカの有名な天然色風俗映画撮影者フィッツパトリック」に〈花の日本〉撮影を依頼し、全世界の映画ファンに呼びかけることになったと報じる。フィッツパトリックは、三〇年に来日して風景を撮影し、国際観光局の映画を自社作品に使用し、全米三〇〇〇館で上映したと報じられた人物だ。このとき観光局は、フィッツパトリックに思い通りの〈日本の映画〉を撮らせ、彼の販路を利用して世界中に送ろうとしたのである。三月二〇日同紙は、一行が四月四日に横浜に到着し、「観光局では全国津々浦々の風光明媚な観光地をマネキン嬢十数名を使って天然色映画十数巻を撮らせる」と報じる。

一行は入京し、「富士、箱根、日光、奈良、京都、東京のほか茶の湯、生け花といったものおよび桜で有名な新潟県下加治川の桜堤、舞踊元禄花見踊り等を撮影するはずで、滞在は四週間」、旅費、宿泊費、撮影雑費五〇〇〇円は観光局が負担するという（四月五日『読売新聞』）。この企画の続報は見られないが、フィッツパトリックの作品リストには、三五年に『Modern Tokyo』という一〇分の作品が存在する。

三月三一日『読売新聞』は、音楽に力を入れたふたつの宣伝映画の企画を伝える。ひとつは国際観光局による、阿部豊の監督で「世界にノドの知られたテナー藤原義江」を各風光地に立たせ、「日本、イギリス、アメリカ、イタリアなどの民謡」を歌わせて撮影するというもので、もうひとつは、国際文化振興会が「日本文化の紹介映画として民謡シリーズものを製作」し、「地方のノド自慢」の歌を入れるという計画だ。『キネマ旬報』四月一一日号は、前者の企画では「琵琶湖、奈良、京都、箱根、熱海などでロケーションをおこない」、「藤原君の相手役には日本娘としてもっとも美しい女性でしかも歌のよく歌える人」を選考中だとしている。

また映画のほかでも、四月から五月にかけては地道な宣伝活動が報じられる。四月二五日『朝日新聞』は、国際観光局が「帝都をはじめ全国二五都市がいっせいに観光日本を祝福するお祭り」だという記念観光祭を開催し、中心イヴェントの「国際観光の夕」では、日比谷公会堂でアメリカ、ドイツほか「各国芸術」の競演が見られたと報じる。五月一二日同紙は、国際文化振興会が文化使節として團伊能、矢代幸雄らを海外派遣するほか、六月にベルリンで「日本学会」を開催すると伝える。パンフレットや映画を送るだけでなく、直接外国に行って親日家を育てるという方向でも活動がおこなわれていたことがわかる。

三四年六月に国際文化振興会による〈日本舞踊のトーキー映画化〉の企画が始動したと報じられたことは紹介したとおりだが、この年の六月にも、国際観光局による〈能の映画化〉が報じられる。六月五日『朝日新聞』は、「金春流、観世流、喜多流の三流によって本格的な能の全発声映画を撮影して広く海外に紹介することになり、まずその第一着手として近く金春流の重鎮櫻間金太郎氏、ワキ寶生新氏等斯界の第一人者の至芸をフィルムに収めることに決定」したと報じる。この時点では、「監督には素人の野上氏が能研究の書斎から飛び出してこれに当たり」、「今月中旬から撮影にかかり、完成の上は海外大公使館の手を通じ各国元首に贈呈、主なる団体等にも配布する」とされている。

九月一五日『朝日新聞』夕刊は、前日午前九時から麴町富士見町の能楽堂で「お能を初めて海外へ紹介する国際観光局の能楽トーキー」のテストがおこなわれ、「来月中旬頃完成、約四〇本を在京各国大公使領事館等を通じて諸外国に配布する」予定だと伝える。一八日同紙は「海外版『葵上』ご自慢のトーキー」という見出しで、一七日朝から砧村のP・C・Lスタジオで撮影が開始され、シテ櫻間金太郎、ワキ寶生新は「三台の移動カメラで撮影され」、「めでたく舞い収めるのは深更になろうという有様」と報じる。けっきょく『葵上』は伏見修監督、立花幹也撮影により完成される。「普通に舞えば一時間一〇分ほどのものを、三巻(二五分程度)に短縮した」一種のダイジェスト版だったようだ(『キネマ旬報』一〇月一一日号)。

そして『鏡獅子』のトーキー映画化については、六月二六日『読売新聞』が、「六代目独特の凝り性のため」に遅れていた同企画がついに実現に至ったと報じる。菊五郎は「劇場がはねるとさっそく、蒲田の小津監督を楽屋に呼んで三味線の柏伊三郎を相手に」稽古し、化粧の完成が午前二時、撮影は夜明けまで続いた。同記事は

「日本では絶対公開されず、冬ごろまでにアメリカ、欧州に送られ、このわが歌舞伎の神髄が伝えられる」と結ばれている。

七月二七日『朝日新聞』は、すでに情報部によるニュース映画の製作をはじめていた外務省が、さらに「東亜発声ニュース映画製作所」という新機関を設置し、トーキー映画による宣伝につとめるほか、新しく国際映画協会という組織を設立して民間各映画会社の対外映画の脚本作成、製作、輸出に当たって援助をすると報じる。国際映画協会は第一回作品として『現代日本』を九月早々に撮影し、完成すれば外務当局の手を通じて全世界に配給するとされ、同記事の最後には、国際観光局でも「海外で好評を博した映画『四季の日本』をさらに改訂して大規模に撮影することとなり、その準備を急いでいる」と書かれている。

『鏡獅子』の撮影を伝える新聞記事。写真左が尾上菊五郎、右は小津安二郎（1935年6月26日『読売新聞』）

九月八日『朝日新聞』は、「映画先ず進みその国情生く」というモットーのもとに、外務省が右で報じられた国際映画協会をじっさいに設立し、翌年の「各種日本芸術紹介助成費二〇万円のうち『海外向映画製作助成費』として一三万円」という巨額の予算を計上していると伝える。国際映画協会は、『現代日本』および『新しき土』の製作に大きく関与することになる。

『現代日本』の進行を紹介しよう（同作品はしばしば『現代の日本』とも表記されるが、以下では公開時のタイトルである『現代日本』に統一する）。『キネマ旬報』九月一日号は、外務省は「東亜サウンド・ニュース製作所」を新設して第一回トーキー『現代日本』の準備中で、藤田嗣治画伯が監督を担当、名手三浦光雄がカメラマンをつとめてクランクインすると報じる。「子供の日本」「学生生活の日本」「スポーツ日本」「田園の日本」「娯楽の日本」

「国防の日本」「学術の日本」等の一〇篇からなり、「随所に典型的日本民謡を挿入して」現代日本を海外に紹介する作品だという。三三年に帰国した藤田嗣治は、三四年には国際文化振興会の『マダム・バタフライ』を監督するとも報じられたが、そちらは実現せず、外務省の新機関で宣伝映画の監督をつとめることになったのだった。九月二〇日『読売新聞』では、「シナリオライターの藤田画伯自らが総指揮となって陣頭に立ち、監督には斯界の権威鈴木重吉氏が当たり」、音楽は「各篇に山田耕筰指揮で随所に流行歌手の歌う典型的な日本の民謡を挿入する」と書かれている。一〇月二二日『朝日新聞』は「外務省指導の外国行き文化映画『現代日本』撮影のクランクがいよいよ回り出した」とし、「製作一切を引き受けている『東亜発声ニュース映画製作所』ではお役人ともいろいろ協議し、藤田嗣治画伯を第一組の監督に納まらせ」、藤田たちはこのあと九州を回るとする。「近く鈴木重吉監督が第二組の撮影にかかる予定」とも書かれ、『現代日本』が複数の班で始動したことがわかる。

八月六日『読売新聞』は、国際観光局が宣伝費を三五万円から一〇〇万円に増額し、映画に関してはカラー作品やトーキーで「誇るべき『風光日本』ならびに『文化日本』の姿を全世界に紹介」すると報じる。『キネマ旬報』九月一日号は、逓信省が新興キネマに、非常時日本における逓信従業員の苦労と覚悟を描く『突破無電』という映画（村田實監督）を撮らせると伝える。海軍が「海国精神の発揚と海軍軍事思想の普及のため」に撮った『赤道を越えて』がまもなく完成し、新年に一般公開される（一二月一四日『朝日新聞』）という報道もあり、三五年はこのように公的組織の活発なプロパガンダ映画製作が目につく。

特に『赤道を越えて』が私たちに興味深く思われるのは、「構成監督兼撮影」を円谷英二が担当しているからだ。同作品の製作過程は『キネマ旬報』が順次報道し、九月一一日号では円谷自身が、二月から七月まで「表南洋、オーストラリア、ニュージーランド、裏南洋」を旅した経験、各地の映画状況などを語っている。最後に置かれた「日本から、カリフォルニアとかホノルルへ出す映画は、向こうの邦人たちがほんの慰安に見る程度のもの、したがってつまらないものでも結構というような話を聞いたことがあるが、とんだ間違いだ。むしろ、内容のよい新しい製品を送るべきだ」という一文が印象的だ。

一一月一一日号には、折り込み式の大広告があり、「航程三万里『赤道越えて』」（これ以後、タイトルは『赤道越えて』となる）、「国策映画」と誇らしげに大書され、「荊の道に悩む有色人種救済の太陽、大国民の襟度を持せよ!!」といったスローガンが躍っている。このころ、「国策映画」と名乗ることにはネガティヴな意味はなく、むしろ大いなる宣伝効果があった。

三五年は、民間の会社の〈映画輸出〉の成功例がなく、あとで紹介するように後年外国へ送られる作品が二本撮られているだけだが、『新しき土』に関係する人々が第一線に揃ってくる様子は興味深い。

『キネマ旬報』二月二一日号で紹介されている『白銀の王座』（内田吐夢監督）は、タイトルからわかるように〈山岳映画〉であり、『新しき土』で兄妹を演じる小杉勇と市川春代が主演している。物語はこんな感じだ。雪山を訪れた都会の男女（島耕二、市川春代）が吹雪にあう。男のスキーが流され、両者は山小屋に逃げ込む。男は女のスキーをはいて助けを呼びにいく。残された女は錯乱し、意識を失ったところを「山の男」に助けられる。女は驚いて逃げるが、ふたたび「山の男」に救われ、惹かれていく……。女性ひとりと男性ふたりの三角関係、都会の女性と山男の恋といった設定にはファンク映画からの影響がうかがわれる。

このあと小杉は『新しき土』まで日活多摩川で活動するが、市川は新興に残って伊丹万作監督作に主演し、三六年四月封切『東京—大阪特ダネ往来』（豊田四郎監督）まで東京発声の作品に主演、日活多摩川の『恋愛と結婚の書』（阿部豊監督）に出演したあと、『新しき土』までは東京発声、日活京都および日活多摩川で仕事をする。

三五年の伊丹の活動についても紹介しよう。三月三日『朝日新聞』の伊丹『忠次売出す』への批評では、シナリオの問題点を指摘しつつも「処女作トーキーとしての同監督の柔軟性は驚嘆すべき成功であり、けっして無声時代の彼の地位を傷つけない。衣笠貞之助の舞台劇的な構成に比してはるかに伊丹万作は映画的である」と書かれている。同作は『キネマ旬報』三月二一日号でも「日本時代劇トーキーの最高水準を示すもの」と評されている。同号は、伊丹万作が千恵蔵主演作の脚本を準備中だとも報じる。五月二一日号の広告では『気まぐれ冠者』というタイトルが示され、「待望久しき黄金コンビ　千恵蔵と伊丹万作監督の再現!!」という宣伝文句が見える。伊丹は八月一日号には一般的な映画批評への批判を展開するエッセイを寄せている。知的監督という評価が定まっていた伊丹は、このような原稿を書く特権を与えられていたのだ。

ほかの『新しき土』関係者の動向を紹介しておこう。熊谷久虎は、『キネマ旬報』二月二一日号で「本年度第一回作品はサトウ・ハチロー原作の『青春音頭』」だとされ、一〇月一日号では「日活秋季特作品たる『情熱の詩人啄木』」を監督すると報じられる。『情熱の詩人啄木』は、のちにパリで上映される作品だ。一一月一一日号は、熊谷が啄木の故郷、澁民村のロケから撮映作業を開始したことを伝える。

この年からマスコミに名前が現れる熊谷の義妹、原節子についても書いておこう。原の経歴については書き尽くされているので最小限の紹介にとどめるが、原節子こと会田昌江は一九二〇年六月一七日横浜生まれ、三三年に横浜高等女学校に入学したが、本人の説明によれば経済的理由から中退し、日活の女優であった姉の光代が熊谷と結婚していた縁で、三五年に日活多摩川入りする。初出演作『ためらふ勿れ若人よ』（一九三五年、田口哲監督）の広告には「新入社　原節子主演」と大書されている。このときの役名を芸名とするわけだが、原は少なくとも広告では「主演」とされているわけである。

ほかの出演作の広告でも、原の名は『深夜の太陽』（一九三五年、倉田文人監督）では並べられた俳優名のうち六番目もしくは七番目、野球映画『魂を投げろ』（一九三五年、田口哲監督）では七番目だ。大作『緑の地平線』（一九三五年、阿部豊監督）では一六人の最後だが、『白衣の佳人』（一九三六年、阿部豊監督）では五番目、『河内山宗俊』（一九三六年、山中貞雄監督）では八番目、『嫁入り前の娘達』（一九三六年、吉村廉監督）では二番目もしくは三番目、『生命の冠』（一九三六年、内田吐夢監督）では四番目、「特別出演」の『丹下左膳　日光の巻』（一九三六年、渡辺邦男監督）を経て、『検事とその妹』（一九三七年、渡辺邦男監督）では岡譲二と並んで主演である。

役柄としては主人公の娘もしくは妹、少年たちの人気者といったところが多く、物語の中心には位置しなくとも若々しい存在感で映画を盛り上げた。原には女優としての〈無名時代〉はなかった。三六年一月一日『読売新聞』の「今年売り出す女優は誰?」という記事では、日活では星玲子に次ぐ有望株として名が挙げられている。ちなみに、『緑の地平線』は『朝日新聞』の「一万円懸賞小説」当選作の映画化であり、日活はスターを総動員し、小杉勇も出演していた。主人公「雄三」が海外留学から戻ったという設定や、許嫁の妹、原が演じた「ゆかり」が浅間山麓に向かうところで前篇が終わる(同作品は前篇・後篇に分けて公開された)という展開は、『新しき土』とも重なる部分があって面白い。

雪洲に関しては、三月三〇日『朝日新聞』に、主演作『国を護る者日蓮』をめぐって原作者の磯村恩光に訴訟を起こされたと報じる記事がある。さらに雪洲は、富士興業との契約を無視したために損害金として家財道具が差し押さえられる(七月一〇日同紙)。「仏教劇に一生を捧げる決意」をした雪洲は、『日本仏教劇団』を組織して、釈尊を舞台に表現、ヨーロッパの『受難劇』にも似た国民宗教劇に没頭する」と発表する(一八日同紙)が、この企画は実現しない。

『新しき土』に関わりの深い満洲の空気を伝える映画二本も紹介しておこう。『キネマ旬報』三月一一日号の記録映画『満蒙天日に輝く』(「製作並撮影:加々村留吉」とされる)の広告では、銃剣を構えた兵士のイラストとともに「匪賊の横行出没はなはだしきところ、極東平和、人類福祉の大使命を帯び、討匪戦に日夜を分かたず奮戦しつつある皇軍の活躍状況をつぶさに撮影し銃後の国民に伝えんとするもの」と書かれている。九月一日号に批評が掲載されている『靖国神社の女神』(中川紫朗監督)は、関東局、靖国神社、愛国婦人会、本派本願寺等の後援で撮られ、満洲に勤務する巡査の妻が匪賊に襲撃され、夫の死後も勇敢に戦って靖国神社に合祀されたという実話を映画化した伝記映画だ。三五年には〈非常時日本〉としての緊迫感が映画界にも浸透していたことがよくわかる。

五月四日『読売新聞』は、J・O発声のふたつの〈輸出〉計画を報じる。ひとつは、大澤代表が「輸出映画の応募脚本四本を携行」して渡米するので、アメリカで受けそうな脚本を選出し、製作・輸出するという計画で、もうひとつは、関屋敏子ほかの音楽家を出演させ、『マダム・バタフライ』の「後日物語ともいうべき『お蝶夫人の子』（仮題）という日本趣味を盛った輸出向き映画」の製作だという。

　これらが実現した形跡はないが、『キネマ旬報』七月一日号には大澤の渡米についての続報がある。大澤の斡旋で「七月二五日よりハリウッドで開催される映画芸術科学協会大会でもわが映画界の実情を知らんとして、至急日本映画カット篇の送付方をJ・Oスタジオへ依頼してきた」ため、同社ではただちに時代劇『丹下左膳』『剣雲薩摩歌』『楠公父子』、現代劇『海国大日本』『涙の母』等の名場面を三巻物に編集することを決め、「松竹蒲田の大作春琴抄『お琴と佐助』もアメリカへ輸出される」というのだが、これらが米国で一般公開されたという情報も見つからない。

『妻よ薔薇のやうに』

　輸入の話題では、『キネマ旬報』五月二一日号が、地上映画社が「独バヴァリア映画の日本配給の独占権」を獲得したと報じる。わが国ではナチ時代のドイツにはウーファ社しかなかったというイメージが強いようだが、じっさいはトービス、バヴァリアなどの大手があり、ここではバヴァリアと地上映画社が手を結んだということだ。

　そして『キネマ旬報』六月一日号では、三七年に『Kimiko』としてアメリカで上映される現代劇『妻よ薔薇のやうに』が紹介される。八月二一日号の広告では「見よ！　この激賞!!」として好意的な新聞批評が並べられ、二九日『読売新聞』でも「出来栄えは相当ほめていい」「喜ばしいのはその筆致の新鮮さである」等と評価は高い。
八月には、やはり外国へ送られる『かぐや姫』についての報道がはじまる。八月二七日『朝日新聞』は、「国際映画の撮影をめざしてJ・Oスタジオではじめて製作される古典文芸『竹取物語』の『かぐや姫』は俳優をすべてフリーランサー制に求め」、かぐや姫役は「明治初年の日本の恩人であるフランス人フック氏の孫」、北澤和子に決定したと伝える。「国際映画と銘打っているだけに立派な肉体、家庭もしっかりしているというのが条件」とも書かれ、最初から海外向けの企画だった。『キネマ旬報』九月一一日号には、監督が田中喜次、トリック撮影は政岡憲三、カメラは円谷英二に決定したと書かれている。しかし一一月二二日『朝日新聞』には、脚色も演出も出演者の演技もひどいとし、「『竹取物語』の新解釈もここまで低俗化されては面白味があろうか」と企画そのものを疑問視する酷評が出る。「円谷英二担当の撮影のみはよき画調を出している」とあるが、「音楽映画として邪道」と手厳しい。

『かぐや姫』

九月一二日『朝日新聞』には、ビルマの映画会社で監督・俳優・撮影をしているモン・ニー・ブー氏が六月末に来日して日本に魅力を感じ、「ストーリーのある親善映画の撮影を思い立ち、P・C・Lとの話が出来て」本読みがあったという記事がある。ビルマの青年が日本で飛行機操縦を学ぶうちに日本娘と愛し合い、ラングーンへの無着陸飛行に成功するという物語で、タイトルは『日本の娘』、「いたるところに風光日本を紹介する」とされている。完成し、上映されたという報道には出会えないが、実現すれば日本とビルマの〈国際合作映画〉になっていたはずだった。

第二章　『新しき土』の誕生

1　一九三五年

六月まで

東和商事ベルリン駐在員として最初にファンクと接し、多くの撮影に立ち会う林文三郎は、『新映画』三七年二号で「ファンク博士とは考えれば、足掛け四年にわたる交渉」で、「ファンク博士が日本で映画を製作する企画をドイツで立てたときから、ずっと仕事を共にしている」と述懐する。つまり東和商事は三四年にファンクとの交渉をはじめた。ということは、ヒトラーが首相の座についた翌年から企画が進められたことになる。林の証言は信憑性が高いが、三四年においては関連報道がないので、記事が現れる三五年から話をはじめよう。

一月二二日『朝日新聞』は、「世界的に知られているドイツ山岳映画の名監督アーノルト・ファンク博士」が「日本の山岳映画を撮りたいとかねての希望、ドイツ映画と取引のある東和商事に話があったので、昨年末から観光局と寄り寄り協議を重ねている」と報じる。この時期のファンクは、全世界公開を前提に製作された『S・

O・S氷山』（一九三三年）のドイツ語版（英語版はテイ・ガーネットが監督）をグリーンランドで撮り、『モンブランの王者』（一九三四年）を完成したあとだった。ファンクはナチ政権樹立後、ナチに賛同しない姿勢を鮮明にしていたと主張する。ファンクの自伝（*Er führte Regie mit Gletschern, Stürmen und Lawinen*. München 1973.）によれば、三三年四月のある日、とつぜんゲッベルスの訪問を受け、党員になれば重要なポストを与えると告げられた。ファンクは、自分は一匹狼でどんな団体にも属したことがありません、もちろん党という組織にも向きませんといって丁重に断った。ゲッベルスは長い沈黙ののち、去って行ったという。

その後、『雪崩』という企画を立てたが挫折したファンクは、北大西洋でノルウェーの漁船が遭難し、巨大客船が救助に向かったと聞き、この事件を映画化しようと考える。彼はハパクの船舶を借りる約束をとりつけ、資金調達のためにロンドンへ渡り、高名なプロデューサー・監督、アレクサンダー・コルダに相談した。コルダは、以前からファンクの映画を高く評価していたと語り、わずか三〇分の会談で資金提供に同意したという。

ところがベルリンに戻ったファンクは、自宅の電話が盗聴されており、手紙も開封された形跡があることに気づく。翌日にゲッベルスに呼び出され、「ユダヤ人のコルダと契約を結びましたね？」と問われたファンクは、国籍が異なる五つの船による英雄的行為を扱う素晴らしい題材ですと説明したが、ゲッベルスはその仕事を禁じた。「日本の文部省から、日本に来てほしいという電話を受けた」ときの彼は、破産寸前だったという。

日本での報道に戻る。『キネマ旬報』三五年二月一一日号は「ファンク博士が日本を訪れて、映画をつくるという噂が日刊新聞にニュースとして伝えられたが、ファンク氏はこの報道を打ち消して、自分は日本を訪問して、いままでになかった優れた『ニッポン』フィルムをこしらえたいことを年来の宿望としてはいるが、しかしそれはけっして具体的なプランにまでは成熟していないと発表した」と報じる。ファンクは、日本で映画を撮る計画は未確定だと表明したのである。後述するように、この企画が本当に決まるのは三五年秋である。

同号の『モンブランの王者』の紹介記事では、「我々は〔……〕ファンク映画に好感を持たされ、気品や風格を覚える」「山岳劇の秀作として一見の価値ある映画である」等と高い評価が与えられている。三月一日号では、「山岳映画はわが国では喜ばれるものの一つである。特にアーノルト・ファンクの名は山岳映画ファンにはもっとも親しいものであり、この映画はファンクの傑作映画であるから、吸引力にも娯楽要素にも欠くるところはない」とあり、当時のわが国でファンクの知名度が高かったのは確かだ。

そして六月一日号には川喜多かしこが寄稿し、ファンクの来朝意欲は強く、「ベルリンからはしばしば打ち合わせの手紙が来ている。この頃ではどうやら大体の手順もついたらしく、日本における準備はよいかと電報で問い合わせてきた」と書く。「一〇人ほどの専門家を引き連れて来朝する」予定で、作業には「早くて三月、遅ければ半年も一年もかかる」という。かしこは「満洲の広原が、飛驒赤石の山の姿が、また北海道の深い渓谷がはじめて見る博士の目にどう映じるかは楽しみである」「日本の映画製作者の見出し得なかった美が、これらの風物から発見されるのではなかろうか?」と、外国人の視点で〈日本の美〉がとらえられることに期待を寄せる。「満洲の広原」という言葉が出ているのは、満洲を題材としたいというファンクの希望が伝えられていたからだろう。

川喜多長政は、六月一八日に「シベリア経由で急遽第十回目の渡欧の途に就いた」(『キネマ旬報』七月一日号)。『社史』は、「渡欧のもうひとつの目的は、ベルリン駐在の林氏を通じて話のあったファンク博士との映画共同製作案の打診であった」とし、かしこは「ファンク博士案の内地側連絡のため東京に残り、後一ヶ月遅れて単身シベリア経由で渡欧」する。このあたりでも〈ドイツ政府から資金提供が約束されている〉といった情報はない。

ハック博士と酒井直衛

この直後、私たちはハックという名前に出会う。フリードリヒ・ヴィルヘルム・ハックは、一九八七年にNH

Kで放送された「ドキュメント昭和」(同年に『ヒトラーのシグナル』として書籍化)によって、ふたたびその存在に光が当てられた。同番組のスタッフ、中田整一は二〇一五年にも単著『ドクター・ハック』(平凡社)を発表している。

ハックは一八八七年フライブルク生まれ、経済学博士号を取得し、兵器会社クルップの重役ヴィートフェルトが南満洲鉄道顧問に就任した際に秘書として同行した。日本語を学び、ヴィートフェルトが駐米大使になると後任の座に就く。第一次世界大戦時には従軍し、捕虜となって福岡の収容所で日々を過ごす。収容所では仲間の逃亡事件に関わり、一五年一二月一日『朝日新聞』には「従犯者」ハックが「逃走補助に関し一部の自白をなした」という記事が見られる。一八年には習志野の収容所に移され、終戦を迎えた。

ドイツ人捕虜のうち何人もが、優秀な人材を渇望していた日本の大学や一流企業に好条件で雇用される。ハックも三菱製紙に採用されたが二〇年に帰国し、兵器売買を業務とするシンチンガー&ハック社を設立する。日本海軍はドイツの兵器を購入する場合、ほとんど同社を通した。やがてハックは独日協会を設立し、日本人たちと親交を結びながら諜報活動にも従事する。当時のドイツの外交は外務大臣ノイラートのほかにナチの外交責任者ローゼンベルク、外交部長リッベントロップがそれぞれ異なった政策を進めるという錯綜した状態にあり、ハックはリッベントロップの命令で水面下での対日工作を担った。

そしてハックは、ベルリンでの川喜多とファンクの会談に同席し、三六年のファンク来日にも同行する。その事実を根拠として、わが国では〈ハックは『新しき土』の生みの親だ〉とか、〈『新しき土』は日独防共協定締結のために構想された呪われたプロジェクトだ〉といった類の言説もよく見られる。それは事実だろうか?

「ドキュメント昭和」は、『新しき土』の発案者は酒井直衛だとする。酒井は二一年から四五年までベルリン日本海軍事務所に勤務し、ハックと独日協会を立ち上げた人物だ。中国に多額の資本を投下していたドイツでは親中派の勢力が強く、満洲事変以後は一気に反日ムードが高まった。そんななかでハックと酒井は日本に有利な情報を流したり、マスコミ関係者を接待したりした。独日協会は、三〇〇〇人もの会員が名を連ねる大組織となったという。

日本映画がヨーロッパでまともに上映されないことを残念に思っていた酒井は、「ドイツ人の監督に日本人の俳優を使って日本映画を製作してもらったらどうだろう、ドイツ人監督の感覚で日本をとらえれば、観客にもアピールするのではないか」と思い、ハックに相談した。ハックは同郷のファンクに打診し、さらにゲッベルスにこの話を持ちかけたところ、「すぐ乗り気になり、一〇万マルクの資金援助をすると約束」したという。そのあとハックが東和商事と連絡をとり、計画が動き出したというのが「ドキュメント昭和」の主張だ。

だとすれば、三五年一月よりも前に〈ゲッベルスからの一〇万マルク〉が約束されていたことになる。自伝によれば、そのころファンクはゲッベルスに嫌われ、仕事を干されていたはずなので、矛盾がある。一月にゲッベルスからの支援が確定していたなら、二月にファンクが〈何も具体化していない〉と発表するのもおかしい。「ドキュメント昭和」によれば、大島浩陸軍武官とカナリス、ブロンベルクとの日独接近を目的とする秘密交渉がおこなわれたのは三五年一〇月であり、同年一月の段階では、日独関係がどうなるか見通せなかった。そんな時期にゲッベルスが一〇万マルクの出資を約束したとは考えられない。

川喜多かしこは『映画が世界を結ぶ』(一九九一年)で、長政が「当時の日本映画では到底欧州の観客をひきつけることができないと悟り」、「有名な欧州の監督を日本に招聘して外国人にわかりやすい日本映画をつくる」ことを考えていたときに「ファンク博士側からの希望が伝えられた」と説明する。東和商事側では一貫して、ファンクから林に企画を持ち掛けられたのが最初であり、そこから自分たちは動きはじめたと語る。

ベルリンの川喜多夫妻

三五年七月から八月にかけての川喜多夫妻の活動は、『社史』所収の「訪欧日記」(前半は長政、後半はかしこによる)に記されている。長政は七月三日にベルリンに到着し、有力映画社を訪ねたあと、ハックと共にファンク博士宅に足を運ぶ。長政は「ファンクは四五、六の、感じのいい学者風の紳士だ」と記す。翌日長政は、かしこに「日本におけるフィルムその他滞在費、交通費、帰り旅費、こちら負担。日本までの旅費、俸給ドイツ負担。一行林入れて八名。ドイツ語圏以外の全世界権利こちら。J・Oとすべて折半の覚書つくれ」という電報を打つ。

長政は五日の朝に「映画局の宣伝部長」ザンダーと話し合い、午後六時にファンクと会って「トービスに対してドイツ側の負担の二〇万マルクの保証をするよう交渉してくれと頼まれた」と書く。それは〈ゲッベルスが一月の報道以前に一〇万マルクを約束した〉という主張を否定する有力な証拠だ。川喜多夫妻は、この時期には〈ゲッベルスからの資金提供〉には触れておらず(それが事実なら言及しないはずがない)、逆にファンクからドイツ側の出資を促す交渉をしてほしいと頼まれているのだ。

七日には長政は「新設政府系映画会社」の重役スタールと話し合う。八日夜にはファンク、ハック、スタール、林と「日本行のことを相談」し、一〇日にはトービスで「ニッポントービス設立の件」「ファンク博士の件」を話し合い、宣伝省へ足を運ぶ。長政はその日のうちにパリへ飛んだ。長政のフットワークの軽さは、まさに驚異的だ。

かしこは七月一九日発、シベリア経由でドイツへ向かう(『キネマ旬報』八月一日号)。長政は二一日にロンドンへ移り、パリに寄ったあと二八日にベルリンに戻る。『フィルム＝クリーア』に長政とファンクへの取材による『シントー』アーノルト・ファンク博士　日本映画の企画をめぐって」という原稿が掲載されるのは二四日のことだ。

冒頭には、三〇〇本ものドイツ映画を買った映画企業家、川喜多が大規模な独日映画の計画の準備を進めており、費用は通常の日本映画の一〇倍以上である八〇万円、日本の真の姿に忠実な劇映画となると書かれている。「最高監督」にはアーノルト・ファンク博士が決定され、それはファンクほど美しい自然撮影をおこなえる者がおらず、ファンク映画では自然こそがスターであるということが独自の自然感情を抱く日本人に強くアピールすると考えられたからだという。同記事は、そのあともっぱらファンクの談話となる。要約してみよう。

日本は現在、世界でもっとも注目される国である。しかし私たちに日本人の思考、感情、行動を伝えてくれる日本映画はない。白人が日本人を演じるアメリカやフランスの映画なら存在するが、そこには真実性がない。日本にも優秀な俳優が多数おり、彼らを出演させ、すべて日本で撮影することが重要だ。『マダム・バタフライ』のような日本人と白人の恋愛ではなく、日本人だけで展開され、しかも世界中の人々に理解される物語を描きたい。日本のメルヒェン的な海辺、活火山、寺院といった素晴らしい風景を活用することも欠かせない。牧歌的な地域に暮らす家族、ふたりか三人を中心に据えたいが、そのうちひとりもしくはふたりは近代的重工業の発達する大都市もしくは満洲に召喚される。

ドイツ民族と共有する「土地なき民族」という理念から、日本の若い農夫が耕地の狭隘のせいで家族を養えず、都会に出るという物語が生まれる。若者は重工業の世界にも適応するが、農夫としての血が騒ぎ、朝鮮もしくは満洲に「新しい土地」を求めて行く。未墾の土地であっても、彼は家族を養うのに十分な収穫を得る。しかしこの新しい国は、日本の国家が軍事力によって守っているものである。

最終的なシナリオは、日本で日本人と書く必要がある。日本人が英語やドイツ語で話すような複数の〈各国版〉をつくるのは愚かしい。シンプルな、身振りだけでわかるドラマにするのが重要だ。音楽は、日本の伝統音楽に依拠したものを使いたい。ドイツでも受け入れられるためには、両国に共通する〈祖国のために個人を犠牲にする〉精神を強調したい。総統が『わが闘争』において「この地上での十分に広い空間のみが、民族の存在の自由を確かなものとする」と語っていることからも、この映画のテーマは正当化されるだろう。

この企画を引き受けたのは、ドイツ人にとっても重要だと思われる「神道」という宗教的概念が日本にあるからだ。私はベルリンでの大島武官の講演でこの概念を知った。神道こそが至高の価値であり、そこから天皇への忠誠、両親への従順、民族および国家への献身および自己犠牲が生まれる。現在の日本の強さは、民族全体が国家的教義を追求していることにある。この偉大な教義を、私たちの映画のストーリーにも生かさなければならない。日本の「プロパガンダ映画」と評されるかもしれないが、美しさと国家および民族の価値が表現に値するものであるなら、副次的作用として「プロパガンダ」となっても問題はなかろう。

この企画では、日本が全面的に便宜をはかってくれる。ドイツ人スタッフが訪日して作業をおこなうことも日本側の要望による。唯一の現実的問題は、脚本の完成前にはドイツの映画会社が出資をおこなわないことだ。しかし日本で現地スタッフと作業をすれば、かならず素晴らしい真実のストーリーが生まれるだろう。たとえば経済的損失が生じた場合に国家が補塡してくれることになれば財政的なリスクはなくなるので、資金を提供してくれる社もあろう。それにより、真に文化的価値のある映画が実現する。

『新しき土』の成り立ちを知るにあたってきわめて重要な記事およびインタヴューだ。ファンクが明確なアウトラインを披露していることには驚く。〈土地なき民〉である日本人が〈新しき土〉を求めるという根本アイディアはこの段階で固まっていたのだ。〈日本人に英語やドイツ語を話させない〉という部分も、のちにほぼ実現される。『新しき土』には外国語の会話があるが、それは外国語が達者な輝雄や巌などが外国人と話す場面だけで、日本人同士の会話には英語・ドイツ語の字幕はつけられない。ドイツ版での和尚と輝雄の会話、実父と輝雄の最後の会話では途中から台詞がドイツ語になるが、それを除けば、ドイツの観客は日本人同士の会話はまったくわからない。ファンクは、このスタイルを三五年の夏から考えていたのである。

ファンクがヒトラーに媚びる発言をし、ドイツと共通する問題を抱える日本のプロパガンダ映画を撮るという意思表明をおこなっていることも重要だ。わが国では、『新しき土』はゲッベルスと宣伝省の後援が決定した結果、国策映画となったという主張がよく見られる。だが三五年七月のファンクは国家的支援をとりつけようと必死だった。有力な映画新聞を通して政府の後援を求めようとするなら、政権にとっての有益性をアピールするしかない。『新しき土』は、ナチ政府の後援が決まった結果として国策映画になったのではなく、ファンクが先に〈有益な国策映画となる〉とぶち上げたことが功を奏して政府の支援が決まったのだ。

七月二九日にはハックから「スタールが方々飛び回って邪魔になって困る」と訴えられた長政が「ハック氏にいっさい一任の手紙にサイン」する。ハックも自らの権限を守るために必死だったのだろう。長政は「二二万マルクドイツ側負担」とも記すが、ドイツ側がその額を負担する案で進めようということであって、政府からの出資はまだ決まっていない。

八月三日にベルリンに到着したかしこは、ファンクを「芸術家らしい人」、ハックを「商売人らしい感じのよくない男」と評する。武器商人が映画監督に寄り添っている光景は、たしかに異様であっただろう。ハックはのちの来日時にも、日本語が堪能であることを隠し通す。日本語で協議がなされる場でも、内容がわからないふりをするのである。

八日には夫妻はハック、林と昼食を共にし、一〇日にはファンク邸でトービス、ウーファ、ファンクと覚書をかわす。夫妻は一〇日夜にウィーンに発ち、ザルツブルク、チューリヒ、パリと回って二七日にニューヨークへ到着し、ハリウッド経由で帰国する。

八月二八日『リヒト＝ビルト＝ビューネ』には、「ファンク博士が日本で映画を撮る」という見出しの記事がある。内容は前出の『フィルム＝クリーア』の記事と大部分が同じだ。同記事は「ファンクがこの日本の国民映画を撮るために招聘されたことは、ドイツの映画作家の能力が世界的に認知されていることを示す証拠だ」と締めくくられている。やはりこの記事でも、川喜多が計画を立て、日本側のお膳立てがすんでファンクが招かれたという話の流れになっている。ここにも〈ゲッベルスからの出資〉があるという情報はない。

一一月以降

その後報道は途絶え、ようやく一一月一三日『朝日新聞』に「山岳映画の世界的巨匠アーノルト・ファンク博士がいよいよ来春二月八日神戸入港の諏訪丸で一行八名と共に来朝することに決定した。この話は今夏渡欧していた東和商事の川喜多長政氏がドイツでファンク氏と会って相談が成り立ったものだが、これを聞いたドイツ政府は大乗り気で一行八名の旅費給料として邦貨約三〇万円を補助することになったので、ファンク氏はマネージャー格として日本通のハック博士以下〔……〕カメラマンのアングスト氏、フィルム編集者トラウト氏のほか助手三名、愛妻アネマリーさんなどの一行を伴って一月三日マルセイユ出帆の諏訪丸に乗り込むことに決まったと最近川喜多氏に宛てて書信が届いた」と書かれる。

「トラウト氏」とは、アングストの〈首狩り族映画〉やリーフェンシュタールの『意志の勝利』や『オリンピア』の撮影を担当したヴァルター・トラウトだろうが、『新しき土』に関して彼の名が出るのはこのときだけだ。アングストも諏訪丸には乗っていなかった。重要なのは〈ドイツでの川喜多とファンクとの協議・合意のあと、ドイツ政府の「邦貨約三〇万円」の拠出が決まった〉という部分だ。やはりゲッベルスは、三五年八月から一一月までの時期に出資を決めたのである。

同記事は、「最新式のカメラのほかに、お得意のレンズばかりでも百数十個を携えて来て、滞在約三ケ月間に日本の俳優ばかりを使って心ゆくまで日本の山岳美をカメラに収めようという計画で、斡旋した東和商事はもとより外務省、鉄道省観光局、国際文化振興会あたりでも、この際大いに日本を世界に紹介してもらおうと力こぶを入れて援助の準備を進めている」という長い文章で終わる。

一二月二八日『読売新聞』は、「山と雪の真髄をつかんだ偉大な自然の芸術家」であるファンクの来朝を「全日本のスキーヤーが大きな期待と興味をもって」待っていると書く。ファンクには、日本のスキー文化を世界に知らせてくれることも期待されていたのである。

またこの記事は、「ファンクは劇映画の名手ではない、また特殊な国民性を描いて今日の名声を得た人でもない」としたあと、ファンクがアルプスを「重たいキャメラと共によじ登って大自然の美しさと人間の力の偉大さとを讃える詩人」であり、そこに「ファンクがつくりだす山岳映画に世界の人々が食いつく本質を見出すことができる」と主張する。記事を書いた者は、ファンクには繊細な劇映画を撮る能力はないが、美しい自然、自然に挑む人間の精神を描けるので、日本でもある程度の成果をもたらすだろうと述べられているわけである。ファンク映画を熟知している人物でなければ書けない文章だ。

同時期の新聞雑誌を調べると、川喜多長政が『サンデー毎日』三七年一月七日号に寄せた原稿で、「ファンク博士は、劇映画の名手ではありません。特殊な国民性を描いて今日の名声を得た人でもありません」と書いている。これにより、右の『読売新聞』の情報源も川喜多だったことがわかる。川喜多は最初から、ファンクにはたいした劇映画は撮れないと予防線を張っていたのだ。

ファンクは総勢一二名で、諏訪丸に乗りこむ。ファンクは出帆前、「これまで西洋人のつくったものでは日本の美しさは現れていない。自分は新しい日本の美しさをフィルムの上に創造してみたい」と語る（一二月二九日『朝日新聞』）。

2　一九三六年

ファンクの来日まで

三六年に入ると、ファンクらの動向についての報道が洪水のようにあふれ、あらゆるマスコミが長期にわたって映画の宣伝をしているかのような状況となる。

一月三日『朝日新聞』は作品名を『土地なき人々』とし、「単なる記録映画ではなく深刻なるストーリーを盛ったもので、ほかに日本の山岳をとりいれた短編もの三本を完成することになった」とする。ファンクは一月二日にベルリンを発ち、四日に諏訪丸でマルセイユを離れる（『キネマ旬報』一月二一日号）。前年一一月の時点では出帆は三日とされていたので、一日遅れたことになる。

『国際映画新聞』一月下旬号は、「滞在期間は八月まで六ヶ月間、この間同博士が携え来れる脚本と、川喜多、樺山両氏の手に成れる脚本をもっとも日本的に混和して、松竹、日活、新興、P・C・L各社の男女スターをもって、日本の大地並に生活を質実に描こうとするもので、伝えられるがごとき日本アルプスその他山の映画は製作しない」ことになり、「丸の内ビル五階に『ファンク映画製作所』を設け」るとする。いっぽう『キネマ旬報』一月二一日号は、J・Oがファンクの「山岳映画製作の具体化準備に着手したが、スキーの小品映画以外に、日満をバックにした大作をも博士と協力して製作する予定」と報じる。ファンク案は、やはり〈日本と満洲を背景とする物語〉と認識されていたのだ。

ファンクの「日本を舞台にとる映画は欧州の読書界を風靡したパール・バック女史の小説『グッド・アース』に取材したもので、題名は『メンシュ・オーネ・エルデ』（土地なき人々）」とするのは一二日『読売新聞』だ。

ファンクは『木樵ヤキチ』をドイツで視聴して田中絹代に感激し、主演を望んでいるとも書かれており、このあとしばらく田中はヒロインの本命とされる。

二一日『読売新聞』は「川喜多長政（東和商事）樺山丑二、大澤善夫（J・O）三氏は一五万円を共同出資して城戸四郎（松竹）松方乙彦（日活）植村泰三（P・C・L）氏ら主要映画会社の幹部を顧問にファンク映画製作所を新設する」と伝え、国内の有力な映画社が揃って支援する雰囲気だったことがわかる。「ファンク博士は短編映画数本を製作したのち三月から着手する〔……〕『土地なき人々』（約九巻）日本人側出演者としては早川雪洲、藤原義江氏や既報の田中絹代らに白羽の矢をたて、一方新進起用の案も検討中である。なお同映画製作ならびに配給についてはドイツ政府では日独親善の意味から旅費滞在費三〇万円を投げ出したほどで、日本側も国際文化振興会、国際映画協会、観光局が積極的に後援をする」とも書かれ、早川、藤原という国際的有名人の参加がはじめて報道されたほか、あらためて〈ドイツ政府からの巨額の出資〉が大きく扱われている。

二五日『読売新聞』は、「作品の内容は震災をはじめあらゆる自然の脅威の裡から雄々しく立ち上がる日本人の姿を描きたいという博士案の『土地なき人々』としかわからず、また博士と同行の女優ルーツ《マ》・ベー《マ》デラが英独両国語で筋を語る〔……〕ドイツを除く外の配給権は日本側にあるが、関係者は国辱的シーンを撮らせぬよう警戒している」と報じる。「英独両国語で筋を語る」とは、英語版とドイツ語版を撮るということだ。最後の部分も重要である。というのは、日本映画がヨーロッパで上映された場合には〈国辱的〉という批判がついて回ったし、『新しき土』も同じ運命をたどるからだ。また、〈日本人が自然災害に屈せずに力強く生きている〉というメッセージを送るという方針をファンクが確定していたこともわかる。

二八日『読売新聞』では、鉄道省国際観光局および運輸局が「滞在中いっさいの面倒を」見ることになり、「一行のわが国における旅程、撮影場所、出場人物の選定から登山案内人の雇用にいたるまでいっさいのスケジュールをたて、博士の巨腕を遺憾なく揮わせることになった。それによると撮影の種目は、一、世界に誇る日本

の名山富士　二、高田、長岡地方の雪国風景　三、越中立山、乗鞍、大雪山等における山岳スキー　四、火山と温泉の四種目、このほかに蔵王山の樹氷、上越地方スキー・ハウスの壮景等をも撮影することになっている。完成の上は博士の得意中の得意である山岳スキー映画としてはもちろん日本の火山（十勝、浅間、白根、北アルプス焼岳、阿蘇等）日本の温泉（別府、登別、定山渓等）なども巨匠のカメラを通じて世界に宣伝される」とされ、鉄道省がファンクに山岳やスキー、温泉風景を撮らせて海外に出そうと考えていたことがわかる。記事の最後には、「映画製作に五〇万円を予算しているので素晴らしいものができるだろう」とある。

二月七日『朝日新聞』は、題名が『聖なる米』に変わり、「富士山の見える田園を描き、農夫の息子がドイツ留学を終え、ドイツの婦人を連れて帰朝、日本の家族制度に従って許婚の日本婦人と結婚する。ドイツ婦人は日本の結婚慣習を見せつけられ、淋しく帰国、やがてこの青年は農業の近代化を唱えて満洲へ渡り成功を収め、日満がここに固く握手する」物語になったと報じる。マルセイユ出帆から一ヶ月のあいだにタイトルは『聖なる米』、日本人だけが演じるとされていたのが「ドイツの婦人」が大きな役割を果たすものになり——ドイツ人の女優が来日するのだから当然だ——青年の行き先は満洲に決定されたのである。

ファンク一行の到着からスキー映画の撮影へ

諏訪丸は八日午前一〇時に神戸入港し、一行は午後三時に三ノ宮駅から列車に乗る。ファンクは大阪朝日新聞社主催の講演会をこなしたあと、京都ホテルに宿泊する。四月二日『フィルム＝クリーア』は、「ファンク博士『聖なるニッポン』を撮る」という見出しで到着時の様子を紹介し、ファンクが記者たちから、あなたたちは〈ナチス〉ですかと質問され、「すべてのドイツ人は国民社会主義者です」と答えたと報じる。ファンクはナチ党員ではなかったが、周囲に大使館関係者もいただろうし、そのように答えるしかなかったのだろう。

二月九日『読売新聞』夕刊は、「今回の訪日はドイツ政府三五万円、わが営業社一五万円出資、外務、鉄道両省後援による日本紹介という使命をもつもので、山岳映画のエキスパートを網羅した一行中には女優エーベラー、カメラマンリムル、総監督ハック、助手チャーデン氏等の顔も見えた」と伝える。長身のリムルは、三一年のファンク監督作『白銀の乱舞』等で小柄なグッツィー・ランチュナーとコンビを組んで出演し、映画ファンには「ノッポ君」として有名な存在だったので、以後の報道ではしばしば「ノッポ君」と呼ばれる。世界のトップ・スキーヤーのひとりだった彼は、ファンクの勧誘で山岳映画に出演し、やがて撮影する側に回って戦後まで長くカメラマンとして第一線で活動する。

2月8日、京都岡崎つるやでのファンク歓迎会。前列右からファンク、花井蘭子、そのうしろにハック博士（写真協力：公益財団法人川喜多記念映画文化財団）

なお右の記事は、続いて「日本での映画は美しい日本ないし山だけを対象とせずして、日本人の心を映す点に重点を置いています。殊に大和魂はドイツの碩学フィヒテ以来のイデーであって非常な関心を持っている。私の手元には日本の写真は一万枚以上も集まっているでしょう。伝えられている『土地なき人々』撮影の問題は共に狭隘な郷土を持っている日独現下の情勢からしてあまりに切実な問題なので何かこれに代わるテーマを選びたいと思います」というファンクの談話を紹介している。「大和魂」というワードを出すいっぽう、「狭隘な郷土」とは別のテーマを選びたいとも主張しており、報じられてきた〈土地なき民〉のストーリーは破棄されたかのようにも思われる。

同日『朝日新聞』は、ファンクが一〇日午後に入京して万平ホテルに滞在し、『聖なる米』の準備をおこなうと報じる。原文の表記に忠実に記してみると、一行は「フアンク」のほか「ハツク博士（指揮者）、カール・ブーフホルツ（撮影技師）、リヒアルト・アングスト（同）、ワルター・リムル（撮影助手）、ヘルバート・チヤーデンツ（同）、ルース・エヴエラー嬢（女優）、ルトウイツヒ女史（編集技師）、ミンナ・リユツク女史（秘書）、ベーツ（新聞記者）」だとされている。

一〇日『読売新聞』には、「『土地なき人々』（仮題）は、日独語版と日英語版の二種と決定したが、これには日本封切の分はドイツ語に日本文を、ドイツ封切の分は日本語にドイツ文をそれぞれスーパーインポーズし、英語版のみ全部英語をあとから録音することとなった」という重要な記事がある。一月二五日同紙も「ベーデラが英独両国語で筋を語る」と報じたが、この記事により、ファンク来日の時点で〈日独語版〉〈日英語版〉というふたつのヴァージョンを製作するという方針が決定されていたことがわかる。

わが国では、撮影中にファンクと伊丹が対立し、伊丹の顔を立てるために〈伊丹版〉＝〈日英版〉と〈ファンク版〉＝〈日独版〉がつくられたという説が根強く語られてきた。だがじっさいには、共同監督を誰にするかという議論すらされていない時期から、〈ドイツ語版〉〈英語版〉を製作することは決まっていた。ぜひこのことを記憶しておいていただきたい。

さらに興味深いのは、同日『大阪毎日新聞』に掲載された座談会で、ファンクが「留学生が女友達と一緒に立派な船に乗って日本に帰ってくる、もう一週間で日本に着くというところで日本に大地震が起こって留学生の親たちや多くの人が死ぬというところからはじめたい」「連れて帰る女の友達と留学生とのあいだは『恋愛』というほど強いものではなく、日本の許婚者が夫に対していかに忠実な態度をとるかというような姿も扱ってみたい」と語っていることだ。これらは、「多くの人が死ぬ」部分を除いてほぼ実現される。このあとファンクは多くの日本人から助言を受けるが、来日時のアイディアを変更しないのだ。

一〇日、一行は鉄路で東京へ移動する。ファンクは「汽車のなかで生まれて初めて富士山の姿に接しました〔……〕さらに私の心を惹いたのは日本の風景で、田園…街道の松並木…などまったく絵そのものといってよい。今度の来朝にあたって私の念願とするところは富士の見える田園を背景として全日本的なものを撮ろうというのです」と、調子のよいことをいっている（一一日『朝日新聞』）。

一一日『読売新聞』は、東京駅では「J・O、東和商事の製作映画関係者をはじめ松竹、日活、新興、P・C・Lの幹部や高杉早苗、竹久千恵子、中野かほるなど綺麗どころのスターが多数で迎えた」こと、ファンクには夫人と二歳の愛息ハンスが同行していること、一行はスーツケース三五個もの機材・荷物を持ってきたこと、リムルがただちに富士の撮影に出かけることなどを紹介する。主として『キネマ旬報』二月二一日号の情報に基づいて、入京直後のファンクの多忙な日々をまとめてみよう。

二月一一日　川喜多の車で、紀元節で多くの人が集まる宮城前を通り、明治神宮参拝、ドイツ大使館訪問。

二月一二日　内務、外務、鉄道各省及び文化振興舎へ挨拶回り、帝国ホテルで歓迎午餐会、朝日新聞社訪問、夜はドイツ倶楽部招待会。

二月一三日　松竹、日活、P・C・L訪問、日活主催午餐会、夜は九段軍人会館での「山の講演と映画の夕」で、「私が撮った欧州の山々」という題目で講演。

二月一四日　ドイツ大使館でのスポーツ関係招待会に出席。

二月一五日　正午、ニューグランド・グリルの映画関係者歓迎会、夜は『キネマ旬報』主催の座談会。リムルとチャーデンスは富士山撮影のために出発。

二月一六日　ドイツ大使館公式招待会に出席。

ファンク映画の準備作業は一四日に開始された（二〇日『東京映画新聞』）。一五日『朝日新聞』は、「映画『聖なる米』の原案については各方面の意見を徴することになり、久米正雄、山田耕筰、岸田國士、勝本清一郎、杉野橘太郎等の文芸家、音楽家諸士、これに国際文化振興会理事黒田清伯〔伯爵〕、外務省文化事業部から柳澤三課長、近藤春雄の諸士参加、原案審議の委員会が出来、一七日午後三時から東京記者クラブで協議をおこなう」とし、翌日同紙にも「ファンク博士は今回の映画製作に万全を期するため、特に優秀な日本の映画監督を協力者として求めることになった。小津、島津、山中、成瀬、五所、清水、伊丹、衣笠、内田、稲垣の十監督のうちより選ばれる」と書かれている。川喜多、樺山、ファンクの三人が考えると報じられていた脚本は、広い層の著名人に審議されることになったのだ。

原節子に関しては、〈ファンクが来日直後に太秦の撮影所を訪ね、原節子に心を奪われてヒロインにすることを決めた〉という主張がよく聞かれる。たしかに二月一〇日『大阪毎日新聞』には、九日午前一〇時にファンクが「J・Oスタジオを訪れ、撮影、試写等を見た」とある。『河内山宗俊』が撮影されていた太秦発声はJ・O敷地内にあり、ファンクがこのとき原に注目したとしてもおかしくない。原も、『河内山宗俊』の撮影中に〈外国の偉い人〉との記念撮影に加わったと繰り返し語っており、この日に両者が遭遇したことは事実のようだ。ただし原は、ファンクに選ばれたのは、東京に戻ったあと、日活の社員に命じられて万平ホテルにいるファンクに自分の写真を届けに行ったからだとも述べている。

ファンクは自伝では、エキストラの一員としてそこにいた原に惹かれ、あの「エキストラの少女」を使いたいと川喜多に申し出たところ、日本の映画界には、俳優は最初の一年はエキストラ、二年目は端役、三年目に脇役、四年目に準主役、五年目になってはじめて主役になれるという〈鉄の掟〉があるので絶対に無理だと説明されたが、ファンクはあきらめず、あらゆる映画会社のトップにかけあい、ついにこの例外的なキャスティングを成功させたと主張する。もちろん事実に反する記述だ。

興味深いのは、二月一六日『朝日新聞』の「ファンク博士に望む」という原稿だ。同稿の筆者は、「最初予定していた『土地なき人々』というシナリオは都合で放擲したそうだ」とし、「ドイツでつくったシナリオをそのまま使えないのが当然」で、「劇映画でなく記録映画をつくってもらいたい」と主張する。「ファンク博士の観る日本は結局旅行者の目に映じた日本である。外国人が三ケ月や四ケ月滞在しても特殊な日本の風俗習慣は理解できない。少なくともそうした外国人のつくった劇映画が日本人にピンと来ないであろうことは予め想像される」ので、「輸出映画として珍しいだけで日本人には苦笑物といった風な妙チキリンな劇映画だけはつくってもらいたくない」とする。このコラムが重要なのは、「旅行者の目」によるドラマなどうまくいくはずがないと断言しているからだ。のちに『新しき土』は〈日本を愛する外国人が見た夢〉という序文をつけて公開され、国辱映画として批判を浴びる。つまりこのコラムは、『新しき土』がどんな作品になるかを正しく予言していた。

富士に向かったリムルらは御殿場、箱根を回って一八日に帰京する。二一日『朝日新聞』は、ファンクが「原案脚本、主演者および協力演出者選考」に時間を要するので先に日本のスキー発達史を製作することになり、「国際観光局後援のもとに、一行は近日撮影地志賀高原に出発する」と書く。このあと「一行」がスキー映画撮影に出かけたという報道があふれ、たとえば二三日『朝日新聞』は、「ファンク博士一行」が蔵王山で樹氷の撮影を開始し、「わが国スキーの名手十余名を臨時動員し、雪煙を立て樹氷間を滑降する豪快壮烈な光景を撮影する」と報じる。しかし「一行」にファンク本人は含まれていなかった。二五日同紙には「博士原案『聖なる米』は日本の姿に対して多少認識を欠く点もあり博士も放棄したので、今度新たに久米正雄氏を顧問とし、博士はひとり東京にとどまって、真の日本を表現する新しい映画脚本の構想執筆にとりかかる」と書かれている。

二六日には二・二六事件が起こり、翌日に戒厳令が敷かれる。万平ホテルにも反乱軍の兵士たちが陣取り、ファンクと妻子は缶詰め状態となった。ファンクは自伝に、生後九ケ月のハンスを連れて兵士のところへ行くと雰囲気がなごみ、兵士たちは金髪の赤ん坊をかわいがってくれたと書いている。

二月末におけるファンクの談話（『サンデー毎日』四月一日号）では、ファンクはベルリンの大使館で日本映画を二本視聴して「技術が著しく遅れているのではないか」と感じたが、来日後に『妻よ薔薇のやうに』『噂の娘』『小唄礫』『お琴と佐助』『明治一代女』『気まぐれ冠者』『若旦那日本晴れ』『白衣の佳人』を観て、技術は「想像したものよりはるかに優れている」が「製作への費用が出し惜しみされている」ために、特にセットが出鱈目なのが惜しいと語る。日本映画は「心理的」で、現代劇が「市民の小さいロマンスに拘泥し」、「私たちが尊敬する日本人の精神力や、自然の美しさが、今日の日本映画には欠けて」おり、「日本のように美しい自然を持っている国が、なぜ、こんな自然の出し惜しみをするのだろうか」と思ったという。

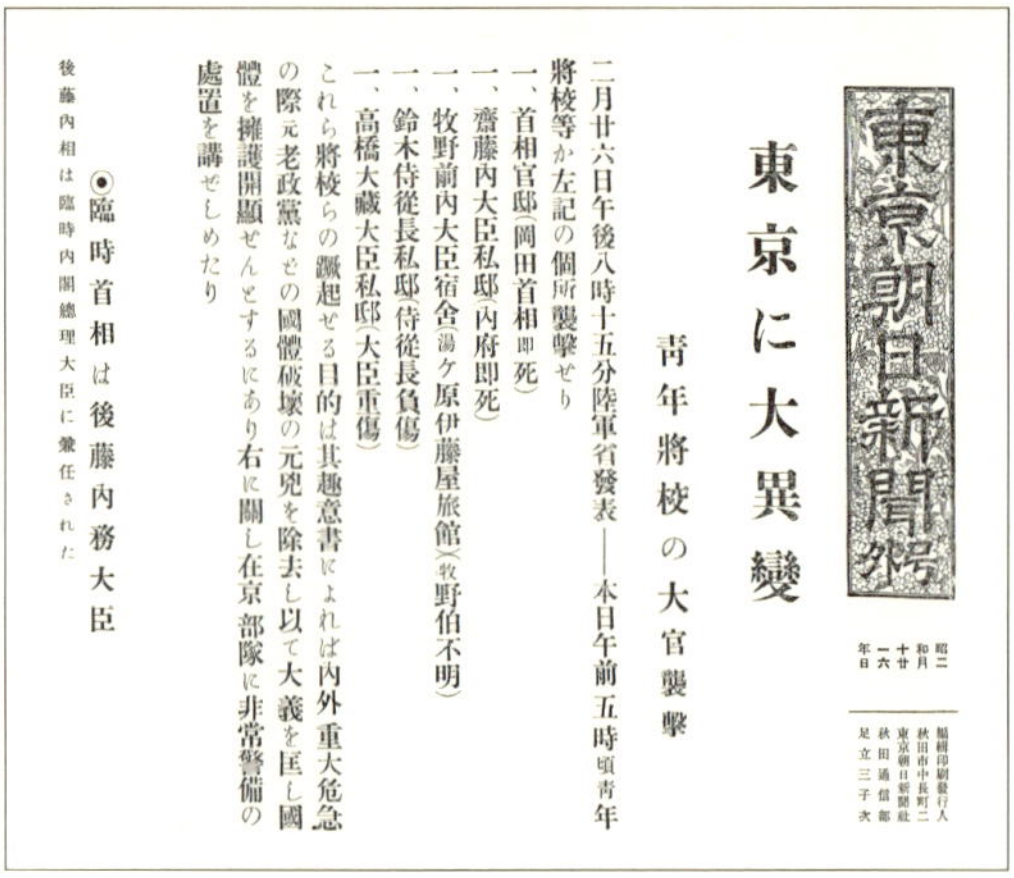
東京朝日新聞號外

昭和十一年二月廿六日

編輯印刷發行人 秋田市中長町二 東京朝日新聞社 秋田通信部 足立三子次

東京に大異變

青年將校の大官襲撃

二月廿六日午後八時十五分陸軍省發表――本日午前五時頃青年將校等か左記の個所襲撃せり

一、首相官邸（岡田首相即死）

一、齋藤内大臣私邸（内府即死）

一、牧野前内大臣宿舍湯ケ原伊藤屋旅館（牧野伯不明）

一、鈴木侍從長私邸（侍從長負傷）

一、高橋大藏大臣私邸（大臣重傷）

これら將校らの蹶起せる目的は其趣意書によれば内外重大危急の際元老政黨などの國體破壞の元兇を除去し以て大義を匡し國體を擁護開顯ぜんとするにあり右に關し在京部隊に非常警備の處置を講ぜしめたり

◉臨時首相は後藤内務大臣

後藤内相は臨時内閣總理大臣に兼任された

二・二六事件を報じる1936年2月26日『朝日新聞』号外

『日本スキー発達史』、『富士』、アングストの到着

三月はじめにはブーフホルツとリムルが蔵王で吹雪のなかで撮影を続けていると各紙で報じられ、八日『朝日新聞』は彼らの撮影した樹氷の写真を掲載する。

九日『読売新聞』は、ファンクが「世界的な山岳スキー場だといわれている北海道の大雪山に行く」ので、

「旭川近文のアイヌ部落では、これはスクリーンを通じて剽悍なアイヌ族の熊狩を全世界に紹介する絶好な機会だとばかりにたいした張り切り方で、このスターの役をぜひアイヌ族にやらしてくれと道庁社会課に申し出た」と報じる。一〇日『朝日新聞』は、蔵王のリムルらが一両日中に作業を終え、北海道定山渓方面に出発するとする。「東京万平ホテルに滞在中の当のファンク博士は、目下三月中旬に着手する大作のシナリオにつきその構想を練る一方日本映画の勉強をやっている」ともあり、ファンクひとりが東京にいたわけである。

新聞雑誌の情報を総合すると、リムルらは『日本スキー発達史』の作業を続け、四月一二日に帰京するが、この〈日本スキーの映画〉は完成しない。リムルがこのころの活動について書き送った報告（五月一八日のベルリンの新聞『12ウーア・ブラット』）によると、撮影には日本の最高のスキーヤーが参加したが、彼らはドイツ語が話せず、意思の疎通に苦労した。また撮影中に大地震が起こり、「ものすごい水流」が森林をなぎ倒して多数の犠牲者が出た。リムルは有毒ガスから身を守るために鼻と口をタオルで覆って火口の淵まで行った。次の仕事は「桜の撮影」だと書かれているが、ドイツ人の報告では日本が火山と地震の国であることを強調するものが目立つ。

三月の国内に目を戻すと、一六日『朝日新聞』の「ファンク博士は松竹少女歌劇団の『東京踊り』を撮影する。単独のノベルティにするか、劇映画に挿入するかまだ決まってない」という記事が興味深い。『新しき土』には輝雄と日出子が少女歌劇団の舞踊を観る場面があり、ここで報じられた『東京踊り』の映像が使用されたと考えられる。正式なクランクインの前から、使用される映像の準備が進められていたわけである。

二五日『朝日新聞』は「ドイツ知名の映画技師リヒャルト・アングスト氏が、二四日午後三時二五分東京駅着列車でその助手ハンス・シュタンディンガー〔正しくはシュタウディンガー〕氏と共に入京、万平ホテルに入った」と報じる。撮影監督アングストは、一ヶ月半も遅れて到着したのである。ファンクが来日以来、〈日本を勉強し、脚本を書く〉作業に専念していたことを考えると、リムルやブーフホルツが一緒に来日する必要があったのかと

屋外撮影でカメラを覗くアングスト（写真協力：公益財団法人川喜多記念映画文化財団）

いう疑問もわく。しきりに報じられた〈何本か短編を撮る〉というプランには、リムルらの長期滞在の口実という面もあったのではないか。〈一行〉は蔵王や北海道に長く滞在し、日本で一流とされるアルピニストやスキーヤーを多数動員しながら、何の結果も残さないからだ。

キャスティングおよび〈協力監督〉についての報道も活発化する。二九日『朝日新聞』は、「山本有三原作『同志の人々』を撮影するはずであった伊丹万作監督は、時節柄通検困難と見て中止、場合によってはファンク監督の製作に協力するかもしれない。ファンク監督は同時に俳優としては日活の原節子、小杉勇、大船の田中絹代を熱望しており、近く各会社に交渉する」と書く。ここではファンクは原と田中の両方を使うとされているわけである。

四月三日『朝日新聞』は「伊丹万作監督は千恵プロの『赤西蠣太』を完成後、四月下旬よりファンク映画に協力するが、この国際映画は五、六、七の三ヶ月を要し九月封切の予定」とし、四月はじめには伊丹の「協力」が決定していたように読める。『キネマ旬報』四月一一日号にも、ファンクが「宿願の大作たる日本人と日本精神をテーマとした国際映画を、四月下旬頃より京都J・Oスタジオを根拠に撮影開始すべく、すでにシナリオの準備も整ったところ、さらに博士の希望により、伊丹万作監督と共同脚色、監督の下に製作することに決定、伊丹監督もJ・O側と契約をすましたので、撮影は四月下旬より三ヶ月あまりを費やしておこなわれる」と書かれている。

また四月五日『朝日新聞』は、「ファンク博士は、いよいよ京都をはじめ関西の春を撮影するため、四日朝八時五〇分東京駅発列車で西下した。当分京都J・O撮影所近くに陣取り、撮影を開始する」と伝え、一〇日同紙は、富士山のショットを集めていたアングストが「ひとまず八日京都へ向かった」とする。『新しき土』で多く目にされる〈桜〉と〈富士山〉の映像は、このころ集中的に撮影されたのである。

二五日同紙は、「ファンク映画はセット撮影の部分を伊丹監督が当たり、全体の約三分の二を占める野外撮影部分はファンク監督が担当することになった」と書く。映画全体の三分の一を伊丹、残りをファンクが演出するというのだが、ファンクは過去にG・W・パープストと共同監督した『死の銀嶺』においても〈屋外はファンク、セットはパープスト〉という分担で仕事をして成功を収めていたので、ある程度の自信を抱いていたことだろう。

『キネマ旬報』五月一日号は、「撮影隊は、桜花満開期の京洛各所へ二班に分かれてロケーションをおこない、既報のとおり、いよいよ近日より伊丹万作監督と共同製作にて国際映画の本格的撮影に着手すべく準備を進めている」と報じる。伊丹は同号で「『赤西蠣太』を鋭意撮影中」と書かれており、まだ参加してはいなかった。

ドイツでの報道

ドイツでも、来日したハンス＝ヴァルター・ベッツの書いた『デア・フィルム』紙の記事を中心として、ファンクらの活動や日本の映画環境がしきりに報じられる。

三月七日『デア・フィルム』では「ドイツ人映画芸術家の日本での勝利の旅」という見出しのもとにファンクらの来日直後の様子が報告されている。マスクで鼻と口を覆っている日本人が多いことを「ミニチュアのガスマスクをしているようだ」と評したり、工場地帯に「ここはアメリカなのか？」と驚いたりしているのが面白い。ゲイシャによるサーヴィスについても詳述され、ファンクらが連日、豪華な接待を受けていた様子がわかる。

三月一四日同紙では、ベッツは日本が年に六〇〇本を生む映画量産国であるとした上で、ファンク映画の脚本をめぐって有名作家が議論していること、スキーをテーマとする映画の撮影を依頼されたことを紹介する。二一日同紙では、日本が「映画館天国」でもあって日本映画の質も高いこと、映画館の弁士に感銘を受けたこと、『あかつき』等のドイツ映画が日本で評判がよいことなどが報告されている。四月二日『フィルム＝クリーア』でも、ファンクらが日本で大歓迎を受けていること、一〇〇〇年の演劇芸術の伝統を有する日本人は鋭い感覚を持っていること、ファンクがこの企画の最適任者であることなどが書かれている。

ベッツはその後も毎週、長文の原稿を『デア・フィルム』で発表するが、四月一一日号でのファンクが日本スキー協会から表彰を受けたという報告を最後に、しばらくファンク映画には触れなくなる。一八日同紙では〈日本のスキー映画〉撮影に同行した経験を語っているほか、日本語には「Ich liebe dich（あなたを愛している）」に相当する表現がなく、映画にも恋の場面が存在せず、多くの映画では既婚男性が第二夫人を持っていると書いている。

出演俳優の決定、富士・瀬戸内海・九州での撮影、セットの打ち合わせ

『キネマ旬報』五月一一日号は、「ファンク映画の国際作品シナリオはいよいよ近く伊丹監督の協力で完成されるが、目下その劇映画に挿入すべき日本風景中季節に関係ある部分を、目下三班に分かれて各所へ出張撮影を進行中」と報じる。ただし別の記事には「伊丹万作は文芸トーキー『赤西蠣太』の撮影終了、目下整理中」と書かれており、伊丹はまだファンクのところへ行っていなかった。この時期まで、伊丹の役割としては〈シナリオ協力〉と〈共同監督〉のふたつが語られている。『社史』には、ファンクが『忠次売出す』を見て伊丹に協力を打診することになり、「伊丹は、自らの持ち味はシナリオにあること、したがってシナリオ・台詞に自由を持てぬこの作品に出馬するのは適任でないと再三固辞したが、是が非でも伊丹の出馬をファンク側は望んだ」と書かれている。伊丹は当初は脚本だけに関わるつもりだったが、五月に〈共同監督〉となることを了承したようだ。

ついに俳優陣が決定されたと報じるのは、五月一三日『朝日新聞』の「ファンク博士の国際映画が、こんど日活との握手によって、主演女優として田中絹代の代わりに明眸原節子の出演決定」「俳優陣は全部日活系で固めるが、既定の小杉勇のほかに早川雪洲と市川春代の二枚が加わって〔……〕題名も『新しき土』と決定した」という記事だ。おおむね正確な情報で、タイトルもここではじめて『新しき土』とされた。

脱線するようだが、五月一八日の新聞各紙には阿部定事件に関する記事があふれる。二・二六事件以後、重苦しい空気に包まれていた首都圏は奇妙な高揚感に包まれた。当時の新聞では連日のように殺人、心中、自殺などが報じられているが、この事件についての扇情的な報道はすさまじい。阿部定が事件を起こし、逮捕されたころの東京にはチャーリー・チャプリンとジャン・コクトーが滞在し、相撲や歌舞伎を楽しんでいた。

『キネマ旬報』六月一日号は、『新しき土』に「使用する日本地図の模型鳥瞰図、地震のトリック、日本家屋や風景のミニチュアの作成は、特に大阪在住の彫刻家浅野孟府をJ・Oスタジオに招聘し製作を委任することにな

品川驛前の旅館に
高飛びもせず潜伏
大和田直と僞名した
獵奇殺人 女主人公
妖婦お定遂に就縛
添はれる仲でなし
寝顔みつゝ殺害
愛するが故にと自白
刑事に笑で應待
捕はれた時の瞬間
按摩さん談

阿部定逮捕を第一面で報じる新聞（1936年5月21日『朝日新聞』）

った」と報じる。六月一一日号では「ファンク映画製作所では来朝以来、主として実景ロケ撮影中であったが、いよいよ伊丹監督の手によって『新しき土』の精確なコンティニュイティも二日に出来上がることになった〔……〕六月一杯をロケーションに赴き、七月よりセット撮影に入る予定」とされ、伊丹とファンクの協力作業がにわかに進展していることに驚かされる。同号「撮影所通信」には、「ファンク映画『新しき土』の脚本脱稿とともに伊丹万作監督は最後の検討修正をおこない、いよいよ近日よりセット撮影に着手する予定であるが、目下同博士の撮影班は、浅間山の噴火実景を撮るべく同地方へ出張している」と書かれている。伊丹が「セット撮影に着手する」という部分は、〈屋外はファンク、屋内は伊丹〉という分担が守られていたように読める。六月二一日号には、「アーノルト・ファンク作品愈撮影開始！　新しき土　全配役・近日発表!!」という、調べたかぎりではもっとも早い広告が現れる。

六月のアングストの作業については、『日本映画』三六年八号の「アングスト撮影隊ロケ日誌」で知ることができる。同隊の外国人はアングスト、シュタウディンガーと通訳のヒンダーだけだった。遅れて来日したシュタウディンガーは、記録に残るかたちでは『新しき土』が映画界での最初の仕事であり、ほとんど実績のない人材だった。アングストは六月六日に京都を出発、七日、八日は船で瀬戸内海を撮影し、九日は岡山城と後楽園でロケハン、一〇—一四日は瀬戸内を撮影、一五日に別府入りして翌日に地獄谷でカメラを回し、一七日から三日間阿蘇の風景を撮り、二〇日から二二日まで宮島および厳島神社で撮影をしたあと京都へ戻ったという。

また『セルパン』三六年一一号に掲載される吉田謙吉のエッセイ「ファンク映画のセットを担当して」による

なぎなたの練習場面の撮影風景（写真協力：公益財団法人川喜多記念映画文化財団）

と、六月二四日に京都J・Oスタジオ前の（ファンクが宿泊していた）大澤常務別邸で、セット撮影についての最初の打ち合わせが開かれた。メンバーはファンク、伊丹、川喜多、通訳の林、小山一夫、円谷英二、そして吉田だ。数回の打ち合わせを経て、必要なセットは〈大和家の茶室〉〈台所〉〈光子の部屋など三室〉〈船の甲板（光子の夢）〉〈輝雄の実家内部〉〈ホテルの二部屋と廊下〉〈ホテルのロビーと回転ドア〉〈工場の寄宿舎〉〈日本酒場の入り口と内部〉〈甲板〉、そのほかスクリーン・プロセス用の数場面だと確認された。

六月二六日『朝日新聞』は、伊丹ら連合映画社同人がJ・Oトーキーに参加し、年に五本ないし一〇本を東宝映画配給会社に提供すると伝える。長く千恵プロで働いたあと連合映画社を結成した伊丹は、日活に復帰する千恵蔵と袂を分かち、J・Oトーキーで仕事をすることになった。二九日同紙も、J・Oが坂東蓑助、夏川静江主演、伊丹の監督で時代劇を製作するとする。この時点で伊丹は、次の監督作が決まったと報じられていたのである。

太秦でのセット撮影・浅間でのロケ

七月四日『デア・フィルム』に掲載されたベッツの「最初の撮影フィルムがドイツへ向かう」という原稿（執筆場所・時期は「東京、六月終わり」とされている）は、ひさびさに〈ファンク一行〉についてのものとなっている。要約してみよう。

六月末、横浜を出帆したドイツの高速蒸気船「シャルンホルスト」に、ファンク博士が北海道の雪景色や桜が咲く風景を撮ったフィルムが積み込まれた。夫人と息子も同船で帰国する。脚本執筆はおおむね終了した。ドイツと日本の観客に理解しやすい台詞を考えることが特に困難だった。ファンクは、日本人の精神と生活の多層的で特殊な問題を、劇映画の物語として芸術的にもすぐれた現実的形式で展開することに成功した。アングストが撮った富士山の文化映画は現在編集作業中で、今後、日本の民謡などを取り入れたオリジナルの音楽がオーケストラの演奏で録音される。日本の監督「Manzaku Itami」が脚本の監修を終えたあと、セットでの撮影が近日中に開始される。

ベッツは七月一八日に横浜を発ち、米国経由で帰国する（『キネマ旬報』七月二一日号）のだが、日本には五ヶ月以上も滞在し、VIP待遇を受けた。ファンクやカメラマンはともかく、単なる一記者がそのような厚遇を受けた裏には、とにかく映画の先進国から来てくれたゲストをもてなしたいという日本人の心情があったことだろう。

なおファンクは自伝に、妻子の帰国後、ヒサコという女性を愛人とし、京都郊外の家に住まわせて毎晩通ったこと、川喜多らに反対されながらも撮影現場に連れて行ったこと、映画完成後は彼女を女優にしてくれるよう小杉に頼み、小杉も了承したが、ヒサコはそれを断って養母のもとに帰ったことなどを誇らしげに書いている。ファンクに愛人がいたことは事実だと思われる。

七月四日『朝日新聞』は、「円谷英二技師は、かねて研究中であったスクリーン・プロセスをいよいよ工費一万五千円を要してJ・O工作所で完成した。ファンク監督の『新しき土』の撮影から使用する」と報じる。円谷は『新しき土』で多用されるスクリーン・プロセスを、セット撮影が開始される直前のこのころ、実現していたわけである。この件については『キネマ旬報』七月二一日号も、円谷が松竹時代から五年も研究を重ねてきた成果であり、防音装置を施した非常に精巧なものだと報じている。

すでに紹介した吉田謙吉のエッセイ（『日本映画』一一号）によれば、七月五日（誌面では「六月五日」とされているが明らかな誤記である）には最初のセット、〈大和家の茶室〉が完成して撮影が開始された。興味深いのは、吉田が「最初の茶室に続く二つ三つのセット撮影中、フ博士は主としてコンテの進行を急がねばならなかった関係から、伊丹氏だけが主として撮影を担当したので、その間、セットデザインについても、伊丹氏並びにカメラマンのアングスト技師と打ち合わせた」と証言していることだ。セット撮影が開始されたばかりのこの時期、ファンクはスタジオに現れず、伊丹がセット撮影を指揮していたのである。ファンクは自伝には、ひとつの場面を最初はファンク、続いて伊丹の演出で撮ると、次の場面はその逆の順で撮影をおこなうという取り決めをしていたと書いている。

七月二二日『朝日新聞』は、「『新しき土』は九月完成、同時にファンク博士監督の下にドイツ語版を作り、伊丹監督の監修による日本語版はただちに内地封切をやる」と報じる。二月初旬の段階でもドイツ語版と英語版がつくられると報じられたが、ここでは両監督がそれぞれのヴァージョンを監督し、国内では伊丹版を上映するこ

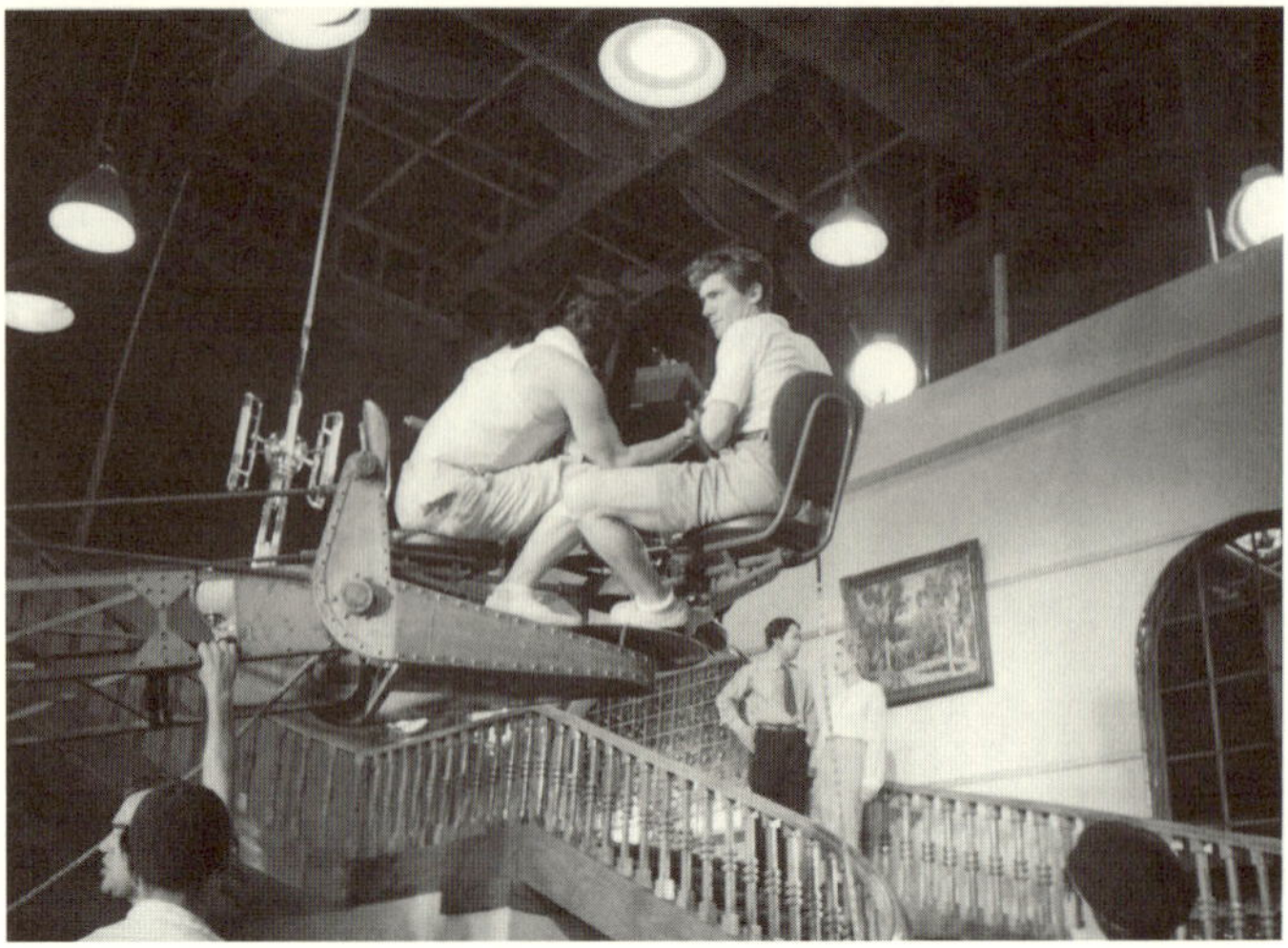

ホテルのセットでの撮影風景（写真協力：公益財団法人川喜多記念映画文化財団）

とが公にされたのだ。『キネマ旬報』八月一日号にも「ドイツ語版、英語版をも製作して広く海外各国に上映される」、「題名は『ニュー・アース』（イースト・ウィンド・ウェスト・ウィンド）」、「日独両語の台詞の問題は外国トーキーの日本版のようにスーパーインポーズする」、「約一万二、三千尺となるはずで、撮影は八月いっぱいに終了する」と書かれている。

同号には、ファンク関連の広告がふたつある。ひとつは「アーノルト・ファンク博士監修　日本文化映画!!　『桜』『富士山』『日本スキー発達史』『火山』『川』その他」というもので、ファンク一行の撮影映像が五本以上の文化映画として発表されるという告知だ。もうひとつの『新しき土』の広告には、ファンクの「この映画は、私の野心だ。伸び行く東方の民族と美しい風景と厳しい自然を盛り上げた新しい抒情映画を世界に贈ろうとする私の野心だ。この試みに、あらゆる協力と犠牲を惜しまなかった全日本映画界に対して、私は今限りなき感謝の念に燃えている」という談話が掲載され、小杉が車を運転する写真と、雪洲と原がプールにいる写真が使われている。どちらも屋外場面で、撮影がすんでいたわけである。

七月三一日には四〇年のオリンピック開催地が東京に決定され、八月一日にはベルリン・オリンピックが開幕

プールでの撮影風景（写真協力：公益財団法人川喜多記念映画文化財団）

の日を迎えた。リーフェンシュタールがその記録映画を撮ることは、京都の酷暑のなかにいた師匠、ファンクも知っていたにちがいない。

八月六日『読売新聞』夕刊には撮影の裏話として、ファンクが日本酒を鯨飲していること、女優エーヴェラーも日本酒を好み、頻繁にひとりで街歩きをしていること、スタジオ周辺でのカエルの合唱を気に入ったファンクが映画にそれを使うつもりであること、アングストと小杉が「飲み友達」になっていつも日独の流行歌を歌っていること、長政が助監督を買って出て、毎日早朝から撮影現場で働いていることなどが書かれている。

『キネマ旬報』八月一一日号は、「『新しき土』は連日の炎暑灼熱のステージで着々セット撮影を、ファンク、伊丹両監督協力して進行、日本側出演スターも撮影が延びることは許されないため、セット撮影はかなりスピーディーにおこなわれている」とする。他方で同号の熊谷監督作『蒼氓』の紹介記事では、「佐藤夏」を原節子が演じるとされている。『新しき土』の撮影はすぐに終了する

『新しき土』の広告（『キネマ旬報』1936年8月21日号）

と考えられ、そのようなキャスティングが発表されたのだ。『蒼氓』は、ブラジルへの移民をテーマとする石川達三の第一回芥川賞受賞作の映画化だ。

八月二一日号の広告では「完成近し!!」とだけ書かれ、「監督」としてはファンクと伊丹が対等に併記されている。『蒼氓』については「原節子の役は黒田記代に変更」とされ、原がファンクの仕事を離れられないという現実にぶつかったことがわかる。また同頁には、「伊丹万作は東宝映画J・O第一回作品（時代劇）を近く着手するはずで、目下脚本を準備中」という記述も見える。伊丹はセット撮影が開始されてから一ヶ月ほどしかたたない時期に、次の監督作の脚本を書いていたことになる。

二一日朝には、著名なオーストリア系監督、ジョゼフ・フォン・スタンバーグが横浜に到着する。この訪日は、「軽井沢で浅間山の噴火をバックに山の映画を撮影しているファンク博士と会う約束を履行」（二二日『読売新聞』）するためのものと報じられた。スタンバーグは、火山の場面を撮るために軽井沢にいたファンクと、二二日に万平ホテルで八年ぶりの再会を果たし、涙を流して抱き合ったという（二三日『朝日新聞』）。翌日同紙は、スタンバーグの「私は劇的監督としてセット専門であり、一向にロケーションに出たことがないため、大自然のセットに権威を有するファンク博士の経験による指導は私の将来に偉大な収穫あらしめた」という信じがたいコメントを紹介する。

ファンクは二五日に作業を再開する。二七日『朝日新聞』には「撮影は二五日より浅間山中腹鬼押し出し溶岩谿で大掛かりなセットを据えて行われ、噴火口の場面を決死的作業でカメラに収め、一行は二六日、上高地に向かった。カメラマンのアングスト氏は『浅間山はこの映画のもっとも大きなねらいどころで、カメラを通して見

1936年、軽井沢の万平ホテルで再会を喜ぶスタンバーグ（中央）とファンク（背中を向けている）。着物姿の原、アングストと伊丹も同席している（写真協力：公益財団法人川喜多記念映画文化財団）

ロケ撮影中の伊丹万作（写真協力：公益財団法人川喜多記念映画文化財団）

婚礼衣装を手に火山を登る光子（写真協力：公益財団法人川喜多記念映画文化財団）

る浅間高原は壮美雄大の極致です』と語った」と書かれている。だが二八日同紙には「二六日、上高地帝国ホテルに一泊した林法相は二七日、投宿中の映画王ファンク氏と会見し漫談に話を咲かせた」とあり、ファンクがその日は現場に行かずに大臣と歓談していたことがわかる。

『キネマ旬報』九月一日号には「目下アングスト技師一行は信州上高地、ファンク博士は浅間山方面へロケ中」と書かれている。「伊丹万作の既報東宝映画、J・O第一回作品の製作は、東宝劇団の坂東蓑助、夏川静江主演の時代劇と決定、ファンク映画の完成を待って一〇月より撮影に着手の予定」という記事もあり、伊丹の次作は着々と準備が進んでいる。

なお、活火山での撮影時のエピソードとして、ファンクは自伝に信じがたいことを書いている。あるとき原が急に姿を消してしまった。蒸気の吹き上げで着物が膝のあたりまでめくれてしまい、それを恥じて下山したというのだ。撮影ができなくなったファンクはホテルに戻り、浴場に向かった。するとそこにはひとりの先客がおり、よく見ると原であった。ファンクが出て行こうとすると、原が「ファンク博士（「Dr. Fuanck」：新聞雑誌で「ファンク」と表記されていたファンクは、周囲の日本人からも「ファンク博士」と呼ばれていた）、こちらにいらっしゃい、どうして恥ずかしがるの？」と叫んだ。仕方なくファンクは浴槽に戻り、並んで湯につかった。ファンクが、さっきはなぜ帰ってしまったのかと尋ねたところ、原は顔を真っ赤にして答えなかった……。

八月二五日『読売新聞』には、「『恋愛と結婚の書』の後篇『結婚篇』を撮影のため、ファンクの撮影現場から日活多摩川に呼び戻された小杉勇は『ファンクはそんなアングルは使わないよ』『アングスト技師は、この場合なら紗を使うだろうな』と撮影中ひとくさりやるので、キャメラの連中、かげで『惜しいことに、あれをドイツ語でやらせたいな。そうすれば痼にさわらずにすまあ』」と書かれている。ドイツ式撮影術に接した小杉は、日本人の現場に戻ると口出しせずにいられなかったのだろう。

八月二七日『朝日新聞』には、外務省が「ファンク博士の『新しき土』（外務省助成金一万五千円）が完成次第、世界同時に封切上映し、晴れの『国際映画』の首途を飾る」と書かれている。二月に〈ドイツ政府三五万円出資、東和とJ・Oが一五万円出資〉とされていた資金額に、外務省からの一万五千円が加わったわけである。

Die zweite Terra-Staffel im Atelier

『新しき土』製作を報じるドイツの映画新聞（1936年8月22日『デア・フィルム』）

ドイツでの報道、ふたたび

七月のドイツの新聞雑誌での関連記事は見当たらないので、八月の記事を紹介しておこう。八月二二日『デア・フィルム』のテラ社の撮影報告記事は、原と小杉とエーヴェラーの写真を掲載し、本文中には、「ファンクの日本映画『勇敢な小さなミツコ（Tapfere Kleine Mitsuko）』の撮影が終了に近づいている」と書かれている。テラ社が情報を提供し、ベッツの撮った写真を使用した記事だが、この時期にはファンク映画は『サムライの娘』ではないタイトルで紹介されていた。

『デア・ドイチェ・フィルム』八月号にも同作を扱う記事があり、ファンクらが準備作業に長い時間を要したことが紹介され、この独日共同作業が「小柄で礼儀正しく、勤勉であらゆることに関心を抱き、優雅な微笑みをたやさない人々として知られる日本人、世界的な経済、政治、スポーツの分野でゆっくり粘り強く前進している日本人が、古い習慣や伝統と戦っている」様子を見せると書かれている。ファンクが箸で食事をとる写真、一行が鳥居の前に並ぶ記念写真、エーヴェラーが女児を抱き上げている写真などが添えられている。

上高地等でのロケ、完成間近という報道

「一七周年記念特別号」だった『キネマ旬報』九月一日号では多くの特集が組まれ、『新しき土』もしばしば話題にのぼっている。「匿名座談会」では、「伊丹万作が柳を使うところをファンクは桜を使うそうだからね」「お寺の前に鳥居がある。ファンク先生はどうしても鳥居が欲しいといって仕様がない」「ファンクなんて外国人につくらせないで、日本のいい監督がつくって、それを海外に出さなければ嘘だと思う」等、厳しい言葉が並ぶ。ファンクが〈外国人の視点〉からの日本の歪んだイメージを作品化していることは広く知れ渡っていたのだ。

ロケ撮影の合間に休息をとる原節子（写真協力：公益財団法人川喜多記念映画文化財団）

通訳として関わった林もエッセイを寄せ、太秦でのセット撮影は七月初旬から八月一一日までおこなわれ、現在は浅間山から上高地一円でロケ撮影中で、「映画全体の進行からいえば、約三分の二の分量は撮影ずみになったであろう」とする。そして林は「『新しき土』は二様の版に分かれている。すなわち日本版——同時に英語版——とドイツ版である」とし、「ルート・エーヴェラーが日英版では英国人であり、ドイツ版ではドイツ人」、日本人は日本語を話すが英語版では外国人との会話が英語、ドイツ語版ではドイツ語だと説明する。すでに確認した通り、『新しき土』は最初から、ゲルタらがドイツ語を話すドイツ語版と英語で話す英語版が並行して撮られた。また、わが国では〈途中から伊丹が撮影をボイコットした〉という記述もよく見られるが、浅間や焼岳での撮影中のスナップ写真には伊丹の姿がある。伊丹は山岳での撮影はアングストに任せただろうが、作業に背を向けたわけではなかったようだ。

さらに林は、『新しき土』では問題がすべて並行的に配列されており、「ファンクはあくまで象徴しようとするし、伊丹氏はあくまでも真実にしようとする。ここに演出の大きな興味がかかる」と書く。その説明として、林はファンクが「地理的な真実などは相当に無視して編集」するつもりであり、「東京のすぐそばに浅間山が煙をはいていても、上高地のすぐ背後に怒濤なす海があっても、それは許されなければならない」とする。林は、ファンクが地理的事実等を無視して〈外国人の見た日本像〉をつくりあげていることが、今後確実に国内での批判を招くことを予想していた。

同号には内田岐三雄がチャーデンスにインタヴューした記事が掲載されている。ドイツの映画事典等で調べてもチャーデンスが関わった作品は六本しか見つからず、それも脚本、台詞などを担当しただけだ。内田はチャーデンスを劇作家・演出家・批評家と紹介し、今回は「ファンクを補佐している。助監督というわけではない」と書く。

内田によれば、チャーデンスはベルリン大学で学び、名優パウル・ヴェーゲナーと知り合って三五年に映画『アウグスト大帝』の脚本をヴェーゲナーと共同執筆した（ドイツの一般的なフィルモグラフィーでは、脚本はロルフ・マイヤー、チャーデンスは台詞担当とされている）。そして同作品の完成前にファンクに声をかけられ、来日した。チャーデンスは撮影の経験がなく、日本で脚本執筆に協力した形跡もない。チャーデンスは〈ドイツ人一〇人を日本に派遣できる〉という枠を埋めるために、ほとんど意味もなく日本に来た人間なのだ。

時間が飛ぶが、『新しき土』完成から二年後の三九年三月一日『朝日新聞』には「ドイツの中堅シナリオ作家ヘルベルト・チャーデンス氏が昨秋ベルリンから国際文化振興会に日本に題材を採った自分の短編小説集『火鉢』に純日本的な挿絵を入れたいとその斡旋を頼んできたので、同会では小村雪岱、西澤笛畝両画伯に依頼、二日チャーデンスのもとに発送する」という記事が現れる。チャーデンスは「中堅シナリオ作家」と呼べるほどの人物ではないが、『新しき土』で築いた人脈を使って、自らの著書に使用する「純日本的な挿絵」を送れと要求したのだ。

じっさい、チャーデンスは四三年に純日本的挿絵が多数使われた『日本の伝説（Japanische Legende）』という薄い本を出版している。筆者は二〇年も前に、ベルリンの古書店で偶然この本を購入していた。チャーデンスの四冊しかない著書のひとつで、ほかにも日本を題材とする作品として『ヨーコと哲学者たち（Yoko und die Philosophen）』（一九三九年）、『竹林（Der Bambushain）』（一九四七年）がある。チャーデンスの日本滞在経験に基づく三つの著作は、『新しき土』の知られざる副産物であった。

『キネマ旬報』九月一一日号には、「『新しき土』の撮影は予定通り八分終了、九月下旬には完成される見込み」「伊丹万作は前記ファンク映画を応援の傍ら、東宝映画のＪ・Ｏ第一回作品を準備中」と書かれている。九月一二日『デア・フィルム』には、岩崎昶の寄せた「東京は一九四〇年に映画オリンピックを計画している」という原稿の終盤に、『勇敢な小さなミツコ』は現在、ひどい暑さにもかかわらず京都のＪ・Ｏスタジオで撮影されており、一〇月末に完成すると書かれている。

『キネマ旬報』九月二一日号の広告には「山の巨人がついにとらえた日本の山の姿!! 烈しく鍛えられた大和魂の象徴がそこにある!! 完成迫る!!」と書かれ、「撮影所通信」では「大半の撮影を終わり、九月末にはクランク止めとなる」「音楽は特に山田耕筰が担当することに決定」、伊丹は「村松梢風原作になる『東海美女伝』を竹井諒脚色の下に映画化す事に決定した〔……〕着手は東宝劇団の都合で一一月中旬の予定」とされている。一〇月一日号の広告にも「日本楽壇の生んだ世界的偉才　山田耕筰氏・ファンク映画に参加！」と書かれ、かなり遅すぎる感じだが、このころ山田の参加が決まったようだ。

『デア・ドイチェ・フィルム』一〇月号にはリムルがエッセイを寄せ、保津川下りをして船から風景を撮影したこと、来日以前に浮世絵を観て抱いていたイメージと日本の風景との相違点などについて書いている。リムルにはつねに七名前後の日本人スタッフやガイドが同行していたという。

一〇月二日『朝日新聞』は、「製作費五〇万円と称せられ、そのうち三〇万円はドイツ側の支出（このなかにはナチ政府の補助も若干ある)、あとの二〇万円はJ・Oと東和商事の負担で一万円分だけは外務省が補助、何しろ日本で製作された最高の製作費だ」と報じる。このころから報道では、日本映画史上最高の資金が投入されたことが強調されるようになる。

『キネマ旬報』一〇月一一日号の広告では「山岳ロケ終了! いよいよ完成近し!」とされ、「撮影所通信」も『新しき土』は上高地を終了、いよいよ編集に着手」とする。上高地ロケは九月から一〇月はじめにかけておこなわれたが、印象的な上高地の場面といえば、何といってもファンク版での輝雄が大正池を泳ぐ場面だ(伊丹版では輝雄は浅い川を走って渡る)。小杉は著書『随想　銀幕劇場』(一九四一年)に、「ファンクの『新しき土』においても、氷のように冷たい、上高地の大正池を泳がせられた」と書いている。

ファンクは三三年の監督作『S・O・S氷山』でもゼップ・リストを北極海で泳がせた実績があり、秋の大正池など何でもないと思ったのだろう。小杉は同書でアングストの「すこしのムダのない、真剣な仕事ぶりに打たれた」とし、アングストの「つねに計画的で、そして建設的」な仕事は「現在、ドイツが電撃的作戦をもって、全欧州を席巻している、あのヒトラー精神そのもの」であり、「この点は日本の映画技術者も大いに学ばなくてはならぬ」と主張している。ファンクへの言及はない。

このころ、興味深い記事が一〇月一七日『朝日新聞』にある。国際映画協会が補助金五万円の用途を決定し、「(一)日本文化を世界的に宣揚するため『国際映画』(劇映画および文化映画)のシナリオを民間から募集する。(二)各映画会社の既成作品から『国際映画』として優秀なものを選抜、外国語字幕を付し海外に紹介する。(三)外務省情報部内のニュース映画連盟を国際映画協会内に移し協力活動する」というのだ。注意したいのは「国際映画」という言葉の用法だ。おそらく現在では、「国際映画」という語を聞けば複数の国々による共同製作をイメージする人が多いだろう。『新しき土』の場合も、当初は〈日独合作〉という意味で「国際映画」と呼ばれていた。ところがこの時期、「国際映画」という語は、外国で上映され、きちんと受容される作品という意味で用いられているのだ。

振り返ると、外務省が国際映画協会を設立したころは「輸出映画」という語が一般的だった。だが、次第に「国際映画」の使用頻度が高まり、ついには協会自身が〈外国で上映される作品〉すなわち「国際映画」というニュアンスで情報を発信するようになる。このあと『新しき土』が完成すると「国際映画」として大宣伝されるが、それは〈日独合作〉ではなく〈世界的大作〉という意味だ。

一〇月二〇日『朝日新聞』には、過去五年間の自殺をめぐる統計記事がある。興味深いのは、自殺の手段が、一位の「毒物」に続いて二位が「噴火口投身」であることだ。『新しき土』のクライマックスは、光子が火山に身を投げようとしたことから展開されるわけだが、当時のわが国では、それはポピュラーな自殺方法だったのである。ちなみに三位は「入水」、四位は「縊死」、五位が「電車飛びこみ」だ。

いっぽう一〇月二一日『朝日新聞』は、「『新しき土』は来る二五日撮影終了の予定で、それより山田耕筰氏指揮による伴奏録音をおこない、一一月下旬には完成、年内に盛大なプレミア・ショウをおこない、正月劈頭六大都市同時封切を敢行、上映チェーンは日活、東宝共同の形式になる見込みで、ファンク監督一行は同作品の日本における反響を見定めた後帰国する」と報じる。予定は遅れに遅れているのだが、じっさいの封切はさらに遅れて二月だ。

一〇月二八日『読売新聞』では、山田耕筰が「最初から私がファンク博士と協同的にこの映画の監督に当たっていたら、割合に完全に私の考えを現せたかもしれないが、すでに台本も完成している今日、私が参加するのだから、どれだけ私の主張が表現できるかは疑問であるが、なるべく平素の主張に近いものを実現すべく努力してみようと思う」という見解を表明する。山田は、自分は共同監督者ではないのだから満足な仕事などできないと予防線を張っているのだ。このあと山田は、ファンクを見下す発言を連発する。

ファンクとアングストは二九日に水戸駅に降り立つ。「最後の場面である南満のロケーションを水戸市外石崎

「新興農場」での撮影時の集合写真。前列右から3人目が伊丹、後列中央に鉄兜をかぶったアングスト、その右に川喜多、ひとりおいてファンク（写真協力：公益財団法人川喜多記念映画文化財団）

村の新興農場で撮影のため」で、両者は「先発の日活監督伊丹万作、俳優小杉勇、原節子さんら一行二〇名とともに同農場に赴いたが、農場にはトラクターがたった二台しかないので気をくさらし、さらに曇天なのでこの日の撮影は中止」になった（一〇月三〇日『読売新聞』）。ラストの〈輝雄が満洲でトラクターを使って農業にはげむ〉部分が撮影されようとしていたのだ。

この場面については、満洲で撮影されたとする文章も見られるが、じっさいは茨城で撮られた。当時のわが国の農業は、映画で見られるとおり手作業に頼る部分が大きかったが、〈満洲での機械化された農業〉の映像を得る場所として水戸近郊の「新興農場」に白羽の矢が立った。同農場は、未墾の荒れ地を切り拓き、新しい農村を築く人材を養成するために一九三二年につくられ、茨城県内の強健な青年たちが選抜されて先端的な農作業に取り組んでいた。同地がロケ地に選ばれたのは妥当なことだった。

このとき撮られた集合写真には、しっかり伊丹が写っている。伊丹は終盤では撮影から手を引いたといった記述もよく見られるが、もっとも遅い時期におけるこの現場にも立ち会った。小杉や原らが映画に登場したままの姿で写っているこの写真で、ひとつ不思議なのは、カメラマンのアングストが鉄兜をかぶり、兵士のコートを着込んでいることだ。伊丹版には、逆光のせいで完全にシルエットとなり、顔の見えない兵士がひとりとらえられる。アングストがこっそり兵士に扮して映画に登場していた可能性はある。

『キネマ旬報』一一月一日号は「『新しき土』はいよいよクランク止、目下録音編集中」と報じる。別頁には、テラ社が『新しき土』を「一月一五日からベルリンの一流館グローリア・パラストで、最初の日本映画として堂々公開することに決定した。日本映画が欧米第一流の劇場の舞台へ上映されるのは、これをもって嚆矢とする」という記事もある。つまり、『十字路』や『永遠の心』等も欧州の一流館で上映されたという事実は伏せられ、『新しき土』が史上空前の快挙を達成すると報道されていたのである。なお同号には、「熊谷久虎は『蒼氓』を半年ぶりでいよいよ撮影完了し、ただちに整理に入った」という記述もある。

そして一〇月三一日『朝日新聞』の「敢えて世界に問う六〇万円の大作」という記事では、ファンクが「六月まで五ヶ月間を脚本執筆および撮影調査等に費やし、それから十月一杯にわたり聖火の浅間山を背景に伊丹万作監督と協力〔……〕涙ぐましい努力を続けてついに日本最初の『国際映画』をみごと完成した」とされる。続いて「今後現像、焼き付け、編集の最後の仕上げをすませて明春一月、世界いっせいに封切上映の予定である」と書かれたあと、同記事は帝国ホテルでのファンクによる講演の紹介となる。要約してみよう。

今回の目的は、映画芸術によって日本をはじめて世界に紹介することだった。過去の私の監督作とは別種の作品であり、比較されると不満を抱かれるかもしれないが、目的を達成したと信じている。クライマックスの浅間山の火口にヒロインが飛びこむシーンでは、じっさいの爆発をとらえて素晴らしい効果を達成した。

本物の火山爆発をとらえたのは、エトナ山爆発、クラカトア島爆発の実写映画に続いて三番目、劇映画としては世界初である。小杉と原は世界的人気者となるだろう。このほかに『富士山』『春』『冬』『寺』等六本、日本の美しい姿をとらえた作品を製作した。今後、日本の映画業者が立派な輸出映画を目指して努力すれば、製作費の低廉と風景の美しさにより、日本は世界の銀幕界で十分活躍できる。本大作が成功すれば、憧れの日本に第二作を撮りに来る予定だ。

完成したファンク版では光子は火口に飛びこまない（伊丹版では山頂から身を投げる）ので、ファンクはこのあと展開を変更したものと推測される。ファンクは多くのインタヴューで、今回の作業に満足はしていないが〈日本紹介〉に努力したという点で自信があると述べる。

一〇月三一日には、ファンクとアングストの講演会が帝国ホテルで開催された（『日本映画』三六年一一号）。両者は「日本に在って目下『新しき土』を撮影中」とされているが、誌面には作業が完了したような雰囲気が漂っている。講演会の要旨（同誌三七年一号）によると、ファンクは日本映画が輸出されないのは「経済的理由」と、映画製作者および政府の努力不足のせいだとし、数ヶ月前まで「欧米で理解される映画を日本でつくること」は無理だと考えていたが、いまはそう思っていないと語る。輸出映画では言語が問題となるが、それを解決するのは「外国人と日本人のあいだにおこなわれる劇にすること」だという。さらに彼は、日本映画界には、技術の各方面において指導者が少ないので、一流のカメラマン、録音技師、現像技術者等を招くべきだとも主張している。

いっぽうアングストは、日本ではもう少し「長焦点距離」が使用されるべきだと述べ、湿気の多い日本での撮影に苦労したこと、日本映画では顔のクロース・アップが少なすぎること、カメラマンも撮影だけでなく演出に関心を抱くべきであることなどを語っている。

同号には円谷も原稿を寄せ、スクリーン・プロセスの基本原理を説明し、ロケ撮影よりも安く良質な映像が得

完成記念の集合写真。前列中央にアングスト、原、ファンク、リムル、２列目中央に伊丹と川喜多の顔が見える（写真協力：公益財団法人川喜多記念映画文化財団）

られると述べている。特に興味深いのは、『新しき土』では、爆発直後の浅間の噴煙を、セットの小窓から原節子が眺めている場面や、一〇月になって、ファンクが急に思いついて春のシーンを撮影することになり、撮影してあった桜の場面から適当なバックになるのを選んで、原節子や小杉君の演技を撮影した。これらは金では解決できそうもない効果だった」という部分だ。どちらも現代の私たちが見るとスクリーン・プロセスの使用が露骨にわかって異様な映像だが、特に後者が、〈光子が桜散るなかを火山に向かう〉という設定をファンクが急に思いつき、四月に撮ったフィルムを使用したものだという証言が――まったく予想通りなので――面白い。

なお、すでに紹介した同誌三六年二〇号の吉田謙吉のエッセイにも、ここでもう少し触れておきたい。吉田は、茶室セットでの撮影でアングストが天井を映像に入れるという「従来の日本映画のセットでは、あえて非映画的であると嗤われるであろうこと」を実行したことに驚いたという。また、外観は丹波瑠璃渓の農家を使用した輝雄の実家内部を「熱田神宮のような白木造り」にしろという注文をファンクから受けたが、吉田がそれはありえないと反対し、「段階をつけて黒ずませて奥行を出すことにした」こと、ホテルの回転ドアは甲子園ホテルを参考にしたこと、ホテル内部は「ヨーロッパ風に」という注文を受けたがよくわからず、アングストにスケッチを描いてもらってセットを建造したこと、紡績工場宿舎のセットは鐘紡の寄宿舎を参考にし、鐘紡への敬意として窓の外に「カネボー」のネオンサインを点滅させたこと、日本料理店のセットをファンクが「Best Decoration」と賞賛したことなどを記している。

日独防共協定の調印とスタッフの帰国

リムルとチャーデンスは「五日横浜出帆のドイツ汽船、デューステルグ号で帰国」する（『キネマ旬報』一一月一一日号）。仕事の終わったドイツ人が帰国しはじめたのだ。同号には「伊丹万作はかねて『新しき土』撮影の共同監督に当たっていたが、このほどようやく撮影を完了、目下編集中」とある。伊丹はファンクよりも早く自らの版の編集に着手したのである。

一一月一二、一三、一五日『読売新聞』には、筈見恒夫によるファンクへのインタヴューが掲載される。面白い情報としては、焼岳での撮影時に麓との往復が面倒なのでスタッフは頂上にキャンプしたが、原節子だけはホテルに泊まって毎日登り降りしたこと、アングストが撮った阿蘇の噴煙や別府の地獄を見てファンクが「日本の火山に異常な魅力を感じた」こと、「周期的に起こってくる地震に脅かされ破壊されながら、しかも、建設を忘れない不屈の民族の精神をシンボルする背後に、このたくましい火山があることは、むしろ素晴らしい」と考え、当初の予定を変更して火山の場面を全体の三分の一にも増やしたことなどが語られている。

このインタヴュー（日付はない）は、山岳地帯での撮影が終了してから実施されたようだが、ファンクの「撮影はもう一、二カットを残して、ほとんど済んでいますよ」という言葉からは、撮影がまだ完了していなかったことがわかる。ファンクは「自分の手で撮した映画は、どうしても自分で切りつないで、息を吹き込んでやらなければ駄目なのです」とも述べ、日本映画の輸出は「可能だと信じています。日本映画の技術は、そんなに遅れていやしない。言葉の問題は解決がつくでしょう〔……〕日本映画は動きより、デリケートな感情の運びが多すぎますよ。でも、世界中の人々が興味を持っている日本ですぐれた映画が出来て、世界に迎えられないはずはない。今度の『新しき土』は、その捨て石のひとつになれば私が日本へ来た甲斐はありますよ」とも語っている。

一一月一四日『デア・フィルム』には、「日本で『勇敢な小さなミツコ』の仮題で撮影されたテラのファンク映画」という記事がある。ファンクは撮影を終了して編集の最終作業をおこなっているとされ、この映画は「ドイツ人の女性ジャーナリストの日本における個人的体験を描くもの」で、「彼女は何千年もの古い伝統と、強力な産業国家の近代的主張がミックスされている日本の生活に深い印象を受け取った」と書かれている。エーヴェラーのほかの出演者はすべて日本人だが彼らはドイツ語を話すとされ、「この映画は新年にはドイツで封切られるはずだ」と締めくくられている。やはり同作のコンセプトは〈映画のすべてがゲルダの見聞録である〉というものだったのだ。

『キネマ旬報』一一月二一日号の広告には「撮影を終了し、山田耕筰氏指揮のもとに音楽吹き込みのスタートを開始いたしました」と書かれ、「主題歌作詞　北原白秋　西條八十」という情報がはじめて登場する。別頁には「リヒャルト・アングスト（ファンク映画撮影技師）、スタウ《マ》ディン《マ》ガー（同助手）、ルート・エヴェラー嬢（同女優）、一四日正午神戸出航のグナイゼナウ号で帰独」と書かれており、撮影が完全に終わったことがわかる。

そして一一月二五日正午、ベルリンで日独防共協定が調印される。二六日『朝日新聞』は調印までの過程として、日本政府が「七月下旬から在ベルリン武者小路大使をしてドイツ政府とのあいだに過去三ヶ月にわたり慎重

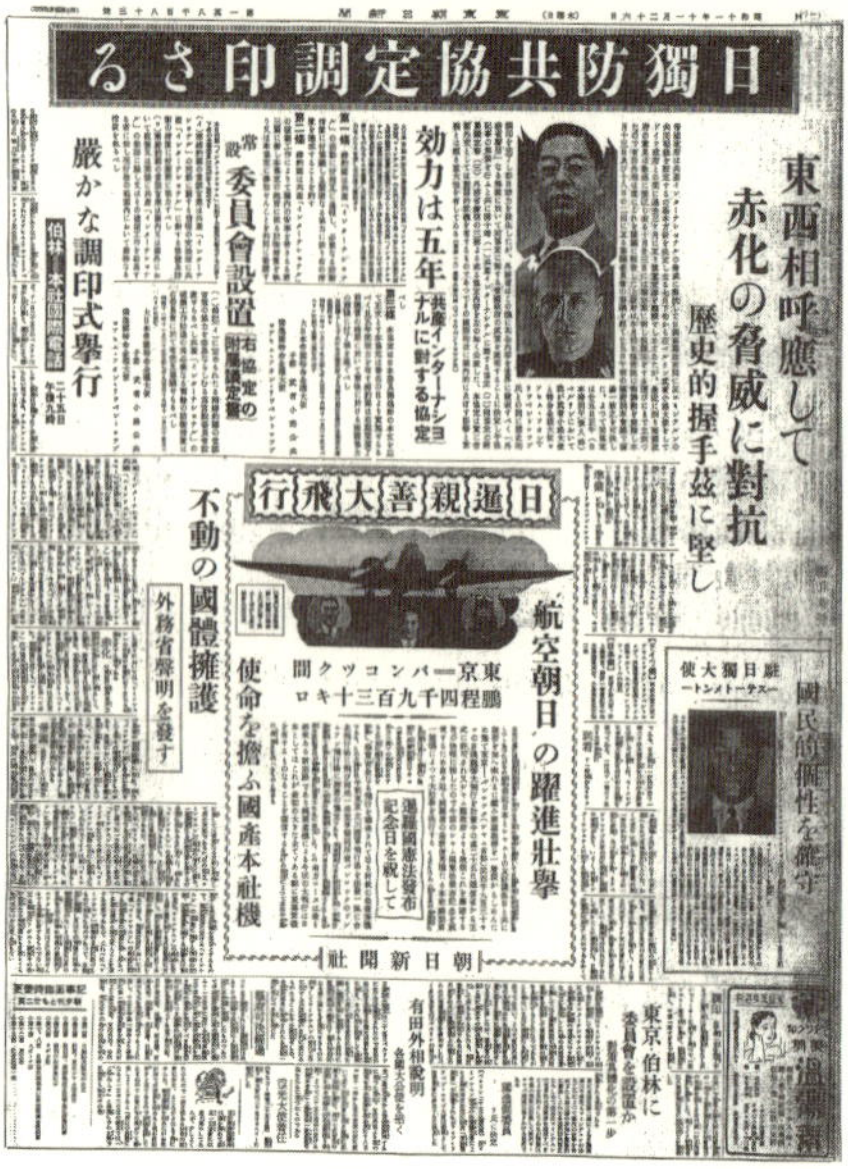
日獨防共協定調印さる
東西相呼應して
赤化の脅威に對抗
歴史的握手茲に堅し
效力は五年
共産インターナショナルに對する協定
委員會設置
嚴かな調印式擧行
日獨親善大飛行
航空朝日の躍進壯擧
不動の國體擁護
使命を擔ふ國産本社機
朝日新聞社

日独防共協定調印を報じる新聞記事（1936年11月26日『朝日新聞』）

交渉を継続せしめ」、「一〇月一三日には協定案に対し仮調印をする運びにまで立ち至」り、二五日の枢密院本会議での満場一致を経て、武者小路とリッベントロップが調印を完了したとする。同協定は、『新しき土』の企画始動から少なくとも一年七ヶ月が経過してから交渉が開始されたのであり、『新しき土』が〈日独防共協定記念映画〉ではなかったことは明らかだ。

一一月二七日『読売新聞』夕刊には、満鉄広報部の記録映画『秘境熱河』が東和商事の手でドイツへ輸出されることが決定し、ファンクが「未整理ネガを携えて帰国、博士自身の手で新たに編集して欧州映画へ紹介」すると報じる。『秘境熱河』はすでに日本国内で上映されていた作品で、ファンクの力を借りて全体を改善し、ヨーロッパで上映しようというのだ。実はこれはかなり重要な情報で、この企画がどうなったかは後述する。

『キネマ旬報』一二月一日号の広告では『The New Earth』『Die neue Erde』という英語・ドイツ語タイトルが併記され、「ついにファンクの覇業はなった！」と、すでに完成したかのような雰囲気が漂っている。同号には「『蒼氓』は、一二月第一週封切の予定だったが、正月作品製作のため撮影が遅れ、一月下旬か二月に封切が延期された」とも書かれている。

一二月五日『東京映画新聞』には、「日独防共協定に映画興行界も記念」という記事がある。三館で「ヒトラー出演の短編『新興独逸』を上映」し、日本劇場では「ワイントラウブス」が「日独防共協定結成記念」の興行をおこなったというのだが、興味深いのは「ファンク博士の日本案内役として来朝し飄然と姿を消したフリードリヒ・ハック博士が今回の防共協定の一役割を占めた重要人物である」ことが公然の事実で、「近く公開されるファンク映画『新しき土』はスタッフといい製作配給といい日独会社提携の下になされたもので、この見地から東和商事はこれを日独記念映画として特殊公開をおこなうべく種々企画中である」と書かれていることだ。ハックの協定への関与は、NHKの「ドキュメント昭和」の新発見ではなく、当時から広く知られていたのである。

一二月八日『フィルム＝クリーア』には、日本から送られた報告文がある。ファンク映画には「共同映画（Gemeinschaftsfilm）」という表現が使われ、この語はのちの封切時にも使用される。要約してみよう。

撮影は完了し、ドイツ人スタッフの一部は帰国した。ファンクと編集のルートヴィヒも近く作業を終え、来月にはベルリンに戻る。これは外国向けに撮られた最初の日本映画で、ヨーロッパ人が理解できるように日本の環境を描く必要があった。日本人は、ファンクのアイディアの多くを非日本的とみなして拒絶した。またファンクは、日本側の希望の多くを良心から拒絶するしかなかった。しかし、ファンクも日本人も真の日本を提示することが最終目標だったので、あらゆる困難は克服された。日本語は明晰なヨーロッパ言語とは異なる奇妙な言語である。また日本には欧州的な時間の概念がなく、作業は遅れた。酷暑のなか、とりわけスタジオ内での作業は困難をきわめ、ドイツ人スタッフは二〇ポンドも体重を減らした。

ファンクは、〈日本のクレール〉と呼ばれるもっとも重要で才気に満ちた監督を協力者として獲得することに成功した。彼が完全なる独立性を放棄してファンクの下で働いたのは、映画に世界的な認知度を付与し、輸出可能なものとするためだった。ヒロインはファンクが数百人の候補者から選び出した一六歳の少女で、彼女は素晴らしい演技を見せた。男性主演俳優、小杉は日本でもっともギャラの高い三人のスターのひとりだ。父を演じるのはアメリカやフランスでも有名な早川雪洲であり、ほかの俳優も最高の演技力を誇る者たちである。彼らは必死でドイツ語を学ぶ必要があった。なぜなら、ドイツ人女優エーヴェラーの登場場面では、すべての会話がドイツ語でなされるからだ。

特に興味深いのは、ファンクと日本側の思惑がぶつかって困難が生じたことを認め、伊丹を「共同監督」ではなく、ファンクに従属する「協力者」と見なしていることだ。ドイツ語版のことしか書かれていないが、このあともドイツでは英語版が存在したことはいささかも報道されないのである。

『キネマ旬報』一二月一一日号には「保証金十万円『新しき土』SY系封切本決まり」という見出しの記事がある。東和とJ・Oの負担が予定よりも一〇万円超過したために国内興行で一〇万円の収入を確保せざるをえなくなったが、東宝系もSY系も一〇万円は出せないと拒否したため、封切の目途が立たなくなった。しかし、松竹社長の大谷竹次郎と兄の白井松次郎が五万円ずつを支出して一〇万円を保証したおかげで興行が実現したという記事だ。

同誌三七年一月一日号の広告では川喜多が挨拶文を寄せ、「ドイツ、フランスの封切も迫り、日本国内でもそれと呼応して東西SY劇場で封切られる運びとなった〔……〕興行において最大の先輩であり泰斗である白井松次郎、大谷竹次郎両氏が、よくこの『新しき土』の全貌を認識されて、損得を度外視してこれに当たってくださることを我々は衷心より感謝し措かない次第である」といったように最大限の謝意を表明する。

一二月一八日『朝日新聞』は、二月一日SY系での封切が決まったと報じ、ファンクが「『一月中旬日本を去って、二月一日ベルリンの大映画館グローリア・パラストで『新しき土』を上映、自分が舞台で説明します』と銀幕協定を語った」とする。上部には「日独銀幕協定」という見出しもあり、同作が防共協定と結びつけられて報道されていたことがわかる。

一二月一九日『デア・フィルム』はエーヴェラーの帰国を報じ、日本で一日二〇時間もの労働を強いられ、特に台詞に関して大きな困難に直面したことを紹介する。ファンクは一月はじめに帰国する予定だとされ、アングストとシュタウディンガーがすでにベルリンに戻ったことも書かれている。

一二月二五日『朝日新聞』は、ファンクが「国際観光局が我が国最初の企てとして実現した能トーキー『葵上』」に感動し、『新しき土』の「欧州遊学から帰った日本の一青年が帰朝後はじめて祖国の古典美術の偉大さに心を打たれ能研究に精進する」部分に映像を使用することを決めたと報じる。ファンク版には輝雄が日出子と能を鑑賞する場面があるが、その映像は『葵上』の一幕だったのだ。

一二月二七日『朝日新聞』夕刊には、原節子が出演した『丹下左膳　日光の巻』（日活、渡辺邦男監督）の広告がある。「お待ちかね　百万ドル映画」という大作だが、原の名は「特別出演」の二番目に挙げられているだけで、小さな役であったことがわかる。

3　一九三七年

「紹介展」の開催、「披露会」と「前夜会」——伊丹版封切まで

『キネマ旬報』一月一日号には、ファンク、アングスト、川喜多、通訳の林と鈴木重吉、牛原虚彦、小津安二郎、田坂具隆、矢倉茂雄および近藤春雄の座談会の記録がある。ファンクは、日本映画の一番劣っているものは何かという小津の質問に音響だと答え、日本映画輸出のためには「日本の俳優に外国の言葉を教えることですね」「日本の監督が、もう少し主役の女優をリーベ〔愛〕を持って指導しなければならない」等と凡庸なことしか語っていない。

ただここには、川喜多による興味深い発言がある。鈴木が『新しき土』がドイツ向きに編集されるのだろうと語ったのを受けて、川喜多は「今度の計画は、ファンク氏と伊丹さんが一緒になってやって、日本に許されないところは伊丹さんが直して、ドイツで許されないところはファンク氏が直してやる。ところが、だんだん仕事をしているあいだにファンク氏と伊丹氏とのつくり方が分かれていって、ファンク版と伊丹版と二本できちゃった」と語っているのだ。

ここまで確認してきたように、英語版とドイツ語版のふたつをつくることは作業開始以前に決められ、当初から一貫して英語版は伊丹、ドイツ語版はファンクが担当すると報じられていた。ファンクも自伝でそれを認めている。だが、ここで川喜多は〈ファンクと伊丹のつくり方が分かれてふたつの版ができた〉と語り、この発言は、のちに反復される〈両者の対立のせいでふたつの版ができた〉という伝説の根拠とされることになる。

なぜ川喜多はそんな発言をしたのか。推測するしかないが、川喜多は〈意見の相違のためにあれほど異なるふたつの版になった〉といいたかったのではないか。当初は、ひとつの脚本に基づき、言語だけが異なるふたつの版ができるはずだった。伊丹版がファンク版と大きく異なる箇所は、後期から終盤にかけて撮影された部分に集中している。最初はおおむねファンク脚本を守っていた伊丹は、ある時点で我慢できなくなり、承服できない部分は自由に撮ろうと決めたように見える。その事実が、伝言ゲームを経るようにして〈仲たがいのせいでふたつの版ができた〉という〈常識〉になったのではないか。

一月一〇日『朝日新聞』夕刊での上野松坂屋の広告では、「日独国際ファンク映画『新しき土』紹介展」が一五日まで開催されることが紹介されている。「講演と映画の会」も一〇日と一一日に開催されると告知され、封切が近づいたことを感じさせる。『新しき土』の衣装を提供した縁で、松坂屋でイヴェントが開催されたわけである。

東和商事は多面的に宣伝活動を展開する。東和商事が作成したパンフレット〈発行日不明〉に書かれた宣伝部

上野松坂屋でのマネキンを使用した展示（写真協力：公益財団法人川喜多記念映画文化財団）

の作戦によると、「紹介展」では「出品物は本映画撮影のスナップスチル」五〇枚と、「実物大パノラマ場面、各ストーリー順に配列した十個からなるジオラマ各場面」が用意された。「スナップスチル」には縦六〇センチ、横七〇センチぐらいの額があり、人々はそこから覗きこんで臨場感を楽しむ仕組みだった。「実物大パノラマ」では映画と同じ衣装を着せたマネキンが使われ、重要場面が再現された。現在のわが国での超大作の宣伝でも、これほど凝った「紹介展」が準備されることはめったにあるまい。

一月一四日『読売新聞』では、原のドイツ招聘が決まったあと「日活側が欲を出して誰かやって欧州風の監督術を学ばせようということになり、節子さんの義兄でいま多摩川で『蒼氓』を製作中の新進監督、熊谷久虎監督を選んで、付添かたがた同行させたいと希望してファンク博士を承諾させてしまった」と説明されている。熊谷の渡独は、あくまでも日本側から売り込んだ結果だったというのである。

同日『読売新聞』の原主演の新作『検事とその妹』（日活、渡辺邦男監督）の広告では「明眸　原節子の第一線へのスタート映画!」と大書されており、『新しき土』公開前の主演作において、原の主演が最大の宣伝要素になっていることがわかる。

『キネマ旬報』一月二一日号は、ファンク版のストーリーを詳細に紹介する。別頁には「日本最初の本格的世界映画として、特にドイツ版、国際版のふたつがつくられ、ファンク博士、伊丹監督が責任編集に当たり、音楽も、新響、中央の二大楽団の演奏がおこなわれている」と明記された広告もあるが、「二月第一週全日本一一大都市縦断封切」されるのがどちらの版なのかは書かれていない。

同号「日本映画紹介」欄では「ドイツ語教師」役が誤ってチャーデンスとされている。また、同欄に使用された〈甲板上で輝雄とゲルダが立っている〉スチルは、国旗が日の丸と米国旗であることから伊丹版だ。ファンク版の「略筋」が書かれていながらスチルは伊丹版であるわけだが、この時点では人々は両版の相違点など知らなかった。

一月二四日『読売新聞』夕刊は、ドイツ封切に際してファンクが「江戸時代猿若の昔を偲ぶ純日本式な芝居小屋の飾りつけ」を望み、国際文化振興会が一〇〇〇円を出して「かんてい流の文字で染め抜いたのぼり一二本、紅白のホーヅキ提灯、高張提灯、長提灯、紅白のダンダラ幕、桜と藤の造花、日傘、場内仕切る青竹と棕櫚、それに花いけと案内のドイツ娘に着せる人絹花模様の振り袖と帯」を船で送ったと報じる。映画館を日本の芝居小屋のように飾るために同会が凝った小道具を用意し、高額の輸送費を負担して送り届けるというのだ。

二七日『東京日日新聞』は、ドイツでの披露映写会についての電報が前日、外務省に届いたとする。上映館はグローリア・パラスト、「同劇場の内外をすっかり日本色にするために〔……〕上質の岐阜提灯三〇〇個、うち六〇〇本、上等絹パラソル一〇本、絹絵日傘一〇本、蛇の目傘五本、その他帯地、桜、梅等の造花、竹製装飾品、五月の鯉のぼり、紅白の幔幕、キモノ、生け花の花器など数百点」が送られたとされ、右の『読売新聞』とは情報が微妙に異なる。雪洲がフランスからかけつけて原節子と舞台挨拶をおこない、さらにスイス、オーストリア、ベルギーでの配給の話がまとまり、アメリカの三、四の配給会社から契約の申し込みが来ているという信じがたい情報もある。このころは、『新しき土』が世界の主要国すべてに進出していくという夢が真実であるかのように語られていた。

一月二五日『日本キネマ日日新聞』は、「ドイツ版、国際版のふたつがつくられ、アーノルト・ファンク博士と伊丹監督とが責任編集に当たり〔……〕ともにドイツ語および英語は全会話の四分の一を占め、それぞれスーパーインポーズされているので、あらゆる階級の老若男女に、余すところなき映画的興味を与える」とし、「日本映画界はもちろん、世界映画界に、どんなに大きな反響を巻き起こすか、期して待つべきものがあろう」とまとめている。このように、ドイツ版と国際版が存在することは報じられていたが、この時期に至っても日本で封切られるのがどちらの版なのかは明確にされていない。これには、あとで述べるように、ドイツ版がいつ完成するか見通せなかったことが関係していたと思われる。外国語の会話には字幕が入れられるとされているが、三七年に公開されたドイツ版・国際版ではそれも実行されない。

一月二五―二八日の『朝日新聞』は、四回にわたり「ファンク博士手記」を掲載する。簡単に紹介しよう。日本の都会は「醜い電線」のせいで醜悪だが、東京の近代的建築はロンドンやパリの一〇倍も芸術的にすぐれている。木材を使った「日本住宅が驚くべき静謐さを呼吸している」ことも素晴らしく、小料理屋や宿屋、普通の住宅にこそ「簡素の美」がある。日本人のほとんどは素朴である。ファンクは最初は日本のスタッフとの共同作業に苛立ったが、やがて快適になり、「日本人のまごころ」を理解した。「武士道という言葉で表現されている日本の倫理」は「ドイツの良家の子弟が教育される指導精神に似ている」が、日本は「あらゆる西洋的な影響から離れて、固有な立派な文化の淵源を掘らなければならない」。一年におよぶ滞在中、ファンクは何百回も、日本をどう思うか、日本人は今後どうすればよいかと尋ねられたにちがいなく、日本人の自尊心をくすぐりながら穏当な発言をする術を身につけたようだ。

『新しき土』伊丹版のポスター（写真協力：公益財団法人川喜多記念映画文化財団）

二月一日には、松竹ビル三階試写室で初号試写が実施される。川喜多長政名義の試写状（日付は一月二八日）には、終了後に御意見をうかがうために「南区宗右衛門町本みやけに小席を設け」たので、そちらにも足を運んでいただきたいと書かれている。川喜多らは、著名批評家らを接待して意見を聞き、できれば好意的な記事を書いてほしかったのだろう。なお、このとき映写されるのは伊丹版だが、試写状では「ファンク博士監督の日独提携映画」とされており、伊丹の名はない。ファンク版がどんな状態にあったかは後述する。

完成予定がいつとされていたかについては、東和商事作成の「『新しき土』　日本版　完成スケジュール」という資料が残っている。「日本版」とは伊丹版のことだ。同資料には、一月三一日に「ダビング編集」と「ダビングネガ」、「初号焼き付け」は一月三一日から数日間にわたって実行されると記されている。本来は伊丹版もファンク版も、一月末には編集が終わる予定だった。

二月一日には、『新しき土』が大連と奉天で先行封切された。『キネマ旬報』二月一日号の広告には、「大連日活館」と「奉天　新富座」は一日、「京城　若草劇場」「平城　偕楽館」は三日に封切られると書かれている。

同誌のほかの頁にも上映館と上映期間を並べた記事があり、「二月中には内地、朝鮮、満洲を通じて一七都市、二〇館で縦断封切が敢行される」と書かれている。

なぜ大連と奉天が最初の上映地に選ばれたか。大連での封切に際して川喜多が送った一月二〇日付けの挨拶状には、「映画『新しき土』は日本の大自然を背景として日本国民精神を発揚すると共に新しき土――新興満洲国土に燦々と輝く王道楽土の光をテーマとしたる満洲にとりては特に意義ある映画に御座候」と書かれている。つまり川喜多は、〈新しき土〉イコール満洲という当然の了解から、まず両都市を選んだ。細かいことをいえば、当時の大連は日本が満洲国から借りている「租借地」であり、日本領「関東州」の街だったが、満洲と認識している人が多かった。

そしてついに、豪華試写会の二月三日が訪れる。帝国劇場では午後四時半から批評家や業界関係者向けの試写会、午後八時からＶＩＰを招いての上映会が開かれた。試写状は国際映画協会、松竹洋画興行社、東和商事合資会社の連名で送られ、配布されたパンフレットの表紙には、噴火を背景に小杉と婚礼衣装の原が山頂に立つイラストがある。これは伊丹版にはないファンク版のクライマックスなので、本来は当日、ファンク版が上映されるはずだったことを意味しているようにも思われる。

二月四日『読売新聞』夕刊の記事では、「国際映画の『新しき土』はこのほどようやく最後の仕上げを終えたので、今日三日《ママ》昼夜二回にわたり帝国劇場で晴れの試写会を催すことになり、京都に滞在中であったファンク博士もこの朝八時東京駅着列車で上京、帝国ホテルに落ち着いた」と書かれている。ファンクがぎりぎりまで京都にいたのは、彼のヴァージョンを完成できなかったからだ。しかしファンクは、試写会出席のために上京するしかなかった。

このあたりの事情を伝えるのは曾山直盛の「我等の立場とアングスト」というエッセイ（『キネマ旬報』四月一日号）だ。スタジオでネガからプリントをつくる作業を担当していた曾山は、「伊丹万作編集の日本版はすでに前から大車輪でプリントはできていたが、肝心のファンクの方のプリントはその日〔二月三日〕の朝七時になっても一本出来ないのだ〔……〕一二巻の中出来上がった分だけを飛行機で持って行くことになったが、結局駄目だった。ふたつの試写会には、我々スタジオのラボラトリー側としても甚だ残念ながら日本版のみだけが間に合って、満一年も費やして全員が心血を注いだ『新しき土ドイツ版』は一日の半分の差で上映に間に合わなかった。我等の失望もまた大きかった」と書く。

やはり本来は両版を三日には揃え、ファンク立ち会いのもとにドイツ版も披露できる態勢を整えるはずだったのに、ファンクの作業が遅れたせいで伊丹版を上映する以外の選択肢がなくなったようだ。曾山は、あと半日あればファンク版も完成していたと書いているので、「一日の半分の差」が大きな問題を起こしたことになる。

ここには、解くことのできない大きな謎がある。それまで新聞雑誌は一貫して〈日本では伊丹版、ドイツ語圏ではファンク版〉が上映されると報じたし、のちに伊丹とファンクもそう主張する。伊丹版のクレジットは〈ファンク・伊丹共同監督〉となっており、三日に視聴した観客は疑問を抱かなかっただろう。だが、もしファンク版が間に合っていたなら、三日だけファンク版を上映し、翌日からは一般映画館に伊丹版をかけたのだろうか？　そもそも、〈ドイツ語圏〉向けのファンク版を三日に間に合わせる必要性があったのか？　一週間後に差し替えることは、誰がいつ決定したのか？　これらの疑問は解けない。二月一日の初号試写で伊丹版が披露されたことを考えると、三日以降も伊丹版を上映することが既定路線だったとしたとしか思えない。

ちなみにファンクは自伝に、以下のように書いている。二月一日になってとつぜん、三日に披露上映があることを知らされ、とっくに編集を終えていたファンクがラボを訪ねてみると、彼のネガは放置され、伊丹版のプリントを増やす作業だけがおこなわれていた。ファンクの要求によってプリントはつくられたが、それを持って航空機で上京したところ、伊丹サイドの人間がひそかに一巻を抜きとっていたために上映はできなかった。ファンクは舞台挨拶はおこなったものの、貴賓席に座ることを拒絶してひとり夜の東京をさまよった。そして伊丹版があまりにもひどかったので三日後にファンクの版に切り替えられ、絶賛された……。もちろんまったく信じられない主張だ。

曾山のエッセイには、「アングストは筆者の知り得た範囲内においては相当監督の領分にまで侵入していった人と思われる」「あるセット、たとえば茶室のごときは伊丹監督とふたりでファンクは立ち会わずにシュートした」「監督希望のアングストは、キャメラポジションに対して相当な主張もしたらしい」等の記述もある。わが国では〈途中から伊丹が現場に来なくなった〉という主張をよく見かけるが、ファンクが撮影に立ち会わないことも多かったのだ。

三日『朝日新聞』には、「一ヶ年の日数と六十万円を費やした『新しき土』は世界封切に先立って今三日午後四時及び八時の二回、丸の内帝国劇場で『発表会』が開かれる。特に夜の部は国際文化振興会主催で内外貴顕名士数百名を招待、いずれもタキシードおよびイヴニングドレス着用というわが国映画界空前の豪華な試写会である。この日ファンク博士は京都から上京、国際文化振興会長樺山愛輔伯、大日本映画協会長山本達男の挨拶に次いで、ファンク博士以下、小杉勇、原節子等の主演俳優が舞台で紹介される」と書かれている。

この夜、大阪と神戸でも日独協会主催の「完成記念前夜会」が開かれた。プログラムによると、大阪松竹座での会は一、日独協会会頭佐多愛彦の挨拶、二、舞踊「なげき」（A：大阪松竹少女歌劇スター　衣笠桃代、B：青山圭男）、三、独唱（大阪松竹少女歌劇スター　笠置静子）、四、舞踊「青い空見りゃ」（青山圭男）、五、『新しき土』上映、という内容だ。青山はドイツ滞在中にファンクと親交があったので喜んで出演するとされている。神戸松竹座では、ハリウッド・レヴュー団の「舞踊数種」のあと『新しき土』が上映された。

『新しき土』に便乗する企画や広告も現れる。三日『読売新聞』には、原節子の魅力がどこにあるかを書き、ミルクチョコレートの包み紙を同封して郵送すれば優秀作品に「原節子特大写真」「ファンクの署名入り山岳写真」「『新しき土』レコード」などが与えられるという森永製菓の広告がある。同日『東京日日新聞』のレートク

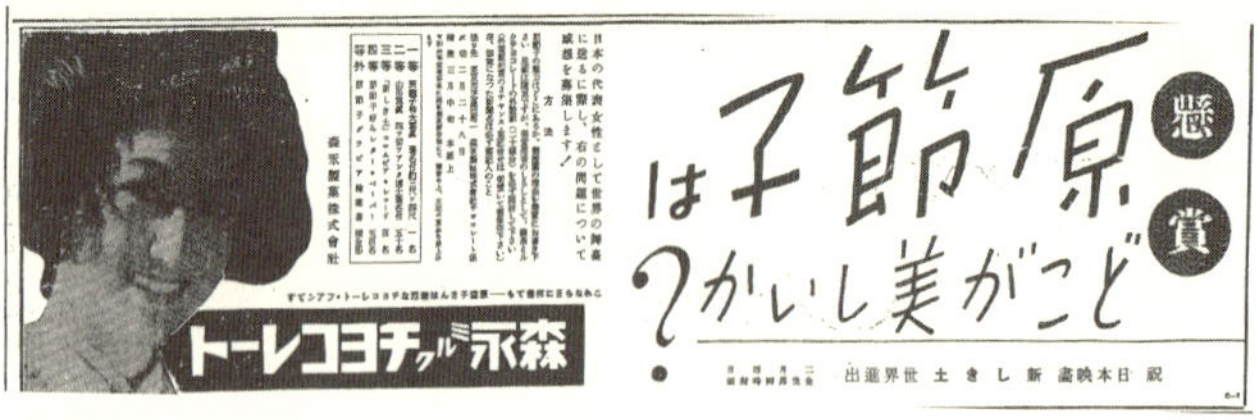

「原節子はどこが美しいか？」の懸賞広告（1937年2月3日『読売新聞』夕刊）

レームの広告では、「外国へ此度参りますのに、クリームはやはりレートクレームを持って参りたいと存じます！」という「原節子嬢のお話」のほか、「五百万名様総当たり大懸賞」の告知もある。

四日には、当然ながら各紙に報道があふれる。『朝日新聞』には、「国際映画『新しき土』は御在京各宮殿下の台臨を仰ぎ、三日午後八時丸の内帝国劇場で封切、華やかな試写会が行われた。午後四時半からはまず劇評家、映画関係者だけの試写会、次いで同八時から秩父宮、同妃両殿下、高松宮妃殿下、朝香宮鳩彦王殿下、同湛子女王殿下、北白川宮永久王殿下、同多恵子女王殿下、竹田宮恒徳王、同妃両殿下をはじめ奉り在京外交団、朝野の名士多数参集、ハリウッドの新作封切を思わせる日本の映画界はじまって以来の催しで文化振興会長樺山愛輔伯や山本達雄男〔男爵〕の挨拶に次ぎファンク博士の謙虚な挨拶があり七五万円を投じた稀有の豪華版を観賞、同十一時会を閉じた」という丁寧な記事が見られる。

他紙の報道でも同様に列席した皇族全員の名前が挙げられており、そのようなルールがあったことがうかがえる。ほかの重要人物としては、『国民新聞』には「グルー米国大使以下各外交団、堀内外務次官以下内外の紳士淑女」、『大阪毎日新聞』夕刊には「ベルギー大使バッソンピエール男ほか在京外交団以下関係者ら」が出席したと書かれている。

『大阪時事新報』は、「もし私が再び日本を題材にして映画を撮るなら日本には題材がごろごろ転がっています。特にペリーの黒船来航で二つの世界の対立を描きたいと思います」といったようなファンクの談話を紹介する。ファンクはかねてより日本で映画を撮るなら〈外国人と日本人のドラマ〉にしたいと公言していたが、ペリーの名を出したのはこのときだけだ。

　大阪での「前夜会」については、四日『大阪毎日新聞』夕刊に、「大阪でのオープニング・ナイトは三日夜七時から松竹座で開かれ、日独協会では知名の士五百余名を招待、楠本阪大総長、鈴木鉄道局長、田中控訴院長、鈴木地裁所長、川端市会議長〔……〕ワーグナー大阪総領事、ホープス副領事、シェーファー神戸副領事らの顔も見え、なかなかの盛会〔……〕舞踊独唱ののち『新しき土』を映写」と書かれている。「前夜会」に出席した人々には、その後ファンク、東和商事映画部、松竹座の連名で感想を求める往復葉書が送られた。「ご清覧を賜りました『新しき土』についてのご感想をおもらし下されば、よろこびこれに過ぎたるものはございません」と書かれ、宛先は「大阪市北区堂島堂ビル二階東和商事映画部気付　アーノルト・ファンク」だ。大阪ではマスコミ向けの試写が実施されず、この葉書で反応をさぐろうとしたのだろう。

　驚かされるのは、早くも二月四日『フィルム＝クリーア』に「最初のドイツ＝日本共同映画　東京で初上映」という記事が掲載されていることだ。東京から二月四日に配信された情報として、「独日共同映画」第一作『サムライの娘』が一万五〇〇〇人の招待客を前に披露されたと書かれている。「一万五〇〇〇」という数字は、二回の上映に接した人数の合計としても多すぎる。現在の帝国劇場の定員が一八九七人であることから考えても、誇張されたものではないだろうか。

　同記事では、皇族、外交官、芸術・科学および報道の代表的人物が列席して拍手喝采を送ったとされ、それはファンクと日独スタッフの業績のみならず、とりわけ女優エーヴェラーが達成した大いなる成功に向けられたものだと書かれている。とりあえずこれは、『新しき土』完成後のドイツにおけるもっとも早い報道のひとつといえる。

　四日からは一般公開がはじまり、同日各紙には広告が掲載される。『朝日新聞』には「日本映画の世界進出！本邦産業界の全眼を集めて…　アルプスに十年、山岳映画の世界第一人者アーノルト・ファンク博士が、神国の

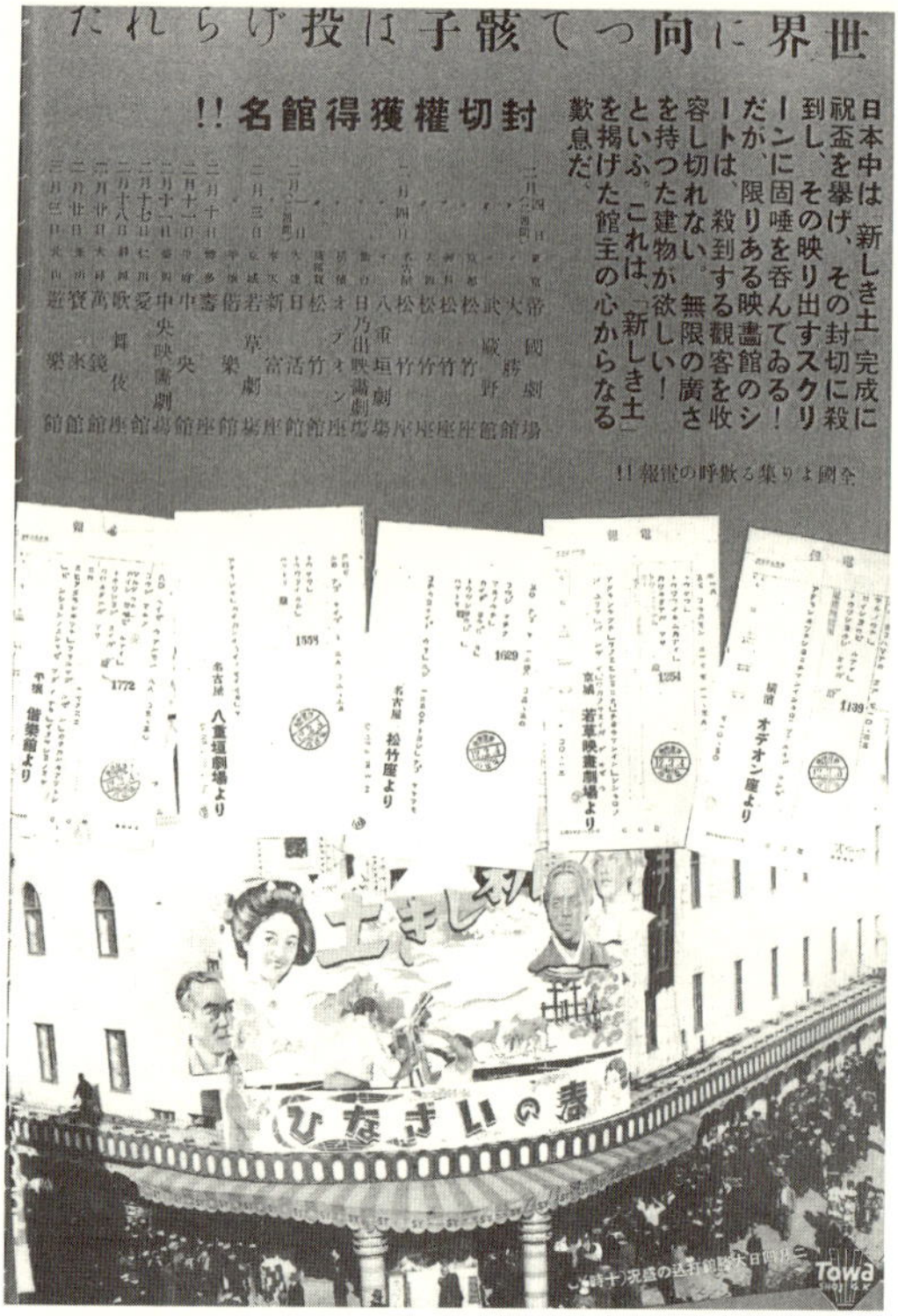

人々が行列する写真と各館からの電報を使用した『新しき土』広告（『キネマ旬報』1937年２月11日号）

土をつかんで我等及び世界に何を説く。『西』の文化と『東』の伝統文化とが相克する現代の日本　この混沌たる二つの文化の嵐——ここに一八歳の少女みつ子の悲劇・いや日本女性の永遠の悲しみを、美しき背景と激しき自然の中に描破したのだ！巨匠ファンクを援け、わが映画界、楽団の精鋭総出動！」という勇ましい文章が躍る。

『大阪毎日新聞』夕刊の広告では、「映画をまだ一度もご覧になったことのない方々でも、この『新しき土』に描かれている、あらゆるものの『よさ』はきっとおわかりになることだと信じます。丸一年間の日数と、七〇万円という莫大な金額でつくられた、日本でも外国でも上映する世界的の日本映画」「男も女も、大人も子供も、この映画だけはご覧ください。こんなに良い魂を持った、つまりわが日本の国民性を描き各地の風景をとらえた映画はありません」といったように読者に語りかける文章が見られる。

それらの広告によると、二月四日に封切られるのは関東五館、関西三館、名古屋二館、仙台一館で、現在の私たちが想像するような〈大々的公開〉ではない。話は前後するが、三日には平城、博多、熊本でも各一館で封切られていた。

『キネマ旬報』二月一一日号の広告では「映画興行史の新しき記録！」と大きく書かれ、開映前に人々が長い行列をつくっている写真と、各館からの〈満員〉を知らせる電報の写真が並んでいる。すさまじい数の人々が押しかけたことは事実のようだ。このあと、マスコミには『新しき土』に関する批評あるいは酷評があふれるが、同作品に発せられた言辞については、あとでまとめて紹介する。

東和商事による宣伝作戦

東和商事宣伝部は周到に戦略を練った。すでに紹介した上野松坂屋でのイヴェントのほか、銀座の伊東屋ギャラリーでもアングストと木村伊兵衛の写真展が開催された。東和商事の作成したパンフレットには、さまざまな作戦が書かれている。要約して紹介しよう。

・記念講演会を開催する。一、地方の政治家による映画国策上の講演。二、茶道、生け花、舞踊などの師範に日本文化について語らせる。三、山岳家、スキーヤー、地質学者等による国土日本講演。四、映画研究家、ジャーナリストが完成の意義を語る。

・地方宣伝をおこなう。「心構え」としては、一、国本的見地からも重大な意義を有する作品なので、全日本人に見てもらわねばならぬ。大衆向け、インテリ向け、学校向け、特殊団体向け等各種の宣伝をおこなう。二、地方都市の場合、宣伝範囲は市街にまで及ぼす。三、従来の宣伝形式のすべてを総合し、しかも型を破った、新たな宣伝を実施する。

・予告宣伝をおこなう。一、地方有力紙とタイアップし、社会面で『新しき土』の企画精神、製作方法、内容等を具体的に紹介してもらう。二、『新しき土』は当地で何日、何館で公開されるかという懸賞をおこない、招待券を景品とする。三、百貨店のギャラリー等でスナップスチル展を開催する。スチル六五枚、スナップ三五枚の一〇〇枚を一組として十数組用意し、常設館へ無料で貸し出す。

・新聞社では「日独防共協定にひっかけて国民外交の実を上げる」を名目とし、小中学生向けにはドイツの少年少女に『新しき土』の観覧をすすめる葉書文を懸賞募集する。

・商業学校美術科の学生に依頼し、『新しき土』の図案を商店のウィンドウの背景とする。

・特定団体、たとえば土地の病院に入院している傷病兵、出征軍人の家族にかぎり、慰安の意味において封切前に見せる。

・「ガラプレミア」を開催し、有力者を招待する。有力新聞社の主催とし、招待状は華麗なるパンフレットとともに送る。一般客にも通常より高額でチケットを売り、入場させる。

・封切興行の宣伝では、一、新聞広告。二、立看板。三、電車、バスの吊り広告。四、浴場、百貨店、喫茶店、トイレなどにポスターを貼る。五、チラシの製作・配布。六、ファン名簿、電話帳等の名簿により広告を送る。七、マッチのラベルを利用して宣伝する。八、『新しき土』割り箸を製作する。

・街頭宣伝としては、一、サンドウィッチマン隊、二、主演者の扮装をした高級チンドン屋隊、三、竹馬隊、自動車隊、四、荷車、荷馬車、トラクターに看板等をつけて行進させる。五、幕、旗、大きな切り抜きをかついだ人夫隊を行進させる。

・宣伝では、一、光子は日本女性の理想であり、この映画で日本女性を見直さねばならないと訴える。二、日本の主要食糧である米、その耕作にファンクが注目したことを強調する。三、アングストの鋭いキャメラを賞賛する。四、日本最初の国際映画たる点を強調。五、火山脈地帯に列島が横たわっている点にファンクが着眼したことを強調する。六、単なる「日独親善」映画ではなく、「日本最初の国際映画」として売る（「日独親善」では感じが弱り、スケールが小さくなる）。七、日独防共協定にひっかけて宣伝するなら、学校関係、軍部、在郷軍人会に限定して売るべきである。軍部に対しては、幾十万皇軍兵士の尊い血の犠牲によって「新しき土」＝満洲ができたことを強調する。
・リムルらがスキー発達史の映画を撮影した蔵王で、地元の人々が「ファンク博士撮影の跡」という標識を建てたことを宣伝する。

当時の映画宣伝では新聞雑誌の広告と立看板が主だったので、宣伝部員が知恵をしぼった様子がうかがわれる。地方での、一般客も有料で入れる「ガラプレミア」はじっさいに開催された。また、防共協定とからめて〈日独〉を強調しすぎると印象が弱くなるので〈国際映画〉として売る、というあたりはなかなか冷静に考えられている。

五日から七日までは、京都駅前の丸物百貨店で「長谷川哲朗撮影　ファンク博士撮影隊　山とスキー写真展」が開催された。長谷川は『新しき土』の専属スチルカメラマンをつとめた人物だ。『新しき土』の封切を祝福する適切な企画ではあっただろう。

ファンク版、記録破りの成績に

二月六日の『読売新聞』および『朝日新聞』によると、五日のファンクは午後三時に早稲田大学演劇博物館で歌舞伎についてレクチャーを受け、同大テレビジョン研究室に足を運び、午後七時から築地「金田中」での国際観光局主催の送別会に出席した。原、川喜多らのほか複数の「若い芸妓」も加わった賑やかな会だった。

七日『大阪時事新報』は、ファンクが『新しき土』を「携行帰国、同地において外語アフレコ一部再編集の上、盛大なる封切をおこなう」とし、「三日完成の同映画海外版のプリントを携えて東上のファンク博士、大澤J・

Ｏ常務はこれをネガフィルムのまま輸出の方法について当局に特殊の事情陳情中〔……〕当局がネガフィルムのままの海外輸出を許可するかどうかが注目の焦点となる」と報じる。

右の記事では、多くの記事や証言とは異なって〈ファンクが三日完成のプリントを携えて上京した〉と断言されていることも興味深いが、重要なのは「再編集」という部分だ。一一日から上映されるファンク版は〈ドイツ上映版〉として大宣伝された。だがこの時点で、ファンクがドイツ帰国後にさらに手を加えることが報じられているのである。

そして一一日からファンク版の上映がはじまる。前日夜には、東京と大阪で試写会が開かれた。大阪での試写状には、ファンクの名義で「このたび小生帰国の際携行致しドイツにおいて『サムライの娘』の題名にて封切るドイツ版の整理完了仕り松竹座第二週目に充当さるる事と相成候がこの際御参考までに重ねて右ドイツ版をも御高覧賜り度御多忙中乍恐縮御案内申し上げ候」と書かれている。やはりファンクの版は本来ドイツ向けで、完成したのが〈豪華試写会〉に間に合わないタイミングであったことがわかる。

一〇日『神戸新聞』の松竹座の広告では「ファンク監督がドイツに持って帰るドイツ版」と大書され、「ファンク版をなぜ出すか？　ドイツ版はファンクが故国ドイツで封切披露するためにファンク自身が編集したのである。しかし、完成されたのを見て、あまりに素晴らしい出来栄えなので急遽、『新しき土』の第二週目に、これを封切るのである！」といった文章が連ねられている。

同日各紙の大阪・京都・神戸・名古屋松竹座広告ではドイツ版の優秀な点が三つ挙げられ、「音楽の扱い方」としては「ドイツ版における音楽のよさは、すでにトップ字幕からあなたを完全に酔わせてしまいます。純日本音楽の幕開き、尺八、三味線、太鼓、琴、笛などの美しい音色のつながり、山田耕筰先生の素晴らしい編曲ぶりに驚嘆してしまう」、「編集の巧みさ」としては「日本版にはなかった日本古来の相撲、剣道、能、日本舞踊、謡曲、詩吟、祭礼などを劇中に巧みに織り込んで紹介するファンクの手際のよさ」、「劇の運び方」としては「日本語の巧みな扱い方はもちろんのこと、全篇スピードを持って押し通している。知らず知らずのうちに劇の面白さのなかに引きずりこまれてしまう」と書かれている。

つまり広告製作者は、伊丹版を踏み台にしてファンク版の素晴らしさを訴えた。たとえば音楽では山田が伊丹版に関与できなかったという事情があり、ファンク版のほうがすぐれていると評されても仕方がないが、右の広告が賞賛する〈相撲、剣道、祭礼などの紹介〉は、筆者には日本の表層的紹介のために無神経に挿入された要素としか思えない。本来なら擁護してもよい伊丹版を比較広告の対象とし、価値の劣る版として扱う姿勢は、やや無節操にも思える。

関東での広告はそこまで露骨ではない。一一日『朝日新聞』では、「英語版は映画史上、未曽有の驚異的絶賛裡に本日をもって公開を終えます。いよいよ明日からはファンク博士が独自の編集になるドイツ版『新しき土』の封切です」「歌舞伎劇に、能に、大相撲に、爛漫の桜花、秀麗富士、さては神楽の囃子に乗せて主人公みつ子の悲劇を描いている。S・Yは特に、本篇がベルリン封切に先立って、ここにファンク博士の快諾の許にドイツ版『新しき土』を公開するの運びに至ったのであります。英語版に比してまったく面貌を異にする本篇こそ、あらゆる人々の一見をぜひお奨めいたしたく、ベルリン封切前の日本封切の悦びと同時に、英語版御一覧の方々も、このドイツ版の比較御鑑賞に深甚の興味と新しき感激を満喫されるであろうことを信じて疑いません」といった調子だ。

同日『東京日日新聞』の広告では、ドイツ版は「ファンク博士・原作・脚色・監督」「伊丹万作協力」とされ、伊丹は「共同監督」ですらない。伊丹版は「ファンク博士脚色・監督　伊丹万作共同監督」とされていたので、伊丹の関与を少なく見せたいという意向が働いていたことがわかる。川喜多らは、当初は二週間の上映とされた伊丹版を一週間で差し替えた理由を特に語っていない。伊丹ら国際版＝英語版の関係者は憤慨したのではないかとも思われるが、そういった報道もない。この件に関する情報のなさは大きな謎である。

ちなみに一〇日『京都日出新聞』には、京都市民の立場からファンク版を歓迎する長文記事がある。「ドイツ版のなかに、京都に住み、京都を愛したファンク博士が京都の風光名物を取り入れている」こと、「都おどり、葵祭、嵐山の龍頭鷁首舟遊、あるいは金閣寺、銀閣寺等、美しいカメラによってたくみに劇の中に挿しはさんでいる」ことが紹介され、要するに、伊丹版になかった京都の名所の記録映像をファンクが採用したことを歓迎し、京都が世界に紹介されると素朴に喜ぶ内容だ。

ファンク版封切日の早朝には、ファンクと原がヨーロッパ向けのラジオ放送をおこなう。「ファンク博士は日独文化映画『さむらいの娘』（新しき土のドイツ版題名）の製作に費やされた過去一ヶ年の努力と苦心を語り」、原も「私は近く貴国を訪れます」と「習ったばかりと思われないなかなか流暢なドイツ語で挨拶を述べた」（一二日『国民新聞』夕刊）ということで、ファンク作品が「文化映画」とされていること——このあと同作はドイツでは「文化映画」として上映される——に注目したい。

一二日『大阪時事新報』は、ファンクが「日本人が立派な紙で惜しげもなく鼻をかんでそのまま捨ててしまうのに驚いて、もったいないとばかり大枚百円のチリ紙を買った」ほか、大小二〇個ものトランクを購入したと報じる。おそらくファンクは、手元に残った日本円を使い切ろうとしたのではないか。

一二日午後零時半、ファンクは東京駅から横浜に向かい、午後三時横浜発の秩父丸で帰国の途に就く。ファンクは多くの談話を残す。たとえば一三日『東京日日新聞』夕刊には「原節子さんは将来ある立派な女優だと信じています〔……〕ドイツでも原さんを使って映画をつくりたいと楽しみにしています。ぜひ再び懐かしい日本の土を踏みたいと願っています」、同日『読売新聞』夕刊には「『新しき土』は芸術的には全く不満足なものですが、私が来朝した目的は十分達しられたと思っています」、同日『国民新聞』夕刊には「私は『新しき土』の批評をひとつも読みません。聞こうともしません。評判がよければそれでいいし、悪くても仕方がないんです。私は黙って『新しき土』を日本に残して帰りたい」という談話が紹介されている。ファンクは自作をまったく誇りに思っていないようなのだ。

右の『東京日日新聞』には、東京駅で山田耕筰夫妻、川喜多夫妻ほか多数の関係者がファンクを見送ったと書かれているが、伊丹の名はない。弱い雨が降り、ファンクは黒いソフトを目深にかぶり、茶のレインコートの胸から真っ赤なネクタイをのぞかせていた（一三日『大阪朝日新聞』）。

このころ目立って増えるのは、原節子と熊谷のP・C・Lへの移籍問題をめぐる報道だ。P・C・Lは岡譲二、高田稔、澤村貞子などを入社させ、松竹の高峰秀子を〈女学校入学〉を口実に退社させるなど、強引な引き抜きを連発していた。原と熊谷も日活に退社届を出し、P・C・L入りした。熊谷は、『蒼氓』の検閲で問題を起こしたことに責任を感じ、原も女優をやめたかったので揃って映画界からの引退を決意したが、たまたま小林一三に声をかけられたので応じることにした、と納得しがたい説明をする（二月一四日『朝日新聞』）。

一四日には、山田耕筰指揮、日本放送交響楽団演奏により、山田が「映画『新しき土』のために作曲した音楽のうちから抜粋して組曲風に配列した」数曲がラジオ放送された。それらは一、「前奏…なげき」（光子が嘆く場面で使用）、二、「移る風景」（ゲルダの目にした現代日本の場面で使用）および「野の花よりも」（紡績工場の場面）、三、「聖なる火山」（火山の場面）、四、「明るい天地」（映画の主題歌、満洲国での耕作場面）および「青い空見りゃ」という構成だった（同日『読売新聞』）。同記事の山田の談話によると、一二月二四日から一五日間、連日二〇時間の作業をおこない、交響曲に匹敵するほどの作曲をしたが、録音後に再編集がなされたために「音楽と画がずれた箇所」が生まれてしまったという。山田はこれを土台に組曲『新しき土』をつくるとも語っている。

『キネマ旬報』二月二一日号の広告も、なかなか勇ましい。京城若草劇場に行列ができている写真をバックに「全国五大都市ついに三週続映!!　反響ついに海を越ゆ!!」とされ、同号「映画館景況調査欄」にも、浅草については「依然として『新しき土』が断然素晴らしく、続映第二週もヒット興行たるを失わなかった」、新宿では「第二週は第一週あまり評判のよくなかった伊丹万作版に引き換えて、誰もが一斉に見直したと好評のファンク版である。日本を紹介したという点でも技術的に優れた点でもこれは伊丹版の比ではなく、なぜ伊丹版等をつくってこれを国際版としたのかとさえ疑いを挟みたくなるほどこの方は立派なものである」とある。やはり伊丹版は〈踏み台〉にされている。

広告の情報を少し先まで紹介しておこう。『キネマ旬報』三月一日号は「東京一八万五千人、京阪神で二八万人」という「映画の到達した最高の数字」が記録されたとする。二月二五日『朝日新聞』に「最低料金での御観賞！」「開館から開演までの御入場者に限り各階三〇銭均一」とあるのは、早朝の上映では空席が出るので料金を下げて観客数を増やそうという作戦だ。『キネマ旬報』三月一一日号では「日本人の一人残らずが新しき土に殺到する　東京ですでに三百回全国で二千回の上映回数を数う」とされ、地方館の上映予定が五月分まで書かれており、『新しき土』が歌舞伎座で五〇銭均一で公開されたという記事もある。

二月二四日『都新聞』は、「最終場面が、楽土満洲開拓者の勤労振りや、警備の任に当たる兵士の勇姿等を描き出していることのみでなく、そのとり上げたテーマそのものから満洲国興行者からは大いに歓迎され、その封切成績もすこぶる活況を呈し、各館共驚異的な新記録を残しつつある」と報じる。満洲の居住者が同作を歓迎したのは当然のことだ。

他方では、このころから次の映画輸出の企画がしきりに報じられる。ここでは独日共同映画について書いておこう。二月一七日『報知新聞』は、「『新しき土』後篇」がファンクと熊谷の共同監督で五月から製作されると書く。「原節子並びに熊谷久虎監督はファンク博士の仲介によって、ドイッテラ映画会社とだいたい一ヶ年の契約を結んだ〔……〕原節子の第一回作品はファンク博士によらず他の欧州の監督が当たる」とされ、ファンクは「五月ごろ満洲に来り『新しき土』の後篇ともいうべきストーリーによる新作にかかる予定で、この製作に熊谷監督が協力することに話が進められている」という。

また同日『朝日新聞』夕刊には、「ファンク監督日本派遣に対する答礼として昨秋ドイツへ赴いた樺山愛輔伯の令息J・O取締役丑二氏」が「ベルリンでヒトラー総統と会見後、イギリス、アメリカ、フランス各国の映画会社と『新しき土』封切の折衝をおこなう傍ら、第二回輸出映画につき下交渉を」し、「同氏の帰朝とともに第二のファンク監督物色に着手、明年再び国際映画が製作される」という記事がある。樺山丑二が一九日に帰国することから出て来た情報だが、丑二は『新しき土』が完成していない前年秋に日本を離れ、ヒトラーと面会していたというのである。丑二は帰国後、「協定製作のドイツは元よりフランス、アメリカ、イギリス、イタリアをはじめ世界各国より封切申込み殺到の有様で、いまや全世界をして『新しき土』一色に塗りつぶさん勢いを呈する」「第二、第三次の国際映画の計画はすでに滞欧中に打ち合わせ済みである」等と、信じがたい発言を重ねる(三月六日『京城日報』)。

二月一九日『大阪日日新聞』には、「『新しき土』の伊丹版　米輸出を断念　新編集の英語版を作製」という記事が登場する。「もともとファンク版はドイツ公開のためつくられ、伊丹版はアメリカにおけるナチス排撃の生気を緩和さすために英語版として製作されたもの」で、「アメリカ方面へは伊丹万作氏製作のものが輸出され、本邦監督の貫禄を映画の本場アメリカに示すものとして期待されていた」が、「日本の封切はファンク版の完成が遅れたために伊丹版が封切られ、その出来栄えについては幾多議論されていたところ、続いてファンク版が登場し、伊丹氏作は抜くべからざる不人気を呼び」、製作所当事者は伊丹版をアメリカへ輸出する自信を失い、ファンクと協議した結果、「全然別個の『新しき土』を輸出することになり、このほど英語台本もでき、新編集に着手することになった」という。

これは興味深い記事だ。というのは、英語版の製作がアメリカで反ナチの気運が高まっていたことを考慮したためだったと明記し、日本でも当初はファンク版が封切られるはずだったが、完成が遅れたせいで伊丹版が上映されたと説明しているからだ。伊丹版は失敗作の烙印を押され、葬り去られた。だが、『新しき土』の世界進出は実現させたい。そこでファンクに、あらたに英語版をつくってもらおうという面倒な話になった。しかし、フ

『故郷』

ァンクは自伝に、自分は英語が苦手なので英語版は日本人にまかせるしかなかったと書いているほどで、こんな話が実現するはずがない。

伊丹が〈共同監督〉を要請された事情については、『キネマニュース』二月二〇日号の座談会でも語られている。そこでは、新洞壽郎が「伊丹万作共同監督というのは、この作品を全世界に上映する便宜上からということだった。すなわち、現在では、ドイツ映画は各国からシャット・アウトされているので、この『新しき土』も、ドイツ人の手でつくられたとなると、フランス、イギリス、アメリカそのほかでは上映されないんだ。ところが、日本人の名が監督として連ねておれば、上映が可能になる〔……〕だから、あえて伊丹万作でなくても結構というわけであった」と発言している。この時期は、伊丹の心労を思いやるような発言はほとんど見られない。

伊丹は、『新しき土』の封切前から次の監督作『故郷』にとり組んでいた。『キネマ旬報』三月二一日号の広告では、「日本が生んだ世界的監督伊丹万作が『忠次売出す』『赤西蠣太』の快調を現代劇へ盛り込んでの第一回力作！」と書かれ、伊丹が皮肉にも『新しき土』に関わったことで「世界的監督」という称号を与えられていることがわかる。四月一日号は『故郷』の完成を報じる。『新しき土』に半年以上も拘束された伊丹は、わずか一ヶ月ほどで脚本を書き、次作を完成させたのだった。

二月一九日『都新聞』には、「赤ちゃんの日本見物　新しき土の第二世」という不思議な見出しが登場する。「三六万フィートも費やした『新しき土』のネガは、わずか三〇分の一ぐらいしか『新しき土』に使用されていないが、残部もアングストのカメラを通した素晴らしい数々のシーンがあるので、文化映画部の田中喜次監督がこれを整理し、ファンク博士の赤ちゃんを活躍させる『赤ちゃんの日本見物』として一般に公開する〔……〕なおこれとは別に、ファンクがものした短編数本は、ドイツで再編集し、欧米で封切るとともに、六月頃日本にも逆輸入されるが、これは日本地理発達史『桜』『富士』『日本の清流』等の題名が付される」という記事だ。〈ファンク二世の映画〉については後述する。

二月二〇日『大阪朝日新聞』の「天声人語」は、「『新しき土』に独裁官ヒトラーの苦悩を見る」とはじまり、「ファンクがあの映画を自国に紹介した意図のなかには、現在のドイツ執政官たちが求めているものを巧みに与えている点がまざまざと看取できるのだ。その求めているものとは、少なくとも彼らが日本にそのもっとも多くを発見する犠牲的精神、没我思想のそれである。『新しき土』をもってファンクが日本をよく見すぎていると思うよりも、『日本精神』の紹介によりてドイツ市民を啓蒙せんとする意識をより多く汲み取らねばならない、一口にいえばそこにナチスの悩みが露呈されている」とする。同欄の筆者は、ドイツ人が日本人特有の「犠牲的精神」「没我思想」を持たず、ドイツ国民にそれを知らせることが『新しき土』の目標だったと主張しているわけである。だが一般論として、ドイツ人は世界屈指の「犠牲的精神」と「没我思想」を持つ国民とされ、同国の通俗的な物語でもそういった面を強調するものが多いので、この主張は事実誤認と評するしかない。

二月二五日『読売新聞』には「『新しき土』に打たれて服毒」という記事がある。一万円を相続した山田せつという女性が、財産目当ての男と結婚したが夫の放蕩に悩み、若い職人と恋仲になって窃盗を繰り返し、男に捨てられ、『新しき土』を見て光子の心境に心を打たれて自らの愛欲を清算するために目黒不動尊の裏山で服毒自殺したという事件だ。光子というキャラクターとその行動に、人を自殺させるほどの力があったことになる。

三月一五日『朝日新聞』にも「実演『新しき土』」という記事がある。正子という女性が日大生と婚約し、学費を出して卒業させたのに男は別の女性と結婚し、正子は阿蘇山で服毒自殺を企てたというのだ。たしかに『新しき土』と共通性のある事件だ。日大生は正子の裕福な父から援助を受けており、結婚できないと知った正子はバスで火山に行き、自殺を試みたのだ。見出しに『新しき土』を使ったセンスは評価できる。

原らの渡欧とドイツでの封切

三月には『新しき土』は大都市では小規模な映画館での上映となる。八日『読売新聞』の広告では本郷座、昭和館、芝園館、牛込館、道玄坂シネマ等での上映とされ、「これが最後の機会」という言葉がある。現在の〈大ヒット〉とはかなり規模が異なるのである。

逆に地方紙には、上映開始を喜ぶ記事があふれる。三月七日『富山日報』は、富山映画劇場取締役で市議でもある田島が、一週二〇〇〇円という桁外れの高額の金額を提示されたが「国家的民族的の立場から」契約を結んだと報じる。三月七日『山陽新聞』は、同作品が市内で一二日から上映されることを大々的に伝える。

他方では、原らの渡独をめぐる報道が増える。しかし虚報が多く、たとえば三月九日『大阪日日新聞』は、「ファンク博士来朝当時その製作映画のアメリカ版をつくろうという申込みがあったが、最近に至ってイギリス、フランス、イタリア、ドイツの各一流会社がそれぞれ監督を日本に送り『新しき土』に劣らぬ巨編をつくろうというのであるが、そのうちから一、二社を選ぶために川喜多社長が出かけることになった」と主張する。だが、〈外国からの申し込み〉があったことを示す証拠は存在せず、〈一流会社が日本で映画を撮る〉話も実現しない。

三月一〇日、原らは東京を離れる。同日『朝日新聞』は原が「武蔵野音学院のネトケ・レーヴェ先生に一ケ月ドイツ語を教えていただいたんですが、まだうまく話せませんし、ファンク先生達もあまりお親しくしてはおりませんので何だか心細いんでございます」と語ったと伝える。同日の『読売新聞』は、原が「九日夜には某雑誌の四月号に出た〝恋のスキャンダル〟に敢然抗議」したと報じる。スキャンダルとは、雑誌『話』に出た専修大学のスポーツ選手、矢澤正雄との交際報道を指す。同紙の記事には「〝日本の自慢娘〟を利用しようと抜け目なく考えたのが国際観光局で、彼女に託して新案ニッポン宣伝をやろうと日本の風景絵ハガキに彼女のサインを添えてキモノ、駒下駄の足跡とともにこれを各国に進呈する」とも書かれ、いろいろなグッズが用意されていたことがわかる。

一〇日夜、東京駅は原を見送る人々でごった返した。一一日『朝日新聞』は「『新しき土』で一躍世界の恋人となった原節子嬢は一〇日午後九時半東京駅発の列車で渡欧の途に上った〔……〕ホームに殺到したファンがざっと二千、そのなか、目の色を変えた男学生が約六割、車の窓にしがみつく恥も外聞も忘れた四〇男の一団が広いホームを埋め尽くしてひしめき合う。中学生から大学生、サラリーマン、店員、女学生、職業婦人等々雑多な見送り人だが、いずれも精神病者のようにうわずった声だ」とその様子を描写する。『新しき土』は日本で公開されただけなのに、原がすでに「世界の恋人」になったという幻想が共有されていた。

同日『大阪日日新聞』は、「ドイツのテラ会社は半年から一年の滞在を希望し、フランスの巨匠デュヴィヴィエ監督も『ぜひ原節子嬢の映画をつくりたい』と申し込んできている」と報じる。デュヴィヴィエが原の出演作を観たはずはなく、明らかな虚報だ。

『キネマ旬報』三月一一日号は「〔川喜多〕夫妻は二六日朝ベルリン着、ウィーン、ブダペスト、プラーグ〔プラハ〕、パリ、ロンドンを歴訪の上渡米ニューヨーク、ハリウッドを経て七月半帰朝の予定」「この渡欧により第二の国際映画がつくられることは明らかであり非常に期待されている」とする。じっさいには欧米諸国との「第二の国際映画」は撮られず、夫妻がウィーン、ブダペスト、プラーグに寄ることもない。

原節子ファンによるパニックは終わらない。一二日『大阪時事新報』には「罪な世界の恋人　京都駅をがっかり」という記事がある。原は「J・Oスタジオ部員や押し寄せたファン」が待つ京都駅で下車しなかった。原は熊谷とともに「実姉へ暇乞いのため神戸へ直行、渡欧の挨拶をおこなってから正午ふたたび京都へ逆戻りして京都ホテルに小憩関係方面にも渡欧の挨拶を述べ同夜六時から河原町三條上ル大澤J・Oスタジオ常務邸における送別宴に」川喜多夫妻らと出席し、夜一〇時四八分の列車で下関に向かった。原は実姉の住む神戸まで行ってから京都へ戻り、殺到するファンから逃れたのである。四人の旅行については『社史』の「川喜多夫妻渡欧日記」（以下、「日記」）に記録されているので、そこでの情報もまじえて紹介したい。

原らは「一二日朝下関に到着し、待ち構えていた映画関係者、男女ファンの群れが堰を切って押しかけ節子さんすっかり揉みくちゃにされ、掻き分けるようにして山陽ホテルに飛び込んで一息つき、正午門司出帆のうすりい丸で多数ファンの声援裏に輝かしい渡独の旅に上った」（三月一三日『大阪毎日新聞』）。船が波止場を離れるとファンは散ったが、「熊谷氏の家族だけがいつまでもハンカチを振って」いたので、熊谷は原に「ファンというのはいつでもこんなものだ。最後まで残るのは家族の者だけだよ」と語った（「日記」）。

いっぽうファンクは「一一日ベルリンに帰着し『新しき土』に出演した女優ルート・エーヴェラーその他の出迎えを受けた」（一三日『朝日新聞』）。二月一二日に横浜を発ったファンクはアメリカ経由で約一ヶ月後にベルリンに戻った。その記事には、正月以来現地の新聞では『新しき土』＝『武士の娘』について頻繁に報じられており、ドイツでの原節子嬢の人気もすさまじい、というありえないことが書かれている。当時の日本のマスコミでは、海外で日本人が受ける評価に関して水増しをおこなうことが常態化していた。

ドイツの映画新聞諸紙をチェックすると、原節子が人気絶頂であるという記述は皆無だが、ファンクの帰国は報じられている。一三日『フィルム＝クリーア』には、ファンクが一二日午後に記者会館で一五ヶ月間の日本滞在について語った内容をまとめた記事がある。ファンクが日本にいたのは一年と四日間に過ぎず、まず「一五ヶ月」が事実とは異なる。ファンクは自伝では、滞日期間を「一年半」とさらに長く書いている。

同記事によると、ファンクは二本の映画（『サムライの娘』日本版とドイツ版を二本と数えている）だけでなく、三万メートルもの文化映画用フィルムを撮った。一五ヶ月もの歳月を要としたのは、日本人の精神性を理解するためだった。東京での披露上映では「プリンツ・タカマツ」（高松宮）をはじめとするＶＩＰ連中が「日本人監督の手になる日本版よりもファンク版のほうが、より日本的であると述べた」。つまりファンクは、日本版は日本人が撮ったと認めた上で、自分のほうが日本を深く理解していると自慢する。しかしプレミアで上映されたのは伊丹版であり、ファンクが高松宮と話せたのはその夜だけなので、明らかに虚偽の記述だ。

次にファンクは作業時の困難さを訴える。特に暑さ、通訳によるトラブル――ファンクは通訳が情報操作をしたと主張する――に悩まされた。またファンクは日本でもう一本映画を撮るつもりで、日本が世界的強国となるまでの過去七〇年間の過程を描くものになるという。今回のオファーを受けたのは、日本の風景とサムライ精神に惹かれたからだった。日本の本質的要素は天皇である。天皇および皇室こそが日本そのものだ……。同日『デア・フィルム』にも、「ファンク博士、日本から帰還」という記事がある。そこには、ベルリンではファンクの映画は聖金曜日（復活祭直前の金曜日）に封切られる予定で、原と川喜多もプレミアに出席すると書かれている。

四人は三月一四日に大連に到着する。一五日『満洲日日新聞』には、着物姿の原と洋装の「半島の舞姫崔承喜」が並んで立つ写真を添えた「清楚な白百合！　原節子さん来連　群衆に埋まるけさの埠頭」という記事がある。原と〈朝鮮の舞姫〉が並んで写真に収まった裏には、プロパガンダの意図が働いていたと見るほかあるまい。

「日記」によると、一行は一四日午後、旅順にドライヴして二〇三高地、東鶏冠山、博物館、水師営を回り、夫妻は「ここに流された日本の兵隊の血」による「これは俺たちのものだ。俺たちの血と肉弾とで勝ち取ったものだ。離すな。絶対に離すな」という叫びを聞いたように思ったという。四月一六日『東京日日新聞』夕刊「原節子ベルリン便り」にも、二〇三高地で「『こんなにたくさんの方々が犠牲になられたのだもの、満洲はどうしたって日本で守らなきゃならないワネ』とがらにないことを口走りましたら、義兄が『節ちゃん感心なことをいうネ!!』といってほめてくれましたっけ」と書かれている。

三月一六日『大新京日報』には「世界の恋人…『新しき土』を踏む　新京に着いた原節子　歓迎攻めに嬉しさ

よりも呆然」という記事がある。四人は午前三時一八分に奉天に到着し、一四時四七分発の「あじあ」で一八時二〇分に新京に到着する（「日記」）。右の『大新京日報』の記事によれば、ファンが駅に押しかけ、原はマスクをして下を向き、コートに両手を突っ込んでヤマトホテルに消えた。四人は一九時三〇分からの座談会に出席し、翌日午前九時発の列車でハルビンへ向かう。原は記者に、「映画のラストシーンでは満洲に来たのですが、実は満洲ははじめてで、本当の意味の『新しき土』が踏めて喜んでいます」と語った。

新京での〈座談会〉については同日『新京日日新聞』にも書かれている。座談会は豊楽劇場二階の喫茶室でおこなわれ、「新京放送局ではこの世界の恋人の美声を電波に乗せるべく三〇分間にわたって」中継した。興味深いのは、珍しく原の言動に皮肉めいた描写がなされていることだ。カメラマンたちが「マスクをとってください」「顔をあげてください」等の注文をつけたところ、「恥ずかしがってばかりいた節子さんも些かむくれて『まだなのッ』と、あの明眸をトンガラかして写真班をにらみつけた。しかしさすがにそこはお商売柄、ちょっとポーズをつけてカメラに収まるパッパッと閃光数条、これが消えると節子さんサッサッと階下に降りて終わった〔……〕『世界の恋人』の心臓は弱いようで強かったデス！」とのことで、日本を離れた原が少し感情的にふるまっていた様子が面白い。

一五日には、四人は奉天で原の長兄および熊谷の父と昼食をとった（「日記」）。長兄は、のちにシベリアで病死する人物だ。このあと、一行の旅についての記事はベルリン到着まで新聞雑誌には見当たらないので、「日記」を参考にして簡単にまとめておこう。

一六日一五時三分、一行はハルビンに到着する。満鉄理事邸に招かれたあと、二〇時半からハルビン放送局で原と熊谷は番組に出演する。翌日一五時二五分には同地を発ち、一八日五時五分に満洲里に到着する。「最後の日本食」を楽しんだあとソヴィエト側の税関を通り、以後はソ連領内の鉄路の旅となり、「日記」では車窓の風景と駅の記述が続く。モスクワではホテル・メトロポールで食事をとり、グランド・オペラでバレエを鑑賞する。

四人は二五日にポーランド入りし、九時過ぎにワルシャワ駅に到着した。

　興味深いのは、「ベルリンの新聞を買って読んだら、もう『新しき土』の封切批評が出ていた。もう封切をしてしまったのかしら？　妙なことである」と書かれていることだ。川喜多夫妻は、披露上映会への出席を最重要視してスケジュールを組み、日本を発ったのに、復活祭の休暇に入るとＶＩＰが出席できないという理由から、プレミアは予定よりも早く二三日（火曜日）に実施されたのである。

　国内では、たとえば二〇日『朝日新聞』では「映画『新しき土』のドイツ版『侍の娘』は二三日午後、超一流映画館たるカピトールで封切し、ファンク博士が撮影の経過を挨拶することになった。今まで新聞雑誌で評判を立てているところへ復活祭の休みも近づいているので人気が沸くだろう」とされ、二三日同紙には「いよいよ二三日午後九時からキャ《マ》ピト《マ》ン映画劇場で『新しき土』が封切されるがゲッベルス宣伝相、フロンベルク国防相、ルスト文相、ダレー農相等をはじめ日独有力者が出席する予定、ヒトラー総統はまだ確定を見ていない。なお原節子一行の汽車が遅れて封切には立ち会うことができない」と書かれている。

　つまり日本では、『サムライの娘』が二三日にドイツで披露され、原らは出席しないとしっかり報道されていたのに、ソ連を横断していた四人は日程の変更を知らなかった。汽車が遅れたという事実はなく、日本のマスコミあるいは東和商事が、四人が上映に立ち会えないという残念な事態に関して〈列車の遅延〉という理由を捏造したものだろう。

　なお三月一九日『読売新聞』は原節子に関して、「東宝では松竹に対抗する映画作製陣充実の必要上突然予定を変更し、『新しき土』封切挨拶ののち義兄熊谷久虎監督とともにただちに帰国させることになり、一八日この旨同嬢にあて打電した〔……〕ドイツでの映画製作にはあらためて東宝から今秋か明春に洋行させる」と報じる。東宝はヒット作を生むために原（と熊谷）を呼び戻し、原の主演作を撮るといっているのだ。結果的に、原が即時帰国することはない。

ドイツでは、三月二〇日『デア・フィルム』に「アーノルト・ファンク映画『サムライの娘』（勇敢な小さなミツコ）二三日火曜日、カピトール・アム・ツォーにて祝賀上映」という広告があり、『リヒト＝ビルト＝ビューネ』にも「最初の独日共同映画」「九時より祝賀上映」と書かれた広告がある。カピトールの座席数は一二七六、重要な作品のプレミアがおこなわれていたウーファ・パラスト・アム・ツォー（二三二五席）よりもかなり少ないが、二〇〇〇席のアトリウムに次いで、市内では第三位だった。

『リヒト＝ビルト＝ビューネ』同号では、「写真レポート」の頁でも同作が取り上げられ、「幸運にも両国の願いは真の日本を提示したいということで一致していたので、最終的にあらゆる困難は克服された」「ヒロインは、ファンク博士が数百人の女優から選び出した一六歳のセツコ・ハラである」といった浅い情報が提供されている。二二日『リヒト＝ビルト＝ビューネ』にも和室に並んで座る光子とゲルダの写真があり、「映画の領域での初の独日共同作業」と書かれている。写真では光子がゲルダに箸の使い方を教えており、〈共同作業〉という概念にふさわしいものとして選択されたのだろう。同頁の広告には「九時の祝賀上映会では切符の販売はされない」という一文がある。招待上映会なので一般客は入れないということだ。

二三日の上映については、午後六時開始の〈披露上映〉への、独日協会、ウーファ、テラ名義の招待状が残っている。つまり東京と同様、VIP向けの上映会の直前に関係者を対象とする試写が同館で実施されたのだ。招待状にはクレメンス・シュマールシュティヒ教授の指揮のもとにベルリーナー・コンツェルト＝フェラインが演奏をおこなうと記され、「テラ配給、ファンク博士の映画」「製作：J・Oスタジオ、東和商事、川喜多長政」「撮影：リヒャルト・アングスト、ヴァルター・リムル」「音楽：山田耕筰」「美術：吉田謙吉」「撮影進行：カール・ブーフホルツ」「編集：アリーセ・ルートヴィヒ」「音響：RCAシステム」と書かれている。たとえば『キネマ旬報』三月一日号「日本映画批評」の情報と比較すると、伊丹、上田、シュタウディンガー、チャーデンスの名が見られない。

主要キャストは原、エーヴェラー、小杉、雪洲の順に記載され、「その他出演者」の筆頭には「教師」役のヒンダーの名がある。ヒンダーの出番はわずかだが、〈独日共同作品〉であることを強調するために——ヒンダーはスイス人であるが——大きく扱われたにちがいない。

二四日『フィルム＝クリーア』によると、午後九時前に警察が通りを封鎖し、賓客が車で乗りつける様子を多くのファンが見守った。ロビーは「色とりどりの紙による飾りつけ」がなされ、舞台は「春の花」で縁取られていた。同日『フェルキッシャー・ベオバハター』に掲載された上映開始前の桟敷席をとらえた写真では、最前列でタキシードの武者小路大使と制服姿のゲッベルスが談笑している（右で両夫人が語り合っている）。周囲の男女も着飾っており、相当に豪華な雰囲気ではあった。

もちろん二四日各紙には披露上映会についての記事が現れる。『リヒト＝ビルト＝ビューネ』は、日本側関係者は不在だったがドイツ側の監督と主演俳優たちが拍手喝采を浴びたと報じる。最初に独日協会会長と日本大使が挨拶し、同じ基本方針を抱くドイツと日本および両国民の「密接な運命の結びつき」を強調し、日本には「武士道」という言葉が代表する伝統と近代国家というふたつの側面があると述べたという。列席者としてはゲッベルス、ヒムラー、ルッツェ、ダレ、ボーレ、レーニヒ教授、ヴァイデマン、ヒンケル、リッペルトらの名前が挙げられている。ヒトラーは不在だったが、ある程度の大物は揃っていた。

同紙にはアルベルト・シュナイダーによる紹介文がある。シュナイダーはファンクが日本人の感情を把握し、平均水準を上回る映画を撮ったとし、台詞の使用が抑制的で「ほとんど無声映画である」ものの、「全世界の民族がその言葉を理解できる話し方で語っている」と書く。『サムライの娘』はドイツ語字幕をつけることなく上映され、ドイツの観客は日本語の会話の内容は想像するしかなかった。またシュナイダーは、「新生ドイツの映画作家と、偉大なる過去と未来を有する日本の映画作者および識者との共同作業から、信仰告白であり目標設定であり、世界観の表明である映画作品」が生まれ、それは「偉大な文化・世界観を抱く東と西の国民を対置させることに関して百冊の書籍、千の新聞記事よりも適している」とする。

シュナイダーの原稿で注目したいのは、文末に「上映時間：一二一分」と書かれていることだ（ほかの新聞雑誌では「一二〇分」が多い）。日本で上映されたファンク版は一二七分だったが、ファンクはこの間に自らの版を縮めたのである。現在の欧米では、日本でDVD発売されているのと同じ一〇六分（欧米では一〇七分と書かれることが多いが同じ版である）のヴァージョンが一般的だ。この件に関しては後述する。

以後、ドイツでは紹介文があふれる。それは、宣伝省が三月二四日付けで『サムライの娘』のプレミア上映を大々的に報道すべしという通達を出したからだ。ゲッベルスは二三日の日記に「夜、カピトールで独日共同映画『サムライの娘』の初上映。独日協会主催の大規模な公的行事。素晴らしい撮影がなされ、日本人の生活および思考へのよき洞察をもたらしている。まずまずのストーリーも備えている。だが耐えがたいほど長い。それが大

Filmisches Denkmal für den japanischen verlorenen Sohn

Die Tochter des Samurai / Capitol am Zoo

Der Film zeigt sich — wieder einmal — als Mittler zwischen den Völkern, in diesem Fall als Aufklärer über das geheimnisvolle Land der aufgehenden Sonne, das, grundverschieden von Deutschland, so viel gemeinsam hat mit unserem Land. Der Dr. Fanck-Film der Terra versucht, das Japan von heute so zu zeigen, wie es ist, in einem seiner interessantesten und für Europa bedeutungsvollsten Stadien, in seinem kulturellen, wirtschaftlichen und politischen Umbruch, der — von der europäischen Kultur und Wirtschaft und Politik diktiert — doch nichts mit Europa gemeinsam hat, der die wirtschaftliche Entwicklung und politische Aufklärung des heutigen Europa zur Richtschnur nimmt, ohne sich von der jahrhundertealten Tradition zu lösen.

Es war ein kühner Versuch, der hier unternommen wurde. Man mag — da der Europäer das Japan von heute niemals so sehen wird, wie es der Japaner von heute sieht, wie er sich selbst sieht —, man mag also fragen, wie sehr das Thema europäisiert wurde, um es filmisch verständlich und vor allem fesselnd vorzuführen; man mag einwenden, dass hier ein Kulturfilm gedreht wurde, der allerdings durch das bezaubernde Spiel der japanischen weiblichen Hauptdarstellerin Setsuko Hara, durch die sich durch die mannigfaltigsten Konflikte bis zur endlichen Erlösung hindurchkämpfende Figur des männlichen Hauptdarstellers Isamu Kosugi und — in erster Linie — durch die hervorragenden, kameratechnisch wie künstlerisch wie malerisch vorbildlichen Aufnahmen nicht nur zu einem Genuss, sondern zu einem Erlebnis wurde.

Vom grünen Tisch aus kann der Betrachter leicht mit dem Rotstift dies und jenes ankreiden, er kann vielleicht einwenden, dass man die Sitten und Gebräuche Japans, die Gesetze des inneren und äusseren Aufbaus, die sich überschneidenden Gegensätze mit einem noch packenderen Thema hätte aufgreifen und filmisch formen können; er könnte sogar einwenden — da nur ein Japaner die japanische Mentalität filmgestalterisch nachempfinden und erfassen kann —, ob es nicht richtiger gewesen wäre, die aus dem geistigen Gegensatz Europa—Japan sich ergebenden Konflikte von einem Japaner formen zu lassen, oder aber, als europäischer Regisseur, diese Konflikte ausschliesslich vom europäischen Gesichtspunkt aus zu sehen und dann in eine filmische Form zu giessen. Eine Stützung dieses Einwands ist die Rolle der deutschen Journalistin, von Ruth Eweler mit überraschender Natürlichkeit und Sicherheit gespielt, die — als Europäerin — dem Japaner den Weg zeigt, den dieser gehen muss. So musste die Rolle der Eweler, dramaturgisch, zu einer Nebenrolle werden, und die Schwester des Helden übernahm die Aufgabe, dem Bruder die Heimat wieder zu erschliessen.

Aber was sind diese Einwände gegen die Mühen, mit denen eine Schar Suchender auszog, um filmisches Neuland — im weitesten Wortsinn verstanden — zu erschliessen. Seit weiland Heyland sich aufmachte — es war im Jahre 1926 —, um zum ersten Mal als Deutscher in Japan einen Film zu drehen, der dann das Missgeschick hatte, ein einziges Mal durch den Vorführapparat zu laufen, hörten

Setsuko Hara, die erst siebzehnjährige Hauptdarstellerin des Dr. Fanck-Films der Terra „Die Tochter des Samurai", mit einem ihrer Partner, dem japanischen Schauspieler Sessue Hayakawa, in einer Szene des am Dienstag erfolgreich angelaufenen Films

Foto: Terra

ドイツの映画新聞での『サムライの娘』紹介記事
（1937年3月27日『デア・フィルム』）

きな難点だ。これからハサミを入れねばなるまい。それも徹底的に」と書く。ゲッベルスの本音そのものであろう。

二五日『ベルリーナー・ターゲスブラット』は、二三日夜の上映会の終了後、別の会場で独日協会とテラがパーティーを開き、ナチ幹部や独日の外交官などが揃って出席したと伝える。注目したいのは、独日協会を代表してハック博士が同作品の撮影がなされたことへの喜びを述べ、列席者全員に感謝したという部分で、ハックは、この晴れの舞台で独日協会代表として堂々と振舞っていたのである。

日本では、たとえば二五日『大阪時事新報』が、「武者小路大使以下帝国大使館員、在留日本人」が出席し、「日本映画俳優のすばらしき演技、ことに原節子嬢の可憐な姿とエキゾチックな日本音楽の伴奏とは来会者の絶大なる賞賛の辞を浴びた」と報じる。同日『大阪朝日新聞』は、「朝からの雨が午後は雪になった、雪洲、節子、エーヴェラーの顔に富士山を配した看板が入口の上に掲げられ、日本字で書いた幟も四本立っている」とし、「ゲッベルス宣伝相は『この映画は芸術的にも政治的にも優秀だ』とフィルム最高賞を授与、さらに同映画は今後税金免除で上映を許可すると声明した」とする。

ベルリン在住の今仁親男は四月一六日『国民新聞』に報告文を寄せ、カピトールは「最近に見受けたことのないお化粧ぶりで、まったく欧州的日本情緒をみなぎらしていた。提灯に桜は何時も付き物、別に変わりはないが、この日の見ものは日本の活動街独特の幟で飾られてあったことである」「シュメールスチッヒ《ママ》教授はベルリン音楽協会のオーケストラを指揮して錦上更に花を添えた」等と書く。これにより、『フィルム＝クリーア』に書かれた「紙による飾りつけ」が提灯であり、「春の花」が桜であったことがわかる。

原たちは披露上映の三日後、二六日（金曜日）朝七時四三分にベルリンのシュレージエン駅に到着する。ホームではファンク、日本大使館員、テラ社員らが出迎えた（二七日『朝日新聞』）。原は黄色の着物にダークレッドのコート、かしこは青い着物だった。新聞社の写真班が原をとり囲み、休暇で出かけようとしていた一般のドイツ人も彼女に殺到したという。

「日記」によれば、四人は「エデンホテル」に荷物を置き、日本大使館で武者小路大使らと歓談し、「東洋館ですき焼き」を食したあと、夜は一般映画館でファイト・ハーランの新作『征服者』——同年の「国民映画賞」を受ける作品だ——を観て、「四人で街を歩いていると熊谷氏が小杉勇とまちがわれて原さんと共にサインさせられた」という。熊谷はこの滞欧中、原節子に付き添っていたせいで頻繁に小杉とまちがえられる。二七日『B・Z・アム・ミッターク』には、二六日深夜にホテルで原に取材した記事があり、原が到着当日から過酷なスケジュールをこなしていたことがわかる。

二七日には、川喜多らは午前中に新聞社の取材を受け、午後四時から原の舞台挨拶のために着物の着付けをおこなう（「日記」）。映画館では原はエーヴェラーに手を引かれて登場し、お辞儀をして引っ込み、次はひとりで現れてドイツ語で「私はたいへん幸福です。なぜなら私がベルリンから気に入ってもらえるから」と語って観客を大喜びさせた（二八日『朝日新聞』号外）。原節子は午後六時、八時半、一一時の三回、「ファンク博士の紹介で」ファンに挨拶をした（二九日『大阪時事新報』）。「日記」によると、二八日はテラ宣伝部ラーベの案内で繁華街や五輪スタジアムを見学し、ファンク邸に寄ったあと、原は「赤の総しぼりの振袖」を着て舞台挨拶をおこなった。「熊谷さんは憂鬱そうで気の毒だ」とも書かれており、熊谷が不満をつのらせていた様子がうかがえる。

日本の新聞は二八日以後、〈原が主演する次のファンク映画のストーリーが決まった〉と報じる。たとえば同日『読売新聞』は、「一躍国際映画界の花形となった原節子嬢は二六日午前ベルリンに到着したが、ファンク博士は嬢を迎えてただちに彼女を主演とする新日独共同製作映画のメガホンを握ることになった。出演者は節子嬢を除きすべてドイツ人俳優」、原は「ベルリン駐在の日本外交官の娘」役で、「ベルリン社交界の花形」である彼女は四人のドイツ青年に慕われるが、日本に許婚者がいるためにホームシックが増し、四人の気持ちに応えずに帰国するというストーリーだと紹介している。

三月三〇日『大阪日日新聞』は、「本邦における東宝の声明は否定されるに至っているが、原嬢がドイツで新作品に着手するとすれば東宝の宣伝は案外眉唾ものというべく成り行きは国際的なだけに注目されている」とする。三月一九日『読売新聞』などが〈東宝が原を急遽呼び戻す〉と報道したことについて、東宝の宣伝に過ぎなかったとするものだ。

ドイツの新聞雑誌にも「日記」にも、原主演のファンク映画が決まったという記述はない。たとえば三月三一日『リヒト＝ビルト＝ビューネ』には、「ハラがヨーロッパでどのような映画の仕事をするかは決定していないが、当地でも一本の映画に出演すると推測される」とだけ書かれている。ファンクが〈外交官の娘〉というアイディアを誰か日本人に話したとしか思えないが、何も〈決定〉などされておらず、ただ日本のマスコミが踊らされていたのだ。

ドイツでの報道を伝える広告（『キネマ旬報』1937年4月21日号）

他方で四月二日『大阪毎日新聞』夕刊に掲載された「原節子ベルリン通信」（ベルリン到着数日後に書かれたもの）では、原は「こちらで撮る映画については、ファンクさんと川喜多さんとで相談していらっしゃる様子ですが、まだまだはっきりしたところまではいっておりませぬ」としつつ、「日本の外交官の娘」を演じそうだと書いている。注目したいのは「ウーファのなんとかいう若い監督さんと義兄との共同監督で、一本つくりたいという希望のように聞いていますが、義兄は伊丹さんの例もあるのかあまり進んでいません」と書かれていることだ。〈外交官の娘〉という企画は、熊谷と若手の共同監督作として考えられていたのだ。

右の「通信」で興味深いのは、『サムライの娘』がアメリカ映画のようには客が入っていないが「四日目、五日目と尻上がりに人気が出てもう一週間、続けて上映されます由」と書かれていることだ。日本では〈ドイツでも記録破りのヒット〉と報じられるが、それほど客は入っていなかった。「カピトールに続いてベルリン市内で二八〇館、ドイツ全国で一八〇〇館の契約が出来ている」とは書かれているが、それは別の力が働いた結果だ。

「日記」によると、二九日には四人は動物園を見学したあと、夫妻はスカラ座に行き、原は舞台挨拶をこなす。原が零時過ぎにホテルに戻ったあと、長政と熊谷、ファンクの三者が話し合った。三〇日は午前中に買い物をし、午後は写真家のアトリエで原のポートレートを撮影、ラジオ放送用の録音をした。

三一日にはウーファの撮影所を視察し、トップスターのハンス・アルバース、ハインツ・リューマン、ヴィリー・ビルゲルらに紹介された。四月三日『デア・フィルム』に掲載された記念写真のキャプションでは、熊谷が誤って「川喜多夫人の弟」とされている。夜には「喜劇劇場」でルツィエンヌ・ボワイエのパフォーマンスを鑑賞した。

三月二八日『報知新聞』には「ファンク第二世主演『パパを尋《ママ》ねて』監督は小津安二郎君」という記事がある。「ファンク第二世ハンス坊や（当時二歳）を主人公としてヴァルター・リムルが撮影した映画は『パパを尋ねて』と題名決定〔……〕父ファンクを尋《ママ》ね、遠い海を渡って日本へ来たハンス坊やが父親の手に抱かれるまでのストーリーに、日本の風俗を配した作品で、田中喜次編集、松井翠声解説、小津安二郎監督作品でおなじみの伊藤宣二氏が作曲を担当している」とされ、ハンスに焦点を当てた記録映画が日本で公開される（ハンスはファンクと一緒に来日したのであり、父を追って来たわけではない）というのだが、小津はこの企画には無関係なので、見出しの誤りだ。『キネマ旬報』五月一日号の広告では、同作品は四月一五日に京阪神および名古屋で封切られ、「五月中旬東京封切」とも書かれている。〈ハンス坊やの映画〉はのちに純粋なドイツ映画として、ドイツでも公開される。

三月三〇日『朝日新聞』には「新しき土へ五百人」という記事がある。「山形、秋田、宮城、福島、長野、群馬六県の農村から選ばれた第三回満鉄鉄路自警村移民団員二百家族五百名は二九日午後六時一五分東京駅発の臨時列車で渡満の途へ……」「四月一日奉天着、沿線の自警村一〇ヶ所に振り分けられ『新しき土』の護りへ」ということで、満洲の鉄路を防衛するための移民が出発したことを報じるものだ。満洲すなわち〈新しき土〉というイメージが広く浸透していたことを物語る見出しだ。

ベルリンからパリ、そして米国へ

四月以降、輸入する作品の選定と『新しき土』の売り込みに専心する川喜多夫妻と原・熊谷は別行動をとる。以下では、「日記」等から特に興味深い情報を抜き出し、日本での報道を補足しながら紹介してみたい（出典を示さない場合は「日記」による）。

四月一日　ドイツ人撮影スタッフおよび記者ベッツの訪問を受ける。ベルリン市長リッペルトと面会。原はドイツ、日本向けラジオ放送の録音をおこなう。

四月二日　ゲーリングの狩場を案内される。

四月三―五日　ドイツ映画を観る。四日には名作『制服の処女』の主演女優ドロテア・ヴィークと面会した。五日夜は、国立オペラ劇場でワーグナーの『さまよえるオランダ人』を鑑賞した（五月六日『東京日日新聞』夕刊）。

四月六日　ヒトラーユーゲントの訓練所を見学する。

四月七日　『信濃毎日新聞』が、『新しき土』が長野、上田両市で上映されることを伝える。「浅間、焼岳、姥捨など信州風景が豪華に描かれていることも嬉しい」と書かれ、主要ロケ地だった信州の人々がやっと同作を観られることを歓迎しているのがわかる。九日同紙の座談会には、「浅間山なんかアレだけ岩だらけなんだから、そんな岩を撮るんなら大抵のところから撮ってもよさそうなものを、わざわざ鬼押し出しの難所へすごい足場をつくったりして、その危険さには地元の人たちも肝をつぶした」「ファンクは、日本の一番日本らしいところは姥捨付近だといってたそうです」といった地元ならではの発言が見られる。「姥捨付近」は、棚田での田植えの映像が撮影された場所である。

四月八―一〇日　長政はパリへ向かう。かしこは、トービスが小笠原武夫と組むという噂を耳にする。一〇日の「日記」に、かしこは「夕食後熊谷氏と話し込む。氏を不幸な人だと心から思った」と書く。同日『報知新聞』は、原節子が東宝の都合で急遽帰国することになり、P・C・L撮影所では六月早々から同嬢主演で『母の曲』を製作する準備を開始したと報じる。

九日には、六日に立川飛行場を発った朝日新聞社の純国産機「神風号」が、欧亜間飛行時間九四時間一七分五六秒という新記録でロンドンのクロイドン飛行場に着陸した。同機は英国でのジョージ六世の戴冠式を祝うという名目で飛び立ち、朝日新聞社は出発前から連日、高いテンションでこの飛行について書き立てた。ロンドン到着後、飯沼、塚越飛行士は「国民的英雄」（一一日『朝日新聞』夕刊）と報じられ、新聞各紙には世界がこの出来事に熱狂しているかのような記事があふれる。このニュースは日本が科学技術においても一等国であることの証明と考えられて日本人のプライドをくすぐり、東京はじめ各地で大規模な祝賀行事がおこなわれる。

四月一一日　長政がベルリンに戻る。原の「ベルリン便り」（五月七日『東京日日新聞』）には、長政のパリ滞在時に『新しき土』の英語版を手に入れてフランスへ出す話ができたようです」と書かれている。「英語版」とは伊丹版のことだ。輸出不可と判断されたはずなのに、長政は伊丹版を改善してフランスで上映しようとしていたのだ。

四月一二日　原と熊谷は地方巡業の皮切りにゲルリッツに行ったが「お客はひどく淋しいもので」、館主から「もう二週間もやったあとだから」と慰められた。のちに原は「日本へ帰りたいような気になりました」（五月一日『大阪毎日新聞』）と述懐している。

四月一三日　長政は『新しき土』のイタリア上映に向けて交渉をおこなう。

四月一五日　原と熊谷がライプツィヒから戻る。夜、四人は日本大使館でゲッベルス、ファンクらと会食する。

四月一六日　長政、原、熊谷がハンブルクに発つ。この日、「神風号」がベルリンに到着し、両飛行士は、ホテル・カイザーホーフに宿をとる。日本からの電話取材において、原節子と会ったかと質問された飯沼飛行士は、「原嬢はよそへ行ってたそうで見えなかったが、やはり『新しき土』に出ていたドイツの女優さんがホテルへやって来て『塚越さんとダンスをしよう』というんです」と答えている（四月一八日『朝日新聞』）。「ドイツの女優」とはエーヴェラーだろうが、信じがたい談話だ。

神風号に関しては、『キネマ旬報』六月一日号に掲載された『新しき土』の広告に「ドイツにおける上映館数二千五百館、プリント百本に及ぶ！　近日パリ・ロンドン・ニューヨーク封切」「『神風』と『サムライの娘』ふたつの日本が、今や全欧州の中心だ！　日本が世界の日本になったのだ!!」といった言葉が躍っている。神風号の飛行が『新しき土』の成功と並ぶ快挙と考えられていたことがわかる。

四月一八日　かしこは『サムライの娘』を観て「カットする場面を相談する」。この日の『朝日新聞』には、本書の冒頭で紹介した、原の「ドイツ政府から映画最高名誉賞を授けられましたのでトテモ嬉しいです！　今度改めてファンク博士の監督で、青春を賛美した新しい映画に主演することに決まりましたので、すっかりハリ切っています！〔……〕これでレートクレームと同伴なら、世界のどこへ参りましても肌の競争には絶対自信がありますワ……ホホホホ」という談話のあるレートクレームの広告が掲載される。

四月二〇日　長政がベルリンに戻る。この日の『読売新聞』夕刊には、「『新しき土』のエーヴェラー嬢　銀幕から『退去命令』　演技拙劣と向こう一年」という記事が現れる。『新しき土』での演技が拙劣だとして、ゲッベルスがエーヴェラーに一年間の活動禁止処分を言い渡したというのだ。エーヴェラーの「強度の近眼」が災いしたのだろうという伊丹の発言、「ファンク博士には相当な責任がある」とする小杉のコメントもある。しかし筆者は、演技が下手だという理由でドイツの俳優が出演を禁止されたという話は聞いたことがない。

エーヴェラーの次の出演作は三七年八月一七日封切の『別れる理由（Der Scheidungsgrund）』（カール・ラマック監督）だ。それだけで、右の記事が誤っていたことがわかる。エーヴェラーは一九一三年生まれ（日本では一六年生まれと報道された）、三二年に「もっとも美しいブロンド娘」というコンテストに優勝して映画界入りした。主演は『新しき土』が最初だが、その後もハリー・ピールのサーカス映画や冒険映画等に主演・準主演クラスで出演する。気になるのは、この記事の情報源が、熊谷が世田谷の留守宅に送った手紙だということだ。つまり熊谷が家族に送った手紙から誤報が広まったのである。熊谷はなぜ家族にそんな嘘を書いたのか？『新しき土』に関わった者はみな不幸になるとでもいいたかったのか？

四月二一日　深夜二時頃ベルリンに戻った原と熊谷は、午前一一時にミュンヒェンに飛んだ。「熊谷氏は原さんのバディ・ガードといった役で気の毒である。ファンク博士は原さんをひとりで旅行させて熊谷氏はその間みっしりスタジオで勉強したらどうかといったのだが熊谷氏にしてみれば心配で、それもできないのであろう」。

二三日『読売新聞』夕刊は「原節子嬢はミュンヒェンにおける『侍の娘』試写会に出席、挨拶を述べるため二一日午後空路ベルリンからミュンヒェンに到着した。ミュンヒェン市長カール・フィラー氏はただちに午餐会を開催、節子嬢を歓迎した」と報じる。

四月二二日　夫妻はケルンに移動、二三日に駅で原と熊谷を迎える。原が「こうした旅行はどうしても来月五日までにやめたいというので、その旨ラーベ氏に話す」。

四月二四―二六日　夫妻はボン、マインツ、ヴィースバーデン、ハイデルベルクを回る。
四月二七日　ベルリンに戻って原らと合流。原と熊谷は「六日まで地方を回って一〇日バーデン・バーデンに行くことに決めた」。夫妻はホテルの入口で偶然、トービスの日本支社をつくろうとしていた小笠原武夫（五月八日『朝日新聞』は、小笠原がトービスの東洋配給権を獲得し、八月末に第一回作品『プラーグの大学生』と『カイザー・ワルツ』を携えて帰国の途につくと報道する）と会って話す。かしこは「時々こんな素人が飛び出して来て欧州映画の値段を上げていくのは実に迷惑だ」と書いている。
四月二八日　夫妻はパリへ移動する。五月五日『東京日日新聞』は、「川喜多長政氏は国際映画『新しき土』改題『サムライの娘』を携行、三日午前（「日記」では四月二八日夜）ベルリンからパリに到着したが、川喜多氏は同映画のパリ上映契約につきただちに交渉を開始した。契約成立の上はおそらくシャンゼリゼの豪華な映画館を選んで華々しく封切しパリっ子にお目見えすることになろう」と報じる。
五月五日　長政は日本大使館で伊丹版のプリントを受けとり、フランス人が心理的抵抗を感じないようにいくつかの場面を削除する。ファンク版ではフランスでの上映は不可能だと判断し、川喜多らは伊丹版に鋏を入れて売り込みをはかったのだ。「日記」には「試写室でレヴィタンと三人でカット。あまり日独提携を強調したところを除く。約一五〇メートル切る。最後の場面はともかく残しておいてみることにする」と書かれている。
五月六日　夫妻はパリ在住の日本人を対象に『新しき土』の試写を実施する。かしこは「最後はやはり切ることに決める。火山のシーンも、もう少し手を入れることに決定」と書いている。満洲での場面をカットし、火山の部分も短くするということだ。
この日、山田耕筰が満洲、シベリア経由でドイツ入りするために、東京から大阪に移動した。五月五日『東京日日新聞』は山田が「わが国最初の音楽文化使節」として渡独することになり、外務省文化事業部が金銭的に支援すると報じる。渡航の目的はファンクが監督する『外交官の娘』に音楽をつけることとされ、山田はそれ以外にもベルリンやウィーンで「同氏の作品により一人前になった日本洋楽の美しさをステージにあるいはラジオによってドイツ国内にふりまいて来ようというのである」と書かれている。
五月七日　長政はベルリンに向かうが、一〇日にはパリに戻る。
五月一二日　午前八時半から『新しき土』をカットする作業をおこなう。「ラストその他で二〇〇メートルあまり」を切り、午後四時半から「商売人たち」を対象とする試写を実施。「だいぶカットしたので少し軽くなった。評判も割合によい。原さんの評判がよい」。
五月一三日　『新しき土』をグレエツに見せる。
五月一四日　『新しき土』の試写をおこなう予定だったが、グレエツがプリントを返却しなかったため、実施できず。
五月一五日　夫妻は「汽車で原氏たちを迎えにベルリンへ行く」。
五月一八日　「松竹の井上氏から来電。シーボルトを製作するので適当なドイツ人の俳優を送ってくれと依頼してくる。ファンク、ハック乗り気。共同製作しようと言い出す」と書かれており、松竹が〈シーボルト映画〉の企画を立て、ファンクは自分が監督したいと表明したようだ。この企画も実現しない。
五月一九日　ファンク邸での送別会。原とかしこは、ファンクとハックから「素晴らしい鰐のトランク」を贈呈される。「いままで原さんたちはパリで私たちと別れてスエズ経由帰る予定でいたのだが、急に川喜多の考えで一緒にアメリカ経由帰ることになる」。
同日『リヒト＝ビルト＝ビューネ』は、原が二七都市で舞台挨拶をおこなったとし、そのうち二二の都市を挙げる。原は各地で、その街特有の贈物をされたそうで、帰国して一本に出演したあと、ドイツに戻って映画出演しそうだとも書かれている。二〇日『朝日新聞』にも、「国際映画界の女王となった銀幕の麗人原節子嬢はドイツ八大主要都市を巡りドイツのファンに挨拶をしていたが、一八日午前義兄熊谷監督に伴われてベルリンに帰還、ウンター・デン・リンデンのホテル・アドロンに入った」という記事がある。
五月二〇日　ファンク夫妻、ハック、大島夫人らに見送られて四人はベルリンを発ち、翌日にパリ到着する。この日、日本の多くの新聞に『サムライの娘』がドイツで記録破りの興行収入をあげているという記事が掲載される。たとえば『朝日新聞』は、「三月二三日より五月一八日までにドイツ主要都市における二六〇〇の大小映画劇場において上映され、観客数六百万を超えるという未曽有の圧倒的人気である。従来ドイツ映画界における長期上映の記録はテラ・フェアライ社提供のポーラ・ネグリ主演映画『モスコー・シャンハイ』とされていたが『サムライの娘』はこの記録を破りロング・ランの最高記録を樹立した。『サムライの娘』はまた欧州一三ケ国に向かって発送され、ブカレストにおいてはすでに上映され大人気を呼んでいる。その他ギリシャ、ポーランド、ハンガリー、フィンランドの各国からも上映契約申し込みが殺到し、このところ欧州の映画界は『侍の娘』の話で持ち切っている」と報じる。同日『東京日日新聞』は、『サムライの娘』が送られた国として、右に紹介されたほかにオランダ、オーストリア、ユーゴスラビア、チェコスロヴァキア、リトアニア、スウェーデン、デンマークを挙げる。ドイツではこのような報道は見られない。
五月二一日　夫妻は偶然会った田中路子と食事をし、雪洲も合流する。よく知られているように、田中路子は三〇年代から六〇年代にかけてオーストリア、ドイツ、フランス等で活動した声楽家・女優である。映画でも複数の主演作があり、この時期の日本人女性としては最高の〈国際的女優〉だった。このときは、雪洲との共演作『ヨシハラ』（『吉原』）に出演するためにパリにいた。
五月二二日　『読売新聞』に「今秋ヤニングス来朝　国際映画を製作　名監督のフォルスト氏も　日本俳優も共同出演」という記事が掲載される。「『新しき土』につぐ第二回日独提携の国際映画の製作をめざして今秋一〇月ごろ銀幕で馴染み深いドイツの名監督『未完成交響楽』のヴィリー・フォルスト〔フォルストはオーストリアの監督〕と名優エミール・ヤニングス氏の来朝が伝えられてきた」とするもので、トービスの日本総代理店「トービス＝国光フィルム」を設立するために今秋一〇月帰朝する小笠原武夫が両氏を同伴すると書かれている。もちろんこんな話は実現しない。

五月二七日　夫妻は田中路子と昼食を共にし、かしこは「路子さんは本当に早川氏を好きになってしまったらしい。それならもう一緒になるよりほかはないが早川氏の誠意には疑問がある」と書く。

六月四日―七月一五日　『サムライの娘』はウィーンで上映される。オーストリアがドイツに併合されるのは翌年のことだ。オーストリアの映画新聞『マイン・フィルム』の上映作品リストによれば、ウィーンの一四三の映画館のうち、六月四―一〇日は一館、一一―一七日は五館、一八―二四日はゼロ、二五日―七月一日は八館、七月二―八日は二館、九―一五日は二館が同作を上映した。

六月四日同紙には、映画館「アポロ」での上映の際に「ハツエ・ユアサ」が日本の民謡を歌うと書かれている。それは貴志康一『Kagami』にも出演した湯浅初枝にちがいない。同号に掲載された紹介文では、『サムライの娘』に『燃える心（Flammende Herzen）』というサブタイトルが付され、輝雄は「Terou」、光子は「Mitsouko」と表記されている。別の頁には「日本にも映画スターはいる」という記事があり、もっともギャラが高いのはタナカ（田中絹代だろう）で月に一七〇〇シリング、ほかのスターは六八〇―八五〇シリングで、年間三五〇本が撮られているといったことが書かれている。

六月四日　夫妻はジュリアン・デュヴィヴィエに『新しき土』を見せる。すでに紹介したように日本では三月一一日に〈デュヴィヴィエが原主演の映画を撮りたがっている〉と報道されたが、デュヴィヴィエはこのときはじめて『新しき土』に接したのだ。かしこは、デュヴィヴィエが「自分がやれば、こんな宣伝映画でなしに、もっと万人の心に触れる映画をつくる。その方がよほど宣伝効果があるという。原さんはたいへんよい素質を持っているから自分も使ってみたいという。デュヴィヴィエが日本へ来てつくれば本当に面白い立派なものができるだろう。このプランはぜひ実現したいものと思う」と書く。

同日『大阪日日新聞』は、原らの帰国が八月初旬に決定したと報じる。当初は七月初旬に帰国の予定だったが、長政から「帰途アメリカ経由、ハリウッドに立ち寄って各社撮影所を見学させたい」との希望を寄せられたJ・Oの大澤が、「ハリウッド見学は両人の将来のため大いに役立つものであろうと」快諾したという。

六月六日　『朝日新聞』夕刊に、「『新しき土』襲撃計画」という異様な見出しの記事が掲載される。上海の邦人向け映画館、東和劇場で『新しき土』を上映していたところ、抗日救国会が四日、「共同租界工部局に対し『同映画は満洲国の宣伝映画であるから、もし即時禁止せざるときは東和劇場を襲撃すべし』と脅迫的通告を発した」ため、同劇場内外に四〇名の警官、警衛兵が配置されたという内容だ。邦人向け上映とはいえ、堂々と中国で同作品を上映したという事実にむしろ驚かされる。

六月八日　長政はロンドンに出発する。

六月九日　かしこは田中路子、雪洲と一緒に『ヨシハラ』のトーン・ミキシングを見る。かしこは「日本ではかならず問題が起こるだろう」と書いている。『ヨシハラ』がのちに〈国辱映画〉として批判を浴びることについては後述する。

六月一三日　長政が戻る。「『新しき土』の英国の商談はなかなかむつかしそう」。

六月一六日　四人はパリを出発、翌日午前一時にシェルブールでニューヨーク行きのクイーン・メリー号に乗る。

六月一七日　『読売新聞』が、パリ在住の松尾邦之助特派員のもとに田澤ちよ子、原節子、太田綾子夫妻等の有名人が集っていると報じる。「山田耕筰氏から何とか棒をふる機会を与えてくれとの手紙、松尾君参って『山田さんは棒をふれば金になるのだからいいが、こっちはただ時間を棒にふるだけです』とそれでもせっせと世話をしている」という記述があり、山田がすることがなくて困っているように読める。しかし一九日『朝日新聞』夕刊は、「ファンク博士の『新しき土』続編の音楽指揮のためドイツ宣伝省から招聘されて目下滞独中の山田耕祚氏より、一八日外務省文化事業部に快ニュースが舞い込んだ。それによると、山田氏は来る二二日有名なベルリンの『フィルハーモニー』楽団を指揮して日本へ向け日独交歓の特別放送をすることに決定した」と報じる。山田はひとつのチャンスはつかんだのだ。

六月二一日　四人はニューヨークに到着する。夫妻はアメリカ映画の新作をチェックし、交渉する。

六月二二日『都新聞』が、ファンクが樺山丑二に送った手紙を紹介する。「『サムライの娘』を全然再編集して出しましたので、お便りがたいへん遅れました」という文章ではじめられ、「近き将来、再び私は日本に行きまして、皆様と協力して新しい映画をつくる機会が来ることを期待し、またかならずそうなるであろうことを信じております」と書かれている。

六月二四日『大阪日日新聞』に東和商事が受け取った電報が紹介される。「川喜多長政夫妻および原節子、熊谷久虎の四氏は六月二一日ニューヨークに到着したが、アメリカでは『新しき土』のニューヨークほか各大都市封切交渉の上、ロサンゼルスに回り、ハリウッドの各社スタジオを見学、七月一四日サンフランシスコ出帆の龍田丸に乗船」とされ、「川喜多氏は今回の欧米旅行により『新しき土』の封切交渉のほか第二の国際映画製作につきドイツ、イギリス、アメリカ各国の有力映画会社と提携の折衝をおこなったので、帰朝の上はこの計画が急速に実現するものと見られている」とも書かれている。

六月二八日『フィルム＝クリーア』に、「中国風の装いの人種理論」という奇妙な記事が現れる。ウィーンの新聞『ヴィーナー・ツァイトゥング』の『サムライの娘』評を揶揄する内容で、引用された批評文には「映画の全体が中国の風習と見解を描写しているという印象を生む」「あらゆる部分が、今日の中国における近代的な少女教育の即物的映像を提示し、そのあいだに慎重に中国風の衣装をまとった人種理論が展開されている」「『文化』と退屈とキッチュの混合物」といった表現が見られ、日本と中国の混同を嘲笑う文章が続く。たしかにウィーンの記者は誤解して的はずれな批評を書いたのだが、他方でわかるのは、オーストリアではまだドイツ映画に対して自由にものがいえる状態だったことだ。翌年、オーストリアはドイツに併合されることになる。

六月三〇日　ニューヨークで『新しき土』の試写会が実施され、かしこは「評判よし」と書く。このときも伊丹版を夫妻がカットしたヴァージョンを上映したにちがいない。

七月二日　ニューヨークを発つ。「『新しき土』はモダンフィルムのバーネットに全アメリカの配給を委託し、リッチ、サヴェージ両氏に監督してもらうこととなる」。

七月六日　ロサンゼルス到着。アンバサダー・ホテルに入った際に「日本の着物を着た節子の可憐な姿は人目を惹いていた」（七月九日『朝日新聞』）。

七月九日　同地で『新しき土』の試写をおこなう。

七月一〇日『朝日新聞』夕刊が「新設された日本トービス社は、東京発声と提携していよいよ日独国際映画を製作する〔……〕社長小笠原武夫氏が『新しき土』リヒャルト・アングスト氏とジャック・フェデーの助監督をつとめたことがあるヴォルフ・バジェ氏を伴い、来る一九日、神戸入港の靖国丸で帰朝の上最後的決定を見るはず」と伝える。前年一二月にベルリンに戻ったアングストは、わずか八ヶ月後に再来日するのだ。小笠原の新会社は「大日本国光輸出映画製作所」の名称で活動し、年三本のペースで輸出映画を製作するという（『キネマ旬報』七月二一日号）。

右で「ヴォルフ・バジェ」と書かれた Wolfgang Loë-Bagier が、「フェデーの助監督」をつとめた形跡は見出せない。のちに川添紫郎が、バジェはデュヴィヴィエのカッターであったと語る（『キネマ旬報』四〇年四月一日号）が、デュヴィヴィエとも『巴里─伯林』（一九三二年）の助監督をつとめただけだ（それも各種フィルモグラフィーでは明記されない場合が多い）。エーリヒ・ヴァシュネクをはじめとするドイツ人監督の一〇本ほどで編集や助監督を担当しているが、「巨匠フェデーの愛弟子」（『キネマ旬報』八月一日の「国光フィルム」広告）であったという事実は確認できない。『新しき土』のチャーデンスのように、あまり実績のない外国人を連れて来るに当たり、ここでも肩書が粉飾されているように思われる。以下では彼の名は「ヴォルフガング・バジェ」と記す。

七月一二日　帰国のために龍田丸に乗る直前、夫妻は盧溝橋事件が起こったことを知る。七月七日、盧溝橋近くで演習中だった日本軍は、何者かから発砲を受けたとして中国軍に攻撃を加えた。周知のとおり、これによって日本は中国軍との全面戦争に至る。長政はかしこに、「この事件は厄介なことになるよ」「長い戦争になる覚悟をしていなくてはいけない」と語った。かしこの「日記」はここで終了する。日本は〈非常時〉から〈戦時下〉の国家となり、国際的な孤立もさらに深まる。国民は盲目的に戦争に協力することを要求され、新聞雑誌も発行前と後の二度、検閲を受けることになる。要するに、『新しき土』を最後に、日本映画の輸出という夢は実質的に絶たれてしまうのだ。そのきっかけとなった事件が、原や長政が〈凱旋帰国〉の途上にあった時期に起こったという事実が何とも皮肉である。

七月一四日『朝日新聞』に、諏訪根自子が一二日の夜、パリのサル・オーシュでデビューし、好評を博したという記事が掲載される。原節子と同年齢のヴァイオリンの天才少女、諏訪は三六年一月にベルギーに留学し、パリに移って腕を磨き、このときデビューを果たしたのだ。原がパリに寄ったときにも根自子は同地に居住していた。

七月一七日『樺太日日新聞』に、樺太の映画館「スミレ」で『新しき土』が一七日、一八日の二日だけ上映されることを告げる一面広告が掲載される。披露上映会から五ケ月、『新しき土』のプリントは樺太にたどり着いたのである。

七月二八日　龍田丸が横浜に到着する。二九日『朝日新聞』は、原が着物姿で花束を抱えている大きな写真を添えて、「ドイツで二十数回の挨拶のあとフランスに一ケ月、次いでアメリカに遊んだ原節子嬢は、紫色の着物に大きな花束を抱えている」と報じる。

二九日『新愛知新聞』は、「ベルリンには二ケ月滞在、その間『新しき土』上映中のカピトール座でファンク博士と共に挨拶しました〔……〕ゲッベルス宣伝相にお目にかかったり映画界をみたり、ベルリンとミュンヒェンから三回も放送させられたり、皆様からとても親切に歓迎されました。帰途フランスに一ケ月ばかりいてアメリカへ渡りハリウッドを訪問しましたが、そこでも各スターを回ってスタンバーグ監督やルイズ・レイナー、ディートリヒ等に会いました。ディートリヒの感じはやはり立派な大スターと思いました。ベルリンではフィルムをとる話もありましたがJ・Oの都合で日本の撮影を急ぐため取りやめとなり、帰ってからの第一作は『東海美女伝』と決まったわけです」という原の談話を紹介する。

三〇日『東京日日新聞』では、原は「軽井沢でお知り合いになっていたスタンバーグさんがいらしたので、親切な御案内でハリウッド中をくまなく見ることができました」と述べ、ディートリヒと食事したこと、アイリーン・ダン、タイロン・パワー、スペンサー・トレイシー、ケイリー・グラントらに紹介されたことを自慢している。「みなさんが親切で、ぜひまたやって来て映画を撮れなどとスタンバーグさんはじめ勧めてくださいます。英語を一年もみっちりやればどうにかなるからといってくださいました」とも語り、多くの社交辞令を浴びてきたことがわかる。

原の帰国を伝えるＪ・Ｏの広告（『キネマ旬報』1937年8月1日号）

なお『日本映画』三七年一〇号に長政が欧米訪問を振り返るエッセイを寄せているので、内容を紹介しておこう。面白いのは、ベルリンでの武者小路大使の晩餐会で直接ゲッベルスの意見を聞いたという部分だ。ゲッベルスは「この次の映画にはもっとしっかりした脚本を準備したまえ。一貫してまとまった力強い筋が映画には一番大切なのだ。美しく変わった景色や風俗の異なった人間の陳列も一度は観衆の興味をひくが二度と繰り返すべきではないよ」と語り、横にいたファンクは「苦い顔をしてこの言葉を聞いていた」。長政はゲッベルスから、「今後の日独映画製作の問題やその他で一度ゆっくり話したいから訪ねて来い、といわれた」が、「ゲッベルス博士の意見とその実行力に強い魅力を感ずるのあまり、大臣を訪問することを遠慮した」という。

ゲッベルスのほうでは日記に、四月一六日に日本大使館での食事会に妻と出席し、「日本の監督、川喜多およびファンク博士と興味深い会話を交わす。このせいでとても遅い時刻になる」と書いているので、右のコメントはその夜のものだ。つまりゲッベルスは滑稽にも川喜多を「共同監督」と誤解し、忠告まで与えていた。ゲッベルスが本音では『サムライの娘』を愚作と見なしながら、大々的に報じるようにという命令を出していたことがよくわかる。

長政のエッセイに話を戻す。長政は、パリではデュヴィヴィエに「自分が日本へ行ってつくるなら全然この映画と異なった日本の半面をとらえて来たい。もっと実生活にふれた社会問題を取り扱ってみたい」といわれ、アメリカではスタンバーグから「君のこの映画製作態度がよくない。君はこの映画の製作によってさまざまな方面を満足させようとしたことが明らかに見えすいている。その結果誰にも満足してもらえない映画が出来上がったのだ」と酷評されたとも書いている。

しかし長政は、スタンバーグやデュヴィヴィエを起用していたら映画は完成しなかっただろうとし、『新しき土』はとにかく完成し、欧州十数ケ国の映画館で数千万の観衆に公開された。日本製映画に対する欧州一般大衆の興味は勃然と湧いてきた。映画館は日本製映画の上映を希望し、興行配給社は繁く次の私たちの計画を問い合わせてくる」ので、「新しき土の捨て石は有意義だったのだ」と述べる。ファンクも『新しき土』は「捨て石」

であると述べていたが、長政も「捨て石」という言葉を堂々と使っている。逆にいえば、ファンクも長政も作品の質の低さを認めていたわけである。

さらに長政は「終局の目的は衣笠作品、溝口作品、小津作品が堂々と全世界の常設館に上映されることにある」とし、外国人を招いての映画製作は日本人監督による〈輸出映画〉への架け橋に過ぎないとする。完成直後は明かせなかった本音を長政が披露しているという意味で、とても面白いエッセイだ。

このころ伊丹は何をしていたか。『キネマ旬報』四月一一日号の『故郷（ふるさと）』の広告には、「日本が生んだ世界的監督伊丹万作が『忠次売出す』『赤西蠣太』の快調を現代劇へ盛り込んでの第一回力作！」とある。伊丹は『新しき土』に関わったという事実から――あれほど酷評され、ファンク版では名前が消されていたにもかかわらず――「日本が生んだ世界的監督」とされているのだ。同号には伊丹が「『故郷』完成後休養中」とも書かれている。

四月二八日『朝日新聞』夕刊の映画評では、「問題はむしろ伊丹監督の描き方にあり、時代劇畑では第一流の同監督も先に『新しき土』国際版で失敗したが、彼自身独立してのこの現代劇映画を見ると、まざまざとその欠陥は露骨に現れ、なるほどと合点できる」といった厳しい言葉が並んでいる。〈才人〉と呼ばれてきた伊丹の評価は、急落してしまった感じだ。

『キネマ旬報』五月一日号は、「伊丹万作の『故郷』に次ぐ作品は丸山定夫主演の時代劇と決定。目下脚本を準備中」と報じる。伊丹は得意の時代劇にとり組んだのだ。同誌五月一一日号には伊丹の動向に関して、「次回作品『物臭太郎』の脚本執筆中、本編は新入社の澤村畒之助主演もの」という続報がある。批評欄では水町青磁が『故郷』について、従来の伊丹作品の特徴である「垣」が取り除かれている同作は「伊丹の新しい出発」であり、「なぜ、現在の彼がこの種の素材を取り上げたか――そこに彼の今後の貴重なモメントがある」といったように今後の活動への期待を表明する。

ところが〈『故郷』の次作〉は出来上がらない。『キネマ旬報』六月二一日号には「伊丹万作は澤村昌之助、花井蘭子主演『物臭太郎』の脚本準備中」と書かれているが、七月二〇日『朝日新聞』では「伊丹万作監督の次回作品『権三と助十』（岡本綺堂原作）の配役は、権三：鳥羽陽之助、助十：小笠原章二郎、おとわ：花井蘭子、お百：竹久千恵子」とされ、タイトルと出演者が変わっている。

長い時間をかけ、得意の時代劇で勝負をかけた『権三と助十』は、一〇月八日に封切られる。だが、一九日『朝日新聞』では「伊丹万作は全体に妙な感傷を沁みこませたり、取り澄ましたポーズをとったりして、冷たく陰気な『権三と助十』にしている」「腹の底から笑いきれない『権三と助十』はともかく困ったものである。凡作」といった酷評をくらう。伊丹はその次作、ヴィクトル・ユゴー『レ・ミゼラブル』の翻案、『巨人伝』（一九三八年四月一一日封切）が最後の監督作となる。

なお熊谷に関しては、『キネマ旬報』六月一日号が、台北で五月一七日から上映予定だった『蒼氓』が検閲試写の結果、「統治上ゆるがせにすべからざる点多しというので」上映を禁じられたと報じる。引き続いて同作は検閲で問題を起こしていたわけだが、同誌七月二一日号では清水千代太が三七年前半の〈四本の佳作〉のなかに『蒼氓』を入れ、「熊谷久虎の野心と熱情とは、小津安二郎や溝口健二の演出の巧みさよりも、ある意味では日本映画界にとっては必要ともいえると思う」と評している。

のちに熊谷は『キネマ旬報』一二月一日号に寄せたエッセイで、「私の渡独の目的は映画を製作することにあった」、「自分はいままで誰も日本人のやらない仕事ができる」と思っていたと書く。熊谷は自らの能力を認めさせるためにドイツに『蒼氓』を持っていこうとしたが、輸出検閲のせいで実現できなかったという。

熊谷の主張を要約してみよう。ベルリン到着一ヶ月半後、ファンクから『外交官の娘』のストーリーを提示され、シナリオはファンク、イタリア人ガローネが監督、日本に関する部分を熊谷に担当してもらいたいといわれた。熊谷は、「別の一流の人」に脚本をまかせたらどうかと提案したが、ファンクに拒絶され、この話は消えたという。熊谷は、無能なファンクが自らシナリオを書くことに固執したせいで、自分の欧州滞在が無意味になったと主張しているのだ。熊谷は、パリではルノワールと歓談し、日本との国際映画を撮りたいので帰国後に手配をしてくれと頼まれ、ハリウッドではパラマウントを辞めた直後のスタンバーグの案内を受けたが、卑屈な態度が気になったと書く。熊谷が、欧米の多くの有名監督を見下す発言をしているのが面白い。

『蒼氓』をめぐっては、三七年三月一日『門司新聞』に「四月から七月頃にかけてドイツ、フランス。イギリスの大都市で順次封切られることになった。これはファンク博士が日本を去るに及んで東和商事川喜多氏に依頼しておいたもので、来る一〇日原節子、熊谷久虎兄妹を同伴してドイツに赴く川喜多氏によって携行され、テラ映画社においてファンク博士の指導を得てドイツ版に改修した上」、封切られるという記事がある。〈ドイツ、フランス、イギリスでの封切が決定〉という部分は疑わしいが、この記事から一行が東京を離れる一〇日までのあいだに『蒼氓』が輸出禁止処分を受け、熊谷が携行できなくなったとすれば、右のエッセイと辻褄が合う。

第三章　伊丹版・ファンク版の相違点

まず全体の構成を簡単に紹介しておこう。『新しき土』の物語は、大雑把にまとめると以下のように進行する。

一、輝雄の帰国を告げる電報が実家である神田家に届けられる。大きな地震が起こり、老父母と幼い妹が不安そうな様子を見せる。
二、船上で輝雄がゲルダのインタヴューを受ける。
三、紡績工場で働く輝雄の実妹、日出子が嬉しそうに、同僚たちに兄の帰国を告げて回る。
四、輝雄が養子となっている大和家で、義妹であり許嫁である光子が輝雄の帰国を知らされて大喜びする。
五、輝雄とゲルダが東京に到着し、ホテルにチェックインする。
六、光子と父の巌が寝台車で東京へ向かう。
七、ゲルダと朝食を終えた輝雄は、ホテルのフロントで巌、光子と再会する。
八、輝雄はホテルの部屋で、巌に光子と結婚する意思がないことを告げる。ドアの隙間からそれを聞いた光子は嘆き悲しむ。
九、輝雄はホテル内でゲルダに地球儀を見せながら満洲進出の意義を語る。

一〇、輝雄の父、耕作と日出子がホテルに到着するが、輝雄に冷たく扱われて去る。巌と光子もホテルを去る。
一一、輝雄は酒場で、左右に座った西洋女性と日本女性から注がれる酒を飲むうちに酩酊してしまう。
一二、耕作は帰宅途中で大仏に祈りを捧げる。巌と光子は屋敷で茶道の儀式をおこなう。
一三、大和家で、耕作と巌が輝雄の件で話し合う。巌は、一環和尚に手紙を出したことを明かす。
一四、日出子が輝雄に桜の名所や狂言、相撲などを見せ、輝雄は〈日本の心〉を取り戻す。
一五、輝雄は一環和尚の寺に行き、話を聞いて自分の過ちを悟る。
一六、輝雄は神田家を訪ね、翌朝は農作業をして土に触れる。
一七、ゲルダが大和家に来て、光子の語学教師らと話したあと、光子の婚礼衣装を見せてもらう。
一八、輝雄は東京から転送されてきた、親族会議の開催を告げる手紙を受けとり、大和家へ急行する。
一九、大和家でゲルダは輝雄への手紙を巌に託し、巌らと食事を共にする。
二〇、大和家で親族会議がはじまる。光子は婚礼衣装を持って家を出て、火山に向かう。
二一、輝雄が遅れて会議に到着し、〈寛大な処置〉への感謝の言葉を述べる。
二二、輝雄は光子が自殺しようとしていることを悟り、自動車で火山に向かう。
二三、光子は苦労しながら火口近くに到着する。
二四、輝雄が頂上付近で光子を救出し、ふたりは山小屋で休む。
二五、大和家に戻った輝雄と光子は結婚を誓う。
二六、両者は神田家を訪ね、耕作の話を聞く。
二七、満洲の広大な農地で、輝雄がトラクターを使った近代的農業に携わっている。赤ん坊を抱いた光子がそれを見守る。

ファンク版での山頂における光子と輝雄（写真協力：公益財団法人川喜多記念映画文化財団）

両版が顕著に異なる点としては、「二四」と「二五」が伊丹版にないこと、伊丹版には「一〇」の前に耕作と日出子が横浜港を訪ね、輝雄の帰国が早まったことを知る場面があるがファンク版にはないこと、光子が火山に向かう際に伊丹版ではバスに乗るがファンク版では電車を使う（車内の映像はバスの映像が使用されている）こと、ファンク版では輝雄が自動車で大和家に向かう途中で野原で写真を撮っていたゲルダのすぐ前を通過し、続いて鉄道の踏切では目の前を光子の電車が通るという二度の〈すれ違い〉があるが伊丹版にはないこと、伊丹版では光子が登山の途中で草履を脱いで足袋で山を登るが、ファンク版では輝雄が靴を脱いで大正池を泳いで渡り、登山中は熱せられた土のために足に火傷をおうこと、また〈毒ガス〉に苦しめられること、伊丹版では光子がじっさいに身を投げるが、ファンク版では身を投げる前に輝雄が追いつくこと、ファンク版では救出直後に大噴火と地震が起こってミニチュアの家屋が倒壊する部分があるが伊丹版にはないことなどが挙げられる。

なお一九三七年にわが国で公開されたヴァージョン

では、両版ともに冒頭に「一人の外国人が海を越えて日本に来た。彼は自分の眼で日本を見た。そして日本を愛した。彼は愛する日本の現実を土台として彼らしい一つの夢を描いた。その夢がすなわちこの映画である。しかもこれは一刷毛に描いた略画である。したがってたとえば地理的その他の矛盾は篇中随所にこれを指摘することができる。しかし諸君の雅量は微笑とともにこれらを看過してくださることと信ずる」という日本語の序文が置かれ、伊丹版には文末に伊丹万作の名前がある。ドイツ封切の段階で、この序文はファンク版から消されるが、三七年二月に日本で封切られた版にはしっかりとこのテクストがつけられていた。過去の論文等には〈伊丹版のみに序文がある〉とするものがあるが、それは誤りである。

ここで、ファンク版が複数存在することについて書いておきたい。すでに書いたように、日本で最初に封切られたのは一二七分の版だが、翌月にドイツで披露された版は一二〇分だ。ファンクは帰国後、七分のフィルムを削り落としたのである。ゲッベルスが日記で〈長過ぎる〉と評したのは、この一二〇分のヴァージョンだ。その後、ファンクはさらに全体を縮める。現在、ドイツの諸機関に保管されている版の長さは一〇七分で、欧米でVHS・DVDとして販売され、日本でもDVDが販売され、二〇一二年にリヴァイヴァル上映されたのもこの版だ（すでに紹介したように日本では「一〇六分」とされることが多い）。以下ではこの版を短縮版と呼ぶ。

しかし、ドイツ封切版と短縮版のあいだにも別のヴァージョンがあった。ドイツでの検閲記録によると、『サムライの娘』はプレミア当日に三二九七メートル（一二〇分）の作品として検閲を通過し、さらに四月二八日に三〇六六メートル（一一二分）のヴァージョンが認可を受けている。四月二八日といえば原が地方都市で舞台挨拶をおこなっていた時期だが、ファンクは八分を縮めた新しいヴァージョンを申請していたことになる。

なぜファンクが最初の版を縮めたのか、ドイツ全土での上映において、いつ第二の版に差し替えたのか、そしてそこからさらに五分をカットし、現在の一〇六／一〇七分をつくったのはなぜか。残念ながら、これらを説明してくれる資料や証言は見つからなかった。

日本では、日独防共協定締結の一年後、一九三七年一一月二四日に日比谷映画劇場で『武士の娘』のタイトルで、「日独両国民の心を一層しっかりと結びつけた『新しき土』ドイツ公開版」（一一月二三日『朝日新聞』夕刊広告）が上映されている。ドイツでの公開版が逆輸入されたという触れ込みだが、どのヴァージョンが上映されたかは不明である。

厄介なのは、『サムライの娘』は四二年から四三年にかけて手を加えられ、四三年から翌年にわたって『ミツの恋（Liebe der Mitsu）』というタイトルで上映されていることだ。『Deutsche Tonfilme』（一九九七年）によると、冒頭に日独の同盟関係を強調する字幕をつけられた戦時ヴァージョンだったという。『ミツの恋』のプリントも捜してみたが、欧米のアーカイヴでは見つからなかった。

さらにドイチェス・フィルムインスティトゥートには、『桜の花、ゲイシャと火山（Kirschblühten, Geishas und Vulkanen）』という驚くべきタイトル（冒頭では下に小さく『サムライの娘』とも書かれている）の、わずか七九分の版も所蔵されている。視聴してみたところ、この版には日本語の会話にドイツ語の字幕がつけられており（ドイツで保管され、DVDとして販売されている一〇七／一〇六分版には字幕はない）、ドイツ語の会話部分もすべて吹き替えられている（オリジナルの音声とは異なる）だけでなく、満洲の場面、満洲への言及がすべてカットされ、ドイツの国旗が映る映像では白い円が足されて鉤十字が隠されている。要するに政治色を消す努力がなされているのだが、この版は五四年六月二一日に検閲通過し、初上映は五八年（日付や上映の状況は不明）と記録されている。それなりの資金を投入し、『サムライの娘』を無害化してあらためて上映しようとする試みがなされたように見えるが、ファンクの自伝では言及されておらず、どのような事情でこの版が生まれたのかはわからない。いずれにせよ、ファンク版には少なくとも六種類が存在し、現在視聴できるのは一二七分版、一〇七／一〇六分版、七九分版ということになる。

ファンク版について日本で書かれる文章の大半は、短縮版を対象としているようだ。だが本書では、日本での封切当時に書かれた批評などを検証する必要があるため、最初に人々の目に触れた一二七分のヴァージョンをファンク版として扱いたい。以下では、伊丹版と一二七分のファンク版の比較を原則とし、必要に応じて短縮版にも言及する。

(1)徹底した細部の差別化

伊丹版とファンク版の両方を観た人はおそらく、たとえば船上でのゲルダと輝雄の対話場面でファンク版では頭上に鉤十字旗と旭日旗があるのに伊丹版では星条旗や日の丸が見えるといった明らかな相違があるとしても、全体としては共通する部分が多いという印象を抱くことだろう。しかし、一見してそっくりに思われる両版の映像も、実は小さな点が異なっていて、同一のものはほとんどない。〈満洲で輝雄が赤ん坊を抱き上げる〉箇所などは、どちらの版でもまったく同じことがおこなわれているのに、異なる映像が使われている。細かく観察しなければわからない相違点しかないのだが、別のショットなのである。

〈富士山〉や〈打ち寄せる波〉のような風景映像も含めて、両版に使われた〈同一ショット〉はごくわずかしかない。いや、皆無に近い。このことから、ファンクと伊丹をはじめとする関係者は、〈両版で同じショットは使用しない〉という原則を立てていたと思われる。ふたつの版は、漠然と観客が抱く印象以上に、徹底的に異なった映画なのである。

〈ファンク版と伊丹版は別々に撮影がおこなわれた〉という報道がなされたことは紹介した通りだが、ファンクが参加せず、伊丹とアングストだけ、あるいはアングストひとりで撮った場面もかなり存在した。それにもかかわらず、徹底して異なった映像が使用されているとすれば、大量の撮影フィルムのなかからファンクが先に好ましいテイクを選び、伊丹は残ったネガから使えそうなものを選んで使用したのではないか、といった推測がなされても不思議ではない。

当時の人々もそう思ったようで、『映画ファン』三七年六月号では、玉木潤一郎が伊丹から聞いた話として、日本版はドイツ版の「あまりのネガ」で編集されたものだったと書く。それに対し、七月号には伊丹が『伊丹万作放談』を読む」という反論エッセイを寄せる。伊丹は、『新しき土』の「撮影台本はファンクが自身で書いたものに拠った」が、「日本版あるいは国際版と称するもののラスト近くは、伊丹のコンティニュイティによってなされた」と書く。やはり伊丹は、ファンクの脚本を基本としつつ自らの版を撮ったのであり、展開が大きく異なる火山の部分だけはあらかじめ別の構想を立てて臨んだのである。

そして伊丹は、ドイツ版の「あまりのネガ」で編集したと書かれたことに関しては、「あまりのネガ」が「N・G、あるいはKEEPのネガという意味」だとすれば、「部分的にはたしかにそういう場合もあった」とした上で、「私が、そんな無茶な条件の仕事にあまんじておわりまでしんぼうするわけがない」とする。続いて伊丹は「日本版（国際版）というものは資本家側の注文で、どのカットも必ず別に撮ったものである」と明確に記し、「ドイツ版はドイツ語をしゃべっており、日本版は英語をしゃべっている関係から、もう一つは、最初の契約でファンクがネガをドイツへ持って帰ることになっていたので、日本側へもネガを一本残したいという資本家の欲望から、もう一つはファンクの監督ぶりが、どうも日本人側に不満のため、以上三つの理由からどのカットも大概二つずつ撮ったのである」と事情を説明する。

さらに伊丹は、「私はドイツ版が日本において公開されるなどということは夢にも考えなかったし、資本家側からそれについて一言の予告も受けていない。日本においてドイツ版が公開されるのであれば、何も苦しんで写真を二本も作る必要はなかったのである。一本作って、英語だけ入れかえをすればそれで事は足りたのである。撮影には二倍の時間と労力を費やし、私は一年間の精力を意味なく浪費したのである」と徒労感を表明し、自分の日本版が知らないうちに数百フィートもカットされたというあまり知られていない重要情報も提供している。これは、玉木が前号に「数カット切られた」と書いたのに対し、数カットどころではなく数百フィートだと訂正したものだ。仮に「数百フィート」が「五〇〇フィート」だったとして計算すると、約五分三〇秒にもなる。それが事実なら大変なスキャンダルのようにも思われるが、この情報はほかでは見られず、真偽のほどは定かではない。事実なら、どんな映像が誰の判断で失われたのかをぜひ知りたいところである。

(2)伊丹の抵抗

両版ともに冒頭の序文に忠実に、日本の実情に合わない要素がかなり登場する。しかしふたつの版を比較すると、伊丹が〈矛盾〉を減らそうと努力をした痕跡は明らかに認識できる。伊丹は、ファンクの書いた脚本で承服しがたい部分を、撮影・編集時にファンクの同意を得ることなく変えたのである。

代表的な例を挙げよう。ファンク版では最初の地震の際に、神田家の床の間で刀二本が揺れているが、貧しい小作農である神田の家に刀があるのはおかしいので、伊丹版にその映像がないのは納得しやすい。光子が屋敷で動物に餌をやる箇所では、ファンク版では鶴やカエルや亀にも餌をやる映像があるが、伊丹版にはない。

ファンク版に何度も登場する旧甲子園ホテル（西宮市）の外観を示す映像は、伊丹版にはひとつもない。「ホテル・ヨーロッパ」（ファンク版では「ホテル・オイローパ」）は東京にあるという設定なので、関西の有名ホテルの外観を出すべきではないと考えられたにちがいない。同様に、伊丹版では「阪神電車」等、すぐに関西だとわかるネオンの映像は避けられ、代わりに東京のムーランルージュのネオンが目にされる。また、ゲルダと輝雄が兵士の行進を見る場面では、伊丹版では、両者はカメラが高い位置もしくは極端に低い位置から撮影され、背景を見せないような工夫がなされている。ファンク版を見ると、背景に山や林があることから明らかに東京都心部ではないとわかるので、伊丹は背景が映らないように配慮したと思われる。ホテル内の敷地や光子が登る山では、ファンク版では〈桜の季節〉という設定であるにもかかわらず頻繁にススキが目にされるが、伊丹版では登山の場面でわずかに見られるだけだ。

父娘の茶道の儀式（写真協力：公益財団法人川喜多記念映画文化財団）

ファンク版にある、巌とゲルダが絶壁の上に立って激しく打ち寄せる波を見ながら話す場面も伊丹版にはない。伊丹は、信州あたりにあるはずの大和邸から光子が坂を下って行くと厳島神社があるという矛盾は受け入れたが、この場面を入れると屋敷が別の海に面する険しい崖の上にあったことになり、二重の矛盾が生じてしまうので回避したのではないか。ファンク版では光子は電車で危険な活火山のふもとまで行くが、そんなところに電車が走っていること自体がおかしいので、伊丹版でバスが使用されたことも理解しやすい。

ファンクは、日本の都会の近代性を紹介するいっぽうで、明らかに特異な部分も強調しようとした。代表的な例としては、ホテルのテラスおよび出入り口付近、日出子が父と食事を共にする料理屋、日出子が輝雄と入る店のセットにある〈水車の仕掛け〉が挙げられる。外国人観客なら、日本のあらゆる飲食店やホテルで水車が回っているような印象を抱くだろうが、こんなものは日本でもめったに存在しないので、伊丹は登場させていない。

ファンク版での、日出子が輝雄に桜、相撲、都踊り、能などを見せて〈日本の心〉を取り戻させるという部分も、伊丹は完全に省いた。この部分が輝雄の心変わりを説明しているのでよいと賞賛する評者もいたが、そんな単純なことで八年間ヨーロッパで暮らした青年の〈目が覚める〉のはおかしいとする批評も少なくなかった。伊丹がこの部分を省いたのは、日本の伝統文化を羅列的に提示しようとする姿勢を愚かしいと考えたためではないか。

輝雄が神田家に向かう際に、ファンクは〈お面をつけて、太鼓と笛に合わせて踊る五人〉〈雛人形の姫のような着物の女性〉〈一〇人ほどの白い着物の女性たち〉を登場させ、輝雄が車で大和家に向かう際には〈笠をかぶり、太鼓を叩きながら進む白装束の一集団〉と遭遇させる。これらの人々は現実に日本に存在したと思われるが、祭礼とか巡礼の際の特殊な行事・衣装であり、伊丹は誤解を恐れたのか、自身の版に登場させていない。また、光子が火山に向かうときには、ファンクは京都の桜の名所だけでなく、「葵祭」や「龍頭鷁首舟遊」の記録映像を挿入している。何度も書いたように、大和家は火山の近く、信州あたりにあるはずだ。伊丹はこれらの映像を入れていない。

ファンク版では、寮の洗面台で、和服姿の日出子が顔に大量の石鹸の泡をつけて口笛を吹き、うしろで同僚たちが手拍子して歌うという信じがたい滑稽な場面があるが、伊丹版にはない。また、伊丹が愚かしい細部を回避したということでは、輝雄が帰郷した際に、農作業中だった父の〈汚れた手〉を握るという、両版にある場面も指摘できる。ファンクは、作業の内容から考えてつくはずのない大量の泥水を父の手につけ、手を異様に汚して撮影したが、伊丹はその手を必要以上に汚れているようには見せていない。

〈妹のおもちゃの船〉も気になる。どちらの版でも、冒頭で登場した妹は〈輝雄が乗っている船〉という想定の新聞紙を折ってつくられた船で遊んでいる。ファンク版では、輝雄が帰郷した際に妹はその船を水田に沈め、「お兄ちゃんのお船が沈んじゃったの」という。さらに妹は、輝雄からおみやげとして驚くほど巨大な船の模型

伊丹版での食事場面（写真協力：公益財団法人川喜多記念映画文化財団）

を受けとり、嬉しそうな様子を見せる。伊丹版では〈紙の船〉は最初にしか登場しない。私たちとしては、そもそも幼い少女が〈紙の船〉で遊ぶという点が疑問だし、それを沈めることやおみやげが巨大な船であることが承服しがたいので、この点では伊丹版のほうが好ましく感じられる。

またファンクは、輝雄を濃い色の書生風の着物に袴というスタイルで帰郷させる。伊丹版では、帰郷時の輝雄はスーツ姿で帽子をかぶり、左手に鞄、右手にコートを持っている。翌朝の部分では、ファンクは輝雄にいかにも貧農という感じの〈田吾作スタイル〉をさせるが、伊丹版では輝雄は白い下着シャツに洋風の半ズボンというスタイルで畑に向かう。当時の日本の農民の大多数は西洋風の衣服を持っておらず、農作業も貧しい身なりでおこなっていたにちがいないので、ファンクの発想もわからないではない。だが、輝雄が八年間の欧州留学を終えたばかりだという事情を忘れてはならない。長くヨーロッパで暮らし、〈西洋かぶれ〉である輝雄がスーツで旅をし、翌朝も半ズボンで出かけていくのは日本人

山小屋で光子を看病する輝雄（写真協力：公益財団法人川喜多記念映画文化財団）

の感覚としてもごく普通のことだ。なお、この〈朝の農作業〉においては、ファンク版の輝雄は水田で土のかたまりを手にして落とし、水をすくって顔につけるが、伊丹版の輝雄は畑で作業をしており、土のかたまりを顔に近づけて匂いをかぐというちがいがある。

またファンクは、ゲルダが巌と食事をする場面で、日本人でも箸では食べにくい豆料理などを選んでアップでとらえ、箸を使えないゲルダの困惑を強調する。これらの映像は、当時の欧米の観客に、箸を使う食生活の奇妙さを強調するものであり、現代の日本人としても居心地の悪い感じを禁じえない。伊丹版では、光子が箸の使い方を教えてやるだけで、料理のアップやゲルダの悪戦苦闘はない。また伊丹版では光子は巌、ゲルダと並んで食事をとるが、ファンク版では光子の料理は用意されておらず、光子は給仕をするのみである。

多数挿入されている〈農作業〉の描写においても、ファンク版では手作業の映像が多い。ファンクは、満洲が夢の土地であることを表現するためにも日本国内での農作業の貧しさを表現したかったのかもしれないが、必要以上に後進的な印象が生じている感じがする。それに対し、伊丹版では人々がさまざまな農機具を使って作業をしている映像が多い。

ファンク版の終盤では、特に破綻が目につく。靴を大正池のほとりに置いてきた輝雄が、なぜ倒れたのかわからない光子を抱きあげ、靴をはいた状態で力強く斜面をおりる箇所はでたらめだ。また、山小屋で布団のなかにいる光子を介抱している映像を示しておきながら、大和家の庭でくつろぐ輝雄が嬉しそうに「いよいよ僕たち、ふたりっきりで話ができるんだ」と語るのもおかしい。ふたりは山小屋でも「ふたりっきり」で話をしていたからだ。その直後で、乳母がやって来ていちゃつくことができなくなったふたりがドイツ語で会話をする、という場面もファンクはどうしても入れたかったのだろうが、あまりにも愚かしく感じられる。伊丹は輝雄に登山中はずっと靴をはかせていたし、〈庭でのドイツ語の会話〉も省いている。

(3)伊丹版だけにあるもの

伊丹はファンクの脚本を削っただけではなく、さまざまな要素を付け加えている。

代表的なのは、光子が想像上の〈輝雄の恋人〉への嫉妬をつのらせる部分だ。ファンク版では、ドイツ語教師が「彼女が彼に気に入られることを望みます」という不自然な例文を口にすると、光子は真顔で「彼女って誰ですか?」と訊き返す。伊丹版の英語のレッスンではこの会話はない。その夜、光子と巌が寝台車両で上京するとき、光子は八年間を回想する夢を見る。伊丹版では、ピアノを弾く手元の映像に〈顔の見えないブロンド女性〉のショットが重ねられ、さらに輝雄の隣にその〈顔のない女性〉がいるショットが提示されたのち、光子はうなされるので、光子が輝雄にヨーロッパ人の恋人がいるのではないかという不安に襲われたことが理解できる。ファンク版では、夢を見た光子は上半身を起こし、もっとピアノを習っておけばよかったと語るだけだ。

要するに、〈輝雄に恋人がいる〉という不安を光子が抱くことに関して、ファンクはドイツ語レッスンでの奇

光子が巌にボートの漕ぎ方を習う夢のなかの一場面（写真協力：公益財団法人川喜多記念映画文化財団）

妙な例文を使うのに対し、伊丹は光子が見る夢にブロンド女性を二度登場させるわけである。「彼女」および〈ブロンド女性〉はまもなくゲルダという外国人女性として登場する。その意味では、「彼女」という代名詞を使うだけのファンク版よりも、〈顔のないブロンド女性〉としてイメージを明確化する伊丹版のほうが、すぐあとに輝雄とゲルダが腕を組んでいるところを目撃する光子の困惑を深めるので、有効であるように思われる。

ゲルダがのちに大和家を訪れることに関しては、ファンク版では説明がないので、なぜそんなことになったのかわからない。だが伊丹版では巌がゲルダに名刺を渡し、はっきりと招待の言葉を述べるので、自然に受け入れられる。

また伊丹版では、光子の私室に、かつて火山の山頂で撮った輝雄との記念写真があり、それを見てから光子は火山に向かう。つまり、〈写真を眺めること〉が光子に火山での自殺を決心させる引き金となる。この写真はファンク版には出てこない。ただし、それは八年以上も前に撮られた写真なので、写っている光子は一〇歳以下の子供でないと計算が合わないが、どう見ても現在の光子と同じ年恰好にしか見えないという難点がある。

そのほか、両版が異なっているのだが、なぜ伊丹がそのように変更したのかわからない箇所も目につく。たとえば、最初に洋上にいるゲルダと輝雄がとらえられる部分で、ファンク版では小型のシロホンを持ち、乗客たちに何か（たとえば食事の時間）を知らせているらしい船員とすれちがうが、伊丹版では両者はカメラを手にした日本人男性とすれちがう。小型シロホンを叩く船員に特に違和感はないので、なぜこの相違点があるのかわからない。

ゲルダと輝雄が朝にホテルのテラスに出る場面では、彼らが座る席がまったく異なる。伊丹版では、かなり遅れてウェイトレスが来て、新聞だけを置いていくが、ファンク版ではすぐにウェイトレスが来て、カップおよびソーサーとナプキンを置いていく。ファンク版では、ふたりが座るテーブルの横で小さな水車が水を受けて回っているので、伊丹がそのような奇妙な席を回避したとも考えられるが、ウェイトレスが運ぶものが異なる理由は不明だ。

俳優の動き、所作などが異なる場合も多い。屋敷で巌が娘を慰める際に、伊丹版では巌は光子から見て右から接近して左手を差し伸べるが、ファンク版では左側に来て、右手を差し伸べる。伊丹版では、巌は光子の肩に手をのせるが、ファンク版では巌は右手で頭を軽く撫でる。どちらの版も、特に私たちに違和感をもたらすものではない。このような例は全体を通じてまさに枚挙にいとまがないので、このあたりでやめておくことにする。

(4)満洲の扱い

満洲をどう描くかは、この企画の根幹をなす重要な問題だ。ファンク版では、冒頭のイラストから〈満洲の大地でのトラクター〉が提示され、以後も〈満洲への移住〉が強調される。ホテルで地球儀の前に座った輝雄がゲルダに満洲の説明をするときは、伊丹版では主として名所旧跡と農耕風景のショットが重ねられるが、ファンク版では近代的な建築風景、銃剣を持つ兵士の映像などが並べられ、日本がそこに近代都市もしくは国家を建設しようとしており、武力を行使していることが明示される。伊丹版で、ファンク版にない〈輝雄の兄が満洲で命を落とした〉という情報が語られることも特徴的だ。ファンク版では、国家を挙げての大プロジェクトとして満洲進出が実行されている感じだが、伊丹版では、〈兄の遺志を継ぐ〉という個人的・情緒的な問題がからめられている。

ラストの輝雄らが満洲で耕作をしている場面では、伊丹版のほうが、輝雄がトラクターを運転している映像が多く、〈近代化された農業〉の印象が強い。また伊丹版では兵士はシルエットで曖昧に登場するだけだが、ファンク版に登場する兵士は銃剣を手にした全身像や表情のアップなど多様にとらえられ、この土地での農業が武力によって守られなければ成立しないことを強く感じさせる。このような兵士の映像を見れば、世界のどの地域の観客であろうが、満洲への進出が平和的なものではなく、日本人が〈本来の住民〉からの攻撃対象となっていることを理解するだろう。それは歴史的事実だったわけだが、とりわけファンク版がドイツ語圏での上映を前提につくられたことを考えると、ファンクの意図には疑問も残る。兵士が伊丹版にも（シルエットだとはいえ）登場することに関しては、伊丹ですら、満洲への移住が何の問題もない夢のような計画であるという嘘はつけなかったものと思われる。

(5)地震と火山

ファンク版（短縮版）を学生諸君に観てもらった場合によく聞かれるのは、日本が〈地震国〉なのはよいとして、〈火山国〉として描かれていることに驚いた、という声だ。たしかにファンク版は、冒頭から日本が〈火山と地震の国〉であることを強調している。伊丹版の最初の部分では桜や多数の島が浮かぶ瀬戸内海の映像も多数目にされるが、ファンク版では〈火山〉〈砕ける波〉〈富士山〉という三つのテーマをめぐる映像が計一八ショット、約二分間も並べられる。

途中、光子が自室の窓から火山を眺める箇所は同じような感じだが、登山をはじめると、ファンク版での〈火山〉の強調が著しくなる。どちらの版でも、それは随所で煙が上がっている〈火山〉だが、明らかにファンク版のほうが激しい噴煙が上がり、また〈毒ガス〉だという説明もなされるので、登頂が危険な行為に感じられる。ファンク版では靴を履いていない輝雄の足は血だらけになり、輝雄はひどい苦痛に耐えている様子を見せるが、伊丹版では草履を脱ぎ捨てた光子が、足を痛がることはない。ちなみにファンクは自伝に、地表が熱い箇所もじっさいにあったため、撮影のために石綿製の特別な靴下と足袋を用意したと書いている。

両版がもっとも異なるのは、ファンク版では輝雄が光子を救った直後に火山が噴火し、地震も起こって複数の家屋が倒壊することだ。池に火の塊が降り注ぐ映像も続けられる。この地震と噴火は伊丹版にはない。ファンク版では、映画の最初と終盤で大きな地震が起こっているわけだが、二度目の地震の意味はよくわからない。壊れた家が輝雄の実家であったなら意味があるかもしれないが、そうではない。輝雄が危険な大噴火の直前に光子を救出した、という劇的展開にしたかったとも考えられるが、そのような効果も感じとれない。単にファンクは、〈日本＝地震国〉というイメージを可能なかぎり強く発信したかったとしか思えないのだ。

ただし、冒頭で神田家の父母と妹が地震に襲われる場面では、伊丹版のほうがはるかに被害が大きい。ファンク版では棚の上のものや雛人形が落下する程度だが、伊丹版では家の壁にひびが入ったり、瓦が落ちて割れたりする映像が入れられ、屋敷そのものが崩壊しそうに思えるのだ。伊丹が、これほどの被害を描いた理由もわからない――これでは地震のたびに日本の家屋の大半が崩れてしまいそうな感じなのだ。〈二度目の地震〉がない伊丹版では、ここで家の外側が壊れる映像を入れなければ、せっかく浅野孟府という芸術家がつくったミニチュアの家屋を使う箇所がなくなってしまうので、無理やり入れたものかもしれない。

(6)ファンク版の良さ

もちろん、ファンク版のほうがすぐれているのではないか、観客にとって親切ではないかと思われる部分もないわけではない。代表的な例を挙げておこう。

冒頭で輝雄の父母らが登場する前に、ファンク版では神田家の外観を伝える映像がふたつ置かれているが、伊丹版では、いきなり雛壇の前に妹がいる映像が目にされる(そのショットがかなり長く続いたあと、家の外に電報配達夫が現れる映像となる)。標準的な映画文法からいえば、先に家屋全体の外観を提示するファンク版のほうがわかりやすい。

光子が屋敷から厳島神社に降りていく箇所で、ファンクは、みやげ物屋の前で光子が白いシャツの男から鹿に与える餌を買う映像を入れる。伊丹版では、光子が鹿に与える餌をどのようにして入手したかが描かれない(屋敷を出たとき、光子は餌など持っていない)ので、ファンク版のほうが納得できる。

またファンクは、輝雄に追い返された日出子が工場の寮に戻り、仲間たちが黙って彼女を見守る映像や、列車内で目を薄くあけて揺られている光子の映像を入れる。これらは伊丹版にはない(短縮版では、耕作と光子、巌が帰宅する過程のほとんどがカットされている)。日出子と光子という、ふたりの〈妹〉の落胆を示すことにはかなり意味があるので、この点ではファンク版に軍配を上げたい。

ファンクは輝雄の帰郷時と、大和家に向かう際に、輝雄が鉄道に乗っているショットを挿入している。〈鉄道の輝雄〉は伊丹版にはなく、大和家に車で向かう映像があるだけだ。どうやってその車を調達したのかという疑問はさておき、ここは鉄道も使ったことを示すほうが状況を理解しやすい。

火山から戻り、回復した輝雄と光子が神田家を訪ねたあとの部分で、ファンク版では、男声の民謡ふうの歌が聞かれるなか、さまざまな田植えの風景が示されるが、伊丹は本来季節がまったく異なる〈田植え〉と〈脱穀〉

を混ぜて提示する。ここは伊丹としては珍しく、〈矛盾〉を生じさせているようにも思える。

すでに紹介したように、伊丹自身は〈数百フィート分がカットされた〉と語っている。また〈他者によるカット〉がなされなかったとしても、伊丹版は当時の日本映画の標準をかなり超える二時間近い長さがあり、説明的に思われる部分を極力削除したのかもしれない。

(7)両版の比較から際立つ矛盾と異様さ

相違点ではないものも含め、両版を比較観察してみて、やはりおかしいと思われることを並べてみよう。

輝雄はホテルで巌と光子に冷たく当たるだけではなく、わざわざやって来た耕作と日出子まで追い返す。ファンクの脚本でもっとも承服しがたいのは、この箇所だ。耕作と日出子は輝雄にとって血のつながった父と妹である。両者は純粋に輝雄に会いたいという気持ちからホテルにやって来た。そんな彼らに冷たく当たるという行為は、輝雄の主張する〈個人の自由〉とは関係がない。ファンク版では、〈輝雄が日本の心を取り戻す〉という重要な展開が待っているので、輝雄が誤った精神状態にあることを強調したかったのだろうか。

そのあと輝雄は和尚と再会するが、どちらの版でもこの再会が実現した理由は説明されない。巌は〈一環和尚に手紙を出した〉と明言するが、〈輝雄に手紙を出した〉とは語らず、〈和尚が輝雄に連絡した〉ことを推測させる台詞もない。ファンク版では、日出子が輝雄のなかの〈日本的な部分〉を覚醒させるので、その結果として輝雄が和尚を訪ねたくなったとも考えられる。だが伊丹版では、バーで酩酊したあとの輝雄の行為が何も示されないので、寺に向かったことが唐突に感じられる。伊丹版での〈輝雄の覚醒〉に関しては、説明不足という印象が否めない。ちなみにファンク版には、寺での和尚と輝雄が、「卍」が裏返しになってナチの鉤十字のように見える木組の模様の前に立つショット——明らかにナチと日本の親縁性をアピールしようとするものだ——があるが、もちろん伊丹版にはない。

光子の婚礼衣装を見るゲルダ（写真協力：公益財団法人川喜多記念映画文化財団）

　その直後、すでに紹介したようにファンク版では日出子が顔に大量の石鹸をつけ、うしろで仲間たちが手を叩くというミュージカル的な場面となる。この喜劇的演出がおこなわれた意味もわからない。石鹸をつけた指を耳にまでつっこんで洗い、口笛を吹き続ける日本人がいたとは思えない。この場面が、ここに置かれている理由もわからない。ファンクは、日出子が輝雄に〈日本の心〉を取り戻させることに成功し、満足していることを表現したかったのだろうが、輝雄はまだ何もしていないのだ。面白いといえば面白いのだが、とにかく異様な箇所である。

　光子がゲルダに婚礼衣装を見せる場面では、どちらの版でも、光子がそれを〈明日、着るかもしれない〉と語る。じっさいには光子は、この日に火山に行き、婚礼衣装を身にまとって火口に身を投じようとするので、ここでの台詞は〈今日着るかもしれない〉でないとおかしい。ゲルダが大和家を去り、親族会議が開かれるのが翌日であったなら問題はないが、一日が経過したことを示す要素はまったくない。ファンクが生きていれば、ぜひ質問してみたい箇所

親族会議の途中で乳母から光子の不在を告げられる輝雄（写真協力：公益財団法人川喜多記念映画文化財団）

だ。

親族会議に登場した輝雄は、発言をおこなう前に、養子縁組の解消を認めると告げられたことが推測できるが、どちらの版にもその描写がない。両版にある輝雄の「自由な気持ちから」あらためて家族に加わりたいという宣言も、身勝手そのものだ。輝雄は、〈他者に決められた養子縁組〉を〈自分の意思での養子縁組〉にリセットしたいといっているのだ。しかも輝雄は、〈自分のなかのニッポンがヨーロッパに勝った〉からだと述べる。〈日本の心〉を取り戻したという主張は理解できるが、大和家の財産は相続したいが光子とは結婚しないという主張は容認しがたい。

また輝雄が手紙を受け取って大和家に急行し、親族会議が開かれ、光子が家出し、救出劇があった長い一日を、ファンクは〈桜の季節〉と設定した。親族会議は午後二時にはじまる。会議の途中で家を出た光子が山のふもとに着いたときには、午後四時ぐらいにはなっていただろう。標高二〇〇〇メートル以上ありそうな山頂まで光子と輝雄は登る。輝雄が光子を発見したときには早くとも午後七時ぐらいにはなっていたはずで、真っ暗でないとおかしい。だが〈救出劇〉のほとんどは、正午あたりの強い日差しのもとで撮影されている。この問題は、親族会議の時間をもっと早く設定しておけば解決できただろうが、ファンクはそこまで考えなかったのだろう。

ほかにも『新しき土』にはおかしいと思われる箇所が多数存在するが、本書の目的はあらさがしではないので、このあたりでやめておくことにしよう。

第四章　批評の諸相

1　伊丹版封切直後

一九三七年二月四日に伊丹版が封切られた直後の新聞雑誌の批評では、伊丹とファンク、アングストの仕事の分担があまり理解されておらず、少しぐらいはほめておかないとまずいという感じでわずかな長所を挙げ、そのあと批判を展開するものが大半を占める。

たとえば五日『読売新聞』では、大井眞爪が「この写真全体としては、日本紹介という条件をいれれば、まず成功の部としてよかろう〔……〕ファンク博士の手腕を発揮した山岳撮影が何といっても光っており、特に雪景色や火山の撮影は、奇を弄せず、また単に風景写真にも偏せず、見事なものだった」と、まずは肯定的なことを書く。ところが大井はすぐに欠点の羅列をはじめ、「舞台が満洲に移ってからはガタ落ちになっている。日本の世態風物のとり入れ方には随分不満な点があり、これでは伝統日本と近代日本が、離れ離れになって何の連絡も示さない。これはファンク博士の把握の不十分を責めるよりも、伊丹監督の罪に帰せねばなるまい」と主張する。〈満洲の場面に問題があること〉〈伝統文化と近代性のアピールのバランスがとれていないこと〉は多くの評者が指摘する欠点だが、結論は、ファンクの側にいながらこのような事態を招いた伊丹に責任があるということだ。

このような見解が生まれるのは、ファンクの脚本に伊丹が根本的な変更を加えられなかったという事情が知られておらず、伊丹版が〈ファンクと伊丹の共同監督作〉として披露されたからだ。また大井は、輝雄という人物について「八年外国で勉強し、西欧個人主義の洗礼を受け、帰朝後、日本の家族主義に目覚めるほどの精神的インテリとは、誰も受けとるまい」と評する。ストーリーの根幹そのものである〈輝雄の心変わり〉がそもそも許せない、という指摘はこのあとかぎりなく反復されることになる。

六日『東京日日新聞』夕刊では、久保田万太郎が「日本の国土、景観、人情風俗、習慣等を説明するための『仕方ばなし』である〔……〕現実を歪め、現実を虐げたおどろくべき『仕方ばなし』である「と書く。久保田は「本当の日本人」が描かれていないと嘆き、「本当の日本人は屋根の瓦の落ちるほどの大きな地震に、外へ逃れることなしに、平気で子供を抱え、その振幅の度を見守っているほど無神経ではない」「本当の日本人は、小杉勇扮するところの大和なにがしのごとく肉体力にばかり生きることなく、もっと目に知性の輝きをもっている」「本当の日本人は、婚礼の日が決まらない前から婚礼の衣装を貯蔵したり、客の前に給仕の女中の白い白掛けをかけたなりで座ったりするほど遅鈍ではない」等と、納得できない要素を並べ立てる。

同日『読売新聞』夕刊の評者（「を・き」）も、「まず物語自体に疑問がある」「全体に日本を美しいが上にも美しく見ようとする態度には感謝していいかもしれぬが、登場人物みんなは、ただ概念で片づけられている。そして各優の鈍重な演技も（これは国際版に関するかぎり伊丹監督にも大きな責任があろう）こうした感じを倍加させるよすがとなっている」と手厳しい。アングストによる映像はよいが、「総指揮者ファンク博士は、山の実写記録的方面における監督手腕は絶大だが、劇物監督としてのそれの遥かに落ちることを感ぜさせる。結局日本映画としてなら仏つくって魂を入れ損ねた作か」というのが結論だ。

同日『朝日新聞』の津村秀夫（「Q」）の批評も、トーンはほぼ同じだ。津村はまず、「普通の劇映画の監督者としては元来高く評価できない人である」ファンクの致命的な問題点を「補いかたがた、この国の風俗慣習への認識を誤らざらんため、特に伊丹万作監督がセット撮影の大半を担当した」のに、「日本人から見てこれほど非常識に満ちた作品が生まれたのは意外である」とし、地理的矛盾はまだ許せるとした上で、「火山と都会との距離感が余りにも接近して絶対にいけない」、シナリオは「ひどく概念的で会話は独白が多く、人物間の組み合わせ、絡み合わせ等緊密さなく物語として体をなしていない」「小杉勇は日本人として海外に出すにはあのままの

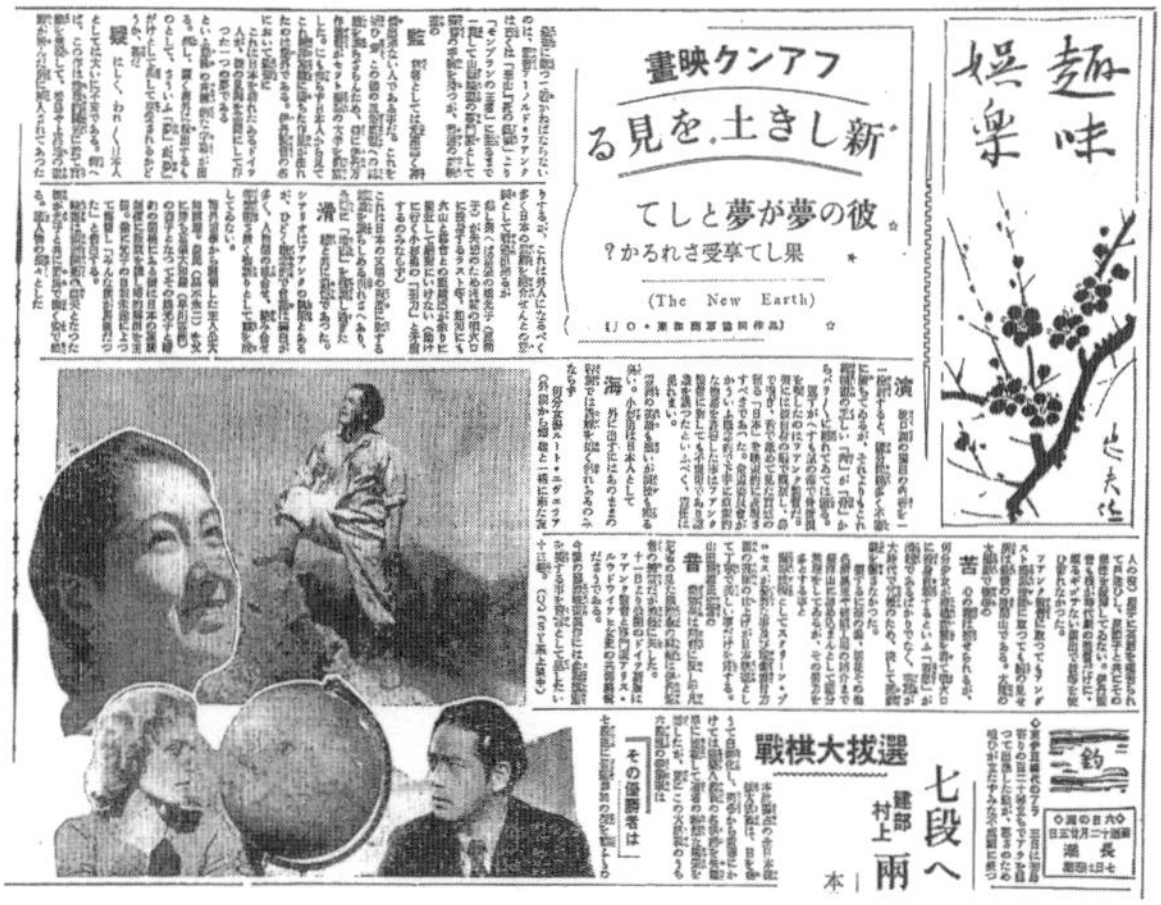
趣味娯楽

ファンク映画

新しき土を見る

彼の夢が夢として

果して享受されるか？

(The New Earth)

選抜大棋戦

七段へ

津村秀夫の伊丹版への酷評（1937年2月6日『朝日新聞』夕刊）

容貌では誤解を招くおそれある」「少女が婚礼衣装を着て噴火口に投身自殺するという『着想』が滑稽であるばかりでなく、描写が大時代で冗漫のため、けっして悲劇観を醸さなかった」等と批判を続ける。「スクリーン・プロセスが優秀なことおよび現像焼き付け方面の画面の仕上げが日本映画として丁寧で美しいことだけを賞する」という一文はあるが、最後は「今後の国際映画製作にはよほど慎重を要することを苦言として呈したい」と締めくくられている。

　これらの批評は、示し合わせて書かれたかのように似ている。共通点をまとめると、ストーリー展開が承服しがたく、輝雄や光子の行動も理解できず、日本の風俗も誤って紹介され、俳優の演技も質が低く、全体としてどうしようもない作品だが、アングストの映像だけはすぐれている、ということになる。そして書き手たちは、ファンクの暴走を止める〈お目付け役〉だった伊丹が機能せず、〈共同監督〉体制がかえって悪い結果を招

いたと主張する。ただし、伊丹が冒頭に置いた「序に代えて」が功を奏したのか、「地理的そのほかの矛盾」はそれほど批判されていない。

他方では、作品を酷評しながらも企画に対しては理解を示す者もいる。七日『東京日日新聞』では北川冬彦が、「ナチの国体精神に通ずるものとして日本精神を把握するにとどまり、その共通する外面の奥にある日本民族文化のなかへは、一歩も踏み入ろうとするところがない。家族制度とか犠牲精神とかを讃美し、それら美しきものの象徴として富士山を眺め、それで引き退っている。われわれ日本人がこの作を観て感ずる不満はここにある」としながらも、「これが輸出を目的として製作されたものであること」も一考すべきであり、「外郭を紹介する輸出用日本映画の作者として、精神文化の表面を撫で、美しい自然へ逃げるファンクは、まず適任であった〔……〕輸出映画を区別しなければならぬわが国の輸出映画として、ようやく水準に達した作というべきところだろう」と主張する。皮肉まじりではあるが、北川はファンクが日本の表層の紹介に徹したことは輸出映画として当然であったとするのである。

2　ファンク版封切直後

一週間後にファンク版の上映がはじまると、あらためて多くの批評が現れる。二月一三日『朝日新聞』夕刊には、津村秀夫がファンク版こそが「真正の『ファンク映画』」だとし、「伊丹監督編集の国際版とは趣を異にしており、よほど全体が引き締められ多少でも肉付けが加えられている」と、熱烈な支持を表明する。ファンク版の冒頭で火山の映像が連続する部分については「国際版でもっとも目についた場面転換の稚拙さが救われて滑らかに運ばれている」と書き、「さらに著しい相違は国際版になかった多くのすぐれた画面が新たに加えられている」

ことであるとして、日出子と輝雄が相撲や能を観る部分や、光子が火山に達する前に「春の市井の雑踏を眺める」部分などを賞讃する。また光子が身を投げる前に救出されるという展開も、伊丹版の「醜態を救っている」と評する。

津村は「シナリオの欠陥は拭われず」「依然として全体が冗長に失する」といったように欠点も指摘するが、「いまや国際版の惨めな失敗の大半の責任は少なくとも伊丹監督の編集によるものであることが明瞭となった。国際版の編集者よりもファンク監督の方が幾分かでも日本をよりよく理解しているといえよう」と主張する。津村は一週間前の同紙で、ファンクがもともと無能な監督であるとして多数の欠点を挙げ、「非常識に満ちた作品」が生まれることを防げなかった伊丹の責任も追及していた。しかしここでは、少数の相違点を指摘してファンク版のほうが圧倒的にすぐれているとし、監督・編集者としての伊丹の能力を完全否定するのである。

津村秀夫のファンク版への好意的評価（1937年２月13日『朝日新聞』夕刊）

一四日『東京日日新聞』では、内田岐三雄が伊丹にさらにひどい言葉を浴びせる。内田は、国際版は「日本紹介の映画としての意義が薄い上に、醜態な個所がいくつもあり、それに劇映画としての態もなしていなかった」ので「せっかく日本の監督が協力していながらその成果がさらに作品の上に認められぬことに不満を抱いた」人々もいたが、ファンク版を観た結果として、国際版の「失敗の責任は実はほとんど伊丹万作の負うべきものであることが明らかにされた」と、津村とそっくりなことを書く。

さらに内田は「伊丹万作は、日本を眺め、知り、描くことにおいて、外国人ファンクよりも劣っていたということである。これを恥辱と呼ばずして、何を恥辱と呼ぶべきか」と書いたのち、「何故に『新しき土』の共同監督に彼伊丹が選ばれたのか。いかなる事情が彼伊丹にこの無謀の大任を負わせたのか。問題はここにもある」と、伊丹をその任に就かせた関係者まで糾弾する。筆者から見れば、ふたつの版はほとんど同じストーリーであり、同じように多くの欠点を抱えた映画のように思われるので、津村や内田が一方的にファンクに軍配を上げることの裏には特殊な心理作用が働いているように感じられる。

実は内田は、津村の文章と内容が重なるので〈伊丹版封切直後〉の箇所では挙げなかったが、『キネマ旬報』二月一一日号で伊丹版についてきわめて厳しい批判を浴びせ、二一日号にも両版を比較した「二つの『新しき土』」という原稿を寄せている。右の『東京日日新聞』の批評を長文で展開したもので、内田は「ファンク版と伊丹版との優劣の比較に関しては、十目の観るところ、十指の指差すところ、ファンク版をもってはるかに優れたものとなしている。伊丹版を観て不満を感じ、また嫌厭、国辱的気持ちを抱いた人々が、ファンク版に接してはじめてホッとしたというのは、僕の親しく経験したところである」と書く。ファンク版の優位性は両版を観た者の全員が認めており、伊丹版を観て抱いた不快感をファンク版が消し去ってくれたというのだ。

そして内田は、伊丹が『新しき土』に関わった経過等について疑わしい説を並べていく。それによれば、ファンクは日本人の「協同監督」ではなく単なる「監督助手」を求めていたのに、伊丹をあてがわれたので「協同監督《ママ》」にせざるをえなくなった。脚本に関して意見が対立したので〈ふたつの版〉を撮ることになった。撮影後、「ふたりはその各自が撮ったフィルムを提出し合い、二者の撮ったフィルム全部に基づいて、まず伊丹万作が編集し、伊丹版『新しき土』を完成した」。「製作者側は、伊丹版に対してはその冗長さに驚き、輝雄が自動車を走らせる場面など約半分も切って縮めたほどだ」。本書では、〈ふたつの版〉をつくることがファンク来日時から決まっていたこと、ファンクが『死の銀嶺』のパープストのような〈共同監督〉を求めていたことを検証してきたわけだが、内田は伊丹を貶めようと必死になっているかのようだ。

同様な、ファンク版封切に際しての伊丹版批判は数えきれないほど存在する。たとえば「日本版を抹殺するドイツ版」という見出しの二月一六日『名古屋新聞』の映画評でも、「日本版の監督編集を主査したという伊丹万作が、いかなる理由で、約二巻に余る優秀部分をオミットし『新しき土』の屑フィルムの観ある冗漫な集積をもって『日本版』としたか。この間の事情には忖度に苦しむものさえある」と書かれており、伊丹が故意に作品の質を落とそうとしたと糾弾する空気すらあったことがわかる。

しかし、日本のすべての書き手が伊丹を一方的に断罪し、ファンクをほめそやしたわけではなかった。『キネマ旬報』二月二一日号では、椿正午が「伊丹万作の立場」というコラムで、伊丹への呼びかけをおこなう。椿は「伊丹は日本人のくせにファンクよりも日本を知らん！映画作者としての手腕においてもダンチにファンクに劣る！などの声がいまや巷に満ちている。伊丹版というのはファンク版のエヌ・ジーでモンタージュしたのだろう、なんて痛い皮肉まで飛び出してくる」とマスコミを支配している論調を紹介したあと、「僕らは『国士無双』や『赤西蠣太』の作者が、何の理由もなしに迷監督にまで転落しようとは信じない。そこに何かがあるにちがいないのだ」とし、伊丹のようなすぐれた才能が駄作を生み出すに至った理由に思いをはせる。

椿は「言語的にも心理的にもまったく異なったふたりの芸術家の共働という形式から起こる矛盾が彼を苦しめたのか？　それとも製作機構の外部から来る物質的並びに精神的な制約が彼を金縛りにしてデスペレートにしたのか？」と書いたあと、「伊丹万作よ！　愚痴といわれ、自己弁護とそしられようとも、君は語るべきだ。君がいかにして拙作『新しき土』を生み出したかを」と締めくくる。伊丹は日本映画界の希望の星だった。彼がこの〈輸出映画〉の企画で結果を出せなかったことにショックを受けた批評家が、伊丹にその理由を語ってほしいと願ったのもよくわかる。だが、伊丹はその事情については、すでに紹介した『映画ファン』でのエッセイなどを除いては、ほぼ沈黙を守ることになる。

世論がファンク礼賛一色になったわけではないことを示す文章はほかにも見られる。たとえば二月一二日『大阪毎日新聞』には「現実日本を見なかったファンク」という批評がある。執筆者の「Y」は、「日本版（先に封切）が劇映画としてけっして優れた作品でないことは論じつくされたようだが、同じことはドイツ版についてより一層に痛感される」とし、ファンク版のほうが伊丹版よりもさらに悪いとする。続いて「Y」は、「出来上がった作品にわれらが見る日本の自然と人生はひとりのエトランゼの頭脳に〝概念化された日本〟をフィルムにするために勝手気ままに寄せ集められた〝手段〟としてより以上の何ものでもない」とし、「このような、いたずらに〝概念化された日本〟を映画化するためなら、極端にいえばアングストその他のカメラマンだけをよこせばよかった」と書く。

同稿は、「世界市場への日本映画の堂々たる進出の一機会をつくった功績の大きさは何といっても認めねばならぬ。われらはそれを観ての外国人の偽りなき声を聴きたい」という文章で終えられるので、「Y」は企画そのものは評価している。じっさいには『新しき土』は外国ではドイツ語圏以外ではごく少数の国での上映にとどまり、しかも「ドイツ映画」と認識されていたため、「世界市場への日本映画の進出」が達成されたとはいいがたいが、この時期はまだそのような幻想が抱かれていた。また〈アングストだけいればよい〉という当然の感想は多くの人が抱いたようで、アングストはまもなく日本に呼び戻されて映画を撮ることになる。

もうひとつだけ挙げておくと、一三日『神戸新聞』にも「新しき土　ドイツ版を観る」という無署名の原稿がある。そこでは、ファンク版のほうがすぐれていると思われる点がいくつか挙げられたあと、しかし「完成の遅れたこの作品には日本版のつまずきを知って形式を整え直す余裕が十二分にあったらしい」のであり、「伊丹万作の現代劇への手腕は次作の『故郷』においてこそ加えられるべきものだと思う〔……〕所詮『新しき土』は一介の観光映画にすぎない。けっしてこめかみに力を入れて論じ上げるべき内容価値をもった作品でない」という結論が示される。この原稿では、伊丹はこの仕事でダメージを負ったが、彼の才能は今後発揮されていくだろうという期待が表明されている。注目したいのは、〈ファンクが伊丹版の失敗を見極めてから自らの版を修正した〉という噂があったという部分だ。つまり、ファンクには〈あと出し〉によるアドヴァンテージがあったと考える人々もいたわけである。

3　批評の視角

両版の封切から時間がたつにつれ、批評にも変化が現れる。ファンク版と伊丹版を比較するという視点は消え、両版ともに低劣な映画だとする見解が主流になるのだ。ファンク版を賞賛する文章もまだ見られるが、企画の意義を認めた上で欠点を列挙し、どちらの版かということは問題にせずに結果の全体を批判する文章が優勢となっていくのである。

どんな点が問題視されているかについては、犬上太八が「『新しき土』礼賛」というエッセイでまとめている（『日本映画』三七年四号）。それによると、批判されているのは「そこに描かれた個人主義対全体主義、西洋文明対日本文明の相克に対する突っ込み方が足らず、著しく概念的、形式的であること、家族制度、武士道、犠牲的な精神等を以て日本の姿を描くのでは、現代日本の正しき姿を描けるものではないこと、日本の風俗、習慣の描写がばらばらであり、新旧日本文明に関連性を発見し得ないこと、小杉勇の大和輝雄が個人主義より家族主義に転向する経過が不十分であること」だという。じっさい、数々の批評文を読んでみると、犬上による列挙が的確であることがよくわかる。

以下では、ポイントを整理して『新しき土』が受けた批評を紹介してみよう（引用する雑誌等はすべて一九三七年のものである）。

ストーリーと人物造形の愚かしさ

筧清が『新しき土』については、いろいろと問題が多い〔……〕批判の（或いは非難の）主たる的となっているのは、結局作品の思想内容、その筋立ての愚劣さであった」（『中央公論』四号）とまとめるように、設定および物語の愚かさを指摘する文章はきわめて多い。

とりわけ集中砲火を浴びているのは輝雄のキャラクターだ。筧は「主人公大和輝雄という一青年日本人の心の姿そのものが、わが民族の健全な青年たちを侮辱するものであることを強調しておきたい〔……〕大和輝雄という非実在的な虚偽の一日本人青年の創造に、まずわれわれは怒りを発するのである。現代の西欧に渦巻く思想の諸流、その葛藤の只中に身を置いて、そこからただ個人主義を学ぶような愚劣な青年を、わが民族は所有しない」とし、設定全体についても「わが民族内において、個人主義と家族制度のたたかいが、一の典型的なものとして押し出されている点に、われわれは無限の侮辱感を抱かざるをえない」と書く。ほかにも輝雄という人物が許せないとする批評は枚挙にいとまがないので、これ以上の引用は控えたい。なお別の視点からの批判だが、三月一六日『山陽新聞』に「小杉勇のあの容貌は、日本人的というよりも、外人にはもっと未開な、野人のような感を与えはしまいか」という一文があるように、配役に不満を表明するものも散見される。

光子の設定について異を唱える文章も多い。たとえば岡邦雄は「彼女のその一切の教養、生活行動が結婚一つを目標として進行しており、ついにそれに破れたと感じた場合、婚礼のために用意された着物を抱いて自殺を決心する。まったく日本の娘は結婚するためにだけ生まれて来たという風に解されている」（『日本映画』四号）と疑問を呈し、栗原晶子は、光子が身を捧げている「女性の道」が、「ナチスドイツでも婦人を直接社会的な仕事から後退せしめて家庭内で『女性の本分』の名において実現を望んでいる道でもある」（『映画創造』三号）と指

乳母から料理を習う光子（写真協力：公益財団法人川喜多記念映画文化財団）

摘する。特に、日本の若い女性たちはもっと解放されており、高い意識を抱いて社会進出を目指していると考えていたインテリ層は、光子という人格があまりにも復古的で、現代日本の実情を反映していないと憤った。ナチも、結婚した女性は仕事をやめて家庭に入るべきであるという政策を掲げていたので、栗原は光子像がナチの理念と同調するものだと指摘しているわけである。

〈絵葉書的〉であること

映像の美しさを否定する者はいないが、内容が空虚であるため、映画全体が絵葉書を並べたものに過ぎないとする文章も多く見られる。たとえば国文学者の短評を集めた『むらさき』五号を観ても、「これは『フジヤマ』、これは『日本娘』、これは『茶の湯』、『地震』、これは『家族制度』といったような幾葉かの風物絵ハガキ」（山之口貘）、「ファンク博士が観光者とし

ゲルダに箸の使い方を教える光子（写真協力：公益財団法人川喜多記念映画文化財団）

て製作した現代日本の（それは甚だ時代的なものかもしれぬが）美しいスケッチ帖（記念スタンプ帖か）であるに過ぎぬ」（荒木田楠千代）、「冗漫な日本名所風景風俗陳列映画で失望を禁じ得なかった」（大田清文）、「いわゆる観光映画に一歩を進めて、日本の自然美と文化的伝統の一面とを紹介しようとするものとして、外人向の美しい絵巻物である」（志田延義）といった表現が並んでいる。『新しき土』に観られる風景映像が、過去の日本映画にない美しいものであったとしても、ほかに問題があり過ぎるため、〈美しい写真〉を並べただけとしか感じない者も多かったのである。

また杉本義男のように、真の「映画的な美しさ」である「連続の美しさ」が欠如していると指摘する者もいる（『世界文化』三号）。杉本は、「一年中、さまざまな季節に写されたカットがいささかの秩序もなく雑然とつながれて、あらゆる場面の点景に桜がリフレインされるごときこの作品［ここではファンク版を指す］のどこにそういう美しさがあるか。季（春、夏、秋、冬）の感じもなければ、時（朝、昼、夕）の明瞭な区別もない〔……〕観光団の浅薄な異国趣味に媚びる程度のあやしい『日本的なもの』を機械的に無暗矢鱈と盛り沢山に詰め込んでも、アンサンブルとしての美しさも、本当の日本的なものも少しも浮かび上がっては来ない」と鋭い指摘をしている。ファンク映画の編集が杜撰であることは、ファンクが映画を発表しはじめて以来、ドイツでは頻繁に指摘されてきたことだ。杉本は、ファンク流の思想のない映像の羅列が大きな損失を生んでいると述べているのである。

政治的宣伝であること

『映画評論』三号では、辻久一が「この作品が、ひとつの政治的目的あるいは文化的目的のために作られたものであり、「ファンクの来朝は日独防共協定の副産物ではあった」とし、この企画を「考えついたのが、民間の映画会社ではなく、政府関係の人たちであったこと」が一考に値すると書く。また同号で来島雪夫は、ファンクは「ドイツ政府から一ヶ年半の給料をもらって来ていた」のであり、「日独防共協約を記念して、日本およびドイツの国民感情を融合せしめよという政府の指令を受けて、この映画製作に従事したものと思われる」と書く。すでに確認したように、企画が始動したのは日本とドイツが手を結ぶという方向性がまったく確定していなかった時期であり、協定が結ばれたのは、本来映画が完成する予定だった時期よりもあとだった。「政府関係の人たち」が企画を立てたという事実もない。ファンクが〈日独友好〉を念頭に置いてストーリーを構想したのは事実だが、この映画はいろいろな偶然によって日独協定と重なったのであり、〈日独協定のために〉企画・製作されたものではない。だが人々は、明らかにそのように受け取っていた。

『日本映画』四号は、識者への葉書アンケートを実施しており、「新しき土の思想的内容についてご感想をお漏らしください」という――かなり誘導尋問的な――要望がなされている。返送された答えとしては、「見ていて、日本にかこつけてナチズムを宣伝しているように感じました」（石濱知之）、「一口にいえば、日独防共協定の映画的表現でしょう」（岩崎昶）、「国際版の思想内容については格別の感想はありませんが、ドイツ語版の露骨な日独協定的台詞は、かえって不可と考えます」（辻久一）、「最後のシーンの国境線のところに『日独防共協定のために！』という字幕が出てもいいかと思います」（楢崎勤）といったものが目立ち、当時から〈日独防共協定映画〉という理解が一般的であったことがわかる。

伊丹の擁護

時間がたつと、当初は見られなかった伊丹擁護論、もしくは伊丹版のほうがすぐれていると主張する文章も現れる。たとえば、伊丹版封切直後には、作品を批判しながら企画には意義があると語っていた北川冬彦は、少しすると伊丹擁護派として名乗りをあげる。

伊丹と親交があるという北川は、『映画集団』四号と『サンデー毎日』三月二一日号に、内容の重複する伊丹擁護論を寄せている。後者から引用すると、北川が伊丹から直接聞いた話として書くところによれば、「最初、この映画の脚本は伊丹万作が書くこととなり、書いたのだが、それはファンクの気に入らず採用しないところであったそうである。そしてファンクは自ら脚本を執筆した」のだという。その結果、伊丹は自分が参加した意味がわからなくなった。北川は、ファンク版のすぐれているのは実写の部分だけであり、記録映画の監督に過ぎないファンクに劇映画を撮らせたのが誤っていたと主張し、伊丹が「外国人、ことにナチス政下の知識人の見た皮相な観察にあきたらなさを覚え出し」、「伊丹版『新しき土』を作ってファンクのドイツ版、ことにシナリオに対してサボタージュをなした」という見解を示す。

さらに北川は、満洲の場面を撮る直前に伊丹が「もう大体済んだけど、編集する気がしません。いつもは編集が一等楽しみなのですが」と語ったことを根拠に、伊丹が「消極的な抗議」をしたのだと書く。もしそうなら、伊丹はサボタージュによって空前の資金が投入された国際的企画を台無しにしたことになるので、それはそれで大問題ではないかとも思えるが、北川はシナリオをファンクにまかせた関係者たちに真の責任があるとし、伊丹が「ドイツ版の『内容』に消極的抗議をなしたことは、国民の代表として忍耐と犠牲と勇気とを知れる国士の所業でさえそれはあるのだ」と締めくくる。

同じように、ファンク版のほうが映画として首尾一貫しており、面白いと認めながら伊丹をかばうのが『映画評論』三号の澤村勉だ。ファンクの意図は日本を舞台にナチの宣伝をすることにあったと主張する澤村は、「その意図に縛られたなかで、何とか日本を盛り込もうとした伊丹万作の努力がありありと理解される。私は、ファンク版を観ながら、伊丹万作のこの努力に、少なからず心打たれた」と書き、両版の相違点を細かく挙げたあと、「ファンクから少しでも遠ざかることが、伊丹万作の努力だったのだ〔……〕シナリオの緊密を破り、スリルを壊し、作品の概念を曖昧化することが許された唯一の良心であるという点に、真実を愛する伊丹万作の苦しみが見られる。無駄に終わるとわかりながら、そうせざるをえないのが、伊丹万作の芸術家たる所以であろう」と締めくくる。

北川の〈擁護〉と異なるのは、北川が、自分の脚本を無視された伊丹が、ファンクの出鱈目なシナリオでの撮影を続けることに嫌気がさし、抗議の意を表すために力を抜いた仕事をしたと主張しているのに対し、澤村は、伊丹はファンクの脚本から大幅な逸脱はせず、ただ日本人として受け入れられないところを削除したり変更したりしたので、首尾一貫性を失い、破綻した部分も生じたが、それは伊丹の良心の証だといっているわけである。

また岡邦雄は、伊丹版がファンク版よりもすぐれている点として「画面がどうしてだか国際版の方が明るかった」ことを挙げ、ラストで伊丹版では兵士をシルエットとして示すだけなのに対して「ドイツ版では真正面から、それも何度も繰り返して映している」ので「兵隊の銃剣に護られているところなどはあまり出さないほうが『劇

箪笥から婚礼衣装を取り出す光子（写真協力：公益財団法人川喜多記念映画文化財団）

映画』に近いのではないか」と思ったこと、「相撲とか、お能だとか、ドイツ版に入っていて国際版に入っていない細切れがある。あれは日本人が見るにはないほうがいい」と感じたことなどを書いている（『日本映画』四号）。

さらに乾恒義は「映画の日本的なもの」というエッセイ（四月三〇日—五月三日『高知新聞』）において、伊丹版への好意を鮮明にし、「〔ファンクによる〕歪曲された日本観そのままを、許容して盲従するなんてことは、伊丹万作が協力者である以上、絶対にできなかったにちがいない。この場合、伊丹万作であったればこそ、あの日本版をつくったと思う。日本的な日本観を、極力日本的なものに引き戻さんとした作家的良心の努力が、日本版となって表れたのだ」と書く。澤村と同じく、伊丹の良心がファンク映画の問題部分を削除・回避したのであり、その努力を評価すべきだというのだ。

乾は伊丹版のほうがよいと思われる箇所をいくつか挙げており、たとえばどちらの版でも光子が箪笥を完全には閉めずに火山に向かうことに関して、

「箪笥が開け放しになっていることは、あの場合劇的構成上どうしても必要であったのだが、ドイツ版では着物のハミ出した抽出しをそのままにして行くけど、日本版ではわずかに開き戸を開けてこれを示す。日本の女はこんな場合ですら決して取り乱したことはしませんというふうに」と書いている部分などは、共感する日本人も多いのではないだろうか。

〈国際映画〉としての意義

『新しき土』が大衆から支持され、各映画館でたいへんな人気を博していたという事実を前にして、〈輸出映画〉としてどうなのかという考察をおこなう文章も多い。さんざん批判しておきながら、最後に〈輸出映画〉として新たな一歩を踏み出したことだけは評価する者も少なくない。作品そのものは厳しい目で見ている澤村勉も、「日本映画を海外へ進出させるためには、今度のファンクのように、外国の有名な映画作家を招いて共同製作をおこない、その配給網を利用して欧米市場へ入り込んでいくという道程を幾度か丹念に繰り返す必要がある」(『映画評論』三号)と書き、企画の意図については理解を示す。

他方では、このような映画は輸出すべきではないという主張も見られる。石田義則は『日本映画』四号で、『国際映画』とはその対象を一部の寄生的ツーリストの間にだけでなく、世界の隅々に暮らす一般的な人々のなかに求むべきである」とし、「ファンクの映画は大衆のためにつくられたのではなく、大衆にひとつの理念〈ナチズムの理念〉を押しつけたもの」なので、『新しき土』は「異国調をなかば引きずることによって低級な外国人の興味を満たし、民族主義に武装されることによって一部の人々の嗜好に投じた」作品に過ぎないと断じる。

また、そもそもファンクあるいは外国人を〈輸入映画〉の監督として選んだのが過ちであったとする文章も目につく。たとえば長谷川如是閑は「『新しき土』は、ドイツ人の感覚を通して見た、日本の自然映画と文化映画との綴じ合わせに過ぎない」とし、「要するに民族的特徴を持った『日本人』を正しく示す映画は日本人の手によってつくられるよりほかに仕方がないということである」(『日本映画』四号)と結論づけるし、清水千代太は『新しき土』はやはり日本人の手で作らるべきであったのだ。第二、第三の『新しき土』は日本人の手で、と僕は強く叫びたい」(『キネマ旬報』三月一日号)と書く。そのほか、『セルパン』一二号の飯島正のように、今後の国際映画は『新しき土』のような特殊な作品である必要はなく、「世界的に販路を求める以上」、共同製作をおこなうとしても、「その他の点においては、普通の映画と変わりがなくてもいい」とする意見も見られる。

さらに、この〈輸出映画〉にはそもそも外国人観光客に日本の魅力を伝えるという大きな目的があったという観点から異を唱える批評もある。つまり、あれほど日本が自然の脅威にさらされていることが強調されたのでは逆効果だとするもので、たとえば『むらさき』五号には、「観光的に見てもあんなに地震や噴火があったりしては外人は恐怖するでしょう」(篠田俊蔵)、「あんなに頻繁に地震があったら、外国人は怖気がついて、せっかく思い立った来朝を躊躇しないだろうか」(宮田和一郎)といった声が見られる。

批判への批判

『新しき土』をめぐる批評文でもっとも有名なもののひとつが、今日出海の「『新しき土』をめぐって」(三月三日『早大新聞』)である。これが面白いのは、『新しき土』公開後に批評家連中がヒステリックに同作を批判した状況そのものを批判しているからだ。今は溝口健二から技術的な説明を受けながら試写を観て「いかにもつまらぬ映画だ」と思ったが、「ともかく議論の出る写真だ」と直感し、すぐには作品評を書かず、「批評の批評をしようと思い立った」。すると「案の定『新しき土』は散々の悪評であり、批評家は一斉に攻撃を開始した」。今はこの現象に「それにしても『新しき土』を観て、批評家のいきり立ちようは何事だと僕はいいたい」と苦言を呈し、前年八月のベルリン五輪の競技結果に日本人が異常に興奮していたことを引き合いに出して、そこに「気の小さい小国民の焦燥と狭量」が現れていると書く。

続いて今は、些細な点に目を向けて必死で批判を展開する批評家たちに冷静になれと呼びかけ、そもそもファンクは原案をドイツでつくり、「ペン倶楽部会員やその他の作家に相談もし、助力を請うた」結果として脚本が書きあげられたのだから、映画の完成後に猛攻撃を加えるのはおかしいと主張する。「これほど大騒ぎをし、これほど突っ放した批評が飛び出すならば、なぜ協力委員会のごときものを組織しなかったのか、文芸家協会あたりが脚本にもっと懇切な注意を与えなかったのか」が問題であり、「文化の伝統を持たぬゆえに潑剌としていられる日本が各方面に進展して行く複雑多岐な姿を一外人の見るがままに任せて、さて把握が足らぬの何のと眼に角を立ててあげつらう批評家のあさましさに僕は好感を持てぬ」というのが結論だ。

要するに今は、ファンクは日本をよく知らぬ外国人として典型的な〈輸出映画〉を撮ったに過ぎず、やりたいようにやらせておきながら完成後に集中砲火を浴びせるのはおかしく、日本人の集団ヒステリーに陥りやすい傾向こそが問題だと主張しているのである。

比較対象としての『蒼氓』

『蒼氓』は、熊谷久虎が三六年春から取り組み、拓務省からのクレーム、「日活騒動」、検閲問題など数々のトラブルを経て三七年二月に封切られた。『新しき土』と製作期間および公開時期が重なっており、新天地ブラジルへの移住という共通点のあるテーマを扱っていることもあって、しばしば『新しき土』と併せて批評されている。

たとえば筧清は「日本の民衆のなかの下積の一群が、映画の主人公となって立ち現れたという事実は、注目されねばならない。彼らの切迫した真実の声が、映画に表現され、検閲を通って『新しき土』と同時に公開されていることは、非常に意味深い」と書き、『蒼氓』には『新しき土』にはない日本の「真実」があると激賞する(『中央公論』四号)。『文藝春秋』三号でも、『新しき土』への酷評の直後に、「『蒼氓』はこの一ヶ月間に見た内の内外映画を通じての最良の作品である〔……〕熊谷久虎はこの作品に於いては、堂々たる態度と、真摯な努力とを以て、日本映画中稀に見る傑作を作りだしている」という賞賛の言葉が連ねられている。『世界文化』三号の杉本義男も、『蒼氓』が『新しき土』とは「対照的なすぐれた作品」だとし、「『新しき土』のそらそらしさに対して、『蒼氓』はあくまで誠実である」「最近の日本映画におけるひとつのマイルストーンとして、また『新しき土』に対する無言の芸術的プロテストとして、大に賞賛したいと思う」と書いており、要するに『蒼氓』は『新しき土』という壮大な失敗作をはるかに凌駕する作品とされている。

『蒼氓』の方から見れば、『新しき土』が集中砲火を浴びていたおかげで、より高い評価を受けたという面が否定しがたい。『蒼氓』への賞賛では、『新しき土』にはない要素が根拠として指摘されることが多い。頻繁に登場するのは、〈真実〉または〈現実〉というワードだ。逆にいえば、『新しき土』には〈真実〉や〈現実〉が存在しないと考えられていた。『新しき土』が、表面しか見ていない〈絵空事〉であると考えられたからこそ、『蒼氓』はリアルな作品と評価されたのである。

そして何度も紹介してきたように、熊谷は義妹の原節子とドイツの地を踏む。ドイツで一本撮るという報道もなされ、熊谷もその気になっていた。『蒼氓』のプリントを持って行ってドイツで封切ろうとする計画もあった。川喜多夫妻は、熊谷をドイツの撮影現場で学ばせたいと考えていたが、熊谷は渡欧前のほとんどのインタヴューで、ドイツで学ぶものなど何ひとつないという強気な発言を繰り返す。この裏には、日本での批評を裏付けとして、自分はファンクなどよりもはるかにすぐれた監督だという意識があったにちがいない。それほど、二月における『新しき土』と『蒼氓』の批評は対照的である。

ドイツでの批評

『サムライの娘』はドイツではどんな評価を受けたか。このことについて、ドイツの新聞雑誌を調べてもあまり意味がない。ファンクは帰国後、同作に好意的な多くの新聞雑誌記事を寄せ集めた『サムライの娘　ドイツの新聞雑誌における反響』を自費出版し、多くの日本の関係者にも送る。ファンクが引用した文章が、すべて今日の私たちが理解するような意味での〈批評〉なら問題はない。だが、よく知られているように、この時期のドイツではゲッベルスの指示によって通常の〈映画批評〉は禁じられていた。

当時のドイツでは、映画だけでなくすべての芸術への批評が禁止されていた。映画においては、書き手は「映画観察者（Filmbeobachter）」たることを要求された。「映画観察者」の任務とは作品を中立的に紹介することであり、国策に沿った作品は大いに推薦する義務もあった。したがって、強く推奨される作品のほとんどは政治的であり、政治に無関係な映画は内容が紹介されるだけ、というのが映画マスコミの状況だった。ましてや、『サムライの娘』は政府が一〇万マルクを出資し、〈国家政治的および芸術的に価値あり〉という格付けを与えた作品だ。ドイツでは悪評を受けるはずがなかったのだ。

したがって、引用をおこなってもそこに批評家連中の本当の感想や評価を読みとることはできないわけだが、念のために典型的な文章を紹介しておこう。たとえばナチの機関紙『フェルキッシャー・ベオバハター』（三月二五日）に「この映画に特別な意義があるのは、最初の独日共同作業の試みとして成功したからだけでなく、『マダム・バタフライ』の甘ったるいロマンティシズムを徹底的に排除し、日本の真実の姿を提示しているという意味で画期的なものと思えるからだ」と書かれていることからは、そこに描かれた日本が〈真実の姿〉と受け取られたことがわかる。「詩的雰囲気に満ちた素晴らしい自然の映像が、物語のなかに織り込まれている。ここにフアンク博士と共同作業者たちは日本の抒情詩および絵画の魔術を映画に変換することに成功したのである」（四月一四日『ロストッカー・アンツァイガー』）といったように、ファンクらが日本のアートそのものの映像世界を現出させたとするものも見られる。

また四月二四日『ドイチェ・アルゲマイネ・ツァイトゥング』に「この独日共同映画は、長年にわたってドイツでもっとも成功を収めた映画創作者のひとりである監督、アーノルト・ファンクに新たに注目を向けるものだ。今日では、文化映画は映画製作における一部門と認識されている。ここでいいたいのは、メインのプログラムの前に上映される小規模な文化映画ではなく、メインとして上映される大規模な文化映画のことだ」と書かれていることは、『サムライの娘』が劇映画ではなく文化映画として受容されたことを伝えている。すでに紹介したように、同作は公的な分類において、劇映画ではなく文化映画として上映されたのだ。

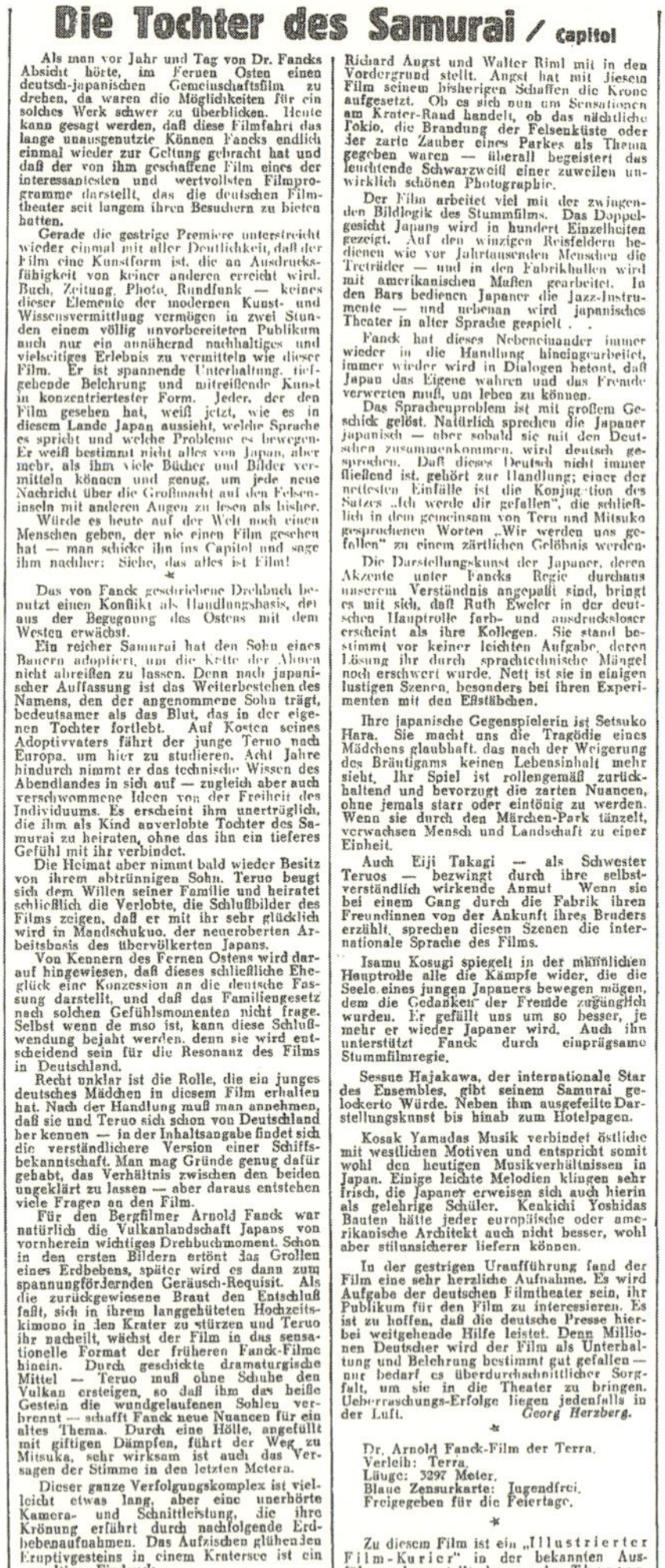

Die Tochter des Samurai / Capitol

Als man vor Jahr und Tag von Dr. Fancks Absicht hörte, im Fernen Osten einen deutsch-japanischen Gemeinschaftsfilm zu drehen, da waren die Möglichkeiten für ein solches Werk schwer zu überblicken. Heute kann gesagt werden, daß diese Filmfahrt das lange unausgenutzte Können Fancks endlich einmal wieder zur Geltung gebracht hat und daß der von ihm geschaffene Film eines der interessantesten und wertvollsten Filmprogramme darstellt, das die deutschen Filmtheater seit langem ihren Besuchern zu bieten hatten.

Gerade die gestrige Premiere unterstreicht wieder einmal mit aller Deutlichkeit, daß der Film eine Kunstform ist, die an Ausdrucksfähigkeit von keiner anderen erreicht wird. Buch, Zeitung, Photo, Rundfunk — keines dieser Elemente der modernen Kunst- und Wissensvermittlung vermögen in zwei Stunden einem völlig unvorbereiteten Publikum auch nur ein annähernd nachhaltiges und vielseitiges Erlebnis zu vermitteln wie dieser Film. Er ist spannende Unterhaltung, tiefgehende Belehrung und mitreißende Kunst in konzentriertester Form. Jeder, der den Film gesehen hat, weiß jetzt, wie es in diesem Lande Japan aussieht, welche Sprache es spricht und welche Probleme es bewegen. Er weiß bestimmt nicht alles von Japan, aber mehr, als ihm viele Bücher und Bilder vermitteln können und genug, um jede neue Nachricht über die Großmacht auf den Felseninseln mit anderen Augen zu lesen als bisher.

Würde es heute auf der Welt noch einen Menschen geben, der nie einen Film gesehen hat — man schicke ihn ins Capitol und sage ihm nachher: Siehe, das alles ist Film!

*

Das von Fanck geschriebene Drehbuch benutzt einen Konflikt als Handlungsbasis, der aus der Begegnung des Ostens mit dem Westen erwächst.

Ein reicher Samurai hat den Sohn eines Bauern adoptiert, um die Kette der Ahnen nicht abreißen zu lassen. Denn nach japanischer Auffassung ist das Weiterbestehen des Namens, den der angenommene Sohn trägt, bedeutsamer als das Blut, das in der eigenen Tochter fortlebt. Auf Kosten seines Adoptivvaters fährt der junge Teruo nach Europa, um hier zu studieren. Acht Jahre hindurch nimmt er das technische Wissen des Abendlandes in sich auf — zugleich aber auch verschwommene Ideen von der Freiheit des Individuums. Es erscheint ihm unerträglich, die ihm als Kind anverlobte Tochter des Samurai zu heiraten, ohne das ihn ein tieferes Gefühl mit ihr verbindet.

Die Heimat aber nimmt bald wieder Besitz von ihrem abtrünnigen Sohn. Teruo beugt sich dem Willen seiner Familie und heiratet schließlich die Verlobte, die Schlußbilder des Films zeigen, daß er mit ihr sehr glücklich wird in Mandschukuo, der neueroberten Arbeitsbasis des übervölkerten Japans.

Von Kennern des Fernen Ostens wird darauf hingewiesen, daß dieses schließliche Eheglück eine Konzession an die deutsche Fassung darstellt, und daß das Familiengesetz nach solchen Gefühlsmomenten nicht frage. Selbst wenn de mso ist, kann diese Schlußwendung bejaht werden, denn sie wird entscheidend sein für die Resonanz des Films in Deutschland.

Recht unklar ist die Rolle, die ein junges deutsches Mädchen in diesem Film erhalten hat. Nach der Handlung muß man annehmen, daß sie und Teruo sich schon von Deutschland her kennen — in der Inhaltsangabe findet sich die verständlichere Version einer Schiffsbekanntschaft. Man mag Gründe genug dafür gehabt, das Verhältnis zwischen den beiden ungeklärt zu lassen — aber daraus entstehen viele Fragen an den Film.

Für den Bergfilmer Arnold Fanck war natürlich die Vulkanlandschaft Japans von vornherein wichtiges Drehbuchmoment. Schon in den ersten Bildern ertönt das Grollen eines Erdbebens, später wird es dann zum spannungfördernden Geräusch-Requisit. Als die zurückgewiesene Braut den Entschluß faßt, sich in ihrem langgehüteten Hochzeitskimono in den Krater zu stürzen und Teruo ihr nacheilt, wächst der Film in das sensationelle Format der früheren Fanck-Filme hinein. Durch geschickte dramaturgische Mittel — Teruo muß ohne Schuhe den Vulkan ersteigen, so daß ihm das heiße Gestein die wundgelaufenen Sohlen verbrennt — schafft Fanck neue Nuancen für ein altes Thema. Durch eine Hölle, angefüllt mit giftigen Dämpfen, führt der Weg zu Mitsuka, sehr wirksam ist auch das Versagen der Stimme in den letzten Metern.

Dieser ganze Verfolgungskomplex ist vielleicht etwas lang, aber eine unerhörte Kamera- und Schnittleistung, die ihre Krönung erfährt durch nachfolgende Erdbebenaufnahmen. Das Aufzischen glühenden Eruptivgesteins in einem Kratersee ist ein gewaltiger Eindruck.

Ueber diese Szenen ist nicht zu schreiben, ohne daß man die Kamera-Leistung von Richard Angst und Walter Riml mit in den Vordergrund stellt. Angst hat mit diesem Film seinem bisherigen Schaffen die Krone aufgesetzt. Ob es sich nun um Sensationen am Krater-Rand handelt, ob das nächtliche Tokio, die Brandung der Felsenküste oder der zarte Zauber eines Parkes als Thema gegeben waren — überall begeistert das leuchtende Schwarzweiß einer zuweilen unwirklich schönen Photographie.

Der Film arbeitet viel mit der zwingenden Bildlogik des Stummfilms. Das Doppelgesicht Japans wird in hundert Einzelheiten gezeigt. Auf den winzigen Reisfeldern bedienen wie vor Jahrtausenden Menschen die Treträder — und in den Fabrikhallen wird mit amerikanischen Maßen gearbeitet. In den Bars bedienen Japaner die Jazz-Instrumente — und nebenan wird japanisches Theater in alter Sprache gespielt . . .

Fanck hat dieses Nebeneinander immer wieder in die Handlung hineingearbeitet, immer wieder wird in Dialogen betont, daß Japan das Eigene wahren und das Fremde verwerten muß, um leben zu können.

Das Sprachenproblem ist mit großem Geschick gelöst. Natürlich sprechen die Japaner japanisch — aber sobald sie mit den Deutschen zusammenkommen, wird deutsch gesprochen. Daß dieses Deutsch nicht immer fließend ist, gehört zur Handlung; einer der nettesten Einfälle ist die Konjugation des Satzes „Ich werde dir gefallen", die schließlich in dem gemeinsam von Teru und Mitsuko gesprochenen Worten „Wir werden uns gefallen" zu einem zärtlichen Gelöbnis werden.

Die Darstellungskunst der Japaner, deren Akzente unter Fancks Regie durchaus unserem Verständnis angepaßt sind, bringt es mit sich, daß Ruth Eweler in der deutschen Hauptrolle farb- und ausdrucksloser erscheint als ihre Kollegen. Sie stand bestimmt vor keiner leichten Aufgabe, deren Lösung ihr durch sprachtechnische Mängel noch erschwert wurde. Nett ist sie in einigen lustigen Szenen, besonders bei ihren Experimenten mit den Eßstäbchen.

Ihre japanische Gegenspielerin ist Setsuko Hara. Sie macht uns die Tragödie eines Mädchens glaubhaft, das nach der Weigerung des Bräutigams keinen Lebensinhalt mehr sieht. Ihr Spiel ist rollengemäß zurückhaltend und bevorzugt die zarten Nuancen, ohne jemals starr oder eintönig zu werden. Wenn sie durch den Märchen-Park tänzelt, verwachsen Mensch und Landschaft zu einer Einheit.

Auch Eiji Takagi — als Schwester Teruos — bezwingt durch ihre selbstverständlich wirkende Anmut Wenn sie bei einem Gang durch die Fabrik ihren Freundinnen von der Ankunft ihres Bruders erzählt, sprechen diesen Szenen die internationale Sprache des Films.

Isamu Kosugi spiegelt in der männlichen Hauptrolle alle die Kämpfe wider, die die Seele eines jungen Japaners bewegen mögen, dem die Gedanken der Fremde zugänglich wurden. Er gefällt uns um so besser, je mehr er wieder Japaner wird. Auch ihn unterstützt Fanck durch einprägsame Stummfilmregie.

Sessue Hajakawa, der internationale Star des Ensembles, gibt seinem Samurai gelockerte Würde. Neben ihm ausgefeilte Darstellungskunst bis hinab zum Hotelpagen.

Kosak Yamadas Musik verbindet östliche mit westlichen Motiven und entspricht somit wohl den heutigen Musikverhältnissen in Japan. Einige leichte Melodien klingen sehr frisch, die Japaner erweisen sich auch hierin als gelehrige Schüler. Kenkichi Yoshidas Bauten hätte jeder europäische oder amerikanische Architekt auch nicht besser, wohl aber stilunsicherer liefern können.

In der gestrigen Uraufführung fand der Film eine sehr herzliche Aufnahme. Es wird Aufgabe der deutschen Filmtheater sein, ihr Publikum für den Film zu interessieren. Es ist zu hoffen, daß die deutsche Presse hierbei weitgehende Hilfe leistet. Denn Millionen Deutscher wird der Film als Unterhaltung und Belehrung bestimmt gut gefallen — nur bedarf es überdurchschnittlicher Sorgfalt, um sie in die Theater zu bringen. Ueberraschungs-Erfolge liegen jedenfalls in der Luft.

Georg Herzberg.

*

Dr. Arnold Fanck-Film der Terra.
Verleih: Terra.
Länge: 3297 Meter.
Blaue Zensurkarte: Jugendfrei.
Freigegeben für die Feiertage.

*

Zu diesem Film ist ein „Illustrierter Film-Kurier" in der bekannten Ausführung hergestellt, der von den Theaterbesitzern beim Verlage des „Film-Kurier" bezogen werden kann.

ドイツの映画新聞での『サムライの娘』紹介記事
（1937年３月24日『フィルム＝クリーア』）

あるいは、四月二二日『ミュンヒェナー・ツァイトゥング』の「この風変りな映画の副題として〝最初の独日共同作品〟と書かれているとすれば、その言葉はこの映画を満たしている精神、両国民に共通する理念にも当てはまる」という文章、あるいは四月一日『ヴェストドイチャー・ベオバハター』の「同様に強力なる神話に満たされたふたつの民族——新生ドイツと〝東洋のプロイセン〟——が、手を携えて強力なる民族の叙事詩を生み出した」という表現からは、ドイツの記者連中がこのプロジェクトの意義、位置づけを正しく理解していたことが伝わってくる。

ベルリンでの披露上映の雰囲気を日本人が伝えたものとしては、椿正午が『キネマ旬報』五月一一日号に「ドイツ側から見た『新しき土』」というエッセイを寄せている。

「まったくのところ『サムライの娘』(これがドイツ名である)の評判は大したもので、上映館の前は時ならぬ交通遮断という盛況だし、原節子の写真やインタヴューを新聞は全頁ブチ抜きで掲載する、といった調子である。映画そのものに対する批評はどうかというと、これも皆筆を揃えて賛辞を並べ立て、口々に日本の風光と日本人の性格の美しさを褒めたたえている。もっともこれはそうしなければ、ナチ治下における批評家としてお咎めを蒙るからであろう。『サムライの娘』はゲッベルス宣伝相によって『国策的並びに芸術的に価値あり』と推奨されているのだから、うっかりした口はきけないわけなのだ。ドイツ人と一緒にこれを見物に行ったベルリン在住のある日本人の通信によると、そのドイツ人は、火山の爆発がよかった、と答えたそうである。これではファンク映画は外人に、日本は火山と地震の国である、という印象を与えるだけで終わりそうにも思える。〔……〕この映画のヒットで、ヨーロッパが俄然日本映画に注目し出して、輸出の機運がいよいよ仄見えて来たとあっては、まさにファンク大明神というべきである」

上映館前の交通が遮断されていた、というのは三月二三日のカピトールでの〈豪華試写〉にVIPが集まったときだけのことだろうが、全体として椿は『サムライの娘』が置かれた状況をよく把握しているように思われる。

ただし、ドイツで映画批評が禁じられていたという事実は、『キネマ旬報』等では紹介されていたものの、一般の日本人はほとんど知らなかったにちがいなく、主要新聞で繰り返された〈欧州でも大人気〉〈記録破りの大好評〉といった報道を信じた人が多かったことだろう。

4 〈ファンク山岳映画〉としての『新しき土』

ここで当時の批評から離れて、『新しき土』がファンクの〈山岳映画〉と呼べるかどうかについて、少し筆者の意見を書かせていただきたい。ファンクは『新しき土』以前の長編としては、一連の〈山岳映画〉と『S・O・S氷山』という〈北極映画〉しか撮っていない。『S・O・S氷山』にしても、山のふもとの高原や湖が北極海に変わっただけで、作品世界は似通っている。

純粋に〈山〉が舞台となる部分、光子が山に登ってから輝雄に救出されるまでに映画で費やされる時間は、伊丹版では約二五分、ファンク版では約三〇分で、全体に対する割合でいえば前者が約二二パーセント、後者が約二四パーセントとなる。つまり作品全体に対する割合としては、ふたつのヴァージョンでそれほど変わらない。ほかのファンク映画はどうか。登山のない〈スキー映画〉である『白銀の乱舞』などはスキー競技と〈キツネ狩り〉(雪山をひとりが先に出発し、多くのスキーヤーが追いかけるゲーム)のみから成り立っており、ほぼ一〇〇パーセントが山で展開される。都会の男が山の世界にとけこみ、スキー大会に優勝するまでを描く『大いなる跳躍』も同様だ。

しかし多くのファンク作品では、都会や高地の平坦な村での展開のあと、終盤に高峰での〈登山・遭難・捜索・救出〉といったクライマックスがあり、それは全体の三分の一程度を占める。たとえば『聖山』では、主人公の〈友〉（字幕でも名前が示されず、ただ〈友〉とされる）と弟分のヴィゴが北壁に挑み、翌朝に墜落死するまでは三〇分に満たない。〈登山―救出〉の部分が長すぎるとバランスが崩れてしまうので、〈クライマックスは三〇分程度〉という公式ができあがったのかもしれない。

その意味では、『新しき土』では輝雄の帰国から覚醒までを描くのに長い時間を要するので全体に対するクライマックスの割合は小さくなるが、費やされた時間は通常のファンク映画と変わらず、しかも〈登山―救出〉という物語のピークを持つという意味では、〈山岳映画〉の枠内に収まっている。また同作品では、そのほかの部分でも富士山や活火山、海、川などのショットが数多く目にされる。輝雄とゲルダが東京で過ごす部分に長い時間がさかれており、ファンク作品としては傑出して都会の描写が多いが、ファンクと伊丹が〈登山の部分〉が長すぎるという批判を浴びたように、ファンクとしては得意の〈登山―救出〉に時間をかけることで自分のスタイルを守ったといえる。

次に、〈山岳映画〉特有のテーマや物語の図式は踏襲されているだろうか。〈山岳映画〉のストーリーに見られる傾向としては、三角関係が形成されること、主人公が錯乱状態に陥る場合が多いこと、登山者と〈低地で心配する身内〉が交互に描かれること、手つかずの自然と先端的な科学技術の混合が見られること、〈犠牲〉というテーマの頻出などが挙げられる。

まず三角関係だが、『新しき土』でも輝雄と光子およびゲルダの三者における関係が物語の軸となっている。ゲルダと輝雄は愛し合ってはおらず、光子が誤解するだけなのだが、ほかの〈山岳映画〉の三角関係も似たようなものだ。たとえば『聖山』では、〈友〉が、ヴィゴがディオーティマに甘える姿を見て両者が愛し合っていると思い込む。『モンブランの嵐』では、ヴァルターがヘッラに愛されていると誤解し、手紙でそれを知ったヘッラの恋人が自暴自棄になる。『死の銀嶺』では、妻がクラフト博士に惹かれていると思ったカールが博士の登山に同行して悲劇を招く。つまりファンク映画の三角関係とは、誤解によって主人公が険しい山に向かって事故を起こすきっかけの役割を果たすものであり、『新しき土』はみごとにその図式を守っている。

主人公の錯乱に関しては、精神的におかしくなった者が山に登る場合と、登山中に異常な精神状態に陥る場合がある。『聖山』では嫉妬に狂った〈友〉が非常識な登山を決行し、さらにヴィゴをロープで支えているうちに幻影を見て墜落するので、二段階の錯乱が描かれる。『死の銀嶺』ではカールが負傷後に理性を失い、『モンブランの嵐』ではヨハンネスが発作的に下山しようとして最悪の状態を招く。『モンブランの王者』では、バルマーは山頂近くの洞穴で過ごすうちに幻影に悩まされる。このように、ファンクがストーリーを考える際に主人公が錯乱する設定を好んだことは確かだ。

『新しき土』では、光子が東京のホテルで輝雄の発言を聞き、自室ですすり泣くなど情緒不安定となる。そして彼女は、自らの命を絶つために山に向かう。山頂に近づいてからは、光子の意識が朦朧としていることが、レンズによって歪曲された風景ショットで表現される。ここは前作『モンブランの王者』での主人公の錯乱部分に酷似しているのだが、面白いのは、この〈歪んで見える風景〉の映像は、むしろ伊丹版のほうが数が多いことだ。また伊丹版では、光子が身を投げる直前に〈桜が散るショット〉や〈風車が回るショット〉が挿入されるのに対し、光子が身を投げる前に輝雄が追いつくファンク版では、幻影として仏像や観音像のショットが入れられる。伊丹版にも観音像の映像があり、光子はどちらの版においても宗教的な幻を見ているわけである。『モンブランの王者』にもバルマーが十字架の幻影を見る部分があり、〈主人公の錯乱〉および幻影においても『新しき土』はファンク山岳映画の系譜に連なっているといえる。

しかし、〈登山者と低地で心配する者を交互に描く〉編集は『新しき土』にはない。この理由は明白だ。『新しき土』の終盤は、〈登頂する光子〉と〈追いかける輝雄〉のクロス・カッティングとなるので、低地の人々まで描く余裕がないのだ。通常の〈山岳映画〉では、遭難している人々は一ヶ所に集まっており、その場と〈低地の人々〉を交互に描けばよい。だがここでは、光子と輝雄は離れているので、両者を並行して紹介するだけで手一杯となる。そもそも光子が火山で死のうとしていることに気づくのは輝雄だけだ。輝雄はそれを誰にも告げずに屋敷を飛び出すので、父や親族たちはふたりが危険な山にいることを知らないのだ。

〈自然と最先端の科学技術の混合〉に関しては、『新しき土』では前半で日本の近代的側面の紹介に時間がさかれ、繊維工場、製鉄所、高層ビルや高級ホテル、整備された鉄道網があることが観客に強い印象を残す。日本が先進国であることをアピールするために、こういった映像を多く入れるしかなかった事情はよくわかる。他方では、自然の描写も不必要なほど多い。日本人なら海外に紹介されたくないような貧しげな耕作風景も記録されているが、それはたとえば『聖山』にも、現地の素朴な農夫や牧童の記録映像があるのと同じだ。結果的に『新しき土』も、美しい自然と最先端の科学技術が混じり合った映画となっている。

次は〈犠牲〉だ。〈山岳映画〉のうち登山がメインの作品では、幼馴染を救出するために命を賭けて登頂を試みる『アルプス征服』の主人公、宙づりになったヴィゴを支え続け、自らも命を落とす『聖山』の〈友〉、凍死しかけたカールに上着を貸し、自らは死を選ぶ『死の銀嶺』のクラフト博士に見られるように、〈犠牲〉的なヒロイズムが欠かせない。

『新しき土』では、そういった意味での犠牲は存在しないように思える。だが、『イルストリアテ・フィルム＝クリーア』に掲載されたあらすじには、光子が自らを〈犠牲〉にし、愛する輝雄を自由にしてやることを決断したと書かれている。ほかにもドイツでの紹介記事には光子の行為を〈犠牲〉と評する記事がきわめて多いことからは、『サムライの娘』のプレス資料に〈犠牲〉という言葉が書かれていたことが推測される。それは、ファンクが光子の行為を〈犠牲〉と見なしていたということだ。筆者の印象としては、光子の自殺未遂は、長年待ち続けた輝雄に結婚を拒絶され、絶望のあまり発作的に命を絶とうとした愚行にしか見えないが、ファンクおよびドイツのマスコミは、前途有望な男性の足を引っ張るまいとする美しい行為と見なしているのである。

むしろ、それ以前のファンク〈山岳映画〉での〈犠牲〉に近いものを探すなら、輝雄の奮闘を挙げるべきかもしれない。ファンク版の輝雄は毒性のガスがたちこめる池を泳ぎ切り、靴下しか履いていない足で火山に挑み、大やけどを負いながら光子の立つ頂上まで必死で登っていく。これこそ、自分の身を顧みない犠牲的行為ではないか。私たちには、光子の自暴自棄の自殺未遂よりも、輝雄の必死の姿のほうがファンク映画らしい英雄的行為のように思われる。

〈山岳映画〉で見られるそのほかのテーマとしては、〈山と人間の闘い〉や〈山岳の神秘性の強調〉がある。光子や輝雄が苦しそうに山に登る箇所は自然と闘っているといえなくもないが、焼岳はファンク映画の舞台となってきたヨーロッパの高峰に比べればなだらかで、〈闘い〉という印象はない。強いていえば、厳の台詞のなかで、日本人が地震や火山の噴火、厳しい嵐に耐えて天皇制のもとで強国としての位置を固めているという主張がなされる箇所で〈自然との闘い〉というテーマが提示されてはいるが、〈孤独な登山者が自然に挑む〉という構図は存在しない。

また、『新しき土』には山、海、桜など自然をとらえた映像が多数あるが、一般的に〈山岳映画〉について指摘されるようなロマン主義的な神秘性はあまり感じられない。ファンクは来日前から、日本に〈自然に神が宿る〉という信仰があると聞かされていた。じっさい自然は十分美しく撮影されているが、そこには謎めいているとか誘惑的であるといった感じはなく、外国人向けの絵葉書が並べられているような印象ばかりを受ける。その相違は、やはり物語における山の機能が異なるからではないか。〈登山映画〉の山々は、ふもとの住人を惹きつける魔力を持ち、しばしば登山者の命を奪う。だが『新しき土』では、映像に頻繁に登場する富士山は畏敬の対象であり、焼岳は命を絶つために登る火山に過ぎないのだ（ただし、ドイツでの紹介文は、光子が登るのがフジヤマだとするものが多い）。

技法という点でのファンク映画の最大の特徴は、全体にひとつひとつのショットが短く、物語に無関係な自然のショットが多数挿入されることだ。その特徴は『新しき土』でも踏襲されている。伊丹版ではファンク版ほど短いショットがめまぐるしく連続されることはないが、やはり〈自然風景〉の映像は一般的な映画作品よりもはるかに多い。輝雄の車での移動などは、ほかのファンク映画には見られないものだが、映画技法という点では特に新しいものはない。

このように見てくると、『新しき土』は多くの面でファンク〈山岳映画〉の系譜に連なる作品と見なしてよいように思われる。そもそも使える技術が少なく、凝った脚本を書く能力もなく、どの映画も似通っているといわれてきたファンクだけに、そうなったのは予想された結果というべきだろう。

第五章　『新しき土』製作期以降の輸出映画

1　一九三六―三七年

『現代日本』『鏡獅子』をめぐる国辱論争から『情熱の詩人啄木』まで――一九三六年

一九三六年における国内での最大のできごとは、すでに触れた二・二六事件であろう。〈皇道派〉の将校たちが一五〇〇名近い部隊を率いて決起し、首相、内大臣、蔵相、侍従長などの官邸・私邸を襲撃し、首相官邸、陸軍省、警視庁、参謀本部などを占拠したのち、〈反乱軍〉とされて鎮圧されたというおなじみの事件だ。首謀者は死刑に処され、以後〈統制派〉による発言力が強まって、日本はますますファシズム国家としての進路を固めていくことになる。

しかし、このころも日本は国際社会での存在感を高める努力を続けていた。八月のベルリン五輪では、金メダル六つ、銀メダル四つ、銅メダル八つを獲得し、スポーツにおける一流国家の仲間入りを果たしたといえるほどの存在感を示した。文化面でも、一月にはオペラ歌手フョードル・シャリアピン、三月にはチャプリン、四月にはピアニスト・作曲家であるヴィルヘルム・ケンプ、五月にはジャン・コクトーらが来日し、五月には藤原義江が専属契約を結んで米国へ渡り、七月には島崎藤村がブエノスアイレスでの国際ペン大会に参加し、山田耕筰は一〇月にフランス政府からシュヴァリエ勲章を受けるなど、国際的な交流はいっそう盛んになったように見える。『新しき土』の作業が進み、諸外国での上映がしきりに報じられていた時期には、明らかに〈日本映画輸出〉の達成がそれまでよりも容易になったように感じられていた。

最初に、それ以前から作業が進められていた『現代日本』についてまとめておこう。一月一七日『朝日新聞』夕刊は、『婦人の日本』『子供の日本』の主役が見つからないので困っていた藤田が、鹿児島のおでん屋と松山高女の生徒に最適の「ミス・ニッポン」と「少女ニッポン」を発見したと報じ、「この映画は完成後、フランスはフランコ・ゴーモン社、スイスはカリビアン社をはじめ世界三〇余ケ国へ配給されるはず」と書く。この〈発見〉とは別に三月二七日同紙にも、『田園篇』の主役の選定に苦労していた藤田が秋田県でふたりの一四歳の少女を発見して同篇を撮り終え、残るは『都会篇』だけで、「四月いっぱいで完成されたあかつきには、この門外不出?の二少女の可憐純真な姿が西洋人を驚喜させ、一躍有名になるだろう」とあり、藤田が配役にこだわっていた様子がうかがえる。

四月二二日の東劇の舞台では、藤田が段四郎、猿之助の澤潟屋親子の舞姿を撮影する（二三日『読売新聞』）。それは「完成近い例の国際映画協会の輸出トーキー『現代日本』の最後篇『娯楽の日本』の一シーン」で、「日本全国から現代日本の表情を拾い集めて」きた『現代日本』も、この娯楽篇で全一〇巻が完成し、「今月一杯には編集録音も終え英、仏、独、西語の四国語版にわけて華々しく世界へ贈」るとも書かれている。『娯楽篇』は、「純日本趣味の姉とモダン色ゆたかな妹の姉妹が歌舞伎へ行こうか、レヴューにしようかで喧嘩別れ」するという展開だと説明され、〈日本の伝統芸能と西洋的芸能の対比〉が考えられていたようだ。

そして『キネマ旬報』七月一日号は、藤田が脚色・監督した『絵のような日本』が二一日、相州大磯における村芝居のロケで撮影完了したと伝える。吉田晴風、小松清爾による音楽が吹き込まれて七月に公開される予定だとされ、「古典日本」を表す三篇として、鹿児島、熊本、飛騨、木曽、秋田の風俗をとらえた『田園篇』、四国松山の赤裸々で無邪気な子供の生活を紹介する『子供篇』、広島の材木屋と呉服屋の娘の出演で婦人の日常を描く『婦人篇』、「現代日本」を表現するものとして、藤田自らが扮するルンペンが悪事を働き、高跳びしようとしたところ新撰組につかまるという『都会篇』、洋服娘と和服娘の趣味の相違、東京の娯楽街を舞台として展開される『娯楽篇』の計五篇からなるという。

これらの記事に鈴木重吉の名はなく、『現代日本』のすべてが藤田の監督作であるかのような感じだ。各篇の概要がようやく明らかにされたわけだが、その内容は、現代の私たちが見ても、こんなもので大丈夫だろうかと思わずにはいられないものだ。なお藤田は、六月二九日に愛妻マドレーヌ夫人が二七歳の若さで急死するという不幸に見舞われていた。

八月二七日『朝日新聞』は、外務省が国際映画協会を拡大強化し、「財団法人組織として映画国策の第一線に活動させる」ことを決定したという記事のなかで、「外務省の助成金三万五千円で製作中の藤田嗣治画伯および鈴木重吉氏共同監督の『現代日本』（ピクチュアレスク・ジャパン）一〇巻がようやく完成したので九月下旬試写会を開いた上、欧米各国で一斉公開、引き続いてファンク博士の『新しき土』（外務省補助金一万五千円）が完成次第、世界同時に封切上映し、晴れの『国際映画』の首途を飾る」と報じる。『現代日本』は完成ずみで、『新しき土』よりも早く欧米の一般劇場で公開すると発表されたのだ。二九日同紙には、来日中のスタンバーグが藤田の『現代日本』を観るとも書かれている。関係者は、世界的映画人のお墨付きがほしかったのだろう。

『キネマ旬報』九月一一日号も、『現代日本』が先月完成し、東和商事を通じて「全日本はもちろん英語、ドイツ語、フランス語、スペイン語版を製作して広く欧米各地に配給上映、日本に対する誤れる解釈を解くと同時に新日本の認識を深める」とする。藤田の監督作が『都会の日本』『田園の日本』『婦人の日本』『子供の日本』『娯楽の日本』、鈴木の監督作が『国防の日本』『学術の日本』『運動の日本』『産業の日本』で、『産業の日本』以外

完成前の『現代日本』の広告（『キネマ旬報』1936年11月11日号）

はすべて完成し、日本では九月末から全国公開されるという。ここでようやく、藤田の五篇のほかに鈴木の四篇があり、藤田が詩的・抽象的な題材、鈴木は現実を扱うという分担が明らかとなる。

『現代日本』の上映広告がはじめて確認できるのは同誌一一月一一日号だ。「日本最初の芸術記録映画!!」「ついに問題は投じられた！ 今こそ日本が最高の努力をもって、その偽りなき姿を、キャメラによって世界に贈るのだ!!」という言葉が添えられ、上に「PICTURESQUE JAPAN Directed by TSUGUJI FOUJITA」、下に「GLIMPS NEW JAPAN Directed by SHIGE SUZUKI」と書き込まれた写真がある。藤田の写真は着物姿の若い女性ふたり、鈴木のほうは海に浮かぶ海女ふたりをとらえたものだ。

次に『現代日本』についての情報が現れるのは約三ヶ月後、三七年二月一日号の「藤田画伯製作の五作 海外行きを保留」という記事においてだ。『現代日本』は一二月二二日に帝国劇場で「朝野各名士権威等千余名を招待して試写」がおこなわれたが、惨憺たる結果に終わった。鈴木重吉の四篇は「現代日本の姿を記録している点で大過ないものと諒解された」が、藤田の五篇には「日本に対する悪宣伝の材料でしかない」「白昼の悪夢的映画だ」等の非難が巻き起こり、「内務、文部両省はじめ各省に輸出中止の意見が有力となり」、国際映画協会は一月一五日に藤田の五篇を輸出しないと決めたのだ。

まず注目したいのは、『現代日本』が、二月三日の『新しき土』の豪華試写会の予行演習をおこなうかのように、帝国劇場に名士を集めて大々的に披露されたことだ。『新しき土』の試写会は〈史上空前〉と評されるが、少し前に同様な会が開催されていたわけである。関係者は『現代日本』も有力者の賞賛を浴びてから力強く海外へ送り出すつもりだったが、世界的画家、藤田の起用は期待を裏切る結果となった。『現代日本』をめぐる騒動は『新しき土』封切後も長く続くので、それについては後述する。

そのほかの国際映画協会の活動としては、三六年二月三日『朝日新聞』が、同協会が「海外発展の先駆者『山田長政』の映画化に乗り出す」と伝える。企画者は駐日シャム公使ピラ・ミトラーカム・ラクシャ、かつて数千人の日本人が暮らした村の史跡付近をはじめシャム主要地を舞台とし、日本から男女優および監督、カメラマンを派遣、「シャムから多数の男女優および戦争に使用する象数十頭の共演を仰ごうという計画」だ。同協会は、シャムに日本の監督と俳優を送り込んで〈国際映画〉を撮ろうとしたわけである。「主役の候補者としては早川雪洲氏が挙げられている」とも書かれている。

『山田長政』については、二月九日『読売新聞』に外務省の柳澤健が「つくって見たい映画」という原稿を寄せ、自分がラクシャ公使から相談を受け、国際映画協会が製作するのが最適だと考えたこと、「我々日本人にとってもまた広く欧米人にとってもシャムの風物の有する異国趣味が満喫できる」素晴らしい作品になると期待していることなどを書いている。だが、この企画も実現しない。

『キネマ旬報』一一月一日号には、国際映画協会が外務省からの補助金の使い道を決定し、それは一、「国際映画」のシナリオを民間から募集する、二、各映画会社の既製の優秀作品を選び、再編集の上、外国語字幕をつけて海外へ送る、三、外務省情報局内のニュース映画連盟を国際映画協会内に移す、四、文化映画コンクール開催、

五、国際映画製作への助成、六、英文の日本映画年鑑の刊行、だとする。いずれも実現すれば素晴らしい話であり、同協会の活動方針は誤っていないように思える。

同誌一一月二一日号は「『かぐや姫』英国に輸出」という見出しで、「ロンドンのジャパン・ソサエティがぜひ日本の可憐な伝説、童話を主題にした映画がほしい」と外務省に連絡してきたので、国際映画協会が『かぐや姫』が適任と判断し、英語解説の字幕をつけて再編集、一六日に横浜出帆の船で送ると報じる。『かぐや姫』は、すでに紹介したように円谷が撮影を担当し、封切当時酷評をくらっていた作品だ。

国際観光局の活動はどうだったか。『キネマ旬報』三六年三月一一日号は、同局が「雪のニッポン、スキーのニッポンを大々的に広く海外に宣伝すべく、巨費を投じて『雪とスキーのニッポン』を映画化する」と報じる。二月九日以来、二〇余名の撮影隊を結成し、関西のスキー場に出動して大山などの壮観と男女スキーヤーの美技を存分に収めたということで、ファンクのスタッフらが蔵王や北海道で〈日本スキーの紹介映画〉を撮影していた時期に、同じねらいで映画を撮っていたことになる。なお同号には、ファンク映画の打ち合わせを終えた円谷英二が京都に戻り、ふたたび観光局製作『日本の歌』のセット撮影を担当したという記事もある。

三月二六日『読売新聞』は、フィッツパトリックが四月一九日宮島入港の豪華客船で来朝し、京都の「都踊り」か東京の「東踊り」を撮影したいという連絡を観光局に入れてきたと報じる。前年四月にもフィッツパトリックのチームは観光局の招聘で〈日本の春〉を撮影したが、それを担当したフィッツパトリック夫人は来日せず、今回は夫のジェイムズが撮影をおこなうという。国際観光局では、この企画も観光宣伝にとってきわめて有益なので、関係各省庁に働きかけて実現させたい意向だと書かれている。

四月七日『朝日新聞』では、坂本雪鳥が前年に国際観光局の企画で撮られた能楽映画（『葵上』）への感想を述べている。坂本は、編集が稚拙だと批判しながらも、「能を見たことのない外国人に見せるものとして考えるとき、相当に能楽の趣味を具備していると首肯される」「トーキー製作の動機から考えて、この試みは成功したといい得る」といったように意外なほど肯定的な言葉を並べている。
四月二一日同紙は、「豪華観光映画」三本が揃って完成したので二八日に帝国ホテルに内外の名士三〇〇人を集めて試写会を開催し、「欧米各国に広く頒布する」と報じる。三本とは、国際観光局の依頼でフィッツパトリックが「モダン東京」を撮影した「わが国最初の天然色映画」と藤原義江主演の『日本の歌』、櫻間金太郎らを撮影した能楽映画『葵上』だ。

そのあと報道がはじまるもうひとつの〈古典芸能の映画化〉企画は、国際文化振興会による『鏡獅子』だ。『鏡獅子』は、三四年六月に映画化決定が伝えられ、三五年六月には長時間の撮影が実施されたと伝えられていたが、ついに完成したというのである。しかし、この企画も順調には進まない。『キネマ旬報』七月一日号では、「六代目〔尾上菊五郎〕の舞踊『鏡獅子』を海外に紹介する」という見出しのもとに、六月二九日に帝国ホテル演芸場で関係者を招待して試写をおこなうと書かれている。

ところが七月二日『読売新聞』夕刊には、「トーキー『鏡獅子』輸出を保留」という記事が現れる。二年がかりで撮影された『鏡獅子』の「出来栄えに対し、あのままで輸出するに不賛成を説く者もあるので、菊五郎も一時海外輸出を保留し不備不完全の点を再検討することとなった」というのである。試写を観た筑波八郎の「『鏡獅子』映画の弁」という原稿（『キネマ旬報』七月一一日号）でも、国辱映画だ、輸出阻止せよという厳しい意見が起こっているとされ、「こんなものを腹の底では欠伸をかみ殺しながら、おべんちゃらをいって誉めたてる毛唐の社交術にもあきれ返るが、それを真に受けて、そいつを映画におさめて外国に持っていって、日本文化の宣伝になるなどと思い込む『国際文化屋』諸氏のおメデタさは、まさに現代の奇跡である」「まさに日本映画技術の最低水準を示すものだ」等、厳しい論調だ。

それに対して、『鏡獅子』の撮影にも立ち会い、「国際文化屋」の代表的人物と目されていた柳澤健は、「映画『鏡獅子』是非」という反論を展開する（七月一一、一二、一四日『読売新聞』）。柳澤は、菊五郎自身が映画『鏡獅子』を観て満足しており、長唄の松永和風も同様であるとし、だが帝国ホテルの試写では映写機の故障のせいで音と映像がずれるといった問題が起こり、「本物のよさを全面的に抹殺しちゃった」と説明する。柳澤によれば「この映画は、当代第一の名優菊五郎がもっとも得意の芸を演じ、これに配するに同じく当代第一の長唄松永和風の美声を以てし、舞台は歌舞伎座、技術は松竹、監督は小津氏、それこそこれ以上の豪華版は今日想像できぬはず」だという。柳澤は、ジャン・コクトーも菊五郎の『鏡獅子』を絶賛したし、来春菊五郎の一座がパリ公演をおこなう予定である現在、国際文化振興会が『鏡獅子』の映画化を企画したのは当然だったとも書いている。

試写から三ヶ月以上が経過した一〇月三日『朝日新聞』夕刊には、菊五郎の談話が掲載される。菊五郎は、映画『鏡獅子』を「一度見ましたが、あれはあたしの踊りじゃないという気がした。まったく柔らかみが失われている。まず、ふたたび撮る気はありませんね。團十郎の『紅葉狩』の映画があるが、本当の團十郎とはまるでちがう。日本の芸術家が映画を遺すのは考えものだと思う。後世の人々にこんなに下手だったのかと思われそうでね……」と語る。つまり、自分の素晴らしいパフォーマンスが、映像化のプロセスを経て質を低下させられたと主張しているのだ。

『キネマ旬報』一二月一一日号では横手五郎が、「先ごろ喧々囂々たる非難の的となったばかしの『鏡獅子』映画が、どうやらほとぼりのさめた昨今、こっそりとヨーロッパへ送り出されたらしい」という噂話があり、「歴史的愚作『かぐや姫』がイギリスに輸出するプランも実行されつつある」こととあわせて、どちらも「国外に日本の国威を輝かすに足るもののないことは周知の事実」だと批判する。『鏡獅子』がヨーロッパに送られたかどうかは確認できないのだが、かなりの逆風にさらされていたことは確かだ。

三七年一月三一日『読売新聞』には、「ついに匙を投げた渡欧歌舞伎　外交面目丸つぶれ」という記事がある。『鏡獅子』でおなじみの菊五郎の一座がイギリス、イタリア、フランス、ドイツなどを回って歌舞伎を披露するという大計画が、資金難で中止に追い込まれたというのだ。実現のために努力した柳澤健（フランス大使館一等書記官になったばかりだった）の、「私の微力と認識不明のためでまことに申し訳がないと思っています」という談話も紹介されている。

なお、国際文化振興会の映画製作を紹介するものとしては、三六年九月一三日『読売新聞』に『閑雲野鶴』の画境　トーキーに再現する　日本紹介映画へ翠雲画伯が一役」という記事がある。同会が「小室翠雲画伯が、一三日トーキーに出演して〝独り行かむ〟の悲壮な筆端一切をカメラに収める」ことになり、『日本画家の生活』という作品となるという内容だ。翠雲の写生の様子、庭園、茶室、読書など日本画的素材の一切を撮影し、日本画とは何かを紹介するとされ、九月下旬までに完成して明年のパリ万国博覧会でも上映するという。このフィルムは、のちに『日本画家の一日』としてじっさいに海外に送られる。

そのほかの映画輸出をめぐる報道をまとめておこう。『キネマ旬報』三六年五月一日号の「掛け声だけの海外進出」という記事は、前年一一月から実施されている輸出映画検閲制度の観点から海外進出は悲観的状況だと嘆いている。検閲申請数は、年三〇〇本程度という予想を上回って月一〇〇本に及ぶが、輸出先はハワイ、アメリカ加州方面が八割、南米方面が一割五分、あとの五分が満洲で、各地の在留邦人だけを対象としており、「真の輸出映画というべき外国人相手の映画はわずかに月一、二本の実写物のほか皆無である」という。田島検閲官の「日本映画がまだ外国映画のレベルに達していない証拠で残念でなりません」というコメントも紹介され、日本の劇映画が、一部の限定的な上映を除いて実質的な輸出を実現していなかったことを証言する記事だ。

しかし同誌八月一一日号は、「『日本映画の海外輸出』の勇ましいスローガンを本年初頭に掲げた松竹キネマが果然動き出した」と報じる。同社は「林長二郎、田中絹代主演の『お夏清十郎』を英語報《ママ》に編集して欧米へ向けて輸出することとなり、某外国映画配給日本支社で目下その準備を進めている」ほか、「大船映画の国際化を実現するプランを立て」ており、九月上旬に在京各国大使、公使、学生団を招いて第一回の態度表明会を開き、協力を求めるという。『お夏清十郎』は〈林長二郎映画生活一〇周年記念〉として企画され、四月に公開されていた。

『新しき土』の完成が話題となっていた同誌九月一日号には、〈輸出映画〉をめぐる記事が複数掲載されている。「邦画の海外開拓　英語版を製作し本格的な進出」という記事では、新生の東宝映画配給が外国語版による本格的海外進出に乗り出し、「成瀬監督の傑作『妻よ薔薇のやうに』を第一回輸出映画と決定し、田村幸彦氏担当で英語版（スーパーインポーズによる）を製作し〔……〕ニューヨークの一流映画劇場リアルト座において公開される」と伝える。また東宝は『兄いもうと』『噂の娘』等も英語版として輸出する予定だという。

同号の「日活映画も欧州へ行く」という記事では、熊谷久虎の『情熱の詩人啄木』が欧州に輸出されることになり、パリ在住の川添紫郎の仲介で「フランス、ハンガリー、ポーランド、チェコスロヴァキア等の監督、批評家、研究家グループおよび映画劇場において公開する」ことが決まったと主張されている。同記事には、やはり日活映画である大河内傳次郎主演『旅姿上州訛』、澤田清主演『銀之丞異変』、岡譲二主演『魂』が「ハワイに向けて輸出された」とも書かれているが、これは〈在外邦人向け〉の上映のようだ。

またコラム「長剣短剣」では、筑波八郎が『妻よ薔薇のやうに』と『情熱の詩人啄木』が、どちらも著しく近代的感覚を欠いており、「現代の日本を海外に伝えるに遺憾なきもの」とはいえないとして憂慮の念を表明している。筑波は一貫して、外国人の異国趣味を満足させるだけではない、真にすぐれた日本映画を生み出し、輸出すべきだと主張する。

いっぽう三六年九月八日『朝日新聞』は、「日活は明年より輸出向映画に乗り出すこととなり、第一回作は既報『蒙古襲来』、第二作は故坪内博士原作の『役の行者』映画化と決定した」とする。旧作を海外に送ると報じられた日活が、翌年には〈輸出〉を目的とする映画を製作することになったというのだ。『蒙古襲来』は、八月二五日同紙で「非常時にふさわしいスペクタクル映画」として構想され、山中か稲垣が監督候補であると報じられた企画である。翌年、日活は『蒙古襲来』も『役の行者』も製作しないが、『蒙古襲来』は松竹で映画化される（秋山耕作監督）。

日活関連では、一〇月二一日『読売新聞』夕刊に、「日活秋のヒットといわれる本紙連載の吉屋信子女史原作『女の階級』の多摩川作品は好評上映中だが、本月下旬ハワイに向け輸出される」という短い記事もある。しかし、〈ハワイへの輸出〉とは邦人向けのものだろう。

一一月二七日『読売新聞』夕刊では、ファンクが満鉄の『秘境熱河』をドイツへ持ち帰り、「世界の檜舞台へ登場」させるという記事のなかに、「吉田晴風氏が作曲し演奏した日本音楽の紹介映画『自然と音楽』が、まず東和商事によって世界各国へ配給される」という一文がある。この作品はデータベース等では見つからないが、三九年二月に〈ニューヨークとサンフランシスコの万博に出品される〉と報じられることになる。

年末には、早川雪洲がひさびさに外国で映画主演するという報道が出る。一二月二四日『朝日新聞』は、一昨年に来日したモーリス・デコブラが当時の体験を元にして書いた『二つの愛』というドラマが雪洲主演で映画化されることになり、雪洲が国際文化振興会の黒田伯に後援を依頼し、同会側が「日本建築や庭園、衣装等の考証材料を提供する」と報じる。雪洲は、ファンクがベルリンで撮る日独親善映画にも出演を要請され、フランスでの映画出演のあとにファンクのもとに赴く予定だという。『キネマ旬報』三七年一月二一日号にも「早川雪洲渡仏し、仏蘭西映画に出演」という記事があり、デコブラ脚本による映画が『吉原』というタイトル、マックス・オフュールスの監督で撮られると書かれている。このころ、例の〈田中路子との共演作〉についての報道がはじまったわけである

国辱映画『吉原』から『妻よ薔薇のやうに』まで——一九三七年

まず、雪洲のフランス映画出演についての続報をまとめておこう。一九三七年三月一三日『朝日新聞』は、雪

洲の『吉原』（同時期のマスコミでは『ヨシハラ』という表記も多い）が侮日的であるとして、内務省映画検閲係が映画会社と雪洲と田中に製作中止を訴える書簡を送ると報じる。内務省は「ルックス社がなおこの警告を無視して製作する場合には、同映画はもちろん今後同社の作品は全部輸入を禁止する」姿勢で、「外務省文化事業部でも、この映画の題名が面白くない上に内容もいかがわしいので、先に早川雪洲に対し注意した」とのことで、日本の官庁が外国の映画企画に干渉しようとしたことがわかる。

だが翌日同紙は、ルックス社が「『ヨシハラ』の内容は未発表で日本に知られているはずがなく、日本内務省側の抗議はあたっていない」として製作を続行すると報じる。特に侮日的ではないシナリオなのでこの仕事を引き受けたという雪洲の談話も紹介されている。

さらに一五日同紙は、パリの日本大使館は内務省からの『ヨシハラ』への抗議を受け取ったが、作品はほぼ完成しており、ルックス社への抗議はおこなわないと報じる。「大使館では同問題に関し会社側と慎重協議した結果、すでに会社側でも『ヨシハラ』なる題名を不適当とし『サクリファイス（犠牲）』と改題した」と締めくくられ、タイトルの変更で事態の収拾がはかられたと読める。だがこの映画は、『Yoshiwara』として公開される。川喜多夫妻が同年六月にパリで同作のトーンミキシングを観たことは、すでに紹介した通りである。

次に『現代日本』についての続報を見てみよう。批判の声はやまず、二月九日『大阪朝日新聞』では板垣鷹穂が、『鏡獅子』にも欠点はあったが藤田の〈国辱映画〉のほうがもっとひどいと主張する（鈴木重吉の監督作はまだましだと評されている）。二月一一日『都新聞』は、「『現代の日本』藤田嗣治篇の最大の弱点は、そのシナリオにあったと断言することができる」「監督者藤田のひとりよがりの悪趣味な、現実歪曲のアイデアである」と書き、「国際映画協会には評議員として堀口大學、岸田國士、久米正雄という文学者が名を連ねている」のだから、彼らも責任を負うべきだと主張する。

またこのころは『新しき土』ファンク版が好評を博した時期であり、『現代日本』が日本人だけでつくられたのが問題だとする記事も見られる。たとえば二月一七日『大阪毎日新聞』は、「『現代日本』までの輸出映画は、在外邦人に見せるための輸出以外は、ほとんど短編ニュースないしは実写であって、日本の劇映画が、彼の地で再編集され上映されるというようなニュースが時々ないではなかったが、それが配給され興行されて、どれだけの成績を挙げたかというような報告はひとつも聞いていない。『新しき土』は真の意味で最初の国際映画であるといっていい〔……〕『新しき土』のごとく、ドイツ資本によってドイツの配給を、したがって次第に全世界の配給を保証せられるのも決して悪いことではないと思う」と主張する。

藤田の『現代日本』は伊丹版と同じように葬り去られそうな雰囲気だが、四月になると面白い動きが起こる。美術批評家協会が藤田を擁護し、上映運動を開始するのだ。四月五日『読売新聞』は、「同映画はきわめて芸術的価値に富んでおり、現代日本の認識においてもファンク博士の『新しき土』よりずっと適切である」との声明を美術批評家協会が発表し、一〇日に関係者を招いての試写をおこなうと報じる。同協会は築地小劇場で公開試写会を開催し、投票の結果、一〇七票中六九票で「国辱ではない」と決定し、輸出促進の建議書を内務省、外務省に提出する（四月二四日『朝日新聞』）。

『キネマ旬報』五月一日号には『現代日本』の一頁広告があり、ついに同作が国内で封切られようとしていたことがわかる。藤田嗣治の「田園篇、子供篇、婦人篇、都会篇、娯楽篇」と鈴木重吉の「産業篇、国防篇、教育篇、スポーツ篇」、両方についての広告で、「いよいよ近日ＳＹ封切!!」と書かれている。同号コラム「三脚台」でも、筑波八郎が美術批評家協会の主張には疑問があるとしながらも、『現代日本』には数万円の税金が使われたのだから、とにかく公開すべきだと主張する。

しかし批判は消えない。五月一二日『朝日新聞』の批評欄は藤田の五篇に対し、『子供篇』で子供が拙いメイキャップをして切腹の真似をさせられていること、浅草紹介で阪妻のチャンバラ映画断片を紹介したこと、歌舞伎や「東おどり」を見物する少女ふたりが安っぽいことなどを糾弾し、「日本文化の名誉のためにもまた藤田画伯の名誉のためにも輸出を見合わされんことを切望してやまない」と結論づける。
さらに五月一五、一六、一八日『読売新聞』には、ブリュッセルの大使館に移っていた外務省の柳澤健が、藤田監督部分が外国での上映を禁止されたことに抗議する「解嘲の辞」という長いエッセイを寄せる。要旨を書いてみよう。

帝劇での試写以前に、外務省高等官は『現代日本』を見て輸出を承認していた。評判がよかったので、内務省に許可を申請したのである。ところが、マスコミに「国辱」呼ばわりされると、内務省は急に輸出は駄目だといいだした。リンドバーグやフランス人文学者は、鈴木重吉版よりも藤田の『現代日本』を賞賛している。国際文化振興会の『鏡獅子』でも、最初は菊五郎は満足していたのに、匿名批評家が「国辱」といいはじめてから、映画はもうまっぴらだというようになった。日本で悪評を浴びたファンク『新しい土』も、ドイツでの評判は素晴らしい。日本国内での「国辱」が海外での「国辱」となるとはかぎらない。

このように柳澤は、批評家たちがあらゆる〈輸出映画〉に「国辱」というレッテルを貼ろうとする傾向を糾弾する。藤田の親友であり、『鏡獅子』と『現代日本』の実現に尽力した柳澤としては——『現代日本』には三四年から取り組んできた——自分に批判の矛先が向けられていることもあって、発言せずにはいられなかったのだろう。このような〈日本のマスコミが「国辱」のレッテルを貼りたがる〉という傾向はきわめて興味深いものだが、これについてはのちにまた触れたい。
『キネマ旬報』六月一日号の『現代日本』の広告では、「問題の藤田画伯監督篇・五月二七日一斉公開　帝国劇場・大勝館・武蔵野館」と書かれている。同号「短編映画欄」でも藤田の〈婦人篇〉と〈子供篇〉が取り上げられ、前者は「日本の姿をあらゆる角度から見てこれを外国人に紹介する目的をもって製作されたもので、本篇は地方の婦人の生活を主として収めた実写映画」、後者は「『婦人篇』同様の目的をもって製作された作品で、本篇は田舎の子供の生活を主として収めた実写映画」と冷静に紹介されている。美術関係者が藤田の名誉を守ろうとしたおかげで、『現代日本』はお蔵入りを免れたのである。

この年、五月四日に開催されるパリ万博への出品に関しては、『キネマ旬報』一月一日号が、各映画会社幹部と外務省、文化振興会、国際映画協会等の関係者が協議し、「各映画会社が三月末日までに製作予定の映画劇中海外向きに変更し得るものを選択し、パリ博向きの日本文化を語るに足る映画劇を各社で競作し、うち優秀なるものを選んで約一万円の賞金を提供」する「輸出映画コンクール」を開くと報じる。

二月九日『読売新聞』には「千古の謎を銀幕に　パリの万国博へ　日本の誇り法隆寺映画」という不思議な見出しの記事がある。小室翠雲の協力で映画『絵画』を撮り、「日活の池雅子や三越のショップガール」を起用して『生花』を映画化した国際文化振興会が帝大教授杉浦健、建築家堀口拾己にシナリオ等を委嘱し、P・C・Lが撮影するという内容で、「五重の塔の神秘」や「世界的至宝法隆寺の謎」を撮影し、「『生花』とともにパリの万国博覧会に送られ、パリジャンの目を瞠らせる予定」だという。

二月二四日同紙夕刊は、『荒城の月』（佐々木啓祐監督）がパリ万博の映画コンクールの出品作に選ばれるのは決定的だと伝える。『荒城の月』は、二月四日同紙夕刊の批評では「これこそ本当の『日本の音楽映画』と大船も如才なく売っている」「最後に『荒城の月』を大いに歌わせて盛り上げるかと思うとそれがない」「まず面白く見られる作」等、傑作とはいえないが許容してもよいといった程度の判定を下されていた作品だ。

他方で二月二六日『国民新聞』には、パリ万博への出品作として「国際文化振興会が斡旋出陳する日本文化の海外宣揚の文化映画は、各関係者慎重審議の結果、先ほど『建築の話』および『陶器の話』の二篇を決定、これが製作を引き受けたP・C・L文化映画部では慎重裡に準備を進めていたが、万端なりこのほどクランク開始した」と書かれている。〈法隆寺映画〉を撮ると報じられた国際文化振興会は、ここでは〈建築〉〈陶器〉をテーマとする二本の文化映画を作製することになっている。

そして『キネマ旬報』三月一一日号は、パリへの出品作として外務省、国際映画協会が協議の結果『荒城の月』を選び、一部再編集を施し、詩人・仏文学者堀口大學が字幕をつけ、四月一〇日にパリへ向けて輸出すると報じる。「同博覧会は五月から一〇月までにわたるのでその間四本の邦画を送る」とのことで、新興京都作品『勤王田舎侍』と松竹大作『大阪夏の陣』が予定され、海外版を作製待機しているとも書かれている。

同誌四月二一日号の「国際映画協会　本年度諸事業」という記事は、国際映画協会の理事会が、予算五万円で英文映画年鑑作成、パリ博出品映画『荒城の月』輸出版製作、優秀なる国際映画への助成、国際映画のシナリオ募集をおこなうと決めたと伝える。この「英文年鑑」については、六月一一日号に、史上初の試みである「英文映画年鑑」が完成したので世界各国の映画製作会社、配給会社、一流監督に送られるという続報がある。「そのなかにはファンク博士『日本映画の海外輸出について』、山田耕筰『音楽と日本映画』、藤田嗣治『色眼鏡で見た日本映画』等々問題の人物の手になる評論も入っていて、ようやく世界的水準に達したといわれる日本映画の実情を一目で知らせる計画である。定価一部五円」とされ、強い批判を浴びていた藤田の原稿が掲載されていることが皮肉に思われる。〈日本映画が世界的水準に達した〉という認識にも驚かされる。

パリ万博開幕の翌日、五月五日の『読売新聞』夕刊は、八月一〇日から一五日間、ヴェネツィアで開催される万国映画会議に際し、「現代日本の真の姿を海外に紹介するため国際映画の製作に大わらわとなっている外務省文化事業部、鉄道省観光局でもわが国からはじめて代表者を参加させることになり、文化事業部関係の国際映画協会主事近藤春雄氏が選ばれて参加する」とし、近藤は松竹大船の『荒城の月』、同協会の『現代日本』ほか数本の文化映画を携行し、アメリカ、イギリス、フランス、ドイツ、オランダ等を回って「わが国映画の世界進出のため携行映画を紹介して輸出市場の開拓に努力」すると伝える。注目したいのは『現代日本』が上映されると書かれていることで、一月に輸出を禁止された同作品は、この時期には海外で見せてもよいという雰囲気になっていたわけである。

近藤春雄は二〇日に浅間丸で出発する。近藤はヴェネツィアでの世界映画教育会議にはじめて参加する予定で、『キネマ旬報』五月二一日号には、「世界映画連盟に加盟した日本が今回の世界教《マ》育会《マ》議に参席の結果は邦画の本格的海外進出を決定するものであり、その成果は大いに注目されている。なお五日シベリア経由で渡欧した山田耕筰氏もオブザーバーとして同会議に出席する」と書かれている。山田を映画関係の国際会議に出席させるという発想には驚かされるが、『サムライの娘』がドイツで公開されたあとであり、山田がちょうどヨーロッパに滞在中の世界的芸術家であるということで白羽の矢が立ったのであろう。

公的機関の映画をめぐる動きとしては、三月一六日『報知新聞』に、外務省と国際映画協会が、日本の風物を背景とする「『新しき土』アメリカ版」の製作を計画し、米国人大衆作家・シナリオライター、「目下来朝中のジェー・ビー・マックボイ氏に白羽の矢を立てた」という記事がある。これは『新しき土』国際版を海外に送ることが断念されたと報じられた時期の報道で、国際映画協会は、たまたま来日したアメリカ人の二流作家に〈米国向け輸出映画〉のシナリオを書かせ、自分たちのコントロールのもとに正しい日本のイメージを宣伝する映画をつくりたい――『新しき土』の失敗を挽回したい――と考えたように見える。しかし、この企画も実現しない。

なお、このころ影の薄かった国際観光局は、一、重役級の家庭の一日を描く『日本の家庭生活』、二、キモノをはじめ真珠、水晶加工など特産物の生産過程、価値等を、百貨店を背景に描き出す『土産品』、三、三部作で新交響楽団約五〇名の演奏を録音する『東京交響楽』という三つの宣伝映画を撮る計画を発表する（六月一五日『朝日新聞』）。

六月二六日『朝日新聞』は、ブラジルの教育界で日本文化映画が熱烈に歓迎されており、ブラジル政府が日本文化映画を巡回上映することになったので、国際観光局製作の『竹』『鵜飼』にポルトガル語字幕をつけることが決まり、外務省では今後、南米諸国政府と協力して南米版製作を奨励努力すると報じる。同記事には、これまで外務省が国際観光局および民間会社の製作した文化映画を多数、南米諸国に送ってきたが、どれも英語字幕しかついていなかったため、まったく視聴されなかったという驚くべき事実も書かれている。

一般の映画会社の作品の輸出が報道されたのは、時代劇『大阪夏の陣』に関してである。同作品は、古くは三六年一一月六、一〇日『朝日新聞』夕刊に「ロケーション現地見学記」が掲載され、『キネマ旬報』三七年一月二一日号では「衣笠貞之助は再び超特作『大阪夏の陣』の本格的撮影に着手」、二月一一日号では「姫路城の内外およびその広場においてクライマックス場面たる関東軍の大阪城襲撃のロケ終了、大阪城内のセット撮影に着手」と報じられるなど、きわめて大規模な撮影がおこなわれていることが伝えられていた。

映画がまだ完成していなかった二月二七日の『福岡日日新聞』は、川喜多長政が『大阪夏の陣』と熊谷久虎の『蒼氓』を欧州の銀幕に登場させることになったと報じる。『大阪夏の陣』はウーファ、『蒼氓』はテラで各国語のタイトルをつけ、四月から七月にかけて封切られる、とかなり具体的なことが書かれており、両作のヨーロッパ上映は決定したかのようだ。

三月八日『大阪日日新聞』には「ファンク博士の答礼に　衣笠監督渡欧か　『大阪夏の陣』輸出を期し　川喜多東和商事奔走中」という記事も見られる。川喜多は、まだ作品を完成させてもいない衣笠を渡欧させようと努力していると報じられているわけで、少々疑わしい雰囲気もある。衣笠は『十字路』をベルリンとパリで上映させた実績があるだけに〈輸出〉可能性も高いと考えられたのかもしれない。

『大阪夏の陣』は、三月一九日に国宝白鷺城（姫路城）で撮影をおこなった際に、禁止されていた火薬を用いて大爆発事件を起こし、石垣を大きく破損しただけでなくスタッフや見物人にも重軽傷者を出してしまう。その結果、しばらくはその事件をめぐる報道が続く。七月二日『朝日新聞』は、全損害を賠償するには三〇〇万円かかると報じている。

それはともかく、四月六日『朝日新聞』の「新映画評」欄では、同作は通常よりも大きなスペースで取り上げられ、欠点を挙げられつつも「佳作」と締めくくられている。『キネマ旬報』四月一一日号の広告では、「圧倒的凱旋映画」という言葉が躍り、新宿松竹館などで観客が行列をつくっている写真七点が使われている。つまりそこでは、『新しき土』での広告の形式が踏襲されている。

同作品が輸出されるという報道は続く。四月二四日『朝日新聞』夕刊は、「『大阪夏の陣』渡独か」という見出しで、「渡独中の川喜多長政氏は、大谷松竹社長の意を受けてテラ社と交渉、『大阪夏の陣』を輸出しベルリンで公開の話を進めている」とする。五月八日同紙夕刊は、八日にベルリンの「一流の映画劇場グローリア・パラスト」で同作の盛大な試写会が開かれると伝え、さらに一八日同紙夕刊は、「『大阪夏の陣』はベルリンで官民関係者を招いて特別試写の結果、欧州主要都市公開の見通しがついた旨滞独中の川喜多氏より松竹へ入電。同氏が七月帰朝の上、衣笠監督ほか関係者がドイツ語版や英、仏語版を製作することになった」と報じる。この夢のような話が実現することはない。

そのほか、〈輸出〉が話題になった作品としては、『勤王田舎侍』（野淵昶監督）、『太閤記』（渡辺新太郎監督）、『吉田御殿』（野淵昶監督）、『岩見重太郎』（押本七之輔監督）、そして国内では三五年に封切られていた『妻よ薔薇のやうに』（成瀬巳喜男監督）がある。

三月二日『大阪日日新聞』は「新興『勤王田舎侍』も欧州へ輸出　東和商事川喜多氏が携行」という見出しで、『勤王田舎侍』を観て激賞した川喜多が、〈輸出映画第二弾〉として交渉をおこなうことになったと報じる。渡欧を控えていた川喜多は、『新しき土』のほかに海外に送り出せる作品を物色していたのだ。九日『朝日新聞』夕刊には、「『勤王田舎侍』は新興京都の野淵監督作品として映画化されたが、城戸副社長はこの映画がサムライ魂を遺憾なく発揮した作品であるというので、封切に先立ち丸の内松竹劇場に在留外人、軍人、文士そのほか一千名を招待して国際特別試写会を催した。城戸氏は同映画のプリント一本をナチスのヒトラー総統に贈って大いにサムライ魂を海外に発揚させようと外務当局と交渉中」と書かれている。このあと同作がドイツに送られたという報道はない。

　ほかの三本は、川喜多の競争相手として名乗りをあげた小笠原の企画だ。二月一七日『国民新聞』は、「ドイツトービス社では『新しき土』の自国封切の際、同時に日本映画を公開したいと作品の選定を小笠原武夫氏に依頼して来た」とし、小笠原は「『太閤記』を適当と認め、これを携行して一七日朝神戸出帆エリダン丸で渡独する。同映画はトービス社によってドイツ版に改修の上『日本の英雄』と改題、陽春四月封切されるはず」と報じる。川喜多夫妻の渡欧以前に、小笠原とトービスの連携は大々的に報じられていた。小笠原がドイツに持って行く候補作として『太閤記』が選ばれたわけである。

　五月四日『読売新聞』夕刊は、「『太閤記』をドイツに輸出した新興では、製作中の『吉田御殿』をフランスに送る準備中の一方、今度大谷日出夫主演『岩見重太郎』をハワイに輸出と決定、これは主として同地邦人間に封切られる」と書く。同記事は『太閤記』の〈輸出〉はすでに実現し、ほかの二作品がフランスおよびハワイに送られると伝えているわけである。ハワイの邦人向け輸出について、このように報じられるのは珍しい。

　また五月八日『朝日新聞』夕刊は、トービスの東洋総代理店が創設されることになったという記事のなかで「元王子製紙常務故小笠原菊次郎令息武夫氏は今春二月新興映画『太閤記』を携えて渡独、トービス社が再編集録音して五月下旬ベルリンで公開することに交渉成立した」とする。ここでも『太閤記』のベルリン公開が決定したと明記されているのだが、ドイツで調べたかぎり、同作が一般上映された形跡はない。

　『キネマ旬報』七月一日号では清水千代太が、『妻よ薔薇のやうに』がニューヨークで受けた評価を紹介している。P・C・Lが第一回輸出映画として英語字幕をつけ、同地に送った『妻よ薔薇のやうに』が、『Kimiko』という題名で封切られたのである。上映は四月一二日から八日間、場所は小規模な映画劇場、フィルマートだったが、正式な〈輸出〉の成功例と呼んでいいだろう。清水はニューヨークの有力紙での批評を紹介したあと、「彼らが大きな興味を持って、かなりに熱心にこの映画を観たことはわかる」「喜怒哀楽の表現を抑制する習慣を持つ日本人の演技が物足りなかった」「アメリカ人も畢竟、『新しき土』を見たがっているのだ。現代の日本をありのままに近く描いた『妻よ薔薇のやうに』よりも、フジヤマや鳥居やサムライ的風習を陳列した、虚飾の日本を見るのが楽しみなのだ」等と書いている。

そのほかでは、『キネマ旬報』二月二一日号の、新興大泉の鈴木重吉と「半島の青年映画人」李圭煥との共同監督作、「初の鮮語トーキー『旅路』」が完成したという記事が興味深い。日本と朝鮮の共同作品であるわけだが、面白いのは「両監督の共同編集でスーパーインポーズ・タイトルをつけ、国際版として近く発表される」予定だとされていることだ。「日本内地が新興キネマ、鮮、満、支が李圭煥、海外が鈴木監督」と決定したとも書かれ、朝鮮人のスタッフと組み、うまくいけばアジアだけでなく欧米にもこの共同映画を送ろうという計画だったわけである。

2 『新しき土』以後

『荒城の月』から『田園交響楽』の試写まで——一九三七年八月—三八年末

上海で日本軍と中国軍が交戦した第二次上海事変の勃発から約一週間後、三七年八月二一日には満洲映画協会が創立され、日本人の監督・スタッフによって翌年から作品が生み出されるようになるが、同協会の活動は本書のテーマである〈日本映画輸出〉とは異なるので、本書では扱わない。また本書の主眼は〈『新しき土』を生み出した背景〉を探ることにあるので、三七年八月以後の戦争や政治・社会の状況については記述を簡略化する。

すでに触れたように、三七年前半にはパリ万博に『荒城の月』が送られ、ヴェネツィアのコンクールには近藤春雄が『荒城の月』『現代日本』ほか数本の文化映画を持って行き、欧米に輸出すべく努力するとされた。八月一四日『朝日新聞』夕刊には「国際映画協会製作の『現代日本』は、全十巻のうち鈴木重吉監督担当の五巻のみ先に輸出したが、藤田嗣治画伯担当の部分は五巻を二巻に短縮して十月ごろ輸出される」とあり、あれほど酷評された藤田の作品が堂々と輸出を検討されていることに驚かされる。

だが、『荒城の月』がパリやヴェネツィアでどんな評価を受けたかという報道はなかなか現れない。ドイツでは九月一日『フィルム＝クリーア』や九月三日『リヒト＝ビルト＝ビューネ』が、ヴェネツィアからのレポートとして同作を詳細かつ好意的に紹介しているが、同時期のわが国では映画祭報告の類がほとんど見られない。『キネマ旬報』一〇月一日号には「パリ博覧会に出品した大船映画『荒城の月』が欧州各地で大好評である〔……〕印度シナの石澤総領事から同映画の送付方申し込みがあって、封切そのほかの手配をする」と書かれているが、審査結果等についての情報はない。

一一月五日『読売新聞』夕刊では、ニューヨーク在住の園池公功が、近藤が『荒城の月』や文化映画をパリに持っていく前にニューヨークに立ち寄ったが、当地では上映しなかったと書いている。いっぽう『キネマ旬報』一一月二一日号は、一一月三日にベルリンで日独文化映画交換協定に基づく「第一回映画会」が開かれ、『日本の閃光』『日本の教育現状』とともに『荒城の月』が披露されたと報じる。『荒城の月』は、商業的上映ではないがパリ、ヴェネツィア、ベルリンで映写されたことになる。

一二月五日『読売新聞』は、『荒城の月』がヴェネツィアで「欧州各国の映画に伍して堂々入選、日本映画の真価を欧州全土の映画人に知らしめた」とする。近藤春雄による情報なのだが、「入選」の実態はほかの新聞雑誌を見てもわからない。調べてみると、同年のヴェネツィアでの「最優秀外国映画賞」（「最優秀イタリア映画」と「最優秀外国映画」にムッソリーニ杯が贈られた）を受けたのはジュリアン・デュヴィヴィエの『舞踏会の手帖』だ。参考までに書いておくと、IMDb には、『荒城の月』は「最優秀外国語映画」の候補になり、監督の佐々木が「特別推薦」を受けたとある。「受賞」はしていないようだが、この事実から『荒城の月』は〈ヴェネツィアで入選した〉とされたと思われる。ちなみに『キネマ旬報』三八年九月一一日号は、前年の話題として『荒城の月』がヴェネツィアで「選外佳作」であったとする。

三八年四月一五日には、『現代日本』の製作や国際映画コンクールへの出品に貢献してきた国際映画協会が解散する。同協会は事変の直後には、「今次支那事変の原因、日本の東亜安定の盟主としての立場等を記録映画に製作することに決し、各社のニュース映画に協力を求め、二巻にまとめて英独仏三国語版に製作して海外へ輸出する」（『キネマ旬報』三七年一〇月一日号）と報じられるなど、政治的宣伝に力を入れる姿勢を見せていた。三八年四月一七日『読売新聞』の説明によると、外務省からの「補助金年額五万円」で経営されていた同協会は「事変が起きるや俄然澎湃として世界各国に日本研究熱が昂まり協会の事業も当然拡大強化されるべき立場にいたったが肝腎の補助金増額が実現されないので一五日の理事会で『無条件で外務省に返還しよう！』ということになり、ここに発展的解消の幕となった」（四月一七日『読売新聞』夕刊）という。詳細は不明だが、自分たちの活動が認められないことに憤った理事たちがやる気を失い、解散を決めたような感じだ。

『五人の斥候兵』

とはいえ同年も、国際コンクールや博覧会に日本映画を送る作業は続けられる。八月八日からのヴェネツィア映画祭には、『五人の斥候兵』（ドイツ語版）、『風の中の子供』（フランス語版）、『日本の小学校生活』（イタリア語版）、『東京交響楽』（英語版）、『草原バルガ』（英語版）が送られた。八月三一日『朝日新聞』には「欧州で引っ

『風の中の子供』

張り凧『五人の斥候兵』と『風の中の子供』という見出しが躍り、ヴェネツィアでの上映の結果、「両作品は審査委員会の全員一致によって推奨されて全欧州諸国の映画劇場で上映されることに決定し」、「欧州諸国の各映画劇場から公開上映の申し込みが殺到した」と書かれている。

そして九月二日『朝日新聞』夕刊は、『五人の斥候兵』が「大衆文化大臣賞」を受けたと報じる。この賞については、『キネマ旬報』九月一一日号には「五二ヶ国二二三本のなかから『五人の斥候兵』が第二位に推薦され、イタリア宣伝大臣賞を獲得した」と書かれているが、九月二一日号では内田岐三雄が「第二位という名称はあり得ない」と指摘し、一〇月一日号の「受賞映画一覧」では、同作が九種類存在した「賞杯」のひとつ、「民衆文化大臣賞」を受けたとされている。並べられた賞と受賞作を見ると、『五人の斥候兵』の評価は五番目か六番目ぐらいの評価を受けたような印象を受ける（『アジア映画』では「ベスト・ファイヴに入選した」とされている）。

さらに一二月一一日号では内田岐三雄が、同映画祭で上映前にドイツ、フランス、イタリアの代表委員の秘密会議によって受賞作が決められたため、イギリスとアメリカの代表が抗議の意を表するために最終日の投票前に退場したと書いている。要するに、公正な審査はおこなわれなかったのである。

博覧会への出品としては、ニューヨークとサンフランシスコに送る作品として、満鉄の『草原バルガ』『広原児』『躍進国都』、国際観光局の『日本の瞥見』『日本の家庭生活』『バムブー』『内鮮満の旅』、国際文化振興会の『日本の小学校生活』『日本の庭園』『日本の陶磁器』が選ばれたと報じられる（七月一六日『朝日新聞』夕刊）。八月二八日『読売新聞』夕刊は、右にない『人形の製作過程』『友禅染』というタイトルを挙げ、さらに七篇が完成して英語、ドイツ語、フランス語の解説をつけられているところだと主張する。

また一〇月七日『朝日新聞』夕刊は、フランスの「映画親善協会」が、一〇月中旬からパリはじめ全仏三〇〇都市で巡回開催される「映画博覧会」へ日本の参加を求めてきたので、外務省文化事業部が国際文化振興会と協議し、日本紹介の文化映画、記録映画だけでなく、優秀な劇映画の海外版をつくってパリに送ると報じる。『キネマ旬報』一〇月一一日号には、右の博覧会のために俳優、監督のブロマイド、大道具、小道具、メークアップ用具などあらゆる資料も送られると書かれている。

そのほかの輸出向け映画製作の動きを列挙しておこう。四月六日『朝日新聞』は、アメリカ人ファルカースン・リースが日本紹介の映画『日本』を完成、英語、ドイツ語、フランス語のトーキー解説を吹き込んで欧米の大学、図書館、文化団体等で公開すると報じる。リースは日本の各映画社、観光局、ツーリスト・ビューロー、朝日新聞社等の「風物フィルム」を買って再編集、新撮影のシーンを挿入して同作をつくったとされ、日本人の撮った素材を使ってアメリカ人が文化映画をつくったという話題だ。

ほかにもアメリカ人のハリソン・フォーマンというカメラマンが日本の外務省の後援を受け、日本の現状を海外に伝えるために映画を撮り、それを使って全米を講演して回る（五月一二日『読売新聞』夕刊）とか、フランス人のカメラマン、ハインリッヒ・バラッシュが国際観光局と文化振興会の後援で『日本幻想曲』という「国際記録映画」を撮影し、パリに持ち帰って全世界に配給する（五月一四日『朝日新聞』）とか、関西日仏学館館長マルシャン氏のルイ夫人が、在留四年間に見聞した美しい日本母性の姿をフランスに伝えたいと国際文化振興会に訴え、『日本の母』という映画を製作する（六月七日『朝日新聞』）とか、外国人が日本紹介の映画を撮るという報道がこの時期は目につく。国際社会で孤立を深めていた日本で、外国人が撮ったという名目で都合のよい情報を発信したいと考えられていたことがうかがわれる。

六月二九日『朝日新聞』は、鉄道省が「時局に重点を置き光輝ある国体、傑出せる国土を広く世界に紹介すべく『日本の姿』と題する六巻のトーキーを製作する」と報じる。『キネマ旬報』一二月一日号には、同省観光局が製作している『日本の姿』は「わが国体ならびに国土の再認識と国民精神の昂揚に資すべく銃後国民の進むべき道を支持する」作品だと書かれている。つまり鉄道省も、外国人観光客を呼ぶための観光映画から「非常時国民必見の作品」へと製作の方向性を転換したのだ。それ以外にも一二月二七日『朝日新聞』夕刊には、観光局が「東亜ブロック観光映画」である『朝満支の旅』の完成を控え、英仏独語版をつくって海外、特にアメリカへ送ると書かれている。やはり観光というよりは政治的メッセージの発信が重視されるようになってきていることは明らかだ。

一二月一日『読売新聞』夕刊では、国際文化振興会が「躍進日本」をテーマとする海外紹介映画としてアマチュア・カメラマンを対象に一六ミリ作品を懸賞つきで募集し、結果が発表されたので同会では英語、ドイツ語、フランス語ほか数ヶ国語の字幕を入れて海外に紹介することに決まったと報じられており、〈アマチュア映画を輸出する〉という発想に驚かされる。

また、一二月二四日『朝日新聞』には、原節子が主演した『田園交響楽』が原作者ジイドに気に入られ、ジイドの甥である映画監督マルク・アングレの主宰によりパリで盛大な試写会が開催されることになったという記事がある。まず、『田園交響楽』がフランスに送られ、ジイドに観てもらっていたということ自体がすごい話である。のちに、パリから戻った川添紫郎は同作について、「ジイド自身は試写のあと、非常にご機嫌で帰って行ったですよ」と証言している（『キネマ旬報』四〇年四月一日号）。

なお三八年の映画輸出を総括する『キネマ旬報』三九年七月二一日号には、支那事変を契機に映画の輸出量は著しく増加し、米英仏独伊をはじめ計三〇余国に作品が送られたと書かれている。総数一四五六本（前年は九七〇本）のうち約半数が「事変ニュース」で、活発に宣伝工作がおこなわれた様子がわかる。国際観光局の観光映画は八七八巻（前年は三三二巻）製作されたが、劇映画は前年より五本しか増加していないとのことだ。

『兄とその妹』から『舞楽』まで――一九三九年

春から夏にかけて関東軍がモンゴルと満洲国との境界であるノモンハンでソ連軍と交戦して大敗北を喫した（ノモンハン事件。当時は報道されなかった）この年、九月にドイツがポーランドに電撃的に侵攻して第二次世界大戦がはじまる。大陸での日本軍は南進を続け、ベトナム付近にまで達する。他方では、宝塚少女歌劇団が春から夏にかけて米国公演を実施するなど、まだドイツとイタリア以外の諸国への国際親善の努力も続けられていた。

最初に博覧会、コンクール関係の動きを紹介しよう。二月三日『朝日新聞』夕刊は、『五人の斥候兵』をドイツおよびブラジルに輸出し、文化映画短編をドイツへ輸出した東和商事が『風の中の子供』をフランスに輸出するという情報に続いて、「日大芸術科製作『自然と音楽』、東京文化映画製作『庭園芸術』の二文化映画を陽春ニューヨークとサンフランシスコに開かれる万博に商工省の斡旋により出品することになった」と伝える。さらに翌日同紙夕刊は、国際観光局が万博に同局製作の一七本、『東京交響楽』『家庭生活』『手工芸』『日本観光』『三週間の旅』『茶の湯』『日本の歌』能映画『葵の上《ママ》』『四季の日本』『スポーツ日本』『白銀の魅惑』『竹』『長良川の鵜飼』『北日本の漁業』『日本の祭』『奈良と京都』『東京―北京』を送ると報じる。興味深いのは、〈国辱映画〉とされた『鏡獅子』とは異なってあまり注目されることのなかった『葵上』（この時期は『葵の上』と表記されている）が含まれていることだ。

次にはじまるのは、ヴェネツィアの第七回国際映画コンクールについての報道だ。『キネマ旬報』四月一一日号は、まだ先方からの参加招待状が届かず、中止になるかもしれないとしながら、「出品審査委員会」のメンバーが決定したと報じる。五月七日『朝日新聞』は、国際文化振興会が「宮廷楽として門外不出のもの」である雅楽を映画で全世界に紹介して「世界文化に貢献」することになり、四日から東宝砧スタジオで舞曲『陵王』と『陪臚』を撮影中で五月末には完成すると報じ、『キネマ旬報』五月二一日号も、「国際文化振興会が宮内庁雅楽部の後援で文化映画『雅楽』を製作し、広く世界に紹介する」とする。右の『朝日新聞』には、この〈雅楽映画〉は八月のヴェネツィアのコンクールにも出品されると書かれている。

そして『キネマ旬報』七月一日号は、「ヴェネツィア映画展出品作品決定発送」として、『兄とその妹』(フランス語スーパー)、『土』(フランス語スーパー)、『太陽の子』(英語スーパー)、『上海陸戦隊』(改訂版、イタリア語スーパー)、文化映画としては『唸るカメラ』(英語アナウンス)、『朝鮮』(英語アナウンス)、『蛙の話』(英語字幕)、『舞楽』(イタリア語字幕)を挙げる。

ヴェネツィアでのコンクールは八月四日に開幕した。同時期に上映の様子を伝える記事は見られないが、九月三日『読売新聞』号外は、国際映画コンクールは「国際情勢の急激な変化のため三一日の最終委員会は九月一五日まで順位審査を延期することに決定した〔……〕わが国の『土』と『上海陸戦隊』が有力な入賞候補作と目されている」と報じる。「最終委員会」の翌日、九月一日にはドイツがポーランドに侵攻する。きわめて緊迫した状況下にあって、関係者はとりあえず審査を先送りにしたのである。

審査の結果が報道されるのは、なんと翌年二月以降のことだ。ここで紹介しておくと、『キネマ旬報』四〇年二月一一日号は、ヴェネツィアの映画展での外国映画への贈賞が三九年末に決定した(イタリア映画への賞はそれ以前に決定されていた)として、長編を対象とする「国際映画展カップ」は英仏独の三作品および「日本からの四作品を総括したもの」と「スウェーデンからの出品を総括したもの」に贈られ、最優秀短編への「ブロンズ牌」は計八本に与えられ、日本作品では『東京・北京・朝鮮』が受賞したと報じる。『東京・北京・朝鮮』というタイトルはここではじめて現れたもので、同誌三九年七月一日号の情報からは文化映画『朝鮮』のことではないかと思われるが、どちらもデータベースになく、詳細は不明である。長編に関しては、審査委員会は作品ごとの評価は放棄し、日本への配慮として四本をまとめて賞の対象としたわけである。

驚くのは、この「カップ」が翌年一〇月にようやく日本に到着することで、四〇年一〇月三一日『朝日新聞』夕刊は、「日本の劇映画四本に対する総体的賞品として優勝カップ一個、文化映画『朝鮮』に賞牌一個が贈られ、このほど国際文化振興会に到着」し、一一月四日に伝達式がおこなわれると伝えている。コンクールから約一四ヶ月後に「カップ」は関係者の手に渡ったのである。

輸出映画に関係するそのほかの動きを紹介しよう。三月四日『朝日新聞』は、「能楽界の長老、梅若万三郎氏がその至芸といわれる『安宅』をはじめてトーキーに収めて後世に伝える」と報じる。『葵上』に続く能楽トーキー映画ということになるが、これは万三郎が個人的に保存するための映画で、出来がよければ「日本の古典芸術の代表として外国にも出そうと関係者は意気込んでいる」と書かれている。

また四月五日『読売新聞』は、国際文化振興会がイラン王室に『日本の小学校生活』と『日本の花卉芸術』を送ると報じる。興味深いのは、前者はパリの「万国博ですでにグランプリ（最高賞）を獲得した」と書かれ、後者は「昨年のヴェネツィアにおける『国際映画博覧会コンクール』で大好評を得た傑作」と紹介されていることだ。そのような情報はほかでは見当たらない。

四月一九日『朝日新聞』は、前年に鉄道省が製作中だとされていた文化映画『日本の姿』の完成を伝える。一、『敬神崇祖』、二、『都市と文化』、三、『新興産業』、四、『青年徒歩旅行』、五、『勤労の村々』からなる「国民精神総動員の角度から全体を構成したもの」で、『新興産業』のみ輸出の予定だと書かれている。

中国での戦争が泥沼化していたこの時期、映画による関係改善も企てられていた。『キネマ旬報』六月二一日号は、国際文化振興会が「日本の国内で新東亜建設のために日支提携がいかに熱心に提唱されているかを映画で示すため」、先に来日した「北、中支経済使節団の日本観察旅行記録映画『興亜の春』を製作し」、「日本に在住する多くの支那人達が故国の戦争をよそにいかに平和に暮らしているかを映画により支那、満洲はもちろん広く世界各国に紹介」するために「日支提携映画」第二弾、『日本における支那人の生活』を製作すると報じる。一〇月八日『読売新聞』には、同作品のシナリオが出来上がり、一一月末までに全二巻のトーキーとして完成されると書かれている。

なお六月二七日には、日本占領下の上海で〈日満支合弁会社〉として中華電影公司が創立され、以後国策映画を製作することになるが、同社の活動は本書がテーマとする意味での〈日本映画の輸出〉からはずれるので、特に扱わない。

『暖流』、貿易組合中央会の活動、文化映画の輸出——一九四〇年

〈贅沢は敵だ〉というスローガンが広く唱えられるようになったなかで〈紀元二六〇〇年式典〉が挙行された年である。前年に開催されたニューヨーク万博跡地に日本館をオープンさせるなど、日本は対米親善の努力を続けていたが、九月に日独伊三国同盟が結ばれるとアメリカは態度を硬化させ、日本国内でも対米戦やむなしという空気が強まる。

前年に欧州大戦の火ぶたが切られ、ヴェネツィアのコンクールが開催されるかどうかはなかなか発表されなかった。六月一三日『朝日新聞』夕刊には、出品作が『暖流』と『捕鯨』に決定してすでにフランス語版の製作に着手しており、コンクールが中止になった場合には「非交戦国に輸出上映すべく準備中」だと書かれ、二七日同紙夕刊は、イタリア政府から「国際映画コンクールは本年も予定通り開催する。ただし開催期日は八月の予定を九月中旬に延期する」と連絡があったと報じる。しかしコンクールは中止される。

ただしヴェネツィアでは、九月一日から八日まで「独伊映画週間が盛大に開かれた」（一〇月一六日『朝日新聞』）。「ドイツのほか、独伊枢軸に好意を寄せる欧州小国からの参加」もあったということで、「国際コンクール」が独

伊と友好国だけの映画祭に変わったのである。日本も参加資格がありそうだが、この年は声をかけられなかった。一一月一四日『読売新聞』夕刊は、イタリア政府から国際文化振興会に翌年のコンクールへの参加要請があり、同会もこれに応じるための準備を進めていると報じる。一一月九日『朝日新聞』夕刊には、『暖流』はせっかくフランス語版を用意したので、文化映画とともに仏印に送って「文化工作材」にすると書かれている。

すでに一部を紹介しているが、『キネマ旬報』四月一日号にはフランスから戻った川添紫郎――このあとはスメラ学塾との関連で名前を目にすることが多い人物だ――を中心とする座談会の記録が掲載されている。川添は、記録映画『日本の瞥見』などはパリやリオンの一般劇場で上映されたが、支那事変との関連で「反対の意味での拍手喝采が相当多かった」と語っている。

『暖流』

映画による対外宣伝の努力も続けられていた。『キネマ旬報』五月二一日号は、貿易組合中央会が「戦時下の日本の国情を海外に知らせ、我が国が戦時下にあっても確固として各種製品を生産しつつあり、いかにすぐれた商品ができるか」を諸外国にアピールするために前年に『日本商品』『日本商品・陶磁器篇』『日本三週間の旅』『日本の小学校』『スポーツ日本』『竹』等をインド、アフリカ、中南米、東洋諸国に送って歓迎され、本年は『日本の綿業』を製作中であるほか、『新興産業』『都市と文化』を製作し、英語、フランス語、スペイン語、ポルトガル語版として海外へ送ると報じる。

また同誌六月一一日号は、三映社が輸出部を新設し、毎年約一二本の予定で優秀作品を世界各国に送り出すと伝える。第一回作品としては「オーストリアのカメラマン、ブラッシュ氏撮影の『姫路城』、横浜シネマが企画中の『海女の生活』、観光局製作アメリカ人ファイラー企画の『日本の女性』等が候補に挙げられている」とのことで、製作に外国人を関係させたいという方針があったことがわかる。八月一日号には、国際文化振興会の募集した「日本を海外に紹介するための一六ミリ映画」の入選作品が決まり、「各国語版作製の上、世界各国へ配給する」と書かれている。

この年はほかにも、観光局が二年越しで取り組んでいた『富士』の「各国語版を録音して完成、海外へ出すことになった」（九月八日『朝日新聞』）とか、観光局と外務省が「二六〇〇年奉祝芸能祭文化映画コンクール」で一位になった科学映画『或る日の干潟』を、英語、ドイツ語、フランス語、イタリア語、スペイン語のプリントをつくって世界各地に発送する（『キネマ旬報』一〇月一日号）とか、日本輸出工芸連合会が、和紙の特質を海外に紹介し、外貨を獲得するために文化映画『ザ・ランド・オブ・ペーパー』を撮って全世界に輸出する（『キネマ旬報』一一月一一日号）といった報道が見られる。六月二四日『フィルム＝クリーア』には、ベルリンのカピトールで日本大使館関係者やヒトラーユーゲントの少年たちを前に、『日本の小学校生活』と三八年にヒトラーユーゲントがおこなった日本遠征の記録映画が上映されたと書かれている。

八月一日『朝日新聞』は、ベルリンの日独文化協会の斡旋で「現代日本を描く文化映画を製作する」ため、近く「我が国医学界の恩人故ベルツ博士の長男で現ドイツ映画界の一人者トク・ベルツ氏が撮影用フィルム、トービス式録音機等を携えて来朝」すると伝える。「完成した映画はドイツ外務、宣伝両省を経て独伊両国から北欧、バルカン諸国、アフリカ植民地まで配給上映されるはず」とも書かれており、ドイツ人の技術と装置を用いて友好国に〈日本の実情〉を紹介しようとする企画であることがわかる。

トク・ベルツとは、日本近代医学の父として名高いエルヴィン・フォン・ベルツ博士と日本人女性のあいだに生まれ、一〇歳のとき帰国し、のちに日本に留学して歌舞伎を研究したエルヴィン・トクノスケ・ベルツのことだ。三八年には、一〇月二六日の「防共記念日」にベルリンで『忠臣蔵』を上演したことが日本でも報じられていた（一一月一一日『読売新聞』夕刊）。ここでは「現ドイツ映画界の一人者」と紹介されているが、ドイツの映画関係の事典類には彼の名は出てこず、どうやら来日するドイツ人に対しておなじみの〈肩書の粉飾〉がおこなわれたようだ。トク・ベルツは一〇月五日に東京に到着し、「日本人の観念を欧州にもよくわかるように、また日本の劇映画をどしどし欧州に出せるようにして日独の映画を通じての精神交流が強調されねばならない」と語る(一〇月六日『朝日新聞』)。

日独伊の結びつきが映画界でも強まっているわけだが、一〇月一一日『朝日新聞』夕刊は、日本とイタリアが映画交換を実施することになり、日本からは八本の文化映画を送り、イタリアからは「現首相の息子ヴィットリオ・ムッソリーニが監督した最近の代表作」である『飛行家ルチアーノ・セルラ』が日満に配給されると報じる。『映画旬報』一月一日号には、イタリア国立映画協会が『ファシストの小学校』を送って来たので、返礼として「国際科学映画」である『唸るカメラ』を寄贈するという記事もある。また一一月一〇日『朝日新聞』夕刊は、「日活の農民映画『土』のドイツへの輸出が決まり、「盟邦各地の一般常設館に広く公開される」と報じる。一二月二五日には、参謀本部、陸軍省、海軍省、内閣情報局の斡旋によって南方映画工作を目的とする株式会社南洋映画協会が設立される。同協会は、松竹、東宝、東和商事、中華電影公司が出資した国策会社である。このころから日本映画の送り先は独伊および南方に限定されていく。

『燃ゆる大空』のイタリア上映とベルツの活動——一九四一年

右の流れを受けて、二月七日『読売新聞』夕刊は、『燃ゆる大空』の独伊両国版がつくられ、ヒトラーとムッソリーニに贈られると報じる。独伊版の製作に当たっては一六巻を一〇巻に改編し、その作業は右で紹介したベルツとイタリア大使館のメルキー書記官、ロッシー大尉が当たって三ケ月をかけて完成、七日に贈呈されるという。なお同記事には、在米日本人二世に見せるために同作の日本語版をアメリカに送るとも書かれている。

二月一九日『フィルム＝クリーア』は、日本では外国映画はドイツ作品しか上映されていない状態になっているため、ドイツ映画への要求が高まっていると報じる。このころから『フィルム＝クリーア』での日本に関する記事も増加する。それはドイツでもアメリカ映画が入らなくなり、イタリアと日本のことを報じる必要性が増したからだ。

独伊に関連する動きをまとめて見ておこう。二月二八日『読売新聞』夕刊には、生フィルムの配給が国際文化振興会その他の文化機関に割り当てられなくなったため、『産業日本』を製作中の同会が、「日本紹介映画製作のため来朝中のベルツ博士にドイツから持参した生フィルムの分譲を求める」と書かれている。『燃ゆる大空』の

日本の映画製作について報じるドイツの映画新聞（1941年４月19日『フィルム＝クリーア』）

ドイツ語版作製以外の活動についてまったく報道されていなかったベルッは、貴重な生フィルムを奪われようとしているのである。

『映画旬報』三月一日号は、「枢軸版続々製作」という見出しで、『燃ゆる大空』に続いて『西住戦車長伝』のドイツ版がヒトラーに贈られ、文化映画『ともだち』もドイツ版となって一般映画館で上映されると報じる。他方では三月一五日『フィルム＝クリーア』には日本での文化映画の製作状況、ドイツ映画の上映についての記事が見られる。

また三月一四日『朝日新聞』夕刊が「田中絹代さんが今夏八月独伊を訪問、日、独、伊枢軸の契りを固める」と報じたのち、『映画旬報』六月一一日号は「目下我が国で文化映画製作のため来朝中のベルッ博士の斡旋で松竹大船スター田中絹代が近く渡独、ウーファの日独親善映画に出演するほか、日本映画社の松本、竹内両カメラマンもウーファの招待で渡独、親しく戦時下ドイツの実情をカメラに収めてくる」と書く。『新しき土』でヒロインになれなかった田中がこの時期、ドイツで親善映画に出るという話なのだが、もちろんこんな企画は実現しない。

六月二六日『朝日新聞』には、独ソ開戦によってシベリア鉄道が遮断され、来日中の多くのドイツ人が日本で足止めをくらっているという記事がある。その代表者として、トク・ベルッが「七月に帰るつもりでいたが、映画の仕事も延々となっている折だし、特に帰国を急がねばならぬ事情もない」とコメントしているのが面白い。要するに彼の〈日本紹介〉の文化映画はできあがっていなかった。そして七月二二日同紙は、ベルッがシラーの『ヴァレンシュタイン』を翻案した「大枢軸劇」の製作に着手し、前進座が上演することに内定したと伝える。特にすることもないベルッがドイツの国民劇を日本人に演じさせようとしていたようだが、この計画が実現したという報道にも出会えない。

七月二三日『朝日新聞』夕刊は、『燃ゆる大空』に「ムッソリーニ首相は満足の意を表し、さっそくローマにおける上映を命じた」ので、三〇日からローマで公開されると報じる。三一日『フィルム＝クリーア』も、同作が三一日にローマで封切られて注目を集め、今後すべての大都市で公開されると伝える。九月一三日『朝日新聞』夕刊には、八月三〇日からヴェネツィアで第九回国際映画コンクールが欧州の一五ケ国が参加して開催されたという記事があり、その話題とは別に、最近イタリアで上映された『燃ゆる大空』に涙を流した観客が多かったという情報が添えられている。

南方への映画輸出をめぐっては、「タイ映画界は久しく英米に依存していたが、最近の情勢の変化に伴い日本映画の輸入を希望しているので」、国際文化振興会が『暖流』英語版をはじめ『舞楽』『人形の製作』『提灯』ほか合計一二本を第一弾として贈ること（『映画旬報』四月一日号）、日本観光局ハノイ支局が仏印観光局と共同で、五月一三日にポール・ペール映画館に各方面の人々を招待して『日本の夏』『東京の工業』などの文化映画を披露したこと（五月一四日『朝日新聞』）、南洋映画協会がハノイ支社を強化すると同時にサイゴンとハイフォンにも支社を設置し、劇映画も『田園交響楽』に続いてフランス語スーパー版『支那の夜』を送付すること（『映画旬報』一一月一一日号）などが報じられている。だが、『映画旬報』六月一一日号の座談会において、観光局の山口勇が、仏印に『暖流』と『西住戦車長伝』のフランス語版を持って行ったが上映されず、南洋映画協会がビジネスとして実績をあげていないことを明かしているように、大げさな報道がなされたにもかかわらず〈南方への映画進出〉は苦戦していた。

輸出向けの文化映画製作についての報道も、この年は著しく減少する。三月八日『朝日新聞』は、「わが大和撫子の美と力を描いた映画『日本の女性』」が海外に送り出されることになり、前年秋に完成した映画『富士』とともに、「近くドイツ、イタリア、支那、スペイン、ポルトガル、マレーなど各国語版に録音、陽春四月東亜共栄圏内諸国はじめ枢軸関係、南米方面の各国へそれぞれ贈られる」と報じる。三月一四日同紙にも、近く海外に送り出される映画『日本の女性』のために「雪国女性の雄々しさを撮す」ロケがおこなわれるという記事があるが、五月二五日『読売新聞』の批評は、『日本の女性』には「侮蔑的な外国の日本観に対する卑下と媚態が見え」、『富士山』（それまで『富士』とされていた観光局の映画である）には「これを見た外国人は、風景の美しさに感嘆するかもしれないが、文化の低さを軽蔑するにきまっている」と厳しい言葉を浴びせている。

二月にベルツから生フィルムを譲り受けると報じられた『産業日本』については、五月二九日『読売新聞』夕刊に、国際文化振興会による「空前の大文化映画」、『労働生活篇』『軽工業篇』『重工業篇』『技能篇』の四篇からなる同作が「ドイツ、イタリア、フランス、英語版のほか東亜共栄圏の盟主として支那、タイ、スペイン、ポルトガル、アラビア、マレーなど各国語版として送る」と書かれている。一一月二一日『読売新聞』には『産業日本』のうち三篇に対する否定的な批評が掲載されているので、少なくとも三篇は完成したことがわかる。「わが国産業の実力を広く海外に認識せしめんとする目的」のもとに製作されたと説明されているが、このあと『産業日本』が諸外国で上映されたという情報は見出せない。

一九四二年以後

前年一二月の真珠湾攻撃によって日本は米英とも戦争状態に突入し、破滅に向かって突き進んでいく。『キネマ旬報』の後継誌『映画旬報』は四三年一一月まで刊行されるが、日本映画の製作本数および外国映画を含む国内での上映本数が激減するために空虚な感じとなり、新聞からも映画輸出に関する話題はほとんど消える。『フィルム＝クリーア』では日本についての報道の頻度が高まるが、あまり内容がない記事ばかりだ。

最初に、前年二月にドイツ語版がつくられたと報じられた『燃ゆる大空』についてまとめておこう。六月四日『フィルム＝クリーア』は、同作が『日本の荒鷲』のタイトルで翌日に披露上映されることを伝える。翌日に掲載された広告では、日本語版にドイツ語字幕をつけての公開で、「国家政治的に価値あり、大衆啓蒙的」という

ドイツの映画新聞での『日本の荒鷲』の広告（1942年6月5日『フィルム＝クリーア』）

格付けを得たことがわかる。六日同紙には、映写会の様子を伝え、『日本の荒鷲』を紹介する長文記事があり、詳細な内容のほか、日本の戦争ニュース映画も併せて上映され、大島大使が謝意を表するために立ち上がると全員が立って拍手を送ったとも書かれている。

六月七日『朝日新聞』夕刊にも、右の映写会の様子を伝える記事がある。同会には「ドイツ軍司令部職員全部と戦傷病兵約二〇〇〇」が招待され、上映された「戦争ニュース映画」は「ハワイ空襲からラングーン爆撃まで」をとらえたニュース映画をドイツ側でまとめて『大東亜戦争』と名付けたものであり、「この世紀の大攻撃の実績の目の当たりに見てドイツ要人たちも今更ながら日本軍の底知れぬ力強さに感嘆の念を深くした。これが中立筋に公開されれば英米側の宣伝もたちまち吹き飛ばされるであろう」とのことだ。いっぽう『日本の荒鷲』は「多少冗漫過ぎるとの批評も聞かれたが〔……〕各方面に非常な感銘を与え、特に実戦の経験を持つ傷病兵には深い感動を与えた模様だ」という。六月一九日『フィルム＝クリーア』は同作がポーゼンで封切られたと報じ、七月七日同紙にはハンブルク、七月二一日同紙にはシュトゥットガルト、一〇月二九日にはストラスブールで公開されたという情報もある。特殊な事情によるものだとはいえ、

『日本の荒鷲』（『燃ゆる大空』）はこの時期の日本映画としてはもっとも顕著な輸出の実績を残したのだった。

そのほか『フィルム＝クリーア』で紹介された主な日本関連の情報としては、三月三日にフランク・マラウンによる近年の日本映画の分析紹介文、六月一九日に日本の映画産業についての報告文が掲載されているほか、四〇年に来日したことが紹介されていた「世界旅行者、ジャーナリスト、作家」であるコーリン・ロスが『新しいアジア』という記録映画を発表したこと（二月二五日）、『馬』（一九四一年、山本嘉次郎監督）がザルツブルクで『イネと彼女の馬』というタイトルで上映されたこと（四月九日）、日本で〈真珠湾とマレー攻撃の映画〉が完成したこと（一二月一日）などが挙げられる。

『馬』の広告（『映画旬報』1941年3月1日号）

数少ない日本国内での報道では、南方工作をめぐるものが目につく。八月一六日『読売新聞』には、「南方全体に劇映画が進出しているが『桜の国』のように心理的なものは歓迎されない」傾向があり、文化映画でも『花と受粉』『電球』といった地味なものは受けないので、南洋映画協会では「劇映画でも動きの多い『五人の斥候兵』『上海陸戦隊』『燃ゆる大空』のようなものを送り、映画による文化工作の使命を達成しようと意気込んでいる」と報じる。だが九月一三日『朝日新聞』は、情報局が南洋映画協会を解散させ、南方各地域における事業の一切を四月に創設された社団法人映画配給社におこなわせることにしたと報じる。要するに、情報局は南方文化工作の実績があがらないことの責任を南洋映画協会に負わせたのだが、別の組織が同じことに取り組んでもうまくいくとは思えず、戦争も末期にさしかかり、政策が迷走している様子がうかがわれる。

ところでこの年一二月には、ひとつの謎がある。一二月五日『読売新聞』夕刊は、「ドイツ映画に顕す　神国日本の真姿」という見出しで、トク・ベルツが企画した文化映画『日本精神』が情報局、宣伝省協力のもとに完成し、近くドイツで公開されると報じる。ベルツは「京都下加茂の松竹撮影所を中心に我が国の俳優を駆使し鋭意クランクし続け」、『春と秋に現れた日本の詩歌』『武士道』『武装』の三部からなる二時間の大作が出来上がったという。ここでもベルツは「ウーファ映画社の監督」と紹介されているが、ドイツの資料にベルツという人物の監督作が見当たらないことはすでに紹介した通りだ。ドイツで上映されていれば〈独日共同映画〉の実現例となっただろうが、そのような作品が検閲を通過したという記録はない。

『フィルム＝クリーア』をチェックすると、一二月四日に『ニッポン、昇る太陽の国』という映画が完成したので、七日に試写会が開かれ、八日から一般公開されるという記事がある。これがベルツの『日本精神』であれば、話は合う。ところが『ニッポン、昇る太陽の国』は、監督と製作がゲルハルト・ニーダーシュトラース、脚本はニーダーシュトラースとマリオン・ハルフォーゼン、J・キタヤマの三人、検閲を一一月四日に通過し、一二月七日に初上映となっている。つまり時期的には合うのだが、そこにトク・ベルツの名前はない。このニーダーシュトラースなる人物を調べても、関わった映画はこの『ニッポン、昇る太陽の国』のみであり、謎の人物としかいいようがない。

ニーダーシュトラースがトク・ベルツの別名であったなら問題は解決するが、そんな情報も見られない。同作の内容を詳細に紹介する一二月八日『フィルム＝クリーア』の記事では、これが日本で撮影されたフィルムを「キタヤマ教授監修」のもとに再編集したものであり、美しい風景だけでなくさまざまな文化や習慣を紹介する映画で、「国家政治的および文化的に価値あり、大衆啓蒙的」という格付けを得たとされている。ベルツの『日本精神』として紹介された内容とは微妙に異なるので、ますます謎が深まるが、やはり『ニッポン、昇る太陽の国』はベルッとは無関係で、単純に『日本精神』に関する報道が誤っていたのだろう。もしそのような作品がきちんと完成していたなら、内容的にも政治的にもドイツで上映されないはずがないと思われる。

ちなみに『ニッポン、昇る太陽の国』については、四三年六月一五日『フィルム＝クリーア』においてケルンでプレミア上映がなされたと報じられ、同年八月二日『フィルム＝クリーア』でもザルツブルクで上映されたと書かれている。同作は〈日本映画が外国で形態を変えられて一般上映された〉例として数えることができるだろう。

ベルッは四三年一月一四日『読売新聞』夕刊に長文エッセイを寄せ、「『ハワイ・マレー沖海戦』は立派な映画であるが、国策的であらねばならぬという窮屈な製作意識が強すぎた結果従来の日本映画に比し余り一足とびに生真面目に固くなりすぎている」「上から引きずるのではなく、国民全体が喜んで自ら進んでついて来るような甘味を持った指導がいま少し必要ではないかと思う」といったことを書いている。気になるのは、肩書が「ドイツ・映画使節」となっていることだ。実は右で紹介した一二月五日『読売新聞』夕刊でも、ベルッが「仮寓先の渋谷区金王町長井邸」で語ったというコメントが紹介されていた。四二年の一二月から翌年一月にかけて、ベルッは日本に居住していた。

さらに四三年一二月一二日『読売新聞』には、「外映は『世界に次ぐ』公開に際し陸軍省の甚大な好意に酬いるべくドイツ映画代表エルヴィン・ベルッ氏とともに軍用機『日独映画号』一機献納の手続きをした」という短い記事があり、やはりベルッが日本にいたことが確認できる。そして四五年四月五日『朝日新聞』は、ベルッが「去月三〇日帝大病院で死去」したと報じる。ベルッはヒトラー自殺の一ヶ月前、日本敗戦の数ヶ月前まで東京にいたのだ。父が礎を築いた帝大病院で亡くなっているのも感慨深いが、経歴として「昭和一五年再び日独文化協会嘱託として来朝、映画を通じての日独文化交流に尽くした」と書かれていることからは、彼が四〇年から死

『海軍』の広告（『映画旬報』1943年11月21日号）

去するまでずっと日本で暮らしていたのではないか——四一年から翌年にかけて帰国していた可能性はある——という推測も成立する。四人の息子のうち「三人の子息は今次大戦で名誉の戦死を遂げている」という部分も哀れだが、この時期に「映画を通じての文化交流」に貢献しようとしたドイツ人が東京にいたという事実そのものはかなり興味深く感じられる。

なお四三年の『フィルム＝クリーア』では、日本で文化映画を製作する企業が統合されること（一月九日）、日本のすべての小学校に映画上映装置を備えるよう命令が下されたこと（四月一五日）、日本の映画会社の統合がさらに進められること（一〇月二五日）、大作『海軍』が完成して披露上映会がおこなわれたこと（一二月二一日）などが報告されており、こんな時期までわが国の映画状況がドイツで報じられていることが異様に感じられる。さらに四四年六月三〇日同紙には、独日協会がハンブルクで『ハワイ・マレー沖海戦』を『ハワイへの道』というタイトルで上映したことを報告する記事があり、映画の内容を紹介したあと、この映画によって日本がアジアで敵を打ち負かすという確信が強まったと締めくくられている。両国の敗色が濃厚になっていたこのころ、人々はどんな気持ちでそれを観たことだろうか。

第六章　関係者の運命

1　アングストの再来日

原や熊谷らが帰国した一九三七年の夏以後に『新しき土』とその関係者たちがどんな運命をたどったか、輸出映画に関してどんな働きをしたかを紹介しておこう。

『新しき土』の撮影を終えたアングストは三六年一一月に日本を去ったが、すでに紹介したように翌年七月一九日には戻って来る。ドイツの報道では、六月九日『リヒト＝ビルト＝ビューネ』にアングスト、バジェ、シュヴァイツァーが世界市場向けの『Taifun』という劇映画を撮るために日本に行くという記事があり、三者は六ケ月間日本に滞在し、ほかに三本の短篇も撮るとされている。バジェとシュヴァイツァーの仕事は「演出助言および編集」と説明されている。

アングストは驚くほど長期にわたって日本で映画製作に関わる。『新しき土』の作業でファンクは無能監督という烙印を押されたが、アングストの映像は国際的水準にあり、輸出に向けて確実な貢献をなしてくれると考えられたのだった。〈輸出映画〉政策と密接に結びついていた彼のこの時期の活動は現在のわが国ではほとんど忘却されているようなので、少し詳しく紹介しよう。

三七年八月一日『朝日新聞』夕刊には「海国日本を主題『新しき土』の向こうを張る輸出映画『颱風』の陣立」という記事がある。シュヴァイツァー、アングスト、バジェの原案を「日本的に修正し、非興行的といわれた『新しき土』に対し、今回は興行価値を主眼として、同時に海洋日本の極致美を描いて芸術的香り高き作品たらしめる」とのことで、国光映画が四〇万円を出資し、外国人俳優は登場しないという。

監督を依頼された衣笠は、松竹下加茂の許可があれば引き受けてもよいと語る(八月六日『朝日新聞』)。二六日同紙では、主演は辰巳柳太郎と島田正吾に決定し、撮影は九月一五日ごろ開始されると報じられる。『キネマ旬報』九月二一日号の広告では「いよいよ撮影開始」、主演は島田と辰巳、「原作・監督」はバジェ、「脚色」がシュヴァイツァー、撮影がアングストとされている。同作はわずかな実績しかないバジェを監督に据えて撮られようとしていた。

ところが『キネマ旬報』一〇月一一日号は、純日本資本による輸出映画として計画された『颱風』が、ロケハンをはじめ準備を終えていたにもかかわらず事変拡大のために製作を延期され、明春あらためて撮影されることになったと報じる。日中戦争の激化を受け、同企画は製作を中止されてしまったのだ。

しかし、アングストには次の企画が待っていた。一一月二三日『朝日新聞』は、『モンブランの嵐』などファンク監督作三本に主演したゼップ・リストが「日独防共協定一ヶ年を迎えて製作される日独親善映画『国民の誓ひ』に出演するため二二日正午過ぎ横浜入港のドイツ汽船グナイゼナウ号でやって来た」と伝える。

同日『読売新聞』夕刊は、「ドイツ側はバジェ監督、日本側は山本嘉次郎監督が指揮し、「主題は『国民の誓ひ』というので札幌のオリンピックシャンツェをバックにスキー映画を撮る〔……〕東京オリンピックの〝紹介映画〟としても期待されている」と報じる。国光は、独日共同監督、両国の俳優の共演で「防共協定一周年」および東京五輪とからめて売るという方針に転じたのだ。ドイツでの報道としては、三八年二月一四日『フィルム＝クリーア』が、小笠原率いる国光映画（表記はCocco Film）が最初の劇映画『聖なる目標（Das heilige Ziel）』を撮るとし、バジェが監督、撮影はアングスト、シュヴァイツァーが脚本という陣容で北海道と大船で撮影され、春に封切られると報じる。

だが日本では、いったん『国民の誓ひ』（以後タイトルはおおむね『国民の誓』となる）についての報道は消える。その代わり『キネマ旬報』一二月一一日号には国光の「巨匠リヒャルト・アングスト作品　文化映画『働く手』」という広告が見える。「名匠アングストの眼に日本の手工業が如何に映じたか！」とあり、アングストが短編記録映画を撮っていることがわかる。『キネマ旬報』にはほぼ毎号に広告が掲載され、三八年三月一一日号でも「カメラのアングスト、音楽の山田、装置の繁岡——日独の三巨匠が協力して製作した文化映画の傑作」（「山田」は山田耕筰、「繁岡」は繁岡鑒一）、「近日ＳＹ系封切！」とされ、同作品は四月二一日、本郷座および道玄坂キネマで封切られる。同広告からは、『働く手』が和傘や扇子をつくる技術、竹細工などを扱う作品だったことがわかる。日本固有の繊細な技術を紹介するという趣旨で、自然撮影の専門家であるアングストはここでは屋内撮影をまかされたのだ。

『国民の誓』の広告（『キネマ旬報』1938年4月1日号）

いっぽう二月二六日『朝日新聞』には、「『国民の誓』は松竹の協力を得て〔……〕近く大船撮影所でセット撮影に移り、四月上旬に完成、東京ベルリンで同時封切に決定した」という記事があり、同日『読売新聞』にも北海道ロケが終了したと書かれている。四月一三日『読売新聞』は、八月一

○日から開催されるヴェネツィア国際映画コンクールへの出品作について、『五人の斥候兵』のほかに「名カメラマン、リヒャルト・アングストが心血を注いで目下製作中の大作『国民の誓』が有力である」と報じる。『国民の誓』は完成すらしていないのに、優秀作品として期待を寄せられていた。

六月三日『朝日新聞』は、長期滞日を決めたアングストが「新妻」を呼び寄せ、松竹での作業を終えたあと東宝に入社し、文化映画『黄浦江』を撮ると伝える。一六日『読売新聞』は、トービスの助監督（じっさいは撮影助手）であるイルゼ・ランゲ嬢が来日し、一五日夜に牛込区若松町の新居に入って「非公式の華燭の典をあげた」と報じる。アングストは日本でランゲと結婚したのだ。アングストはこのあと約一年、日本で仕事をするとも書かれている。

『キネマ旬報』六月一一日号の広告には「六月一一日全国六大都市一三大劇場一斉封切！」「国際映画とは――まず日本の大衆に喜ばれること、そしてそのまま、言語国情の異なる、いかなる外国へ持ち運ばれても、立派な映画価値と歓迎を約束され得るものであらねばならぬ。その国際性を完備した最初の日本映画が『国民の誓』である！」といったテクストが躍る。監督は野村浩将、脚本はバジェと野田高梧、撮影がアングスト、音楽は山田、主演はゼップ・リストと佐野周二、高杉早苗という顔ぶれで同作は完成した。

しかし六月一四日『朝日新聞』では、同作は「輸出映画は何よりも企画第一だが、不幸にしてこれは失敗である」「唯一の期待であったアングスト技師の撮影効果も北海道ロケの部分のみ〔……〕前半のセット部分では非常な乱調子がある」といった酷評を受ける。『キネマ旬報』七月一日号の水町青磁による批評も、「興行価値」として「輸出映画で買いかぶる愚を避けねばならぬが、カメラの美しさと、佐野、高杉の共演はつねに呼び物作品たり得る。物語の筋を重要視する観客層には食い足りぬ」とまとめているように、日本の雪山を美しくとらえたことを賞賛しながら、ストーリーの単純さが耐えがたいとしている。筆者もまったく同様な印象を抱いている。

面白いのは、『国民の誓』の封切に合わせて四本ものアングスト作品の公開が告知されていることだ。それは

『雪のアルバム』『山のアルバム』という記録映画と、一般には『モンブランの嵐』として知られるファンク映画『白銀の嵐』、そして〈登山映画〉だとされる『ヴァブリナ征服』だ。「近日完成」とされている最初の二本は、『雪山のアルバム』という一本として三八年一二月七日に封切られる。『キネマ旬報』一一月二一日号は、同作品を「北海道十勝岳並びにニセコアンヌプリ付近の雪山の絶景をリヒャルト・アングスト技師が撮影せしものから優秀なる画面をアルバム風に点綴した一篇」と説明している。

そして六月二二日『朝日新聞』夕刊は、「支那事変を中心とした映画海外版二つが海軍省指揮で作製される」のでアングスト、千田是也、カメラマン白井茂ら八名が二一日に上海に向かったと報じる。「海軍特設砲艇隊を中心として海賊の巣となっていた付近一帯が皇軍の威力の下に平和な村落にたちかえっている状態を描き出そうという」企画ということで、アングストは東京に新妻を残し、日本の宣伝映画を撮るために大陸に派遣されたのだった。「映画海外版」のもう一本は熊谷久虎の『上海陸戦隊』で、「この二本とも約四ヶ月の撮影日を要する見込みで今秋には全国並びに海外に配給される予定」だとされている。以後、アングストが中国で『黄浦江』を撮っているという報道が続く。

アングストが東京に戻るのは九月一九日夜だ。一七日『朝日新聞』夕刊は、帰国を控えたアングストの「感激の念を起こさせる自信を持っていますし、海外へ持って行った場合には日本軍に対する各国の考え方を一変させるに十分役立つと思います」「先日某新聞に私が支那兵を二名射殺したという記事が出ていたそうですがあれはデマです」といった談話を紹介し、二〇日『読売新聞』でも、アングストが「日独の友好関係を力強く感じながら自由に戦線をカメラに収め収穫はずいぶんありました」「皇軍の涙ぐましい活躍ぶりを私の全努力を傾倒して撮影し、戦争映画に必ず新機軸を生むものと確信しています。一番面白かったのは太湖で新しい水路に入ったため敵襲を受け、一同素っ裸になって水中へ飛び込み船を押して進んだときです。少しもこわくはありませんでした。これも日本人が味方だというはっきりした信念を持っていたためでしょう」と語ったとされている。真偽はともかく、アングストは命がけで日独友好映画を撮ってきたと報じられているのだ。『黄浦江』が『戦友の歌』として封切られるのは三九年のことだ。

『キネマ旬報』三八年一二月一日号には、『国民の誓』の全国的な再封切を告げる広告がある。一一月二六日に調印された日独文化協定成立を記念して再上映されたのだが、広告にはドイツ、イタリア、フランス、オランダ、ポーランド、スイスをはじめ一六ケ国およびバルカン諸国への輸出が決まったとも書かれている。興味深いのは、「ゲッベルス閣下より『Staatspolitisch wertvoll 国家《マ》行政《マ》上きわめて価値多き国策映画』との称号を授与される」という部分だ。『新しき土』とは異なって、『国民の誓』は「芸術的に価値あり」という格付けは得られなかったことになる。

三八年一二月一〇日『フィルム＝クリーア』には、アングストが東京から送った手紙が紹介されている。アングストは日本で結婚したこと、ドイツ人と日本人の共同作業『聖なる目標（国民の誓）』がドイツでも上映されることを望んでいること、日本最大の映画会社、東宝に移籍したこと、来日した旧友ヴェルナー・クリングラーと映画企画について話し合っていること、六月から九月末まで中国の前線でたいへんな苦労をしたことなどが書かれている。しかし『聖なる目標』がドイツで公開されるのは、三年ほどもあとのことだ。

いっぽう『戦友の歌』は三九年一月二五日にアングスト原案・演出・撮影・編集作品として封切られるが、絶賛はされない。一月二一日『朝日新聞』の批評には「『お芝居』が入っていてこれは実に奇妙な作品であり、絶対に記録映画ではない」「アングスト技師が海軍の援助を得て砲艇に乗り込み、わが将兵と長い辛苦を共にした甲斐もなく、こういう愚劣な記録映画とも劇映画ともつかぬものが出来たのは遺憾である」「彼は単なるキャメラマンで、監督を兼ねることはできない人である」等と厳しい言葉が並ぶ。同作は記録映画という触れ込みなのに、随所に素人を使った拙い演出場面があるので見ていられないというのだ。

『キネマ旬報』二月一日号は、アングストが予定より早く日本を離れる理由として、『戦友の歌』が「日独防共精神の作興に寄与するところ甚大なるものであるに鑑み、これがドイツそのほか欧州の防共盟邦に封切方の要務を帯びるものと見られている」からだとする。二月一日『読売新聞』も、「帰独後は自作の『戦友の歌』を全ドイツの常設館で封切って日本の聖戦を正しく認識させたい」「帰国の上は誤れる日本観是正のために、できれば事変をテーマに何かいい映画を一本撮りたい」「日独文化協定を大いに活用して映画の交換や製作の協力などにも尽力したい」といった日本の関係者に媚びるようなアングストの談話を紹介する。

アングストは二月二日に海軍省で銀製シガレットケースを贈呈され、横浜港から「グナイゼナウ」で妻とクリングラーとともに帰国の途につく。アングストは東京に最初に来たのが三六年三月二四日、同年一一月二四日に「グナイゼナウ」でドイツへ戻り、翌年七月一九日に再来日し、三九年二月五日に日本を去った。『新しき土』に関しては日本に八ヶ月滞在したアングストは、二度目の来日では一九ヶ月半も映画撮影に関わった。『新しき土』のファンクでも滞日は約一年だったのだから、アングストが戦時下の日本でこれほど長期にわたって作業をしたという事実はもっと評価され、検証されるべきではないかとも思われる。

アングストが日本で撮った作品はドイツでも上映されたか。三九年三月二三日『フィルム＝クリーア』は、帰国したアングストの談話を掲載する。新しい情報としてはクリングラーに関するものがある。クリングラーが日本に来ていた理由は日本の報道ではわからないのだが、アングストは東宝から原節子の主演作の監督を打診され、自分の代わりにクリングラーを呼び寄せたと説明している。アングストとクリングラーは三本の映画を企画提案したという。それは、日本の文明の成立についての作品、日本の軍人を主人公とする『鉄兜のサムライ』という作品、そして日本の南洋進出をテーマとする『嵐』という企画だった。日本の関係者は、これらの企画に熱狂したと書かれているが、いずれも実現しない。

同記事は、ドイツに戻った現在もアングストとクリングラーが日独共同の映画製作の可能性を模索しているとし、日本人のドイツの文化や社会への信愛の情をアングストが直接確認してきたと書く。第二次世界大戦開戦を

Das heilige Ziel / Astor

Deutschlands und Japans Menschen — so verschieden sie im Aeußeren, in der Lebenshaltung sind, so verschieden die Gesetzmäßigkeiten sind, nach denen ihr Leben verläuft — haben vieles gemeinsam, — vieles Entscheidende, das sie jetzt Seite an Seite marschieren läßt: Es sind verwandte Ideale und verwandte Ziele, die die Menschen beider Völker erfüllen, es sind beiden Völkern gemeinsame soldatische Tugenden, die ein enges Band der Kameradschaft um die beiden großen Nationen schlingen.

Diese Verbundenheit findet auch ihren Ausdruck in diesem Film, den gemeinsam mit japanischen Filmschaffenden zu gestalten deutsche Filmleute vor einigen Jahren die Fahrt nach dem Fernen Osten antraten.

Der Film erlebt nun zu einem Zeitpunkt seine deutsche Aufführung, da die Aufmerksamkeit stärker als je auf die Ereignisse in Fernost, auf die Waffentaten unserer Verbündeten, gelenkt ist, — zu einem Zeitpunkt also, der für den Start eines in Japan spielenden Films besonders geeignet ist.

Der Film war als der Auftakt zu der Olympiade des Jahres 1940 gedacht, die in Japan stattfinden sollte, wegen des China-Konfliktes aber abgesagt wurde. Das Werk steht also im Zeichen eines Sportthemas, — eines Sportthemas, das aber zugleich ein nationales Thema ist.

So etwa verlaufen in großen Zügen die Linien der Handlung:

In Japan hält sich zu der Zeit der Olympiadevorbereitungen der deutsche Sportler Peter Sturm auf, ein Spezialist des Skisports, ein Mann von internationalem Ruf. Er informiert sich über den Stand des noch jungen japanischen Skisports und widmet seine besondere Aufmerksamkeit den beachtlichen Leistungen zweier Springer. Sie sollen sich zur Olympiaform heranbilden, — aber vorerst haben sie noch (jeder große Entschluß will erkämpft sein) private Hemmnisse zu überwinden; — der eine will — denn das harte Training fordert ja eine völlige und langdauernde Abschaltung vom bisherigen Leben — seine schwerkranke Mutter nicht im Stich lassen, der andere vermag sich vorerst nicht von seinen sehr wichtigen Laboratoriumsarbeiten zu trennen. Ihre Umgebung aber bestärkt sie darin, sich — im Hinblick auf das nationale Ziel ihres sportlichen Einsatzes, nicht im Hinblick auf persönlichen Ruhm — von allem dennoch freizumachen und das Training in Hokkaido, dem idealen japanischen Wintersportgebiet, unter der leitenden Hand des berühmten deutschen Sportlers zu beginnen. Dieser will schon wieder abreisen, er ist bereits auf dem Schiff und hat sich eben den Reportern gestellt — als die beiden nun ganz dem Gedanken sportlicher Einsatzes gewonnenen Sportler ihn überrumpeln, ihm kurzerhand das Gepäck vom Schiff schaffen und ihn — der halb belustigt, halb ärgerlich das alles erst begreift, als es schon geschehen ist — bestimmen, sie zur Meisterform auszubilden. Die Arbeit in Hokkaido im Dreimeter-Schnee, bei Sonne und Sturm und unter weißen Wolkenmeeren, folgt nun, — aber sie droht zweimal zunichte gemacht zu werden: Takeo erhält die Nachricht vom Tode der Mutter, die er über alles liebte. Nach schweren Kämpfen bleibt er aber — im Gedanken daran, daß er so am besten den Willen der Mutter erfülle — seinem Ziel treu und fährt nicht zum Begängnis nach Tokio. — Dann wird die Treue zum gesetzten Sportziel erneut auf eine Belastungsprobe gestellt: Die Braut Akiras — die auch seine Mitarbeiterin im Laboratorium ist — verunglückt, und Akira verläßt das Sportlager des Nachts ohne Wissen Peter Sturms und Takeos. Er kommt zwar wieder, aber Sturms Vertrauen hat einen Stoß bekommen, den er nicht verwinden kann. Im Groll verläßt er die beiden, die ihm nachfahren. Eine Lawine begräbt Takeo und Akira, und Peter Sturm kann sie mit vieler Mühe noch retten: Die Naturkatastrophe hat zur rechten Zeit die Sportkameradschaft gerettet, — eine Sportkameradschaft, die nun nicht mehr zu erschüttern ist.

ドイツの映画新聞での『聖なる目標（国民の誓）』の紹介記事（1942年2月6日『フィルム＝クリーア』）

目前に控えてドイツと日本の結びつきが異様に強調され、悲愴感すら漂う記事だ。

三月二七日同紙には、『戦友の歌』をドイツ語字幕なしの「特別上映」で視聴したハンス・シューマッハーによるレポートが掲載されている。例によって単なる紹介記事で、稚拙な演出が施されたことへの批判などはなく、アングストの苦労をしのび、映像の素晴らしさをたたえる内容だ。同日『リヒト＝ビルト＝ビューネ』にもフェーリクス・ヘンゼライトによる報告文が掲載され、アグファの新しいフィルムを使ったアングストの映像の素晴らしさが強調されている。しかしこのあと、『戦友の歌』が正式に上映されたという情報は見つからない。「特別上映」だけでお蔵入りしてしまったのだろう。

だがアングストのもう一本の長編は、四二年二月にドイツで一般上映される。二月五日『フィルム＝クリーア』には、同日にベルリンの映画館「アストア」で『聖なる目標』（『国民の誓』）が封切られることを告げる広告がある。翌日同紙の記事ではストーリーが詳細に紹介され、同作が本来は四〇年の東京五輪に合わせて企画されたものであり、日本人選手とドイツ人コーチの友好的な関係を描くものであることが説明され、日本とドイツの両民族のあいだには精神性において大きな共通点があると書かれている。二月七日『デア・フィルム』の「映画観察」欄も同作を取り上げ、やはり独日信頼関係を中心に、アングストの撮影、リストの演技、野村浩将の演出、山田の音楽などすべてが興味深いとしている。

日本では、『キネマ旬報』三九年九月一日号に『新版　国民の誓』の広告がある。「堂々封切に挑戦した再映記録！」「国光映画がドイツ人スタフ《ママ》を迎えて製作提供せる国際映画の決定版！」という言葉が添えられ、「新版」と銘打たれている以上、前年六月に封切られたヴァージョンとは異なるものだったはずだが、どんな変更が加えられたかは不明だ。

2 『新しき土』／『サムライの娘』の輸出

『新しき土』もしくは『サムライの娘』が、ドイツと日本、オーストリア以外のどの国で上映されたかについては、正確なことがわからない。完成当時のわが国の報道では、ヨーロッパのほぼすべての国で上映が決まったように報じられていた。参考のために書いておくと、IMDb はデンマークで三七年一〇月六日、スロヴェニアで三七年一〇月七日、フィンランドで三七年一一月二一日、クロアチアで三八年二月九日、ハンガリーで三八年五月三一日、スウェーデンで四一年四月七日から上映されたとし、諸外国でのタイトルとして、上記の国々のほかにブラジル、フランス、ギリシャ、イタリア、オランダ、ポーランドの各言語におけるタイトルを挙げているが、たとえばフランスで商業公開がなされなかったように、ほかの国々でも限定的な上映もしくは試写にとどまった可能性はある。三八年六月一八日『フィルム＝クリーア』には、前年一一月にイタリアの検閲を通過した『サムライの娘』が、『ミツコ（Mitsuco）』というタイトルでようやくミラノの一般映画館で封切られたと書かれている。たとえば『キネマ旬報』三八年一月一日号の対談では、友田潤一郎が「向こうでは非常に批評家の評判は悪かったそうだ。アメリカでは検閲官の評判がよくてベストテンの第二位に投票されたそうだ」と語るが、同誌四月

「『武士の娘』『新しき土』ベルリン版」の封切広告（1937年11月23日『朝日新聞』夕刊）

一日号の対談では、清水千代太が『新しき土』すらアメリカでは上映されていない」と述べている。フランス上映については、四〇年四月一日号の対談で、パリから戻った川添紫郎が「パリではシャンゼリゼで試写したところ、半分に切って前の記録映画的のものなら出し得る可能性があるというので、ほうほうの態でした」と語っており、やはり一般公開に至らなかったことがわかる。

　そのほかの外国での上映については、三八年六月一八日『朝日新聞』に「『新しき土』ニュージーランドへ」という記事があり、ニュージーランドの首都ウェリントン駐在の領事から外務省文化事業部に、映画教育のために日本映画をほしいと申しこみがあり、『新しき土』と国際文化振興会製作の『日本画家の一日』ほか四点を決定、一七日に外務省より発送したと書かれているが、これは商業的公開ではない。『アジア映画』は、『新しき土』が三九年にブラジルで上映され、「在留同胞はそのテーマに対して予想外の興味を持ち、興行的にも相当の成果を収め得た」と書いている。もちろん邦人向けに上映されたということだ。

　また、すでに触れたようにドイツでは『サムライの娘』は四二年から四三年にかけて戦時向けのヴァージョンがつくられ、四三年から翌年にわたって『ミツの恋』のタイトルで国内上映された。四三年四月二二日『フィルム＝クリーア』は、バンコクで日本大使館と現地のドイツ企業関係者が総理大臣をはじめとする要人を招き、『サムライの娘』の特別上映会を開催したと伝える。終戦が間近に迫った四四年一二月一六日『フィルムナーハリヒテン』にも、『ミツの恋』がベルリンで上映されることを告げる記事が見出せる。

日本国内では、三七年一一月二四日に日独防共協定一周年記念として、「『新しき土』ベルリン版」が『武士の娘』として日比谷映画劇場で上映されている。一一月二三日『朝日新聞』夕刊の広告では、「日独両国民の心を一層しっかりと結びつけた『新しき土』ドイツ公開版！　何が友邦四千万の民を感激させたか！　今こそ、『新しき土』を再認識する秋だ!!」とある。「ドイツ公開版」の説明としては、翌日同紙夕刊の広告に「ファンク博士が純ドイツ式に新場面挿入、新編集せしもの」と書かれている。

なおドイツでは戦後、『サムライの娘』は内容が政治的であるという理由で、連合軍のフィルムコミッションによって上映禁止作品リストのなかに入れられた。『桜の花、ゲイシャと火山』という〈無害化されたヴァージョン〉がつくられたことはすでに紹介した通りだが、『サムライの娘』そのものは八二年一〇月に西ベルリンのヴェディングで〈禁止された映画〉という特集で上映された記録があり、その後ＶＨＳとして発売され、現在ではＤＶＤで一般的に購入・視聴できる状態にある。

3　川喜多夫妻と東和商事、『東洋平和の道』

すでに紹介したように川喜多夫妻は米国滞在中の三七年七月に盧溝橋事件を知り、困難な状態が到来したことを認識する。帰国直後の『キネマ旬報』三七年八月一一日号のコラム「三脚台」には、『新しき土』はとにかくひとつの気運を生み出したことにおいて明らかな意義があり、東和商事はフランスと提携して共同製作に乗り出すと書かれているが、もはや時局はそのような企画を許すものではなくなっていた。

九月二一日、大蔵省は為替管理のためにニュース映画を除く外国映画の輸入を禁止する。国内に輸入映画のストックはあったが、翌年正月向けの大作は輸入できなくなった。中心的業務を封じられた東和商事は「支那事変の真相およびわが皇軍の正義を海外に発表する国家的記録映画製作」（『キネマ旬報』一〇月一日号）を企画し、長政は中国に渡る。北支戦線を撮影し、続いて上海戦線をフィルムに収めるという計画だ。

だがこの企画は、そのままのかたちでは実現しない。〈国家的記録映画〉は、鈴木重吉を監督とする劇映画『東洋平和の道』に変わる。主要キャストは中国人で固めることになり、一二月上旬に北京でオーディションが開催され、二五〇名の応募者から三名が選ばれた。一月には北京で撮影がおこなわれ、二月には中国人俳優が来日する。〈支那スター〉として迎えられた彼らは、日本兵のおかげで「支那がとても明るくなった」、日本では「もっとも好ましいと思っていた〝平和〟に触れた感じです」（三八年二月三日『朝日新聞』）といった〈親善使節〉らしい発言を連発する。

『東洋平和の道』の広告（『キネマ旬報』1938年4月21日号）

三八年三月三一日、同作は日本で封切られる。新聞各紙の広告では「『新しき土』に次ぐ東和商事製作・第二回世界進出映画!!」（三月二二日『朝日新聞』夕刊）、「戦争の中に生きぬいた大地の子が、身を以て描いた新型式レポルタージュ・ロマンスだ！」（三月二六日『読売新聞』夕刊）といった語句が躍るが、批評においては「ほとんど『物語』というほどのものはなく、その構成力からいえば殊に後半が弱点を見せる〔……〕画面はいかにも濁って汚い」（三月三一日『朝日新聞』夕刊）、「海外版を出すとあるが、編集の拙劣、技術の未熟、中にも事変の把握の浅薄、児戯に類している〔……〕ストーリーのあるものとしては『新しき土』以下の愚作である」（四月三日『読売新聞』夕刊）といった調子で、『アジア映画』によれば「『新しき土』とは反対にレコード破りの不成績」に終わった。

同作の「世界進出」は実現したのか。完成前の三月一二日『読売新聞』では「ブラジルの一流映画配給会社アート・フィルム社から第一番の注文があり全ブラジル配給契約の調印を交わした」とされ、四月一日同紙夕刊は、帝国劇場での試写会のあと阮満洲国大使の意見を取り入れて「五月から満洲国に上映する映画」には修正を加えることになったとする。川喜多かしこは「映画とともに六十年」（『映画が世界を結ぶ』所収）に、「日本では成功しませんでしたが、北京ではヒットし、ドイツ、フランス、ブラジルと契約が出来ました」と書いている。

この年も夫妻は六月一日に『東洋平和の道』と『五人の斥候兵』を持って欧州に旅立った。四月一三日『読売新聞』は、八月一〇日に開催されるヴェネツィア国際映画コンクールに出すために『五人の斥候兵』が「東和商事会社でドイツ語版に改作されつつある」と報じ、九月一四日『朝日新聞』は、「『東洋平和の道』もドイツで試写の結果非常な好評を博し、トービス映画社の手で全ドイツに配給される」とする。

『キネマ旬報』一一月一日号の川喜多かしこ「欧米見聞記」によると、長政はパリで二五〇名の専門家を前に『風の中の子供』の試写を実施した。かしこは「今は日本映画が海外市場に進出する絶好のチャンスなのである」「日本は世界に見せてやらねばならぬのだ、日本人の心を、日本人の魂を、日本人の文化を」と、映画輸出への強い意欲を示す。

そのあと長政は「国策に副う単一組織による日本映画の輸出専門会社の設立を企画し」、各社および関係省庁から賛同を得る（一二月四日『朝日新聞』夕刊）。以後も長政は日本映画貿易協会の理事として、満洲経由の外国映画の輸入を実現し、また日本映画輸出に向けて奨励金交付制度の設置に尽力する。

長政は、三九年六月二七日に「日満支合弁会社」として設立された中華電影公司の専務理事に就任し（同日

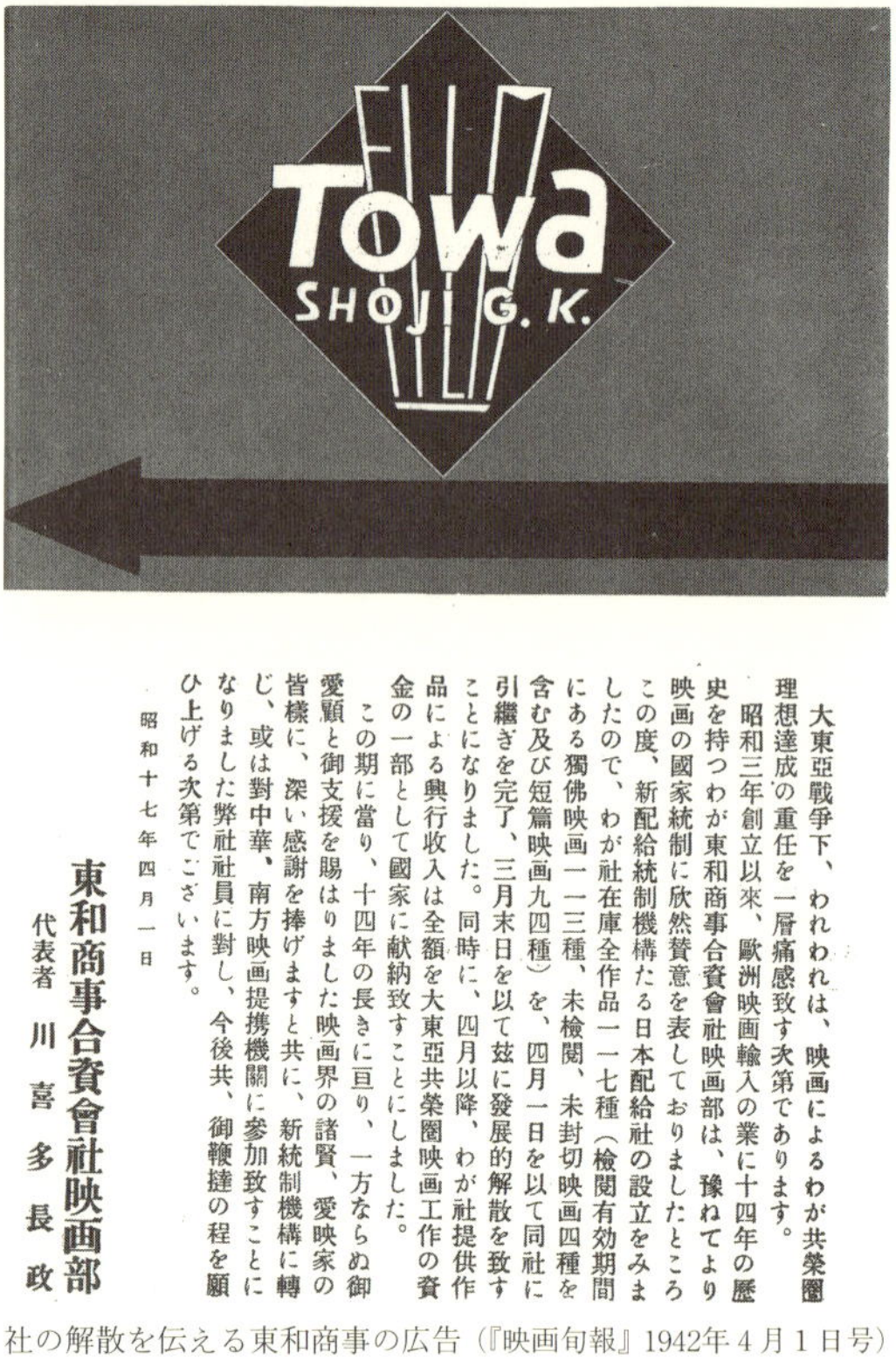

大東亞戰争下、われわれは、映画によるわが共榮圏理想達成の重任を一層痛感致す次第であります。
昭和三年創立以來、歐洲映画輸入の業に十四年の歴史を持つわが東和商事合資會社映画部は、豫ねてより映画の國家統制に欣然賛意を表しておりましたところこの度、新配給統制機構たる日本配給社の設立をみましたので、わが社在庫全作品一一七種(檢閲有効期間にある獨佛映画一一三種、未檢閲、未封切映画四種を含む及び短篇映画九四種)を、四月一日を以て同社に引繼ぎを完了、三月末日を以て玆に發展的解散を致すことになりました。同時に、四月以降、わが社提供作品による興行收入は全額を大東亞共榮圏映画工作の資金の一部として國家に獻納致すことにしました。
この期に當り、十四年の長きに亘り、一方ならぬ御愛顧と御支援を賜はりました映画界の諸賢、愛映家の皆様に、深い感謝を捧げますと共に、新統制機構に轉じ、或は對中華、南方映画提携機關に參加致すことになりました弊社社員に對し、今後共、御鞭撻の程を願ひ上げる次第でございます。
昭和十七年四月一日
東和商事合資會社映画部
代表者 川喜多長政

社の解散を伝える東和商事の広告(『映画旬報』1942年4月1日号)

『朝日新聞』)、のちに副社長となる。

四〇年一二月には、「南方各地で新しい興亜理念の日満支映画を上映するのをはじめとして、映画の製作、興行等をもおこない、南方各地はもちろん華僑にも正しい認識を与え、映画文化の南方進出をおこなう」(『キネマ旬報』四〇年一二月一日号)ことを目的に設立された南洋映画協会でも社長の座につく。さらに四一年五月に文化映画配給一元化のために財団法人日本映画社が立ち上げられると社員理事となり、六月には大政翼賛会調査会委員にも任命される。東和商事は四二年三月末に解散されるが長政は戦時下の日本できわめて重要な役割を果たすのである。

四六年二月にかしこは幼い娘、和子を連れて北京から帰国し、四月には長政も上海から戻って来る。映画国策への関与を問題視され、長政は五〇年まで映画界での活動を禁止されてしまうが、その後の夫妻の東和映画を率いての偉大な業績、「映画大使」と呼ばれた国際的な活躍は広く知られているだろう。

4　アーノルト・ファンク——『秘境熱河』と『ロービンゾン』

ファンクのフィルモグラフィーには〈日本探検〉に関係する短編として（以下、タイトルのあとに検閲通過日を記す）、『極東の皇帝建造物』（ファンク監督、一九三八年七月二七日）、『小さなハンスちゃん』（ファンク監督、一九三九年一〇月三日）、『南満洲の冬の旅』（監督不詳、一九三九年一〇月一二日）、『ミカドの国の米と木』（監督不詳、一九四〇年一月三一日）、『日本の春』（監督不詳、一九四一年四月二日）、『日本の聖なる火山』（監督不詳、一九四一年三月二五日）、『日本の岸辺の風景』（監督不詳、一九四四年一月一三日）がある。現存している『小さなハンスちゃん』は、幼い息子ハンスが日本に向かう諏訪丸で無邪気にふるまい、日本の寺社や庭園を歩き回り、パパと再会するまでをとらえた短編で、日本で公開された『パパを尋ねて』と同様な作品と思われるが、ドイツ語のナレーションがあるので〈同じ版〉ではない。

気になるのは、万里の長城をとらえた『極東の皇帝建造物』と『南満洲の冬の旅』だ。ファンクは中国に行っておらず、撮影には関与していないはずだ。後者については、三八年九月二日『フィルム＝クリーア』に同作品が検閲を通過し、「大衆啓蒙的、教育映画」という格付けを得て年齢制限なしで上映されると書かれ、カメラマンは早川一郎と林田重雄、音楽は紙恭輔、ファンクの日本探検の映画だと説明されているが、監督名はない。同作品については三八年一一月一一日同紙にも紹介記事が掲載され、一一月一〇日にベルリンで封切られたことが確認できる。

私たちの興味を惹くのは、二作に共通する早川、林田、紙という顔ぶれだ。三者は三六年秋から冬にかけて、〈ファンクがドイツに持ち帰る〉と報じられた満鉄記録映画『秘境熱河』に関わったメンバーなのだ（早川一郎を早川弘二とする資料もある）。『極東の皇帝建造物』を視聴してみると、「日本でのファンク探検隊の撮影」「撮影：早川一郎、林田重雄」「音楽：紙恭輔」とドイツ語で大きく書かれ、監督名はない（ドイツのフィルモグラフィーでは監督：ファンク、脚本：フェーリクス・ランペとするものもある）。内容的には万里の長城とその周辺の名所旧跡を案内するもので、日本人は出てこない。地図は日本語のものが目にされるが、ナレーションはドイツ語だ。

内容からもスタッフの氏名からも、これと『南満洲の冬の旅』が、『秘境熱河』に手を加えて短編化されたものであることは確実だ。『キネマ旬報』三六年一二月一日号には、ファンクが『秘境熱河』をドイツに持ち帰ることを伝える記事に「博士は未整理ネガと併せて持ち帰り、自身の手で新たに再編集し、世界に贈る最初の満洲映画として、堂々と名乗りを挙げることになった」と書かれていた。その通り、ファンクは『秘境熱河』に手を加え、ドイツで公開したのだ。〈満鉄映画の輸出〉が実現したといえなくもないが、ファンクはその出自を隠し、自らの〈日本探検〉の産物だと主張したのである。当時のわが国の新聞雑誌でも『秘境熱河』がドイツで上映されたという情報は見られず、本書以前にこの事実を指摘したものは今回の調査では見つからなかった。

また『キネマ旬報』四〇年八月一一日号のドイツからのレポートでは、ファンクが来朝時に撮影した『富士山』『桜』『瀬戸内海』『保津川下り』等のなかから「まず『さくら』と『富士山』がウーファの文化映画として発表」されたと書かれている。これらは『日本の春』および『日本の聖なる火山』を指すと思われる。ファンクは、日本みやげのフィルムを〈文化映画〉として活用しようとつとめたのだ。

それはそうと、ファンクは帰国後、長編劇映画は一本しか撮れなかった。自伝には、『サムライの娘』以後のことは少ししか書かれていない。長編製作に関わる部分を紹介してみよう。

『サムライの娘』が封切られたあと、ファンクに声をかける社はなかった。ファンクは、テラから支払われるはずの四万マルクの報酬も受けとれなかった。業を煮やしたファンクはゲッベルスに手紙で直訴した。その結果、ファンクは金の代わりにバヴァーリア社で新作を撮る機会を与えられた。それが『ロービンゾン』（原題は Ein Robinson、ドイツ語の Robinson は〈ロビンソン・クルーソーのように孤島や文明から隔絶された場所でひとりで暮らす人〉という意味の普通名詞として使用される。発音は「ロービンゾン」なので、以下同様に表記する）である。

しかし提示された条件はきわめて悪く、俳優やカメラマンの人選においてもファンクの意見は無視された。屋内撮影では、映画の経験がない演劇界の若手に演出をまかせるように命じられた。しかし、撮影をはじめてみると、その若手が何の指示もできないことが判明したため、この映画はファンクの単独監督作となった。

『ロービンゾン』の舞台は、『ロビンソン・クルーソー』のモデルとなった人物が一六世紀に居住したチリ沖合のマサティエラ島（現ロビンソン・クルーソー島）だ。ファンクが映画化したのは、二〇世紀におけるドイツ人水夫カール・ヴェーバーの実話である。第一次世界大戦時、英国艦隊の攻撃を受けてドイツの戦艦「ドレースデン」はチリ沖で沈められた。マサティエラ島に逃れたカールらは親独的なチリ政府の保護を受け、帆船で母国に戻るが、そこでは共産主義革命の嵐が吹き荒れていた。失望したカールはマサティエラ島に戻り、文明から距離を置いた暮らしを続ける。ファンクらが撮影で訪れたとき、カールはまだ同島で暮らしており、戦後にドイツに戻ったという。

ファンクは主人公の姓をオールゼンに変え、ドイツに戻った主人公が、自分の留守中に妻が別の水夫と再婚したことを知って失望し、チリの島に戻るという設定にした。事実と大きく異なるのは、再建された「ドレースデン」の仲間がカールを捜し続けることだ。ラジオでそれを聞いたカールが同号に駆けつけると、そこにはなつかしい艦長だけでなく、成長した実の息子ピーターの姿もあった。カールは海軍に復帰し、仲間たちと戦う……。当時のドイツでは、外国や植民地に居住するドイツ人が非常時を迎えた母国に戻る姿を描く愛国主義的映画が多く撮られており、この物語もその一本に数えられている。ドイツ海軍を英雄的に描いている箇所もあり、戦後は『サムライの娘』と同様、連合軍によって上映禁止処分を受けた。

ロケ撮影は三八年九月から翌年三月までマサティエラ島周辺、パタゴニア、フエゴ島、そしてデンマークのボーンホルム島でおこなわれ、七月から八月まではドイツ国内での作業が実施された。ファンクは先妻とのあいだに生まれた長男のアーノルト・エルンストをスタッフとして同行させ、妻とハンスも南米に連れて行った。マサティエラ島ではテントで宿泊することが多かったが、新鮮な魚やロブスターがいくらでも手に入り、快適に暮らせたという。撮影終了直前に大地震が起こり、現地では多くの死者が出た。鉄道だけでなくヨーロッパと南米を結ぶ航路もストップしたが、ファンクはたまたま寄港した巨大豪華客船ブレーメンにニューヨークまで無料で乗せてもらい、無事に母国に戻ることができたという。

ファンクは編集にタッチさせてもらえず、貴重な自然映像の多くはカットされてしまった。『ロービンゾン』は「文化的に価値あり」という格付けを与えられ、四〇年四月二五日に『サムライの娘』と同じベルリンのカピトールで封切られる。六月二二日『フィルム＝クリーア』では、ミュンヒェンのウーファ・パラストでの封切に先立って豪華披露試写会が開催され、市長や党幹部、防衛軍の幹部が出席し、空軍の楽隊による演奏がおこなわれたと報じられている。いま同作を観るとプロパガンダ映画という印象はあまり受けないが、母国では少なくとも時局的な企画として扱われたのである。四一年一一月二四日同紙には、ブダペストで上映されて好評だとも書かれている。

くわしい分析は不要だろうが、『ロービンゾン』は『S・O・S氷山』と『新しき土』の延長線上にある、異国の風景を生かした〈文化映画〉（文化映画と劇映画の両方の性格を兼ね備えた作品を指す、ファンクがよく使う用語）だ。ヨーロッパ人になじみのない景観や動植物の紹介が中心で、人間ドラマは付け足しに過ぎない。ファンクはいつものように美しい映像を並べ、低地は密林に覆われているがかなりの高峰もあり、冬には雪も積もるし、氷河もある孤島での生活を表現した。地理的事実を無視し、じっさいには遠く離れた各ロケ地での撮影映像を繋ぎ合わせてひとつの架空の島をつくり上げるやり方は『新しき土』と同じだ。

作品の八割ほどにおいては、観客は主人公のひとり芝居を目にする。俳優の演技力が求められるところだが、無名の舞台俳優であったヘルベルト・A・E・ベーメの演技はぎこちなく、ほかの水兵たちの演技も学芸会のようにしか見えない——それもそのはずで、遠いチリまで多数のドイツ人を連れて行けなかったため、ドイツ系のチリ人を集めて出演させるしかなかったのだった。

なおファンクは、『ロービンゾン』の作業中だった三九年五月一二日の『フィルム＝クリーア』に、「ドイツ映

『ロービンゾン』のロケハン作業

『ロービンゾン』

画におけるライン河」という長文の原稿を寄せ、〈ライン河映画〉の構想を披露している。過去にライン河を題材とする映画はなく、ラインと周辺の美しい自然をとらえた映画をぜひ自分の手で撮りたい、「自然＝劇映画」とも呼ぶべきもので、手漕ぎのボートもしくはカヤックでライン河を進む者の物語にしたいが、物語よりは自然の素晴らしさを訴える作品にしたいといった内容だが、この企画は実現しない。

三九年九月に欧州大戦の火ぶたが切られると、大自然のなかで悠長に撮影をおこなうような映画製作は不可能になり、ファンクには劇映画を撮るチャンスがなくなった。救いの手を差し伸べたのはリーフェンシュタールで、ファンクは彼女の映画会社でナチ推奨の芸術家の作品を紹介する短編『ヨーゼフ・トーラク』（一九四三年）と『アルノー・ブレーカー』（一九四四年）を撮り、さらに連合軍の攻撃に備えるノルマンディーの防塁をテーマとする短編『大西洋の防塁』（一九四四年）をウーファで撮影する。これらの撮影を担当したのは日本にも来たリムルで、端正な映像で彫像や建築物を淡々ととらえているが、無個性な作品となっている。

ソ連軍が押し寄せる直前にベルリンを脱出したファンクは、戦後は生まれ故郷のフライブルクで森林労働者として働き、日々の糧を得た。フランスの占領軍に申請した結果、新たに〈山岳スポーツ映画会社〉を立ち上げる許可は得られたが、同社が映画製作の機会を得ることはなかった。

日本では、ファンクが〈生粋のナチ〉であったために戦後は惨めな生活を送ったという記述がなされることが多い。だが、彼よりももっと露骨なプロパガンダ映画を撮った者でもすぐに復帰していることを考えると、オファーがなかったのは、単純に映画監督としての評価が低く、敗戦時に五六歳だった彼が〈過去の人〉と考えられたためだろう。とはいえ、ファンクは完全に忘却され、哀れな晩年を送ったわけではなかった。五七年にはトリエントでの山岳映画祭で回顧展が開かれて金メダルを贈呈され、六三年にはマンハイム映画祭で「ドイツ映画開拓者としての貢献」に対して記念ドゥカーテン金貨を、翌年のドイツ映画賞でも「長年にわたる卓越した業績」に対して金賞を受けている。六〇年代後半からは監督作が繰り返しテレビ放映されるようになり、オールドファンに歓迎された。

ドイツの新聞では、ほかの有名人もそうであるように、六〇歳、六五歳といったように五年ごとの誕生日にファンクの業績を紹介する記事が見られる。それらを読んでみると、山岳映画の創始者であって多数の傑作を生んだこと、トレンカー、リーフェンシュタールといった著名な映画人を育てたこと、日本政府の招待で『サムライの娘』を撮ったことが紹介されるのが定番的だが、ファンクが映画界で一貫してアウトサイダー的なポジションにあり、ナチ時代にはゲッベルスに疎まれていたとする記述もよく見られる。一部には、ファンクの映像世界がナチの英雄崇拝と共鳴する部分があったというような記述も見られるが、彼を〈生粋のナチ〉と決めつけるような文章はない。七四年九月に八五歳で亡くなると、各紙に死亡記事が掲載され、やはり同様な情報が提示されている。

5 伊丹万作

『新しき土』から解放された伊丹万作は、続いて撮った現代劇『故郷』および時代劇『権三と助十』でも高い評価は得られなかった。『キネマ旬報』三八年一月一日号の座談会でも、「伊丹万作に『故郷』『権三と助十』があるが、伊丹の第二級第三級作品だ」（友田純一郎）、「『新しき土』の傷手がとれないのだろう」（山本幸太郎）といった発言がなされており、明らかに調子を落としていると考えられていた。

三八年一月二三日『読売新聞』夕刊は、林長二郎が全快すれば伊丹の『三人吉さん』に出るかもしれないと報じるが、じっさいには伊丹の次の監督作は『巨人伝』となる。同作は「東宝入社以来凡作愚作連発の大河内傳次郎としても起死回生策にしようと研究中」で、わざわざ京都から録音装置を東京に運ぶ（一月三〇日『読売新聞』

夕刊）など、東宝も大いに力を入れていた。

だが、『巨人伝』は伊丹および大河内の名声を回復することができなかった。たとえば四月一六日『朝日新聞』には、「監督は最初に『この厖大な小説の脚色に当たりもっとも困ったのは時と場所の問題である』云々と字幕で弁解し、一種の悲鳴をあげる。いかにもこの製作に気の進まなかったがごとき口吻をもらしているのは甚だ不可解」と書かれている。伊丹は『新しき土』の冒頭に〈序に代えて〉を置いたのと同様、観客の理解を求める字幕を提示したのだ。原節子と佐山亮の会話は英語で、日本語は字幕で提示されたことも「愚劣」と評され、「国籍不明瞭な感じを与える」「作意の不明瞭な、心棒のない拙作で、第一に企画の失敗というのほかない」等と厳しい審判が下された。

六月二四日『読売新聞』夕刊でも、北川冬彦が「伊丹万作の近作、『故郷』にしろ、『権三と助十』にしろ、『巨人伝』にしろ、シナリオの悪さは、あたら名監督をして凡作を連発せしめている」と書き、伊丹が低水準の仕事しかできなくなったことを嘆く。八月二一日号以後の『キネマ旬報』には、頻繁に「伊丹万作は休養中」と書かれている。伊丹は病のために仕事ができなくなったのだ。

三九年六月三日『読売新聞』夕刊には、「病気のため演出家としての復活を危ぶまれた伊丹万作監督も最近健康を回復して新作シナリオ執筆に着手した」とあるが、その後しばらく伊丹に関する報道は消える。二年半後、『無法松の一生』の脚本を書き上げた伊丹は『映画旬報』四一年一二月一一日号に原稿を寄せ、脚本執筆時の苦労を語る。伊丹は三年にわたり病に伏せっており、最初のころは一日に一、二時間は起きて執筆できたが次第にそれもできなくなったということで、伊丹はその歯がゆさを「『臥ていてもシナリオぐらいは書けるでしょう』と誰でもそういうのであるが、どうしてどうして、立派な健康体を持たない者に、いいシナリオなどけっして書けるものではない」と表現する。だが、映画『無法松の一生』もすぐには完成しない。

四二年七月一九日『読売新聞』には、「大日本映画協会では今年もひとり賞金千五百円をかけて依田義賢、八木隆一郎、伊丹万作、三好十郎、池田忠雄に執筆を依頼した」と伝えており、病気で演出ができなくなった伊丹にも脚本家としてのチャンスを与えられていることがわかる。

四三年九月七日『読売新聞』夕刊には『無法松の一生』の広告があり、「日本映画創始以来の傑作！　阪東妻三郎入神の演技　稲垣浩の金字塔！　伊丹万作の名脚本！　大映京都の栄光篇！　堂々公開の日迫る」といった言葉が躍る。

今日では戦時下の名作のひとつに数えられ、ＢＳ等でもよく放送される同作だが、当時の批評では「一部削除によって吉岡家のためかくまで傾倒する理由が甚だ薄弱となった」（一〇月二四日『読売新聞』）、「検閲で最終部が相当に削除されたためか、漠として主題はつかめない」（一〇月二八日『朝日新聞』）といったように重要な部分がカットされたことが嘆かれ、全面的賞賛というトーンではない。ただ「伊丹万作の脚色は適度の省略法により極めて快調」（二四日『読売新聞』）と書かれたことは、病床の伊丹を力づけたのではあるまいか。

伊丹が私的日記「清身動心録」（『伊丹万作全集2』）に、「日本を滅ぼすものは遂に無知なる精神主義と、固陋なる官僚と、貪婪なる資本家と、頑迷なる軍人と極めり」（四四年七月二七日）、「この戦争に負けるのはあまりに当然であるが、その教訓がはたしてどのような形で生きてくるか」（四五年三月二日）、「もうまったく戦争にならない。こうなればもう一刻も早くこちらが負けるのを待つだけである」（四五年八月一〇日）といったことを記し、またやはり戦争末期に「戦争中止ヲ望ム」という、見つかれば逮捕されたのではないかと思われる内容の日付のない原稿（『伊丹万作全集1』）を書いていることも広く知られている。

四六年九月二一日、伊丹は京都市の自宅で息を引きとる。九月二五日『読売新聞』の死亡記事には「『新しき土』（監督）『巨人伝』（脚本、監督）『無法松の一生』（脚本）など代表作がある」と書かれている。「監督作」として『新しき土』が挙げられていることは、皮肉めいているようにも感じられる。

五〇年六月一日同紙には、「遺族に救いの手　故伊丹監督の遺稿を出版」という記事がある。「伊丹万作はシナ

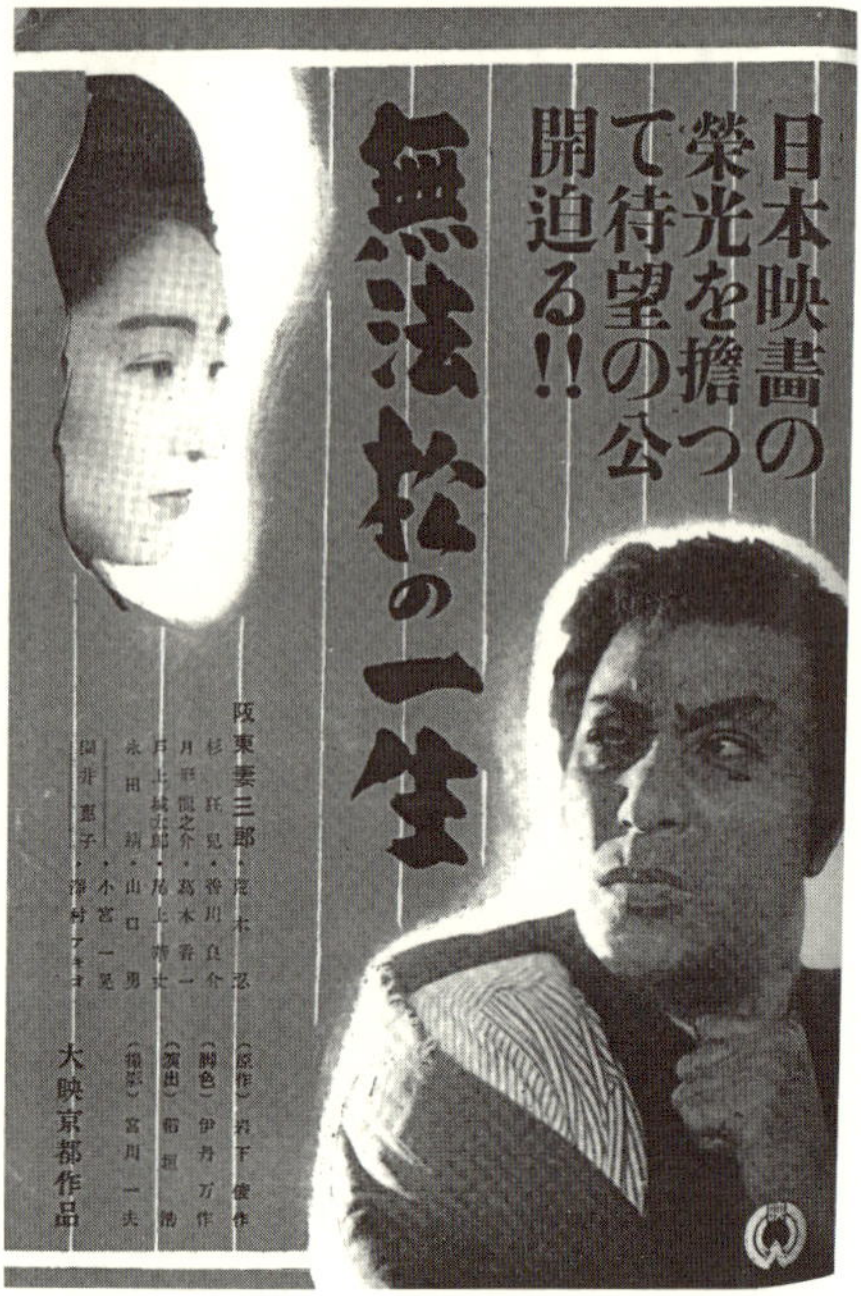

『無法松の一生』の広告（『映画旬報』1943年９月11日号）

リオ作家としてまた演出家としてそのユニークな作風は日本映画史の上に確固たる地位を築いた。しかし昭和二一年九月二二《ママ》日貧しい病床で最後まで『ウマいものが食べたい』と言いつづけて没して以来四年、遺族の困窮は底をついたので、わずかに伊丹門下として残る新東宝の佐伯清監督とバラ座の栄田清一郎氏ふたりの手で遺族救済と伊丹万作再認識の意味で遺稿出版が計画されている〔……〕往年菊池寛が寺田寅彦以来の名随筆家と折り紙をつけた故人の随筆と映画論、日記をまとめたものでその三分の二以上が未発表作品である。またこのほか未映画化のシナリオ『木綿太平記』『茜を今に』『弥次喜多道中記』などの映画化も各社に依頼して回っている」と書かれている。

伊丹の死後、彼の脚本に基づいて撮られた作品としては『手をつなぐ子等』（一九四八年、稲垣浩監督）、『俺は用心棒』（一九五〇年、稲垣浩監督）、『恋風五十三次』（一九五二年、中川信夫監督）、『無法松の一生』（一九五八年、稲垣浩監督）、『手をつなぐ子ら』（一九六四年、羽仁進監督）、『無法松の一生』（一九六五年、三隅研次監督）がある。伊丹の長男であり、文筆家・俳優・監督として活動する十三（岳彦）が、川喜多夫妻の長女で、やはり映画における国際親善に偉大な貢献をなす和子と最初の結婚をすることは、私たちには偶然ではありえない結びつきのように思われる。

6　原節子と熊谷久虎、スメラ学塾

欧米を回る旅から帰ったあとの原節子の活躍については、詳細を記す必要はあるまい。原は、しばしば演技の拙さを指摘されながらも日本を代表する女優へと着実に歩みを進める。必ずしもすべてが主演・主演級ではないが、出演ペースはこの時期としては相当なものだ。日本映画全体の本数が減るなか、三九年と四〇年は（前・後篇に分かれている作品を二本と数えると）八本、四一年は四本、四二年は七本、四三年は五本、映画どころではなかった四四年と四五年にも一本ずつ出演作が公開されている。四〇年八月には、『キネマ旬報』の表紙が外国人女優から日本人女優に変わるが、八月一日号の桑野通子に続いて原は八月一一日号の表紙となっている。

出演作の題材に注目すると、義兄の監督作『上海陸戦隊』（一九三九年）および『指導物語』（一九四一年）に続き、『ハワイ・マレー沖海戦』（一九四二年、山本嘉次郎監督）、『阿片戦争』（一九四三年、マキノ正博監督）、『望楼の決死隊』（一九四三年、今井正監督）、『決戦の大空へ』（一九四三年、渡辺邦男監督）、『熱風』（一九四三年、山本薩夫監督）、『怒りの海』（一九四四年、今井正監督）、『北の三人』（一九四五年、佐伯清監督）といった戦争映画・軍国主義的映画、あるいはプロパガンダ色の濃厚な作品の割合が増えていくのが目につく。原はこの時期、明らかにスクリーンにおける〈銃後の女神〉として君臨していた。しかし、彼女の戦争責任を追及するような声は聞かれない。

いっぽう熊谷は、帰国後第一作として初の時代劇『阿部一族』（三八年三月一日封切）を発表したのち、海軍省の指揮によってアングストの『黄浦江』とともに海外にも配給されると報じられた『上海陸戦隊』に取り組む。『上海陸戦隊』は当初は〈文化映画〉とされたが劇映画に変更され、一ヶ月の上海ロケを経て、三九年五月二一日に公開される。

そのあと、東宝映画が「創立以来の良心的大作として〝北海道開拓史〟の映画化を目論み具体案を練って」おり、「監督には熊谷久虎があたる」(三九年七月九日『読売新聞』夕刊)という報道が出る。この年のヴェネツィアの国際映画コンクールに国際文化振興会は八本の日本映画を送るが、『上海陸戦隊』もそこに含まれていた。同作は再編集を施され、イタリア語の字幕をつけて送り出され、ほかの日本からの劇映画四作『兄とその妹』『太陽の子』『土』と一緒に「賞盃一個」を授与されるが、すでに紹介したように、この「賞盃授与」は日本とイタリアの親密な関係を反映したものに過ぎない。

四〇年三月五日『読売新聞』夕刊は、熊谷の次作が『石狩川』に決定したと伝える。しかしこれも実現せず、熊谷は鉄道隊初年兵が老機関士の指導を受ける様子を描く『指導物語』(四一年一〇月四日封切)を撮る。大陸での鉄道連隊兵士が至急必要とされているため、通常なら数年かかる機関士の訓練をわずか三ヶ月でおこなうという内容で、ジャンルとしては〈兵学校映画〉の一本だ。原節子が〈老機関士の娘〉という小さな役で出演しているのが目を惹くが、同作は「重層と深まりのない大作は、ただ退屈なだけである」「熊谷監督としては『阿部一族』『上海陸戦隊』に比してもっとも劣り〔……〕要するに大凡作である」(四一年一〇月九日『朝日新聞』)といった厳しい批評を受ける。熊谷にとっては『指導物語』が戦時下での最後の監督作となる。

しかし熊谷は、ただ沈黙していたわけではない。一九四二年一〇月一四日『読売新聞』に「南方進出への文化政策　指導的な映画へ」という原稿を寄せた彼の肩書は「海軍報道班員」だ。そこには、熊谷が映画進出のために三、四ヶ月にわたって南方を視察し、状況を分析していたことが書かれている。熊谷は当局の「南方向けの映画を特につくって送る」という決定に関して、重要なのは「一、日本の偉大さを知らしめること」「二、人間主義(ヒューマニズム)を徹底的に否定しなければならぬこと」「三、皇戦(すめらみいくさ)の真義を明らかにすること」だと主張する。

四三年一〇月一〇日『読売新聞』は、熊谷が「猪俣勝人脚本の航空機増産を奨励する『撃滅の翼』(仮題)を準備中で一二月初旬完成予定」だと報じる。一二月一九日同紙には「熊谷監督主唱で総力戦映画研究所創設」という見出しの記事があり、「映画が総力戦の強力な武器となるためにはもっと積極的に演出者自身が企画製作に当たらねばならない」という信念から熊谷が同研究所を創設し、火野葦平、上田広、澤村勉、田坂具隆、内田吐夢も入所すると報じる。「第一回作品は熊谷久虎演出の航空機増産映画と決まり、近く東宝で着手される」とも書かれているが、そのような映画が完成し、上映されたという事実はない。上田広は当時頭角を現した戦争文学の旗手で、『指導物語』も上田の同名小説を映画化したものだった。

このように、熊谷は日本の進路が正しいと無条件に信じ、映画を通じて聖なる戦いに貢献しようとする姿勢を鮮明にしていた。ここで触れざるをえないのが、彼がスメラ学塾という組織に属していたことだ。スメラ学塾は〈極右団体〉と説明されることが多いが、かなり複雑な思想集団である。

『第一期スメラ学塾講座』(一九四〇年)の「趣意」によれば、「わが日本は、近代欧米の植民地侵略によって、まったく蹂躙せられ荒廃したるアジア、太平洋圏の上に、再び東洋の偉大なる伝統を復興し、新たなる世界史的創造の段階に進まんとする」ものであり、「新世界を形成すべき基礎とその体系とを組織する任務を自覚すべきである」。塾頭の末次信正が「開講之辞」において「塾の態度は日本的世界観の確立にある」と述べているように、同塾は従来の西洋的世界観を否定して〈皇道日本〉という視点からあらゆる現象を解釈し、日本こそが世界を主導すべきであると主張した。ナチによる〈ドイツ民族は西洋文明の正統な継承者たるアーリア人だ〉という主張に対抗するかのように、彼らは〈シュメール文明の後継者であり、天皇を中心とする日本が世界の救世主だ〉というメッセージを打ち出した。

今日から見れば、とんでもない妄想だ。しかし、スメラ学塾の活動はアンダーグラウンド的なものではなかった。四〇年五月七日『朝日新聞』は、「新東亜建設の大使命遂行に耐え得る興亜の人材を養成しようと末次信正大将を塾頭に戴くスメラ学塾」が誕生し、「研究部は政治、経済、文化の各部門を網羅して各部員が塾員および塾生の指導に当たる」と報じ、同日同紙夕刊には「スメラ学塾　塾生募集」という広告が掲載されている。五月一八日『読売新聞』は、約六〇〇名の申込者を得て、前日に同塾が日本橋白木屋の映画劇場で開講したことを伝える。スメラ学塾の創設は、ごく一般的なニュースとして扱われていた。

九月九日の『朝日新聞』も同塾の懇親会が開かれたことを報じ、末次が「〝欧米文明から離れた新しい理念の下にスメラ世界を建設せんとする〟旨の宣誓をおこなった」とする。一〇月一五日同紙にはスメラ学塾の第二期が開講したことを伝える記事があり、一二月から翌年一月にかけては第三期塾生を募集する広告も複数掲載されている。四一年一月一七日同紙の「スメラ学塾教科書」の広告では、同塾がその時点でなんと七一冊もの書籍を刊行していることがわかる。熊谷については〈スメラ学塾を創設した〉〈中心メンバーであった〉と書かれることが多いが、当時の関連記事や広告では彼の名前は出てこない。

しかし四月五日『朝日新聞』の、スメラ学塾が四月一四、一五、一六、一八日に開催する「女性芸術講座」という広告で、ついに原節子の名前が登場する。そこでは男性講師四人の講演、原智恵子による「音楽　ピアノ音楽史的演奏」と並び、「詩・物語　原節子」と書かれている。一九日『朝日新聞』の「スメラ学塾の女性祭」という記事では、同塾女性芸術講座の最終日は「女性祭」として開講され、「末次塾頭の挨拶、小島威彦氏の講演の後、原節子さんの朗読、原智恵子さんのピアノ演奏等があった」と書かれているので、原は何らかの「詩・物語」を読み上げたのである。原節子は明らかに同塾の広告塔として利用されていた。なお原智恵子は、本書に何度も登場した川添紫郎と結婚し、川添とともに長くパリで暮らしたのちに帰国し、夫妻でスメラ学塾に参加していた。熊谷と同様、ヨーロッパ体験を持つ者が帰国後に国粋主義的活動に参加しているわけである。

スメラ学塾は四一年一一月に「第五期」を開講したあと、四二年二月一三日から「南方指導者講座」を開く。同講座は三月、四月、六月にも開講され、それ以後は講座についての広告は消えるが、一一月一三日『朝日新聞』には「スメラ学塾第一期学芸会」の広告がある。一一月と一二月に「講演・音楽・演劇・舞踊・映画・幻燈其他」が披露されると書かれているが、人名はなく、原や熊谷がその場にいたかどうかはわからない。

今日では、熊谷がスメラ学塾内の「太陽座」という劇団を率いていたという情報も散見されるのだが、今回の調査では真偽は確認できなかった。熊谷については、戦争末期に〈九州独立〉を企てたとか天皇を九州に移そうと画策したといった情報も目にするが、やはり事実として確定できなかったので、そういう噂もあると書くしかない。確実なのは、熊谷の『指導物語』で「スメル音楽研究所」が音楽を担当していることだ。研究所名は「スメル」だが、メンバーはスメラ学塾のイヴェントにも参加しており、同じ思想を共有する者たちだった。

そして敗戦の約半年後、新聞各紙に熊谷と川喜多の名前が並んだ記事が現れる。それは、四六年三月一九日に自由映画人集団が「映画界戦犯リスト」を作成したと伝えるものだ。三月二〇日『朝日新聞』では、「A級（映画界のみならず文化面からも追放すべきもの）」として甘粕正彦、大谷竹次郎、城戸四郎、菊池寛ら一四名が挙げられたあと、「B級（一定期間業務停止を要求するもの）」の八名のなかに、「川喜多長政（中華映画副社長）」と「熊谷久虎（東宝演出家、すめら塾組織者）」が含まれている。

つまり川喜多と熊谷は、戦後まもなく映画界における「B級戦犯」として名指しされてしまったわけである。中国通で、世界の映画状況に通暁する川喜多が中華映画社で働かざるを得なかった事情はすでに紹介したが、映画会社の重役以上の大物が揃った「B級戦犯」に「演出家」に過ぎない熊谷の名があるのは、やはり彼が〈映画による戦争協力〉において人々に強い印象を残したからだ。同リストで「すめら塾組織者」という肩書が付されていることからも、熊谷の同塾での活動に果たした役割が広く知られていたことがわかる。

ちなみに自由映画人集団は、稲垣浩、岩崎昶、牛原虚彦といった本書でもおなじみのメンバーが発起人となって四六年二月一〇日に結成された（同日『読売新聞』）グループで、病床にあった伊丹万作も参加を呼びかけられ、名前を貸すことは了承したものの、のちに具体的活動を知って除名を願い出る（伊丹「戦争責任者の問題」、『映画春秋』四六年八月号）。伊丹は、自分たちを被害者と位置づけ、戦犯追及に躍起になっている自由映画人集団にも違和感を抱いていた。川喜多と熊谷、そして伊丹という『新しき土』に深く関わった三者がこの時期、対照的な立場にあったことが興味深い。

義妹の原は、新しい民主主義の精神を体現する女優としてスクリーンに輝き、黒澤、小津、成瀬、木下といった名監督のもとで映画史に名高い傑作を残す。いっぽう熊谷は、しばらくのブランクのあと、五三年の『白魚』をはじめ五本の監督作を残し、そのうち三本に原が出演している。『白魚』の列車到着場面の撮影中に、原の実兄であったカメラマン、会田吉男が両足を列車にひかれて死亡するという痛ましい事件があったこともよく知られているだろう。

最終章　『新しき土』を生み出したもの

本書では日本における映画輸出の活動を視野の中心に据え、いってみれば第一次世界大戦時から第二次世界大戦時まで長い旅をしてきた。ここで痛感されるのは、現代から見ればそれが熱に浮かされた狂乱の時代であったということだ。何しろ長い道のりだったので、最後にここまで確認した流れをまとめさせていただきたい。

日清戦争および日露戦争で勝利を収めた日本は、第一次世界大戦後は英米仏伊と〈五大国〉に名を連ね、新設された国際連盟の常任理事国のひとつとなった。明治時代初期から〈脱亜入欧〉というスローガンを掲げていた日本は、すでにアジアのリーダーの位置を確保したと考え、〈世界の列強〉の名にふさわしい国家でありたい、真の意味で欧米の一流国と肩を並べたいと願った。しかし、世界の人々の日本に関する知識や認識は貧しいものでしかなかった。諸外国ではゲイシャ、ヨシワラ、ハラキリ、フジヤマといった偏ったイメージが流通しているらしいことは国内にも漏れ聞こえていた。だが人々は、何をどう発信すればいいかもよくわからなかった。

茶道や伝統芸能、柔術などの普及活動は大使館を中心として地道におこなわれていたが、対象は少人数のインテリであり、広い層の外国人に〈日本のよさ〉を理解してもらうという目的にはほど遠かった。効率のよい宣伝活動は何かと考えたとき、誕生からの歳月も浅く、国内でも人気のあった活動写真を海外に送ろうという発想が生まれたのは当然だった。一九一〇年代終盤、たいへんな人気を誇っていた尾上松之助の主演作を含めて少なからぬ映画が〈外国からの注文〉等により製作されたと報じられたことは紹介した通りだが、海を渡った映画が現地に暮らす邦人を楽しませることはあったとしても、外国人に日本の文化や社会の実態を伝えるという目標はほとんど達成されないままだった。

そして一九二三年、関東地方を大地震が襲う。東京とその周辺では撮影所や映画館のほとんどが壊滅状態に陥り、映画産業も大打撃を受ける。価値観の崩壊を体験した一般の人々の精神状態も不安定になり、マスヒステリー的な事件も多発する。他方では大規模な再建計画が立てられ、鉄筋コンクリートの集合住宅が随所に建てられる。首都圏を中心に日本の風景は大きく変わり、必然的に生活スタイルを洋風に変えようとする気運が生まれ、洋服を着用する人が飛躍的に増える。スポーツにおいても野球やテニス、サッカーなど欧米でさかんな種目の人気が高まる。

震災後は映画をめぐる空気も変わり、映画輸出および〈国際映画〉が日本人にとって身近に感じられるようになる。二四年にはドイツ人旅行作家、ハイラントが来日して〈最初の日独共同映画〉である『武士道』を撮る。また〈国際スター〉こと雪洲が帰国し、雪洲が主演し、演出にも関わったフランス映画『ラ・バタイユ』もわが国で公開された。少しあとには『桜咲く国』『街の手品師』『萩寺心中』等が欧米に運ばれ、一般劇場で公開された作品もあった。二六年から翌年にかけては阪妻とユニヴァーサル社の提携企画が進められ、じっさいにアメリカからスタッフが来日する。人々は阪妻映画の定期的な輸出が決まったと大喜びするが、実現はしない。

他方では、二五年に治安維持法が制定され、共産主義運動を中心とする大衆運動や反体制的思想が弾圧されるようになったほか、アムステルダム五輪で念願の金メダルを獲得して国民が熱狂した二八年には関東軍が満洲で張作霖爆殺事件を起こすなど、暗い影が着実に広がっていた。このあたりは、同時代のドイツとよく似ている。二〇年代のドイツでは、ヴァイマル共和国体制のもとにアメリカニズムやボルシェヴィズムなど諸外国に由来する文化や思想が入り乱れ、美術、映画、演劇、建築、音楽などでめざましい成果が達成された。大衆はカバレットやヴァリエテ、レヴュー等で欲望を発散したが、その裏ではナチ独裁へと突き進む流れが着々と進行していたのだった。

わが国では二〇年代終盤にエロ・グロ・ナンセンスの時代が到来し、人々は多様化したアングラ的な文化に夢中になる。繁華街では流行の洋服に身を包んだモガ・モボが闊歩する光景が一般的になった。他方では多くの人々が不況に苦しみ、農村では娘の身売りが横行する。大衆の不満は、政治家や財界の大物へのテロリズムを正当化する風潮をも生んだ。着実に発言力を強めていた軍部は三一年に満洲事変を起こし、翌年には満洲国を建国する。これにより、日本は第二次世界大戦敗北に向かって後戻りのできない道を歩むことになる。経済的困窮を刹那的な快楽でまぎらわせてきた国民にしてみれば、いつのまにか〈非常時〉が到来し、反体制的な言動が封殺される世になったのである。そしてこの時期においても、映画輸出の努力は熱心に続けられた。大々的な公開ではなかったが、『十字路』『人の世の姿』『永遠の心』などが欧米の一般劇場で封切られたことは関係者を大いに勇気づけた。

三二年一〇月にリットン調査団が満洲国を否認する報告書を出し、日本は翌年に国際連盟を脱退して孤立の道を選ぶ。当時、日本の繊維産業は輸出において貴重な外貨を稼いでいたが、それに関しても諸外国からは、女工に不当な長時間労働を強いていることによる〈ダンピング〉だという非難が相次いでいた。こうした逆風状態のなかで日本人は被害者意識を強め、満洲政策の正当性を盲信するようになる。ここで生まれたのが、日本は〈誤解〉されているだけであり、正しいイメージさえ伝えれば、世界は日本を理解し、あらゆる問題は解消されるという神話だった。

〈非常時〉となったわが国では、すでに三〇年に設立されて外客誘致の映画製作を手がけていた国際観光局に加え、三四年に国際文化振興会、翌年に国際映画協会が結成され、公的な映画輸出の努力がおこなわれる。それまでも民間による映画輸出は散発的に成功していたが、政府の方針として〈日本を理解させる映画〉を輸出する作業が開始されたのだ。国際文化振興会は、宣伝を目的とする記録映画を製作して諸外国の博覧会やイヴェントに送るが、『日本の四季』のように、〈日本の真実〉を伝えようとすると外国の観客に失笑され、〈国辱映画〉となってしまうという問題にぶつかる。

国際映画協会は第一回作品として、フランス帰りの世界的画家であり、欧州と日本の両方の事情に詳しいはずの藤田嗣治に日本紹介映画を撮らせるという企画を始動させる。それと並行して、劇映画の輸出が難しいのであれば著名な外国人監督に〈国情を伝える劇映画〉を撮らせればよいという発想から、川喜多長政が中心となって製作されることになったのが『新しき土』だった。〈著名な外国人監督〉として白羽の矢を立てられたのが、東和商事が早い時期から監督作を買いつけ、日本で紹介してきたファンクだった。ただし注意したいのは、〈日独共同映画〉の企画は、わが国でよく主張されるように〈ナチ政府と日本が手を結んだのを機に考えられた〉ものではないということだ。第一章で紹介したように、ナチ党が政権の座につくことなどほぼ考えられなかった三〇年から、川喜多はドイツと組んで国際映画を製作する可能性を模索していた。

三四年、ナチ政権下の新映画体制で仕事を干されていたファンクは、日本からの突然のオファーに飛びつく。三五年夏の川喜多夫妻の渡欧を経て、ドイツ政府からの出資も決まり、ファンクとスタッフたちは三六年二月八日に来日し、熱狂的な歓迎を受ける。ただし、すぐに二・二六事件が起こり、宿泊先のホテルに武装兵士が陣取って缶詰め状態に置かれたファンクは、こんな政情不安定な国で映画など撮れるのだろうかという不安に襲われたことだろう。

一年後に作品が完成するまで、新聞雑誌は彼らの動向を細かく書きたてる。人々は、日本人に撮れなかったようなすぐれた作品、世界で賞賛される〈日本の映画〉がついに誕生すると信じ、単純に喜んだ。ファンクと妻子を東京に残し、カメラマンや助手連中は雪山に赴いて〈日本のスキー発達史〉の映画に取り組む。国際観光局等は、外国人の視点・技術による短編の観光映画を一本でも多く撮ってもらいたいと考えて彼らを全力で支援する。

ファンクが監督する長編劇映画に関しては、来日当初から、全世界向けの英語版とドイツ語圏向けのドイツ語版を撮ることが決められていた。

ベルリンで日本の状況をリサーチしたファンクは、〈日本の生命線〉とされていた満洲政策を肯定する物語を考えていた。ファンクは東京で日本の知識人や作家たちと対話の機会を持つが、原案をほとんど変えない。自分の書いた脚本が採用されると信じて〈共同監督〉になることを了承した伊丹も、ファンクの脚本を押しつけられ、不本意な作業を強いられる。当初より屋外場面をファンク、屋内場面を伊丹が演出するという作業分担が決められていたが、さらにファンクがドイツ語版、伊丹が英語版の責任を負うことが決まる。同じ場面でもふたつの版は別々に撮影されたため、作業には通常の二倍以上の時間がかかった。作業には、スパイ行為を警戒する特高がつねに立ち会う。

八月には完成が近いという報道がはじまるが、じっさいの完成は半年もあとのことだ。滞日の経費を日本側に負担させ、毎月多額の報酬も受けとっていたファンクは、しかし多くの撮影をアングストにまかせる。夏山での灼熱地獄のような作業を経て、撮影がようやく完了したのは一〇月末あたりだった。スタッフの多くが日本を離れたあとの一一月二五日、ベルリンで日独防共協定が調印される。祝賀ムードが生まれ、当然のごとく国内では同協定に便乗したイヴェントが多く企画される。

『現代日本』も、『新しき土』と共に東和商事が全世界に配給するという宣伝がなされたので、人々はこれで記録映画と劇映画によって〈日本の真の姿〉が諸外国に知れ渡ると期待した。一二月二二日、藤田が五篇、鈴木重吉が四篇を担当した『現代日本』は帝国劇場で名士を集めて豪華に披露された。ところが藤田の担当部分は〈国辱映画〉と酷評され、それを受けて国際映画協会は藤田の五篇は輸出しないと発表する。しかし翌年四月には美術批評家協会が藤田の擁護に乗り出し、公開試写を実施した結果、〈国辱ではない〉として上映を訴える運動を展開する。その結果、『現代日本』は国内では五月に封切られるが、やはり海外に出されることはない。

そして『現代日本』に遅れること約四〇日、三七年二月三日に同じ帝国劇場で皇族や政財界人を招いての『新しき土』の披露上映会が開かれる。ファンクが舞台挨拶をしたあと、上映されたのは伊丹版だった――ただし観客のほとんどはふたつの版があることを知らなかった。新聞雑誌は酷評あるいは失望の声で埋まったが、一般大衆は各上映館につめかけた。一週間後、明確な理由を示されることなくファンク版の上映がはじまると、好意的な批評が多く書かれる。しかし、そのあと時間がたつにつれて、両版ともにたいした映画ではないという評価が定着する。

原節子、熊谷、川喜多夫妻はファンクに一ヶ月遅れてドイツへ旅立つ。ゲッベルスの指令により、ドイツのあらゆる新聞雑誌が披露上映会を大々的に報道し、『サムライの娘』を好意的に紹介したが、ゲッベルス当人は失敗作と見なしていた。日本では、『サムライの娘』の〈成功〉は同時期の〈神風号〉の快挙、ヴァイオリンの諏訪根自子の活躍と並べて熱く報じられ、日本人の芸術や科学における優秀性の証明とされた。

原らがヨーロッパ滞在を終え、アメリカにいた時期に盧溝橋事件が起こり、日本は中国との全面戦争に突入する。その後、原らは〈凱旋帰国〉を果たすが、もはやわが国では欧米諸国に向けての映画輸出など考えられない状態になっていた。生フィルムの調達すらままならなくなり、映画の製作本数は減少する。映画人も次々と戦地に送られ、たとえば山中貞雄は翌年九月に戦死する。その後、日本は独伊および支配下に置いた地域に映画を送る作業を続けるが、それはもはや〈輸出〉と呼べるものではなかった。このような意味で、『新しき土』は日本映画輸出の可能性を切りひらくパイオニアとなるはずだったのに、実質的に戦前における本格的な〈映画輸出〉に明確に終止符を打つ作品となった。

つまり『新しき土』が誕生したのは、日本がまさに〈非常時〉から〈戦時下〉に突入する時期だった。正確にいえば、盧溝橋事件以前にも日本は着実に大陸に兵士を送りこみ、繰り返し〈事件〉や〈事変〉を起こしていたが、国内では、それらは中国側の無法行為に対する正当防衛であるといったニュアンスで報じられていた。しかし三七年七月からは、もはやそんな言辞ではごまかせない状態になった。『新しき土』は、〈非常時〉の緊迫感が着実に高まりつつあったが、人々がまだ世界への日本文化発信という夢を捨てず、真摯な努力をおこなっていた最後の微妙な時期に製作された作品なのである。

思い出されるのは、リーフェンシュタール『オリンピア』における開会式の場面で、ブレザーにスラックスというスタイルの日本選手団が、頭には兵隊そのものの〈戦斗帽〉をかぶって行進していた異様な光景だ。三二年のロサンゼルス五輪の再開発では、日本選手は無帽だった。だがファンクらが信州で撮影をしていた三六年八月あたりには、そのように〈選手も軍人と同じように国家のために戦う〉という〈非常時〉のムードが醸成されていた。そして『新しき土』以後の〈戦時下〉、そして〈総力戦〉の時期になると、一般の男性も多くは国民服に戦斗帽をかぶって足にゲートルを巻き、女性はモンペを着用するようになる。

筆者は新聞雑誌を時代順に読んでみて、本書で扱った時代の日本国民の精神的エネルギーの総量が、現代とは比較にならないほど大きかったと感じている。そのころのわが国では、「〜すべし」という強い言論があふれ、殺人や自殺、情死事件なども毎日のように起こっていた。外国選手とのスポーツの対抗戦の前には——ほとんど完敗に終わるが——勝利まちがいなしとする勢いのいい予想記事があふれる。暴力を行使してでも社会を変えたいと考える人々も多く、逆にそれを弾圧する力も強まる。集団ヒステリー的事件や現象が頻発し、次々と新しいブームが誕生する。人々は自分を熱狂させてくれるものを渇望し、内なる欲望をなんとかして解き放とうと必死になっていたかのようだった。〈爆弾三勇士〉のような英雄および美談も数多く生み出された。

また本書では、世界の一流国と肩を並べたい、世界に日本の実情を〈正しく〉知ってほしいという日本人の欲望に焦点を当ててきた。それは一貫して肥大し続け、満洲政策の強行によって諸外国の批判を浴び、国際連盟を脱退したあとに劇的にふくらんだ。冒頭で仮説として提示したとおり、やはり『新しき土』というプロジェクトは、日本および日本人が国際的に認められたいという欲望が最高度に膨張したときに誕生したものだった。同作は今日では考えられないほどの期待を集め、まちがいなく全世界から賞賛の声を浴びると信じられた。批評家の厳しい意見も大衆の熱狂を鎮めることはなかった。

では、このプロジェクトは成功したのか。史上空前の費用を投じられ、一年もの歳月をかけて完成した『新しき土』は、〈満洲政策肯定〉のために考えられたストーリーの愚かしさが耐えがたく、傑作とはいいがたい出来に終わった。ずっと作業に立ち会った川喜多たちも、早い段階から彼らが望んでいたような芸術的作品にはなりそうもないことを悟っていた。だが、誰も作品の方向性を変えられなかった。『新しき土』は、巨額の資金をつぎ込まれ、多くの人々に長期の労働を強い、一般国民の欲望を着実に増大させながら、ひたすら愚作になるべく突っ走っていった。

では、その努力は無意味だったのか？　ファンクと川喜多がともに〈捨て石として有意義だった〉と語っている——ファンクは「芸術的にはまったく不満足」とも述べている——ように、『新しき土』は作品の質はさておき、国際的な共同作業をおこなって映画を完成し、国内で高い興行収入をあげ、外国の一流映画館で上映するところまでは実現した。その意味では、一定の成果はあったと評せる。しかし、〈捨て石〉という表現が使われたこと自体が、ファンクと川喜多が失敗を認めていたことを意味している。そもそも言葉の意味として、〈捨て石〉とは、それ自体は効果がなくてものちに大きなプラスを生じさせるもののことだが、この場合には〈日本映画輸出の流れをつくる〉という大目標がまったく達成されずに終わっているので、正確にいえば〈捨て石〉にもなれていない。

それにしても——当時の批評家たちの表現を借りると——どうしてこんな〈概念的な〉映画が出来上がったのだろうか。本書ではいちいち指摘しなかったが、製作の意図が恥ずかしいほど露骨に見てとれる物語だ。輝雄は再三、満洲政策を讃美するし、和尚や巌は、天皇を中心とする日本の素晴らしさを謳い上げる。西洋文化と日本文化がさまざまに比較され、〈日本人には日本文化が一番だ〉という凡庸な結論が導かれる。大正池のほとりにいる木こりは〈西からの風が毒を運ぶ〉と語る。

そもそも、主要人物の名前に驚かされる。サムライは「大和巌」、「輝雄」と「光子」は光り輝くイメージで、妹の「日出子」はそこに〈日出る国〉が重なる。米農家である輝雄の実父の姓は「神田」、名は「耕作」であり、輝雄に〈おまえは民族をなす長い鎖のひとつだ〉と語る和尚の名は「一環」だ。ファンクの要望を受けて日本人の誰かが考えたのだろうが、普通の映画でこんな名前を並べれば、ふざけ過ぎだといわれるのではないか。なお、〈西からの嵐〉について巌と語り合うゲルダの姓は、英語の〈嵐〉である「Storm」だ。

なぜ、今日の感覚では信じられない要素を多く含む、監督も製作者も失敗作だと考えるような作品が出来上がり、しかも大衆に受け入れられたのか。ファンクが〈日本のプロパガンダ映画〉を撮ろうと決意し、〈日独両国に共通する問題〉として満洲政策に焦点を定めたことは理解できる。ファンクが稚拙な脚本しか書けないことも周知の事実だ。

考えられるのは、当時の日本では、映画輸出では〈日本の真意を知ってもらう〉ことが重視され、国内向けにも大陸での行為を美化・正当化する作品が多く撮られていたので、人々は『新しき土』のように露骨にメッセージを発信する映画に慣れ切っており、特に違和感を抱かなかっただろうということだ。現代の私たちには〈呪われた映画〉のように感じられるとしても、同時代の日本人は、外国人が華麗な映像で自分たちの世界観を表現してくれたことに素直に感動したのである。

映画は時代を映す鏡である、とよくいわれる。『新しき土』は、さまざまな不自然さや愚かさを含みながらも、同時代の日本人の夢や欲望が凝縮された作品だった。満洲政策は日本の〈生命線〉であり、また日本を破滅に導く引き金でもあった。〈戦前における最大の輸出映画〉がそれをテーマとしたことは、一種の運命だったともいえる。『新しき土』は、その時代を支配した空気と心中した映画だったのかもしれない。

と、ここで本書の幕を閉じてもいいのだが、おまえはそんな失敗作について長々と文章を連ねてきたのかというお叱りを受けそうなので、もう少しだけ続けさせていただきたい。本書の最大の目的は〈『新しき土』を生み出したもの〉を明らかにすることにあったわけだが、長期間にわたる作業を続けてこられたのは、この調査が面白かったからだ。それは、古い新聞雑誌を読む作業が楽しかったということだけではない。

実は筆者は、ここまでさんざん愚作だとか傑作ではないとか書いてきたが、『新しき土』そのものに何ともいえない魅力があると思っている。筆者がひねくれた人間であり、〈壮大な失敗作〉とされるような映画に奇妙に惹かれてしまうという傾向も否定はできないが、それだけではない。

どんなところがいいのか。書くまでもないのは、一六歳の原節子が、彼女を観るためだけに入場料を払ってもよいと思えるほど魅力的だということだ。戦後の多くの出演作から原のイメージを抱いている観客なら、彼女が〈少女〉として登場することに鮮烈な印象を受けるだろう。最初の登場時のお転婆で天真爛漫な感じ、輝雄にひどい言葉を投げかけられて絶望してからの大人びた雰囲気の落差もいい。アップでとらえられたときの目だけによる表現、ふらつきながら火山を歩く体当たりの芝居なども素晴らしい。ラストの赤ん坊を抱いている場面での〈母親〉としての表情にもあまり違和感はない。筆者は原のほぼすべての出演作を視聴しているが、『新しき土』でのパフォーマンスは彼女の全キャリアを通じても最高のもののひとつではないかと思っている。

次に素晴らしいのは、アングストやリムルらによる映像だ。当時最先端のドイツ製カメラやレンズ、撮影法が使用された『新しき土』の映像は、今日視聴できる同時代の日本映画とは比較にならないほど鮮明で、みずみずしい。とりわけ彼らが得意とする山岳映画の手法を駆使した自然の映像は一級品といえる。旧甲子園ホテルをはじめとする日本の建築物、関西地方の祭の風景、田植えの様子なども時代のドキュメントとして楽しめる。

ドイツ語と英語の台詞をしっかりと自分で話している早川雪洲、乳母役の英百合子や日出子役の市川春代らの芝居も悪くない。泥臭い役柄を得意としていた小杉勇については、あまり洋行帰りのインテリという感じではないので、当時の日本の新聞雑誌でもミスキャストだという意見が多く見られたが、逆にいえば、ファンクが小杉のタイプが〈日本の未来を背負う男性〉として最適だと考えたという事実が面白い。

そのほかにも、ファンクがドイツ語圏の人々に何を見せようと考えたかに注目するのは有益であるように思われる。〈日本人が外国人に見せたい日本〉と〈ファンクが見せたい日本〉が異なるのは当然だ。ファンクが見せようとしたのは、日本が地震、火山、台風など自然の厳しさにたえずさらされていること、桜をはじめ美しい風景があること、狂言、相撲、茶道、剣道など独自の文化や祭礼などがあること、一流の工業国であること、都会の近代的建築は欧米にも劣らないこと、天皇の存在と神道思想が日本を支えていること、〈サムライ〉の精神が生きていること、農業は後進的で、狭い土地に多くの農民がひしめいていることなどだった。そしてファンクは、そこから〈日本人は満洲に移住するしかない〉という結論を引き出せると考えた。

戦後の多くの作品においても、外国人が撮った〈日本の映画〉は、これは本当の日本ではない、といった居心地の悪さを日本の観客に感じさせる場合が多い。そういった作品群で、フジヤマ、ゲイシャ、スモウレスラーなどが登場しないことはまずない。本文中で紹介したように、伊丹はそういった〈外国人が特に興味を抱く側面〉が無用な誤解を招くと考えて極力カットしようとしたが、ファンク版は〈満洲政策〉に関わる部分を除けば〈外国人による日本の映画〉のみごとな先行例となっている。じっさい、ファンクには日本がそのようなものとして見えていたのだろう。

それはさておき、何といっても筆者が今回の作業を続けてこられたのは、一九一〇年代からの日本人による映画輸出の努力、信じられないほどの虚報の積み重ね、成功例への奇妙な沈黙、そして『新しき土』の成立過程が客観的に見てかなり滑稽であり、長い時代にわたる喜劇あるいは悲喜劇が展開されているように思えたからだ。情報としては重複してしまうが、特に喜劇的だと思われる局面を要約してみよう。

まず一九一〇年代終盤あたりでは、〈輸出映画〉という言葉がしきりに使用されるにもかかわらず、いっさい続報がない。つまり、欧米で商業的に上映されたという情報は見つからない。あれだけ堂々と〈輸出〉と謳っているのだから、何割かは海外に送られただろう。行方不明になった作品もあったかもしれないが、外国に到着した作品の何割かは映写機にかけられ、現地に暮らす日本人、もしくは現地の関係者に視聴されたことだろう。だが、海外で一般公開されたと報告されるものはほんのひと握りしかない。

序章で紹介したように、そもそも一九三八年の〈輸出映画リスト〉に並べられた一三本のうち三本が〈不上映〉、二本が〈邦人植民地上映〉だと明示されていたことが、今日の人々には異様に思われるだろう。そこでは、〈輸出〉という言葉の用法が曖昧であるのをいいことに、とにかく物理的に外国に送られたものを〈輸出映画〉と呼んでいるように見える。他方で、これも本文中で紹介したように、三六年のはじめから二ヶ月ほどのあいだに在留邦人を対象とする輸出検閲に合格した作品が一八本もあったという事実から考えると、世界各地の〈邦人植民地〉で上映された作品は、じっさいには一〇〇本を軽く超える量で存在したと推測される。だとすれば、なぜ三八年のリストは〈邦人植民地上映〉作品を二本しか挙げていないのか。やはり一般的イメージとしては、〈輸出〉とは海の向こうの外国人を対象に一般公開することを意味すると思われるため、〈邦人向け〉の作品の多さを恥じて（？）数を少なく見せようとしたのだろうか？

しかも『ニッポン』や『街の手品師』のように、海外の一般劇場や映画クラブ等での場での上映が実現されると、現地の日本人から歓迎されないどころか〈国の恥だ〉という批判が寄せられるという現象が面白い。関係者は、日本の素晴らしさや映画文化が高度に発達していることを諸外国にアピールでき、賞賛されると信じて日本映画の輸出に励む。ところがヨーロッパに暮らす日本人たちには、それらが母国の後進性を示しているとしか思えない。日常的に欧米文化に接していた彼らの感覚は、イギリスやドイツ等の一般観客に近かったはずだ。だとすれば、ヨーロッパの人々が日本から来た映画を、珍奇で単に水準の低いものとして受容していた可能性も否定できない。日本人はひたすら、映画輸出を通じて自分たちのイメージを落とす作業を続けていたことになる。

そこに画期的な貢献をなそうとしたのが、諸外国と日本の文化に通暁していた川喜多長政と外務省の柳澤健だった。両者は日本人だけで製作した映画を輸出して成功を収めることの難しさを熟知していた。その結果、川喜多は劇映画『新しき土』の企画に到達し、柳澤は親交のあった世界的画家、藤田にドキュメンタリー『現代日本』を撮らせれば、まちがいなく諸外国からの賞賛を受けられると信じた。

『現代日本』の藤田が撮った五篇が、やはり柳澤が深く関与した菊五郎の『鏡獅子』とともに、国内の人々によって輸出を差し止められたのは、それまでにない大規模な試写をおこなったがゆえに、もっぱら〈輸出目的の映画〉という観点からそれを視聴した関係者に批判の機会を与えてしまったからだ。詩人として知られ、多数の著書も残したインテリである柳澤は、映画輸出においても賞賛すべき活動をおこなったが、結果を残せなかった。このように映画輸出においては、関係者の善意や努力が裏目に出ることが多い。

そして『新しき土』の製作から完成後に至る過程も、ドタバタ劇そのものだ。ファンクは、契約で人数を定められた〈ドイツ人枠〉を埋めるために、ほとんど実績のないチャーデンスやシュタウディンガー、単なる記者であるベッツを来日メンバーに入れた。その結果、彼らも一流の人材と誤解され、国賓級の待遇を受ける。川喜多は事前に、ファンクは〈劇映画の名手〉ではないのであまり期待しないでほしいというプレスリリースを流す。〈総指揮者〉とされた武器商人、ハック博士はいつのまにか姿を消す。カメラマンのアングストは一ヶ月半も遅れて来日する。ファンクの妻は万平ホテルで、スパイ事件で有名なリヒャルト・ゾルゲに口説かれる。ファンクが脚本に取り組んでいると称してぶらぶらしていたあいだ、リムルらは日本のトップスキーヤーらと長い時間をかけて撮影をおこなうが、作品は完成せず、すべては徒労に終わる。

ファンクの言動もかなり喜劇的だ。そもそも彼には、来日前に考えていた案を変える気がなかったにちがいない。それなのに、日本人の意見を拝聴するといって多くの知識人との面談を重ねたので、無駄な時間と労力が費やされた。原案をシナリオ化した際にも、大使館のドイツ人職員ひとりに見せただけで、誰の意見も聞かない。

部下たちは忙しく各地を飛び回り、せっせと風景映像を収集するが、それらの作業にいっさい関与しない。

セットがつくられ、俳優を使った撮影が開始されるのは、なんと来日から四ヶ月もあとのことだ。撮影中、日本の実情と明らかに異なる部分について伊丹らが改善案を申し出ても、ファンクは耳を貸さない。六月末に妻子がドイツに帰ると、バーのホステスだったヒサコという女性を愛人とし、京都郊外の一軒家を借りて住まわせ、撮影現場に行かなくなる。あるいは、ヒサコを連れて現れて顰蹙を買う。川喜多らに注意を受けると、それなら作業をボイコットしてやると開き直る。帰国時には、ヒサコを映画女優にしてほしいと小杉勇に依頼する。ファンクは一貫して、通訳者が意図的に誤訳しているせいで自分の真意が理解されないという被害者意識を抱いていた。

撮影が一〇月末におおむね終了した時点では、関係者はいくらなんでも正月興行には間に合うと考えていた。だが、ファンク版は豪華披露上映会の当日になっても完成しなかった。ファンクは編集に凝るような人物ではなく、意図的に作業を遅らせたとしか思えない。だがファンクは、伊丹に肩入れするスタッフの陰謀により、とっくに完成していた自分の版が放置され、上映用のプリントがつくられなかったのだと主張する。

一一月以降、ファンクと川喜多は、『新しき土』は満足できる作品ではないが〈捨て石〉として意味があるという談話を発表する。ファンクは、いかなる批評も読まないし、関係者からの感想も聞かないとも語る。要するに、酷評を受けることを覚悟していたのだ。ファンクは何の根拠もなく、原がドイツで一本主演することが決定ずみで、原の義兄、熊谷もドイツで一本監督できると主張し、熊谷も同行することになる。原と熊谷は、映画界を引退することに決めたと発表して日活を退社しておきながら、ただちにP・C・Lに入社する。

封切前からマスコミが原を〈世界の恋人〉とあおったせいもあり、原らが東京駅を発ったときには群衆が押しかけて未曽有のパニックとなる。ところが四人がベルリンに到着すると、豪華披露上映会はすでに終わっている。熊谷はしばしば小杉勇とまちがえられ、サインを求められて気分を害する。熊谷の渡航目的としては欧米式撮影術の研究も挙げられていたが、熊谷は学ぶことなどないと豪語してそれを拒む。原と熊谷は四ヶ月以上も欧米に滞在し、豪華な生活を楽しんだが、いっさい映画製作には関わらず、各地で一流映画人に挨拶をした程度で終わる。両者が何かを学んだとは思えず、恐るべき浪費がおこなわれたのだ。日本のマスコミは、『サムライの娘』が〈映画最高賞〉という存在しない賞を受けたと大騒ぎし、ドイツの映画記録を書き換えたという虚報を流す。川喜多長政は、自身が〈輸出不可〉という判断を下した伊丹版をパリに送らせ、いくつかの場面をカットして売り込みをはかる。日本では、同作は世界中から上映の申し込みが殺到していると報じられたが、じっさいにはオーストリアをはじめ少数の国で上映されただけに終わり、目標とした英米仏での公開は実現しない。

国内の関係者は『新しき土』は愚作だが撮影技術だけは見るべきものがあったと考え、アングストを日本に呼び戻す。アングストは新婚のドイツ人妻を東京に残し、中国に渡って銃弾が飛び交うなかでの撮影を強いられる。だが関わった作品は、いずれも人々を失望させる結果に終わった。欧米の空気を吸ってきた熊谷は、『新しき土』の輝雄のように西洋思想にかぶれるどころか、日本こそが至高の国家であるという主張を掲げる思想団体の活動にのめりこんでいく。原節子は、プロパガンダ映画における銃後の女神として君臨しつつ義兄の活動に協力する……。

以上のような映画輸出をめぐる日本人の苦闘の歴史は、壮大な（悲）喜劇といえないだろうか。とりわけ『新しき土』をめぐって、ひどく出鱈目な出来事が連続していることには驚くほかない。小規模な映画製作ならともかく、それは空前の資金が投入され、公的組織がバックアップし、日本中が浮かれ騒ぎ、成功を夢見た大プロジェクトだった。現代なら、こんな混乱劇が起これば大騒ぎになるのではないか。だが『新しき土』製作当時の新聞雑誌は、作業が遅延しているという事実をたまに伝えるのみで、基本的には全世界への日本映画輸出がついに実現したという喜びばかりを一年にもわたって表明し続ける。日本の関係者や記者は、ドイツ人の〈巨匠〉とスタッフの滞在中、彼らをひたすら丁重に扱う。ごくまれに映画の行く末を心配するエッセイなどは見られるが、そんな声があることはファンクらには伝えられなかったにちがいない。かくしてファンクは、堂々と日本人を見下す態度をとり続けられたのである。

それ以前にヨーロッパで〈山岳映画〉を撮った際には、ファンクは高山の中腹にある山小屋やスキーヤー用のホテルを拠点とし、少人数の気心の知れたスタッフで短期間のうちに作品を仕上げるというスタイルで仕事をしてきた。しかし『新しき土』では、国賓として一流のホテルや旅館に宿泊し、夜はゲイシャが同席するような接待をしょっちゅう受けた。ファンク夫人も「日本には、私の人生でもっとも華やかで楽しかった懐かしい思い出があります。あのときはまるで魔法にでもかかったような素晴らしい生活でした」(『ヒトラーのシグナル』)と語ったように、日本滞在は、ファンクにとって全人生で最高に贅沢に過ごせた時間であったにちがいない。

東京の万平ホテルにいたあいだは、毎晩のように日本を代表する知識人や財界人が面会を求めてきて、ちやほやされる。京都に移ってからは、ヒサコとの愛欲の生活に溺れる。撮影は信頼を寄せるアングストがやってくれるので、現場に行く必要もない。ドイツで次の仕事が待っているわけでもない。『新しき土』の完成が理解しがたいほど遅れたのは、ファンクがそのような生活を手放したくなかったからではないか。ファンクは戦争を間近に控えた極東の島国で、〈裸の王様〉として一年間を過ごしたのである。さらにファンクは、特に必要もないのに一ヶ月もかけてアメリカ経由で帰国したため、自分の版の再編集に十分な時間をかけられなくなり、結果的に自分の首を絞めた。それもまた、旅費のすべてを出してもらえるという契約だったため、豪華な生活を一日でも長く続けたいという心理が働いたからではないかと思われる。

そんな滑稽な状態をつくり出したのは、一九一〇年代以来の本格的映画輸出という悲願の達成に向けての日本人の欲望あるいは焦燥感だった。マスコミも一般の人々も、絶対にこれが成功し、日本がさらなる栄光に包まれると妄信した。これは映画界だけに起こった特異な現象ではない。『新しき土』という映画が高い知名度を誇り、奇妙なほど人々を惹きつけるのは、そういった当時のわが国での集団ヒステリー的心理がそこに凝縮されているからではないか。戦争へとつながる巨大な狂気にのみこまれていった当時の日本のメンタリティを象徴するひとつの現象として、映画『新しき土』を再検討することの意味はここにある。

あとがき

本研究の調査を開始したのは二〇一二年の終盤だった。この間、もちろんほかの仕事もいくつか並行しておこなってきたわけだが、それにしてもこれほど長い時間を要した最大の理由は、古い新聞雑誌をひたすら読み進めるというあまりにも効率の悪い作業を実施してしまったことにある。我ながら愚かなことをしているとは思っていたのだが——聡明かつ多忙な皆様ならそんなことはなさるまい——正直なところ調査それ自体が思いのほか楽しく、途中でやめられなかったのだ。筆者は対象とした時代の空気に惹かれ、図書館のかび臭い書庫に日参し、映画輸出とは関係のない記事まで読みふけり、コピーをとり続けてしまった。その結果、筆者の手元には別のテーマであと二冊ぐらい書けそうな気がするほどの情報が蓄積されている。

ドイツの図書館や資料館でも、やはり長期間にわたって同様な作業をおこなった。閉館時刻以降は映画館を回って二本か三本の新作を観るのだが、ごく短時間しか陽光を浴びないような日々が続くので、比較的観光客の多い地区にある常宿に戻るときには、テラス席でワインやビールを飲みながら談笑する人々の横を歩きながら、自分はいったい何をしているのだろうと笑いたいような気分になったものである。

とはいえ、一連の作業に長大な時間を費やしたことはそれほど無益ではなかったように思っている。ドイツと日本、どちらの文献を読んでいても痛感するのは、今回調査した対象が歴史上でもめったにないほどスリリングな時代だったということだ。驚くほど頻繁に大事件が起こっており、連日の新聞にセンセーショナルな見出しが躍っている。現代では想像しにくい祝祭的な気分が時代を支配し、人々は名状しがたい激情に駆られていたように感じられる。他方では、文化的にきわめて豊かな成果が生み出されていた。

本文中にも記したように、そのころの日本人は欧米先進国への劣等感を抱きながらも、自分たちは真に優秀な国民であり、一等国として扱われて当然だという前のめりの意識を抱いていた。そのような心情は、日本独自の文化や生活様式を海外の人々に知らせて高く評価してもらいたい、とりわけ映画を輸出したいという意欲を生み出す。多くの計画が立てられ、膨大なエネルギーが投入されたが大半は挫折する。海外で日本映画への賞賛を得るという夢は、巨大な壁に突き当たっていた。その壁を打ち破るために企画され、オールジャパン体制で撮られたのが『新しき土』だった。だが、よりによって諸外国からの批判が集中していた満洲政策を肯定する物語が選ばれた時点で、〈世界中での公開〉の可能性は消える。巨大プロジェクトを止められる者はいない。大衆の熱狂は爆発せんばかりに高まる。ドイツでの上映が終わったころ日本は全面戦争に突入し、破滅に向かって暴走を続ける。

このような意味で、『新しき土』の誕生は歴史的必然であったと感じられる。こうした大きな流れは、既存の歴史・映画史関連の書籍や論文を拝読するだけではなく、当時の新聞雑誌を同時代の空気に身を浸すようにして読みこむことによってはじめて実感できたように思う。

今回、あらためて感銘を受けたのは川喜多長政・かしこ夫妻の超人的な奮闘ぶりである。本書では長政の中華電影公司での活動以後については最小限の紹介しかできなかったが、一九二〇年代からの世界を股にかけての活躍は驚異的と評するほかない。複数の外国語を駆使し、短期間のうちに英米仏独などを飛び回って配給交渉をまとめる能力、その業績は当時という時代を考えるとまったく信じがたい。ドイツの映画新聞各紙も長政の毎年の訪独をニュースとして報じ、談話をしばしば掲載しているという事実からは、氏がドイツ映画界にとっても重要な人物と見なされていたことがよくわかる。

本書では、さまざまな事情によって『新しき土』が期待されたような〈傑作〉にならなかったことを紹介したが、そもそも夫妻の映画への愛情と熱意、周囲の人々を動かす力がなければ、そのような〈国際映画〉が実現することはなかった。戦時中や敗戦直後の苦労、活動禁止を経たあとでの優秀な洋画の配給活動、日本映画の秀作の海外への紹介、かしこのフィルム・ライブラリー関連の活動等を考えても、夫妻の功績は映画愛好者にとってはどれほど賞賛しても十分ではないように思われる。

筆者は以前、九五歳という年齢になっていたレーニ・リーフェンシュタールの私邸で長時間のインタヴューをさせていただいた経験がある。分不相応なことをひとつ書かせていただくなら、川喜多夫妻にもぜひ直接、当時のお話をうかがいたかったものだと思う。かしこに関しては映画人生を回顧する書籍が出版されているので、ある程度のことはわかる。だが長政の人生については、特に彼が青年時代に中国やヨーロッパでどんな体験をし、映画の仕事を志すようになったのかという部分が知られていない。どなたか、長政の詳細な伝記を著していただけないだろうかと思うし、もしも夫妻の人生を再現する映画が撮られるなら、面白いものになると確信する。あるいは、タイピストとして東和商事に入社し、社長と結婚して行動を共にし、六〇年以上も映画界で活躍したかしこという女性像は、たとえば朝の連続テレビドラマのヒロインにぴったりではあるまいか。

他方で、本研究を開始するに当たっては、わが国で〈生粋のナチ〉とか〈ナチ精神の権化〉等と評されることが多いファンクについて、真の姿を伝えたいという気持ちもあった。一九二〇年代からナチ時代にかけてのドイツで活動した映画監督には、いうまでもなく〈ナチ時代になって多くの機会を得た者〉と〈活躍の場を失った者〉の二種類がいる。ファンクは明らかに後者に属し、〈ナチ映画体制に順応できなかった映画作家〉の代表格と見なされている。作劇における芸術的感性にはあまり恵まれていなかったようだが、ファンクが〈山岳映画〉というジャンルを手探りでつくりあげ、彼のもとから多数の優秀な監督やカメラマンが羽ばたいていったことは事実だ。晩年においては経済的にはあまり恵まれなかったが、それなりの尊敬を受け、長年の功績を讃える賞も受けている。本書によって、わが国でのファンクへのイメージをほんのわずかでも修正できれば幸いである。

なお本研究の過程では、伊丹版、ファンク版（封切版および短縮版）についてショットごとの分析をおこない、相違点についての詳細な調査も実施して文章としてまとめたのだが、とても一冊の書物に収められないほどの字数に達してしまい、またそこまでの細かい情報に興味がある方は多くはないだろうという判断から、本書に収めることは見送った。今後、それらの研究成果は勤務先の紀要等で発表していきたい。

本書の執筆および刊行に当たっては、公益財団法人川喜多記念映画文化財団、国立近代美術館フィルムセンター、ドイチェ・キネマテーク、フロインデ・デア・ドイチェン・キネマテーク、ブンデスアルヒーフ、ドイチェス・フィルムインスティトゥート、ベルリン国立図書館、ベルリン自由大学図書館、フンボルト大学図書館、ベルリン在住の熊井幸彦・知栄さん、明治大学図書館、明治学院大学図書館、東京大学図書館、法政大学図書館、早稲田大学図書館、そして本書をご担当いただいた平凡社編集部の水野良美さんのお世話になった。この場を借りて皆様にお礼申し上げます。

二〇一七年三月

瀬川裕司

参考文献

Allgeier, Sepp: Jagd nach dem Bild. Stuttgart 1931.
Fanck, Arnold: Das Echo vom heiligen Berg. Berlin 1927.
Fanck, Arnold: Die weiße Hölle vom Piz Palü. Berlin 1929.
Fanck, Arnold: Stürme über dem Montblanc. Basel 1931.
Fanck, Arnold: Das Bilderbuch des Skiläufers. Hamburg 1932.
Fanck, Arnold: S.O.S. Eisberg – Mit Dr. Fanck und Ernst Udet in Grönland. München 1933.
Fanck, Arnold: Die Tochter des Samurai – Ein Film im Echo der deutschen Presse. Berlin 1938.
Fanck, Arnold: Wir bauen die Freiburger Berg- und Sportfilm G.m.b.H. wieder auf! Freiburg i. Br. 1946.
Fanck, Arnold: Zur Erinnerung an die einstige Freiburger Berg- und Sportfilm-Gesellschaft. Freiburg i. Br. 1956.
Fanck, Arnold: Briefe, die mich erreichten zu meinem 80. Geburtstag. Freiburg i.Br. 1969.
Fanck, Arnold: Er führte Regie mit Gletschern, Stürmen und Lawinen. München 1973.
Fanck, Matthias: Arnold Fanck. Zürich 2009.
Fröhlich, Elke (Hrsg.): Die Tagebücher von Joseph Goebbels. München 2007-2008.
Hansen, Janine: Arnold Fancks Die Tochter des Samurai. Wiesbaden 1997.
Hayakawa, Sessue: Zen Showed Me the Way. Indianapolis 1960.
Horak, Jan-Christopher (Hrsg.): Berge, Licht und Traum – Arnold Fanck. München 1997.
König, Stefan / Panitz, Hans-Jürgen / Wachtler Michael: 100 Jahre Bergfilm. München 2001.

Klaus, Ulrich J.: Deutsche Tonfilme. Berlin 1992-2003.
Kracauer, Siegfried: From Caligari to Hitler. Princeton 1947.
Kreimeier, Klaus (Hrsg.): Fanck – Trenker – Riefenstahl – Der deutsche Bergfilm und seine Folgen. Berlin 1972.
Miyao, Daisuke: Sessue Hayakawa. Durham 2007.
Rapp, Christian: Höhenrausch – Der deutsche Bergfilm. Wien 1997.

伊丹万作『伊丹万作全集』筑摩書房、一九七三年
市川彩『アジア映画の創造及建設』国際映画通信社、一九四一年
岩本憲児編『日本映画とナショナリズム』森話社、二〇〇四年
岩本憲児編『日本映画の海外進出』森話社、二〇一五年
岩本憲児編『日本映画の誕生』森話社、二〇一一年
NHKドキュメント昭和取材班編『トーキーは世界をめざす』角川書店、一九八六年
NHKドキュメント昭和取材班編『ヒトラーのシグナル』角川書店、一九八六年
大場俊雄『早川雪洲』崙書房、二〇一二年
川喜多かしこ『映画ひとすじに』講談社、一九七三年
川喜多かしこ・佐藤忠男『映画が世界を結ぶ』創樹社、一九九一年
貴田庄『原節子　あるがままに生きて』朝日文庫、二〇一〇年
小杉勇『随想　銀幕劇場』昭和書房、一九四一年
後藤暢子『山田耕筰——作るのではなく生む』ミネルヴァ書房、二〇一四年
小林信介『人びとはなぜ満州へ渡ったのか』世界思想社、二〇一五年
佐藤忠男『日本映画史』岩波書店、二〇〇六—〇七年
佐藤忠男他編『講座　日本映画』岩波書店、一九八五—八六年
新潮45特別編集『原節子のすべて』新潮社、二〇一二年
竹内博・山本真吾『円谷英二の映像世界』実業之日本社、二〇〇一年

田中純一郎『日本映画発達史』中央公論新社、一九五七年
田中路子『私の歩んだ道』朋文社、一九五四年
谷川義雄編『年表・映画一〇〇年史』風濤社、一九九三年
玉木潤一郎『日本映画盛衰記』万里閣、一九三八年
千葉伸夫『原節子』大和書房、一九八七年
円谷英二『定本　円谷英二　随筆評論集成』ワイズ出版、二〇一〇年
円谷一編『円谷英二——日本映画に残した遺産』小学館、二〇〇一年
東和商事編『東和商事合資会社社史』東和商事、一九四二年
ハーイ、ピーター・B『帝国の銀幕』名古屋大学出版会、一九九五年
富士田元彦『映画作家伊丹万作』筑摩書房、一九八五年
宮脇淳子『世界史のなかの満洲帝国と日本』ワック、二〇一〇年
山田耕筰『自伝　若き日の狂詩曲』日本図書センター、一九九九年
吉田司『王道楽土の戦争』日本放送出版協会、二〇〇五年
四方田犬彦『日本の女優』岩波書店、二〇〇〇年
四方田犬彦『日本映画史１００年』集英社、二〇〇〇年

瀬川裕司（せがわ ゆうじ）

広島県生まれ。東京大学大学院人文科学研究科博士課程中退。現在、明治大学教授。専門は映画学およびドイツ文化史。主著に、『美の魔力 レーニ・リーフェンシュタールの真実』（パンドラ、芸術選奨新人賞）、『映画都市ウィーンの光芒』（青土社）、『ビリー・ワイルダーのロマンティック・コメディ』『ナチ娯楽映画の世界』『『サウンド・オブ・ミュージック』の秘密』（いずれも平凡社）、訳書にダニエル・ケールマン『僕とカミンスキー』（三修社）、ハンス・ツィシュラー『カフカ、映画に行く』（みすず書房）ほか多数。

『新しき土』の真実
——戦前日本の映画輸出と狂乱の時代

発行日——2017年4月12日　初版第1刷

著　者——瀬川裕司
発行者——下中美都
発行所——株式会社平凡社
〒101-0051 東京都千代田区神田神保町3-29
電話　(03) 3230-6581［編集］
　　　(03) 3230-6573［営業］
振替　00180-0-29639
平凡社ホームページ　http://www.heibonsha.co.jp/
装　丁——間村俊一
印刷・製本——図書印刷株式会社

ISBN978-4-582-28264-1　C0074　NDC 分類番号 778.21
A5判（21.6cm）　総ページ 376